AMÉRICA DEL SUR
Copyright by C. S. HAMMOND & CO., N. Y.
ESCALA
KILÓMETROS
0 200 400 600 800
MILLAS
0 200 400 600 800
Capitales
Límites Internacionales
Trópico de Capricornio
Antofagasta
Tucumán
Córdoba
Aconcagua
Mendoza
Viña del Mar
Valparaíso
Santiago
Is. Juan Fernández (Chile)
Concepción
Asunción
Encarnación
Villa Rica
Paraná
Uruguay
Salto
Paisandú
URUGUAY
Rosario
Mercedes
Buenos Aires
Montevideo
La Plata
Río de la Plata
Santos
Pôrto Alegre
Río Grande
Río Colorado
Andes de Patagonia
PATAGONIA
Puerto Deseado
IS. MALVINAS
Tierra del Fuego
Cabo de Hornos
Estrecho de Magallanes
Océano Atlántico
Pacífico
Longitud Oeste de Greenwich

ESPAÑA Y PORTUGAL
Copyright by C. S. HAMMOND & CO., N. Y.
ESCALA
KILÓMETROS
0 50 100 150 200
MILLAS
0 50 100 150 200
Capitales
Límites Internacionales
Golfo de Gascuña
Océano Atlántico
Mar Mediterráneo
Estr. de Gibraltar
Longitud Oeste de Greenwich
FRANCIA
ANDORRA
Pirineos
ESPAÑA
PORTUGAL
GALICIA
ASTURIAS
LEÓN
CASTILLA LA VIEJA
CASTILLA LA NUEVA
La Mancha
EXTREMADURA
ANDALUCÍA
ARAGÓN
CATALUÑA
NAVARRA
VIZCAYA
ISLAS BALEARES
Menorca
Mallorca
Palma
Ibiza
La Coruña
Cabo Finisterre
Santiago
Vigo
Oviedo
Covadonga
Río Deva
Bilbao
San Sebastián
León
Burgos
Río Miño
Valladolid
Zamora
Río Duero
Oporto
Salamanca
Segovia
Escorial
Ávila
Madrid
Zaragoza
Río Ebro
Barcelona
Tarragona
Toledo
Cuenca
Valencia
Río Tajo
Badajoz
Lisboa
Río Guadiana
Alicante
Murcia
Cartagena
Río Guadalquivir
Córdoba
Itálica
Sevilla
Río Genil
Granada
Almería
Málaga
Cádiz
Tarifa
Gibraltar
(Brit.)
8°
4°
0°
40°
36°

SPANISH ONE

Tapes and Cassettes

NUMBER OF REELS:	24 (seven-inch, full-track)
SPEED:	$3\frac{3}{4}$ IPS
RUNNING TIME:	12 hours

ALSO AVAILABLE ON: 12 cassettes (dual-track)

TAPE AND CASSETTE CONTENTS

Pronunciation practice from the *Capítulo preliminar* and from early chapters.

All conversations at normal speed.

Text exercises designed for audiolingual practice in multi-phased sequences: cue–pause for student response–correct response by native speaker–pause for student repetition. Taped exercises are identified in the book by an asterisk.

SPANISH ONE

SONIA JONES

ANTONIO RUIZ SALVADOR

DALHOUSIE UNIVERSITY

D. VAN NOSTRAND COMPANY

New York Cincinnati Toronto London Melbourne

Acknowledgments

Grateful acknowledgment is made to the following individuals and agents for permission to reprint material which is in copyright or of which they are the copyright owners or agents:

Agencia Literaria Carmen Balcells, for Pedro Salinas' poem "Pregunta más allá."

Carmen Conde, Viuda de Oliver Belmás, for Rubén Darío's poem "Mía."

Isabel García Lorca, for Federico García Lorca's poem "Despedida."

Josefina Manresa, for Miguel Hernández's poem "Tristes guerras."

Pablo Neruda, for a fragment of his "Poema 20."

Francisco H.-Pinzón Jiménez, for Juan Ramón Jiménez's poems "Yo no soy yo" and "No era nadie."

D. Van Nostrand Company Regional Offices:
New York Cincinnati Millbrae

D. Van Nostrand Company International Offices:
London Toronto Melbourne

Library of Congress Catalog Card Number: 73-8377

ISBN: 0-442-24176-3

Published by D. Van Nostrand Company
450 West 33rd Street, New York, N.Y. 10001

Published simultaneously in Canada by Van Nostrand Reinhold Ltd.

10 9 8 7 6 5 4

Preface

What? Another beginning Spanish textbook? Yes, we decided to write our text with a double purpose: to provide a thorough presentation of Spanish grammar, exercises, and reading selections, and to present these materials in exciting ways that would capture and hold the interest of college-age students. SPANISH ONE has twenty-four chapters, each incorporating the following elements:

Conversación

We were particularly anxious to avoid the chalk-and-blackboard dialogues often used in the classroom; so we devised some new conversations dealing with the kinds of topical and controversial subjects that young people in a Spanish-speaking country are likely to discuss: the pros and cons of going to college, the success and failure of marriage, the generation gap, women's lib, the population and pollution crises, and other items of human and social interest. The differences between American and Spanish-American outlooks and life styles are also stressed. The cast of characters remains the same throughout the book. This, we hope, will help maintain the interest of the students at a high level.

The conversation is followed by a list of *Palabras y modismos nuevos* that is helpful in understanding the conversation and by several questions concerning the content of the conversation.

Gramática y ejercicios

We have tried to present grammar in a concise yet thorough format, interspersing explanations with exercises. The student thus has the opportunity to practice actively what he or she has just learned before proceeding to the next step. The exercises are varied, and we have stressed those which elicit a thoughtful answer from the student.

Lecturas

Starting with Chapter 3, we have included a short Spanish reading selection of our own invention involving the characters in the conversations and continuing the thread of their interwoven lives. These selections are followed by questions. To familiarize the student with aspects of Hispanic literature, we have, from Chapter 9 on, added a poem or prose piece by Spanish or Spanish-American authors and a brief introduction in Spanish describing each author and his or her work. Both reading selections illustrate the grammatical constructions of the chapter and reinforce many of the vocabulary words already encountered in the text. Each piece is followed by a short list of *Palabras y modismos nuevos* to facilitate comprehension.

Cognados nuevos

In order to give the student a chance to talk about fairly sophisticated themes—and to do this from the very beginning—we have incorporated a large number of carefully selected cognates in the conversations and reading materials throughout the text. We hope thus to expand the student's vocabulary painlessly, while at the same time facilitate the expression of ideas paralleling more closely those expressed in his or her native language. We gathered these cognates in a list at the end of each chapter. They can be referred to as key words in class discussions, in impromptu exercises, or in any other way the instructor wishes to use them.

A preliminary chapter provides an introduction to Spanish pronunciation and punctuation. Five review lessons consolidate grammatical material for further practice.

The WORKBOOK is designed mainly for written practice, with the stress on vocabulary and grammar review. The material is divided into twenty-four chapters, closely paralleling the content of the text chapters.

An INSTRUCTOR'S MANUAL giving suggestions for the use of the text is available.

We extend our deepest appreciation to our colleague, Dr. Ilse Luraschi, for taking the time to read the text from cover to cover and for making many useful suggestions. We also thank our colleagues Dr. Peter Turton and Professor Vicente Romano for reading and commenting on parts of the manuscript. We are grateful to Professor Harry Aikens, Director of the Language Laboratory at Dalhousie University, for making it possible for us to class-test our material. Our thanks also to Mr. Andrew Ross for his excellent technical assistance. Hats off to our students Gail Harris, Beverly Church, Jane Willis, and Danny Joseph for letting us know how it felt to be on the receiving end! And finally, a special vote of thanks goes to our editor, Joan Klein, for combing through the text with such care and dedication.

Information about the tapes and cassettes for SPANISH ONE appears opposite the title of this book.

S.F.J.
A.R.S.

Contents

SPANISH ONE

Capítulo preliminar

1. Spanish Alphabet (*El alfabeto español*)

a	(a)	**f**	(efe)	**l**	(ele)	**p**	(pe)	**u**	(u)
b	(be)	**g**	(ge)	**ll**	(elle)	**q**	(cu)	**v**	(ve, uve)
c	(ce)	**h**	(hache)	**m**	(eme)	**r**	(ere)	**w**	(doble ve, uve doble)
ch	(che)	**i**	(i)	**n**	(ene)	**rr**	(erre)		
d	(de)	**j**	(jota)	**ñ**	(eñe)	**s**	(ese)	**x**	(equis)
e	(e)	**k**	(ka)	**o**	(o)	**t**	(te)	**y**	(i griega)
								z	(zeta)

The Spanish letters **ch, ll, ñ,** and **rr** are treated as separate letters of the alphabet. Words or syllables starting with **ch, ll,** or **ñ** follow words or syllables that begin with **c, l,** and **n,** respectively. The letters **k** and **w** are used mainly in foreign words.

2. Pronunciation (*Pronunciación*)

There are no exact equivalencies between Spanish and English sounds. The general rules of pronunciation which follow will give you a basic understanding of Spanish sounds. Remember, however, that the best way to learn good pronunciation is to mimic as closely as possible your instructor and the tapes.

3. Syllables (*Las sílabas*)

Spanish words are divided into syllables as follows:

a. Consonants (*Las consonantes*)

(1) A single consonant (including the letters **ch, ll,** and **rr**) forms a syllable with the following vowel:

di-le-ma, ca-ce-ro-la, mu-cha-cho, bu-rro, de-ta-lle

(2) Two consonants are usually separated, except when the second letter is **l** or **r**:

den-tis-ta, cul-tu-ra, ab-so-lu-to, úl-ce-ra

But: li-**bro**, im-pro-ba-**ble**, Pa-**blo**
Exceptions: **nl, rl, sl, tl, nr,** and **sr** are separated:
bur-lar, hon-ra-do, at-le-ta

(3) In combinations of three consonants, only the last begins a syllable, or the last two if the last is **l** or **r**:

ins-pec-tor, trans-por-te, ins-ti-tu-to

But: **com-pren-der, in-glés, ex-tra-ño**

b. Vowels (*Las vocales*)

(1) One vowel alone may form a syllable:

a-mor, **ú**-ni-co, **i**-ma-gi-na-ción

(2) Two strong vowels (**a, e, o**) are separated into different syllables:

ca-os, i-de-al, te-o-re-ma, po-e-ta

(3) Combinations of a strong and weak vowel (**i, u, y**), of two weak vowels, or of a strong vowel surrounded by weak vowels usually remain together in one syllable:

pro-**sai**-co, f**ies**-ta, **ciu**-dad, Pa-ra-**guay**

(4) A weak vowel acquires the function of a strong vowel if it has a written accent:

Ma-**rí**-a, pro-te-**í**-na, e-go-**ís**-ta, **rú**-a

4. Word Stress and Written Accents (*Los acentos*)

a. If a word ends in a vowel, **n,** or **s,** the stress normally falls on the next to the last syllable:

in-fi-**ni**-to, di-fe-**ren**-te, **jo**-ven, **cri**-men, pro-fe-**so**-res, ca-ce-**ro**-las, **cri**-sis

b. If a word ends in a consonant other than **n** or **s**, the stress normally falls on the last syllable:

vul-**gar**, e-di-**tor**, fa-**tal**, se-**nil**, re-a-li-**dad**

c. Words not pronounced according to the above rules have a written accent mark on the syllable which is stressed:

mú-si-ca, fan-**tás**-ti-co, **cí**-ni-co, **diá**-lo-go, **náu**-se-a, i-ma-gi-na-**ción**, ser-**món**, pa-**sión**, au-to-**bús**, **án**-gel, **dó**-cil, **fér**-til

d. Occasionally accents are used to differentiate two words which are spelled alike but do not have the same meaning:

si *if*, **sí** *yes*   **tu** *your*, **tú** *you*   **el** *the*, **él** *he*

e. Most interrogative and some exclamatory words also have written accents on the stressed syllable:

¿qué? *what?*   **¿dónde?** *where?*   **¡qué idea!** *what an idea!*

EJERCICIO: Las sílabas y los acentos

***A.** *As you listen to your instructor pronounce the following words, divide them into syllables:*

1. patriótico
2. estoico
3. ángel
4. adolescente
5. escuálido
6. académico
7. teoría
8. cuestión
9. central
10. impresión
11. onomatopeya
12. melancólico
13. contemporáneo
14. realidad
15. termómetro
16. universidad
17. trivial
18. favor
19. dragón
20. músculo
21. magnífico
22. sexual
23. educación
24. audiencia
25. tumor
26. egocéntrico
27. fértil
28. beatífico
29. estructura
30. cínico

5. Vowels (*Las vocales*)

a is a cross between the English *a* of *tap* and the English *a* of *father*:

cla-se, fa-tal, a-ni-mal, Pa-na-má, ma-te-má-ti-cas

Do not lower the sound of the final or unstressed **a** as you would in English. Compare:

ENGLISH	SPANISH
Cuba	**Cu-ba**
Olga	**Ol-ga**
Anna	**A-na**

e is pronounced like the first sound of the name of the English letter *a*, but without the *ee* sound that follows it:

ca-fé, Fe-li-pe, pe-so, E-le-na

The Spanish **e** sound is short and clipped, whereas the English vowel tends to become the diphthong *ay-ee*. Compare:

ENGLISH	SPANISH
day	**de**
Fay	**fe**
Kay	**que**
lay	**le**
may	**me**
say	**se**

E may also be pronounced like the English *e* in *den* when it is followed by a consonant in the same syllable:

den-tis-ta, mo-men-to, des-pec-ti-vo

i (y) is pronounced like the English *ee* in *teen*:

po-si-ble, in-fi-ni-to, Ma-rí-a

The Spanish **i** sound is also short and clipped, whereas the English *ee* sound tends to be followed by a *y* sound, especially at the end of a word. Compare:

ENGLISH	SPANISH
bee	**vi**
Dee	**di**
knee	**ni**
me	**mi**
see	**si**
tea	**ti**

o is pronounced like the first sound of the name of the English letter *o*, but without the *oo* sound that follows it:

e-nor-me, ca-ce-ro-la, glo-bo

Like all Spanish vowels, the **o** sound is very short, whereas the English vowel usually becomes the diphthong *oh-oo*. Compare:

ENGLISH	SPANISH
dough	**do**
low	**lo**
no	**no**
so	**so**

u is pronounced like the English *oo* sound in *moon*:

mú-si-ca, cul-to, mús-cu-lo

The Spanish **u** has only one sound, whereas the English *oo* tends to be followed by a *w* sound, especially at the end of a word. Compare:

ENGLISH	SPANISH
boo	**bu**
coo	**cu**
moo	**mu**
pooh	**pu**
too	**tu**
Sue	**su**

6. Consonants (*Las consonantes*)

b,v These two consonants are pronounced exactly alike in Spanish. If either comes at the beginning of a breath group or if either precedes or follows a consonant, it is hard and sounds like an English *b*:

bal-cón, vulgar, tum-ba, bí-bli-co

When **b** or **v** falls between two vowels, it is soft and is pronounced with the lips barely touching:

no-ve-la, de-vo-to, Cu-ba

Notice that a **b** or **v** falls between vowels when one vowel is at the end of the preceding word:

be-be vi-no *he drinks wine*

Here the first **b** is hard, the second is soft, and the **v** is soft.

c,z **C** (before **i** and **e**) and **z** (in all positions) are soft and are pronounced like the English *s* in *sick* in Spanish America and southern Spain. In central and northern Spain this sound is like the English *th* in *thimble*:

cí-ni-co, ce-men-to, si-len-cio, ci-vi-li-za-ción

C before any other letter is hard and is pronounced like the English *k*, but without the *h* sound that often follows it:

ca-fé, cla-se, co-pa, tu-ber-cu-lo-sis, lec-ción

Notice that the combination **cue** in Spanish sounds like the English *que* of *quest*:

fre-cuen-te, cues-tión

The hard **c** sound before **i** or **e** is achieved with **qu**:

que, par-que, quí-mi-ca, ar-qui-tec-tu-ra

ch is pronounced like the English *ch* in *chest*:

cho-co-la-te, mu-cha-cha

d At the beginning of a breath group and preceding or following a consonant, the Spanish **d** is hard and sounds like a weak English *d* pronounced with a flat tongue:

di-ná-mi-co, blan-do, re-bel-de

When **d** falls between two vowels or at the end of a word, it is soft and is pronounced like the English *th* in *then*:

a-do-be, li-mo-na-da, a-di-ti-vo, us-ted, u-ni-ver-si-dad

f is pronounced like the English *f*:

fa-mo-so, ca-fé

g,j **G** (before **i** and **e**) and **j** (in all positions) are soft and have no equivalents in English. In Spanish America and southern Spain the sound is somewhat like a very strong English *h*, and in central and northern Spain it is similar to the German *ch* in *ach!*:

ge-ne-ral, i-ma-gi-na-ción, Jor-ge, jus-to, jo-ta

G before any other letter is hard. At the beginning of a word or breath group or after **n**, it is pronounced like a weak English *g*:

ga-ra-je, Gon-za-lo, gus-to, glo-bo, tan-go

When a hard Spanish **g** falls between vowels, it sounds like a very weak English *g*, with the back of the tongue barely touching the soft palate:

diá-lo-go, la-gu-na, le-gal

The hard **g** sound before **i** and **e** is achieved by adding **u** after the **g**:

gui-ta-rra, por-tu-gués

Notice that in the combinations **gua** and **guo**, **u** is pronounced like an English *w*:

len-gua, a-gua, an-ti-guo

h is always silent:

hi-pó-cri-ta, his-to-ria, hos-pi-tal, hu-ma-no, Al-ham-bra

j See **g**.

l is pronounced like an English *l*, but with the tongue pointed and well forward in the mouth:

li-món, Le-lia, El Á-la-mo

ll is pronounced like the English *y* in *yacht* in most parts of Spanish America. In Spain it is usually pronounced like the *lli* of *million*:

bri-llan-te, de-ta-lle, hu-mi-lla-do, mi-llón

m is pronounced like an English *m*:

ma-má, me-tal, di-le-ma, mo-men-to

n is pronounced like an English *n*:

no, ne-bu-lo-so, e-ner-gí-a

When it falls before **b**, **v**, **m**, and **p**, however, it is pronounced like an English *m*:

un be-bé, un va-so, un mi-llón, un pa-pá

When **n** falls before **c**, **qu**, **g**, and **j**, it sounds like the English *ng* of *wing*:

cin-co, tan-go, án-gel

ñ is pronounced like the English *ny* in *canyon*:

se-ñor, ma-ña-na, ni-ño, o-to-ño, es-pa-ñol

p is like an English *p*, but without the *h* sound that often follows it:

pal-pa-ble, per-fec-to, po-si-ble, pa-pá

q is always followed by **u** and is pronounced like an English *k*, but without the *h* sound that often follows it:

quí-mi-co, ar-qui-tec-tu-ra, par-que

r is pronounced with one flip of the tongue against the hard palate:

bár-ba-ro, ar-tis-ta, dra-ma, bri-llan-te, hi-pó-cri-ta, his-to-ria, li-te-ra-tu-ra, ga-ra-je, Jor-ge, fre-cuen-te, to-re-ro, pu-ro, ha-blar, co-mer, vi-vir

At the beginning of a word or after **l**, **n**, or **s**, a single **r** is trilled; that is, the tongue is bounced several times against the hard palate:

ro-sa, ru-ta, ra-di-cal, re-la-ción, ra-dio, re-pu-bli-ca-no, En-ri-que

rr is always trilled:

te-rri-ble, a-rro-gan-te, bu-rro, co-rrup-to, co-rrec-to, ho-rri-ble

s is pronounced somewhat like the English *s* in *sip*, but with a flatter tongue. Be careful not to make the **s** sound like an English *z* when it comes between vowels:

pre-si-den-te, pre-sen-te, po-si-ción, cau-sa, re-pre-sen-ta

Before a voiced consonant, however, **s** sounds like a soft English *z*:

en-tu-sias-mo, co-mu-nis-mo, los den-tis-tas, los bal-co-nes, los ni-ños

t sounds similar to an English *t*, but it is pronounced with a much flatter tongue and without the *h* sound which usually follows an English *t*:

den-tis-ta, e-ter-no, cul-tu-ra, tum-ba

v See **b**.

x before a consonant is usually pronounced like **s**:

ex-pre-sión, ex-plo-rar, ex-tre-mo, ex-pli-car

Before **c**, **x** is pronounced like **s** in those parts of Spain where the **c** is lisped, and like the English word *eggs* (with a hissed *s*) in those areas where the **c** is hissed:

ex-ce-len-te, ex-cep-to

X is also pronounced like the English word *eggs* when it falls between vowels:

e-xa-mi-nar, e-xor-bi-tante, e-xa-ge-ra-ción, he-xá-me-tro

y The consonant **y** is pronounced like a strong English *y*, as in *young*:

yo, ya, ma-yo

z See **c**.

EJERCICIO: Las vocales **a** y **e**

***B.** *Pronounce the following words:*

1. nor-mal
2. li-be-ral
3. na-tu-ral
4. in-di-vi-dual
5. in-te-lec-tual
6. ro-mán-ti-co
7. sar-cás-ti-co
8. fan-tás-ti-co
9. ca-pi-tán
10. se-cre-ta-ria
11. e-le-men-to
12. ta-len-to
13. mo-men-to
14. mo-der-no

15. re-bel-de
16. be-bé
17. sin-ce-ro
18. di-le-ma
19. e-ter-no
20. di-fe-ren-te

EJERCICIO: Las consonantes **c, z** y **q**

***C.** *Pronounce the following words:*

1. ca-fé
2. con-ten-to
3. cul-ti-va-do
4. cla-se
5. cré-di-to
6. tan-que
7. que-mar
8. qui-tar
9. quí-mi-co
10. quin-to
11. na-ción
12. lec-ción
13. ci-vil
14. ce-le-brar
15. ce-rá-mi-ca
16. co-men-zar
17. fran-que-za
18. juz-gar
19. mo-zo
20. za-pa-to

EJERCICIO: Las consonantes **g** y **j**

***D.** *Pronounce the following words:*

1. la-gu-na
2. la-gar-ta
3. go-ma
4. go-zar
5. gus-to
6. gui-ñar
7. gui-ta-rra
8. guí-a
9. gue-rra
10. gue-rri-lle-ro
11. ja-món
12. pá-ja-ro
13. jo-ta
14. ja-bón
15. le-jos
16. trá-gi-co
17. rí-gi-do
18. e-ner-gí-a
19. ge-ne-ral
20. ge-ne-ro-so

EJERCICIO: Las consonantes **r** y **rr**

***E.** *Pronounce the following words:*

1. cru-el
2. drás-ti-co
3. fre-né-ti-co
4. gra-ve
5. pre-sen-te
6. tre-men-do
7. se-ve-ro
8. bár-ba-ro

9. e-ter-no	15. rús-ti-co
10. li-te-ra-tu-ra	16. en-ri-que-cer
11. res-pe-tar	17. te-rri-ble
12. re-sul-tar	18. a-rro-gan-te
13. rí-gi-do	19. pe-rro
14. ra-dio	20. co-rrup-ción

7. Diphthongs (*Los diptongos*)

When a weak vowel (**i**, **u**, **y**) combines with a strong vowel (**a**, **e**, **o**) or when two weak vowels are found together, they form a single syllable called a *diphthong*. The following diphthongs occur in Spanish:

ia	gra-**cias**, tri-**vial**
ie	**fies**-ta, pa-**cien**-cia
io	i-**dio**-ta, na-**ción**
iu	**ciu**-dad
ua	es-**cuá**-li-do, a-de-**cua**-do
ue	fre-**cuen**-te, **cues**-tión
ui or **uy**	**cui**-da-do, **muy**
uo	sun-**tuo**-so, mu-**tuo**
ai or **ay**	pro-**sai**-co, **hay**
au	**cau**-sa, **au**-tor
ei or **ey**	**seis**, **rey**
eu	**neu**-ró-lo-go, **Eu**-ro-pa
oi or **oy**	**boi**na, **hoy**
ou	**nóu**meno

8. Triphthongs (*Los triptongos*)

When a stressed strong vowel falls between two weak vowels, they form a single syllable called a *triphthong*. There are only four such combinations in Spanish:

iai	es-tu-**diáis**
iei	no es-tu-**diéis**
uai or **uay**	U-ru-**guay**
uei or **uey**	**buey**

9. Spelling (*La ortografía*)

a. Remember that **g** and **c** are soft before **i** and **e**, and hard before **a**, **o**, and

u. The hard **g** sound is made before **i** and **e** by adding **u (gu)**, and the hard **c** sound is made before **i** and **e** with **qu.** The soft **g** sound is made before **a**, **o**, and **u** with **j**, and the soft **c** sound is made before **a**, **o**, and **u** with **z**. The following summary should help clarify these rules:

Hard **c** sound: **ca, que, qui, co, cu**
Soft **c** sound: **za, ce, ci, zo, zu**
Hard **g** sound: **ga, gue, gui, go, gu**
Soft **g** sound: **ja, ge, gi, jo, ju**

b. Never use *ph* for the **f** sound, or *ch* for the hard **c** sound:

teléfono *telephone* **arquitecto** *architect* **tecnología** *technology*

c. Never use double letters to represent single sounds:

difícil	*difficult*	**pasión**	*passion*	**comunista**	*communist*
ilegal	*illegal*	**aditivo**	*additive*	**eficiente**	*efficient*

Double **n** and double **c** are the only double consonants which exist in Spanish. The former occurs occasionally in some prefixed words; the latter often corresponds to the English *ct* in *tion*:

innecesario *unnecessary* **acción** *action*

Remember that **ll** and **rr** are single letters in Spanish.

10. Punctuation (*La puntuación*)

Punctuation in Spanish is generally the same as it is in English, with a few exceptions:

a. Inverted question marks and exclamation points precede questions and exclamations. They do not necessarily come at the beginning of the sentence:

¿Cómo es Javier?	*What is Javier like?*
Es un amigo tuyo, ¿verdad?	*He's a friend of yours, isn't he?*
¡Qué arrogante es!	*How arrogant he is!*
Si viene aquí, ¡lo mato!	*If he comes here, I'll kill him!*

b. A comma is not used between the last two words of a series:

Frank es tímido, inocente y sentimental.
Frank is timid, innocent, and sentimental.

c. A dash is used at the beginning of each speech in a dialogue instead of quotation marks:

—¿Qué tal, Elvira? ¿Cómo estás?	*"How goes it, Elvira? How are you?"*
—Muy bien, gracias. ¿Y tú?	*"Fine thanks. And you?"*

When quotation marks are used in Spanish, they are placed on the line:

Javier dijo, «soy como soy».	*Javier said, "I am what I am."*

11. Capitalization (*Las letras mayúsculas*)

Capital letters are used in Spanish only for proper nouns, for abbreviated titles, names of institutions, and at the beginning of a sentence. Only the first word is capitalized in the title of a book, film, or work of art:

¡Hola, Juan!	*Hi, John!*
Buenos días, señor (Sr.) Moreno.	*Good morning, Mr. Moreno.*
El Colegio Nacional	*The National College*
Son canadienses.	*They are Canadian.*
Hoy es viernes.	*Today is Friday.*
¡Por favor, papá!	*Please, Dad!*
La guerra y la paz	*War and Peace*

12. Cognates (*Los cognados*)

There are many cognates in the dialogues and prose passages of the chapters to come. The following observations should help you recognize them:

a. The suffix **-mente** generally corresponds to the English suffix *-ly*:

finalmente *finally* **relativamente** *relatively*

b. The suffix **-dad** often corresponds to the English suffix *-ty*:

realidad *reality* **dificultad** *difficulty* **actividad** *activity*

c. English words beginning with *s* followed by a consonant begin with **es** plus the consonant in Spanish:

estricto *strict* **estúpido** *stupid* **especial** *special*

EJERCICIO: Los diptongos y los triptongos

***F.** *Pronounce the following words:*

1. audiencia
2. secretaria

3. prosaico
4. ordinario
5. siesta
6. diabólico
7. convencional
8. cruel
9. cáustico
10. ingenuo
11. neurólogo
12. veinte
13. buey
14. Paraguay
15. principiáis
16. náusea
17. serie
18. ciudad
19. cuidado
20. no estudiéis

EJERCICIOS: La ortografía

G. *Change the following hard consonants to soft ones:*

1. ga
2. cu
3. gue
4. ca
5. qui
6. gu
7. co
8. gui
9. que
10. go

H. *Change the following soft consonants to hard ones:*

1. za
2. ge
3. zo
4. gi
5. ju
6. ja
7. ci
8. jo
9. zu
10. ce

EJERCICIO: Los cognados

I. *Give the English equivalent of the following words:*

1. legalmente
2. estructura
3. facultad
4. actividad
5. estudioso
6. curiosidad
7. universalmente
8. contaminación
9. sensualidad
10. estrictamente

Capítulo 1

CONVERSACIÓN

Hablan Frank y Javier.

F: Buenos días, Javier. ¿Qué tal?
J: Así así. ¿Qué es eso?
F: Es un poema sobre la mujer ideal.
J: ¿La mujer ideal? Y, ¿cómo es la mujer ideal?
F: Pues es inteligente, y sincera, y generosa . . .
J: ¡No! Esa mujer no es ideal. Es muy hipócrita y mala.
F: Pero, ¿por qué?
J: Porque las mujeres[1] no son sinceras. Son oportunistas. Y no son generosas. Son egocéntricas, como los gatos.
F: Muchas mujeres son así, pero no todas.
J: ¡Todas, todas! Las mujeres españolas, las mujeres inglesas, las mujeres alemanas, las mujeres canadienses, ¡todas son así!
F: ¿Ah, sí? Y los hombres, ¿cómo son los hombres?
J: Los hombres son las víctimas, las víctimas eternas.

Palabras y modismos nuevos (*New Words and Expressions*)

alemán	German
así	like that, thus, so
así así	so-so
bueno	good
canadiense	Canadian
como	like
¿cómo es — ?	what is — like?
día *m*	day
buenos días	good morning
es	he, she, it is
esa	that
eso	that

1. The definite article is used when referring to people or things in general.

español	Spanish	**porque**	because
gato *m*	cat	**pues**	well
hombre *m*	man	**¿qué?**	what?
inglés	English	**¿qué tal?**	how goes it?
la, las, los	the	**según**	according to
malo	bad	**sí**	yes
mucho	much, many	**sobre**	about, on
mujer *f*	woman, wife	**son**	they are
muy	very	**todo**	all, every
no	no, not	**un**	a, an
pero	but	**y**	and
¿por qué?	why?		

Preguntas (*Questions*)

1. ¿Cómo es la mujer ideal?
2. ¿Cómo son las mujeres según Javier?
3. ¿Cómo son los gatos?
4. ¿Cómo son los hombres según Javier?
5. ¿Cómo es Javier?
6. ¿Cómo es Frank?

PRONUNCIACIÓN

Vowels (*Las vocales*)

a	cama	pasada
	dama	barata
	fama	lagarta
	lana	hamaca
e	cena	teléfono
	mesa	derecho
	bebé	perfecto
	pero	espero
i	vino	divino
	día	ridículo
	aquí	conmigo
	triste	subido

o	loco	esposo
	hombre	pollo
	sobre	asomo
	todo	español
u	sube	laguna
	dulce	búcaro
	luna	rubia
	rumba	Perú

GRAMÁTICA Y EJERCICIOS

1. Articles (*Los artículos*)

a. Definite Article: *the*

	MASCULINE	FEMININE
SINGULAR:	**el** hombre	**la** mujer
PLURAL:	**los** hombres	**las** mujeres

El is also used before a feminine singular noun that begins with a stressed **a** or **ha**. The plural is still **las**:

el alma	*the soul*	**las** almas
el agua	*the water*	**las** aguas

b. Indefinite Article: *a*, *an*, *some*

	MASCULINE	FEMININE
SINGULAR:	**un** hombre	**una** mujer
PLURAL:	**unos** hombres	**unas** mujeres

Un is also used before a feminine singular noun that begins with a stressed **a** or **ha**:

un alma **unas almas**

2. Gender of Nouns (*El género de los nombres*)

a. Nouns that refer to male beings and almost all those ending in **o** are masculine:

el hombre	**el diálogo**
el gato	**el teatro**

Exception: **la mano** *the hand*

b. Nouns that refer to female beings and most of those ending in **a** are feminine:

la mujer	**la filosofía**
la música	**la literatura**

Exceptions:

el día	**el programa**	**el planeta**
el poema	**el sistema**	**el** (or **la**) **idiota**
el drama	**el dilema**	**el** (or **la**) **artista**
el problema	**el telegrama**	**el** (or **la**) **dentista**

3. Plural of Nouns (*El plural de los nombres*)

A noun is made plural by adding **s** if it ends in a vowel, and **es** if it ends in a consonant:

el día	**los días**
el alma	**las almas**
el profesor	**los profesores**
la mujer	**las mujeres**

EJERCICIOS: Los nombres

A. *Give the definite articles of the following nouns:*

planeta	hombres	víctima
días	telegramas	diálogo
almas	agua	problema
filosofía	música	dilemas
mano	gatos	idiota

B. *Give the indefinite articles of the following nouns:*

manos	mujer	teatro
víctimas	gato	poemas
alma	sistema	días
dilemas	programas	drama
literatura	profesor	planetas

C. *Make the following nouns plural:*

profesor	mujer	diálogo
víctima	literatura	artista

4. Agreement of Adjectives (*La concordancia de los adjetivos*)

a. Adjectives agree in gender and number with the nouns they modify. Masculine singular adjectives ending in **o** take **a** in the feminine:

un hombre generoso	**una mujer generosa**
un gato egocéntrico	**una gata egocéntrica**
unos profesores sinceros	**unas profesoras sinceras**

b. Most other adjectives have the same endings for both masculine and feminine forms:

un hombre ideal	**una mujer ideal**
un gato inteligente	**una gata inteligente**
unos profesores hipócritas	**unas profesoras hipócritas**
unos hombres oportunistas	**unas mujeres oportunistas**

c. Adjectives of nationality ending in a consonant add **a** to form the feminine. The accent is dropped from the feminine and plural forms because it is no longer necessary:

español, española	*Spanish*	
inglés, inglesa	*English*	**ingleses, inglesas** (*pl*)
alemán, alemana	*German*	**alemanes, alemanas** (*pl*)

d. Masculine adjectives are used to modify two or more nouns of mixed gender:

los hombres y las mujeres españoles	*Spanish men and women*
palabras y modismos nuevos	*new words and expressions*

5. Position of Adjectives (*La posición de los adjetivos*)

a. Descriptive adjectives generally follow the noun:

una víctima eterna
un hombre inteligente
unos profesores egocéntricos

b. **Bueno** and **malo** may stand either before or after the noun. **Bueno** becomes **buen**, and **malo** becomes **mal** before masculine nouns:

un buen hombre	**un hombre bueno**
un mal hombre	**un hombre malo**

c. Adjectives of quantity generally precede the noun:

todas las víctimas
muchos artistas

EJERCICIOS: Los adjetivos

D. *Give the feminine form of the following adjectives:*

sincero	mucho	todo	bueno
hipócrita	ideal	malo	oportunista
inteligente	inglés	egocéntrico	
español	generoso	alemán	

E. *Give the plural of the following adjectives:*

oportunista	todo	alemán	inglés
español	egocéntrico	hipócrita	bueno

***F.** *Supply the correct form of the following adjectives:*

(malo)	unos poemas ______
(hipócrita)	unos hombres ______
(egocéntrico)	unas mujeres ______
(ideal)	unos profesores ______
(oportunista)	un hombre ______
(bueno)	unas mujeres ______
(mucho)	______ dentistas
(alemán)	unos artistas ______
(inglés)	una profesora ______
(todo)	______ las víctimas

6. Formation of Questions (*La formación de preguntas*)

a. Questions are generally formed by placing the subject after the verb or at the end of the sentence:

¿Es Javier un hombre ideal?	*Is Javier an ideal man?*
¿Es inteligente Frank?	*Is Frank intelligent?*
¿Son muy hipócritas las mujeres?	*Are women very hypocritical?*
¿No son oportunistas todos los hombres?	*Aren't all men opportunistic?*

b. If the subject is not expressed, the sentence remains the same:

¿Es un poema?	*Is it a poem?*
Sí, es un poema.	*Yes, it's a poem.*

7. Negative Sentences (*Las oraciones negativas*)

Negative sentences are formed by putting **no** in front of the verb:

Javier **no es** un hombre ideal. *Javier is not an ideal man.*

¿**No es** inteligente Frank?	*Isn't Frank intelligent?*
Las mujeres **no son** muy hipócritas.	*Women are not very hypocritical.*
Los hombres **no son** oportunistas.	*Men are not opportunistic.*

EJERCICIOS: Las preguntas y las oraciones negativas

***G.** *Change the following statements to questions:*

1. Es un poema.
2. La mujer ideal es inteligente.
3. Es una mujer hipócrita.
4. Las mujeres no son sinceras.
5. Son oportunistas.
6. Muchas mujeres son así.
7. Las mujeres inglesas son generosas.
8. Las mujeres españolas no son egocéntricas.
9. Los hombres son las víctimas.
10. El sistema es ideal.

***H.** *Make the following statements negative:*

1. Las mujeres son oportunistas.
2. Javier es inteligente.
3. Frank y Javier son sinceros.
4. Los hombres son las víctimas.
5. El poema de Frank es muy bueno.

***I.** *Answer the following questions in the negative:*

EJEMPLO: ¿Es sincero Javier?
No, Javier no es sincero.

1. ¿Es generoso Frank?
2. ¿Son hipócritas Frank y Javier?
3. ¿Es muy malo el poema de Frank?
4. ¿Son oportunistas todas las mujeres?
5. ¿Son egocéntricos los hombres españoles?
6. ¿Son ideales las mujeres alemanas?
7. ¿Es malo Javier?
8. ¿Es inglés el dentista?
9. ¿Son generosos los artistas?
10. ¿Es bueno el programa?

COGNADOS NUEVOS

artista *m & f*
dentista *m & f*
diálogo *m*
dilema *m*
drama *m*
egocéntrico
eterno
filosofía *f*
generoso
hipócrita
ideal
idiota *m & f*
inteligente
literatura *f*
música *f*
oportunista
planeta *m*
poema *m*
problema *m*
profesor *m*
programa *m*
sincero
sistema *m*
teatro *m*
telegrama *m*
víctima *f*

Capítulo 2

CONVERSACIÓN

Hablan Elvira y Rachel en un restaurante.

E: ¡Hola Rachel! ¿Qué bebes?
R: Bebo vino con un poco de agua, y como un buen jamón inglés también. Y tú, ¿qué comes?
E: ¿Yo? Pues como una sopa norteamericana con aditivos y color artificial.
R: ¡Bravo! ¡Viva la civilización moderna! Y, ¿qué estudias con tantos libros? ¿Cuántos hay?
E: Seis o siete. Estudio historia, música, literatura, filosofía . . .
R: ¿Filosofía? ¿Con quién estudias filosofía?
E: Con el profesor Moreno.[1] ¿Por qué?
R: Vive cerca de nosotros, en una casa enorme. Yo hablo muchas veces con él.
E: ¿Ah, sí? ¿Cómo es?
R: Es un hombre importante y muy inteligente. Pero según una amiga del hermano de Javier, es un viejo verde también.
E: ¿Un viejo verde? ¿El profesor Moreno? ¡Imposible!
R: No, es muy posible. Pues muchas gracias, Elvira.
E: De nada. ¿Gracias? ¿Por qué?
R: Porque tú pagas, ¿no?

Palabras y modismos nuevos

agua *f*	water	**amigo** *m*	friend

1. The definite article is used in indirect address when referring to people with titles such as **señor** (*Mr.*), **señora** (*Mrs.*), **señorita** (*Miss*), **profesor, doctor.** In direct address the article is omitted: **Buenos días, señor Gómez.** The first three titles are abbreviated as follows: **Sr., Sra. Srta.**

beber	to drink	**nada: de nada**	you're welcome
¡bravo!	hurrah!	**nosotros**	we
casa *f*	house	**o**	or
cerca de	near	**pagar**	to pay
comer	to eat	**poco**	little
con	with	**un poco de**	a little bit of
¿cuánto?	how much?, how many?	**¿quién?**	who?
de	of	**seis**	six
del	of the	**siete**	seven
¿dónde?	where?	**sopa** *f*	soup
él	he, him	**también**	too, also
en	in	**tanto**	so much, so many
estudiar	to study	**tú**	you
gracias *f pl*	thanks	**vez: muchas veces**	often, many times
muchas gracias	thanks a lot, many thanks	**viejo** *m*	old man
hablar	to speak	**viejo verde** *m*	lecherous old man
hay	there is, there are	**vino** *m*	wine
hermano *m*	brother	**¡viva!**	long live!
hola	hi, hello	**vivir**	to live
jamón *m*	ham	**yo**	I; me
libro *m*	book		

Preguntas

1. ¿Qué bebe Rachel?
2. ¿Qué come Rachel?
3. ¿Qué come Elvira?
4. ¿Cuántos libros hay?
5. ¿Qué estudia Elvira?
6. ¿Con quién estudia filosofía?
7. ¿Dónde vive el profesor Moreno?
8. ¿Cómo es el profesor Moreno?
9. ¿Quién paga?

PRONUNCIACIÓN

h	hombre	hoy
	hambre	hay
	honor	hamaca
	hablar	zanahoria
z	razón	zapato
	raza	diez
	zona	cabeza
	caza	forzar

	SOFT	HARD
c	cine	cabra
	celoso	caliente
	hacer	cuna
	ciudad	copa
qu	que	quita
	pique	quien
	quemar	quiere
	tanque	querer

GRAMÁTICA Y EJERCICIOS

8. Present Tense of Regular Verbs (*El tiempo presente de los verbos regulares*)

a. Spanish verbs are divided into three conjugations according to the ending of the infinitive. Verbs of the first conjugation end in **-ar**, those of the second end in **-er**, and those of the third end in **-ir**:

FIRST CONJUGATION

INFINITIVE: **hablar** *to speak*

(SUBJECT PRONOUN)	SINGULAR	
(yo)	habl**o**	*I speak, I do speak, I am speaking*
(tú)	habl**as**	*you speak (familiar), etc.*
(usted)	habl**a**	*you speak (formal), etc.*
(él)	habl**a**	*he (it) speaks, etc.*
(ella)	habl**a**	*she (it) speaks, etc.*
	PLURAL	
(nosotros, -as)	habl**amos**	*we speak, etc.*
(vosotros, -as)	habl**áis**	*you speak (familiar), etc.*
(ustedes)	habl**an**	*you speak (formal), etc.*
(ellos)	habl**an**	*they speak (masculine), etc.*
(ellas)	habl**an**	*they speak (feminine), etc.*

SECOND CONJUGATION

INFINITIVE: **comer** *to eat*

	SINGULAR	
(yo)	com**o**	*I eat, I do eat, I am eating*
(tú)	com**es**	*you eat (familiar), etc.*
(usted)	com**e**	*you eat (formal), etc.*
(él)	com**e**	*he (it) eats, etc.*
(ella)	com**e**	*she (it) eats, etc.*

PLURAL

(nosotros, -as)	com**emos**	*we eat, etc.*
(vosotros, -as)	com**éis**	*you eat (familiar), etc.*
(ustedes)	com**en**	*you eat (formal), etc.*
(ellos)	com**en**	*they eat (masculine), etc.*
(ellas)	com**en**	*they eat (feminine), etc.*

THIRD CONJUGATION

INFINITIVE: **vivir** *to live*

SINGULAR

(yo)	viv**o**	*I live, etc.*
(tú)	viv**es**	*you live (familiar), etc.*
(usted)	viv**e**	*you live (formal), etc.*
(él)	viv**e**	*he (it) lives, etc.*
(ella)	viv**e**	*she (it) lives, etc.*

PLURAL

(nosotros, -as)	viv**imos**	*we live, etc.*
(vosotros, -as)	viv**ís**	*you live (familiar), etc.*
(ustedes)	viv**en**	*you live (formal), etc.*
(ellos)	viv**en**	*they live (masculine), etc.*
(ellas)	viv**en**	*they live (feminine), etc.*

b. The subject pronouns are generally not used in Spanish except for clarification or emphasis.

c. Although customs and usage vary from country to country, the familiar form **tú** is generally used with family and friends, whereas the formal **usted** is used with strangers, acquaintances, or people to whom one wishes to show respect. An adult will usually address a child as **tú**, while the child will ordinarily respond with **usted**, unless he or she is addressing parents, relatives, or close friends. Students generally use the familiar form with one another.

d. **Usted** is abbreviated **Ud.** and sometimes **Vd. Ustedes** is shortened to **Uds.** or **Vds.**

e. **Vosotros** is used only in some parts of Spain. In Spanish America, **Uds.** is used for both the familiar and the formal plural.

f. Notice that the endings of the second and third conjugations are the same except for the first and second persons plural. Following is a résumé of the endings:

FIRST CONJUGATION:	**-o, -as, -a, -amos, -áis, -an**
SECOND CONJUGATION:	**-o, -es, -e, -emos, -éis, -en**
THIRD CONJUGATION:	**-o, -es, -e, -imos, -ís, -en**

EJERCICIOS: Los verbos regulares

A. *Supply the appropriate forms of the verb according to the subject pronouns indicated:*

1. estudiar: él, Uds., yo, nosotros, tú, ella, Ud., ellas
2. comer: ellos, yo, Uds., nosotros, tú, ellas, Ud., él
3. vivir: él, Uds., yo, nosotros, ellas, tú, Uds., ella
4. pagar: ellos, yo, Uds., tú, nosotros, Uds., ellas, él
5. beber: Uds., él, nosotros, yo, ellos, tú, ella, Ud.

***B.** *Change the sentences according to the new subjects in parentheses:*

1. ¿Qué bebe Rachel?
   (el profesor Moreno, Rachel y Elvira, tú, Javier)
2. Elvira come sopa.
   (yo, nosotros, Frank, el gato)
3. Elvira no estudia matemáticas.
   (Uds., Frank y Javier, nosotros, tú)
4. Rachel vive cerca del profesor Moreno.
   (yo, Elvira, nosotros, Ud.)
5. Tú pagas, ¿no?
   (Ud., la profesora, el dentista, nosotros)

C. *Answer the following questions:*

1. ¿Bebe Ud. mucho vino?
2. ¿Beben Uds. mucha agua?
3. ¿Comes sopa?
4. ¿Comen Uds. jamón inglés?
5. ¿Viven Uds. en una casa enorme?
6. ¿Dónde vive Rachel?
7. ¿Quién vive con Ud.?
8. ¿Estudia Ud. mucho?
9. ¿Estudian Uds. matemáticas?
10. ¿Paga Ud. muchas veces en los restaurantes?

9. Possession (*El posesivo*)

The preposition **de** is used to express possession:

el gato de Frank	*Frank's cat (the cat of Frank)*
el hermano de Javier	*Javier's brother*
la casa de Rachel	*Rachel's house*
los libros de Elvira	*Elvira's books*

10. Contractions (*Las contracciones*)

a. In Spanish **de + el** contract to form **del**:

la casa **del** profesor Moreno	*Professor Moreno's house*
una parte **del** libro	*a part of the book*

b. **A + el** contract to form **al**:

Escribo **al** amigo de Frank. *I'm writing to Frank's friend.*

These are the only contractions that exist in Spanish.

c. Notice that **de él** and **a él** do not contract:

Hablamos **de él.**	*We're talking about (of) him.*
Le escribo **a él.**	*I'm writing to him.*

EJERCICIOS: El posesivo y las contracciones

***D.** *Use the following words to form sentences according to the example:*

EJEMPLO: (sopa, Elvira)
Es la sopa de Elvira.

1. (agua, el gato)
2. (casa, el profesor Moreno)
3. (amigo, el hermano de Javier)
4. (jamón, Rachel)
5. (amigas, el dentista)
6. (hermanas, el artista)
7. (poemas, Frank)
8. (problema, el viejo verde)
9. (telegrama, las amigas)
10. (historia, la civilización)

***E.** *Answer the following questions using the words in parentheses:*

EJEMPLO: ¿A quién escribe Ud.? (el amigo de Javier)
Escribo al amigo de Javier.

1. ¿A quién escribe Ud.? (el hermano de Frank)
2. ¿A quién escriben Uds.? (el doctor Andrade)
3. ¿A quién escribes? (el señor González)
4. ¿A quién escribe Elvira? (el profesor Moreno)
5. ¿A quién escriben Frank y Javier? (el amigo de Rachel)

11. Numbers 1—39 (*Los números de 1 a 39*)

1	**un(o), una**	4	**cuatro**	7	**siete**
2	**dos**	5	**cinco**	8	**ocho**
3	**tres**	6	**seis**	9	**nueve**

10	**diez**	21	**veinte y un(o) (-a)**	28	**veinte y ocho**
11	**once**		**veintiuno (-a)**		**veintiocho**
12	**doce**		**veintiún**	29	**veinte y nueve**
13	**trece**	22	**veinte y dos**		**veintinueve**
14	**catorce**		**veintidós**	30	**treinta**
15	**quince**	23	**veinte y tres**	31	**treinta y un(o) (-a)**
16	**diez y seis**		**veintitrés**	32	**treinta y dos**
	dieciséis	24	**veinte y cuatro**	33	**treinta y tres**
17	**diez y siete**		**veinticuatro**	34	**treinta y cuatro**
	diecisiete	25	**veinte y cinco**	35	**treinta y cinco**
18	**diez y ocho**		**veinticinco**	36	**treinta y seis**
	dieciocho	26	**veinte y seis**	37	**treinta y siete**
19	**diez y nueve**		**veintiséis**	38	**treinta y ocho**
	diecinueve	27	**veinte y siete**	39	**treinta y nueve**
20	**veinte**		**veintisiete**		

a. In Spain the numbers 16 to 29 are generally written as one word, whereas in Spanish America they are written as separate words.

b. There is a written accent on the last syllable of the numbers 16, 22, 23, and 26 when they are written as one word.

c. **Uno** drops the **o** before masculine nouns:

un libro *one book*
But: **uno o dos libros** *one or two books*

Veintiuno has a written accent when it drops the **o** before masculine nouns:

veintiún libros *twenty-one books*

d. **Un(o)** and **una** may never be written in the plural when they form part of a number:

veintiuna mujeres *twenty-one women*
treinta y un hombres *thirty-one men*

EJERCICIOS: Los números

***F.** *Answer the following questions:*

EJEMPLO: ¿Cuántos son tres y cuatro?
Tres y cuatro son siete.

1. ¿Cuántos son siete y ocho?
2. ¿Cuántos son nueve y cinco?
3. ¿Cuántos son cinco y seis?
4. ¿Cuántos son tres y cuatro?

5. ¿Cuántos son nueve y ocho?
6. ¿Cuántos son quince y quince?
7. ¿Cuántos son quince y once?
8. ¿Cuántos son diez y seis y cuatro?
9. ¿Cuántos son once y dos?
10. ¿Cuántos son dos y dos?

G. *Answer the following questions using the numbers indicated:*

1. ¿Cuántos libros hay? (15)
2. ¿Cuántos hombres hay? (1)
3. ¿Cuántas mujeres hay? (31)
4. ¿Cuántas casas hay? (9)
5. ¿Cuántos sistemas hay? (21)
6. ¿Cuántos teatros hay en México? (22)
7. ¿Cuántos profesores hay en la Universidad? (36)
8. ¿Cuántos diálogos hay en el libro? (24)
9. ¿Cuántos programas hay en la televisión? (7)
10. ¿Cuántos hermanos hay en casa? (4)

COGNADOS NUEVOS

aditivo *m*
artificial
civilización *f*
color *m*
doctor *m*
enorme
historia *f*
importante
imposible
matemáticas *f pl*
moderno
norteamericano
parte *f*
posible
restaurante *m*
televisión *f*
universidad *f*

Capítulo 3

CONVERSACIÓN

Frank y Javier hablan en una cafetería.

J: Tengo prisa, Frank. Pongo el jamón y el vino aquí, ¿está bien?
F: Gracias, pero no tengo hambre, ni sed, ni nada.
J: ¡Fantástico! Entonces todo es para mí. Hace mucho frío ahora, ¿no?
F: Sí.
J: Tienes sueño, ¿o qué?
F: No.
J: Silencio, ¿eh? ¿Ya no hablas con nadie? Bueno, ¿qué tienes contra mí?
F: Nada. Es que nunca hablo cuando como.
J: ¡Pero ahora no comes nada!
F: Tienes razón. Es que hace mucho calor. Por eso no tengo hambre.
J: ¿Tú tienes calor ahora? ¡Imposible!
F: Ay, Javier, no valgo nada. No tengo suerte, y ya no tengo ganas de vivir.
J: ¿Por qué exageras, hombre? ¿Es cuestión de vida o muerte?
F: Todo es a causa de Maribel. Ella tiene la culpa. ¡Ya no habla conmigo!
J: Pero, ¿no es muy joven para ti? ¿Cuántos años tiene?
F: Tiene dieciséis años.
J: ¡Es una niña!
F: Tú no comprendes nada.
J: ¡Comprendo mucho! Además, yo tengo mucho éxito con las mujeres.
F: ¿Por qué? ¿Qué haces?
J: Yo nunca hago caso a las mujeres, y nunca tengo miedo de ellas tampoco. Así siempre tengo un éxito fenomenal.
F: Yo no tengo ganas de luchar en esa guerra eterna.
J: Entonces tienes que vivir solo. ¡Así es la vida!

Palabras y modismos nuevos

a	to
además	besides
ahora	now
año *m*	year
tener . . . años	to be . . . years old
aquí	here
bueno	all right
calor *m*	heat
hacer calor	to be hot (weather)
tener calor	to feel hot
caso: hacer caso a	to pay attention to
causa: a causa de	because of
comprender	to understand
conmigo	with me
contra	against
cuando	when
culpa *f*	fault
tener la culpa	to be at fault, to be to blame
entonces	then
¿está bien?	all right?
éxito *m*	success
tener éxito	to be successful
frío	cold
hacer frío	to be cold (weather)
ganas *f pl*	desire
tener ganas	to feel like
guerra *f*	war
hacer	to do, make
hambre *f*	hunger
tener hambre	to be hungry
joven	young
jóvenes *pl*	
luchar	to fight
mí	me
miedo *m*	fear
tener miedo	to be afraid
muerte *f*	death
nada	nothing
nadie	nobody
ni . . . ni . . .	neither . . . nor . . .
niña *f*	little girl, child
nunca	never
para	for
poner	to put
prisa *f*	haste
tener prisa	to be in a hurry
que	that
es que	it's just that
razón *f*	reason
tener razón	to be right
sed *f*	thirst
tener sed	to be thirsty
siempre	always
solo	alone
sueño *m*	sleep
tener sueño	to be sleepy
suerte *f*	luck
tener suerte	to be lucky
tampoco	either, neither
tener	to have
ti	you
valer	to be worth
vida *f*	life
ya no	no longer

Preguntas

1. ¿Tiene hambre Frank?
2. ¿Qué come Javier?
3. ¿Hace mucho calor?
4. ¿Por qué no tiene ganas de vivir Frank?
5. ¿Cuántos años tiene Maribel?
6. ¿Por qué tiene éxito con las mujeres Javier?

PRONUNCIACIÓN

j	jamón	jardín
	joven	jota
	viejo	juego
	jefe	jabón
g	SOFT	HARD
	gente	gato
	coger	gusto
	genio	goma
	gitano	grupo
gu	guerra	vergüenza[1]
	llegue	averigüe
	Guillermo	cigüeña
	guitarra	agüero
ll	millonario	gallo
	brillante	llamar
	caballo	llegar
	pollo	lluvia

GRAMÁTICA Y EJERCICIOS

12. Present Indicative of hacer, poner, valer, tener (*El presente de indicativo*)

hacer *to do, make*

hago	**hacemos**
haces	**hacéis**
hace	**hacen**

poner *to put*

pongo	**ponemos**
pones	**ponéis**
pone	**ponen**

valer *to be worth*

valgo	**valemos**
vales	**valéis**
vale	**valen**

tener *to have*

tengo	**tenemos**
tienes	**tenéis**
tiene	**tienen**

EJERCICIOS: Los verbos irregulares

A. *Supply the appropriate forms of the verb according to the subject pronouns indicated:*

1. tener: yo, nosotros, ellos, tú, Ud.

1. **Güe** (*goo-eh*) is a diphthong, whereas **gue** is not. A dieresis (¨) is used to maintain the *oo* sound of the **u.**

2. poner: ellos, tú, ella, nosotros, yo
3. hacer: nosotros, yo, él, ellas, tú
4. valer: tú, ella, nosotros, yo, ellos

*B. *Change the sentences according to the subjects in parentheses:*

1. Pongo el jamón aquí.
(nosotros, Javier, tú, ella)
2. ¿Qué tienes contra mí?
(él, Ud., ellos, los niños)
3. Ya no tengo ganas de vivir.
(tú, nosotros, ella, Uds.)
4. Yo nunca hago caso a las mujeres.
(Javier, ellos, nosotros, tú)
5. No valgo nada.
(nosotros, eso, Frank, tú)

13. Idioms with tener and hacer (*Los modismos con* tener *y* hacer)

tener (mucha) hambre	*to be (very) hungry*
tener (mucha) sed	*to be (very) thirsty*
tener (mucha) suerte	*to be (very) lucky*
tener (mucha) prisa	*to be (very much) in a hurry*
tener (mucha) razón	*to be (very) right*
no tener razón	*to be wrong*
tener (muchas) ganas de + *inf*	*to feel (very much) like + inf*
tener la culpa	*to be to blame*
tener (mucho) frío	*to be (very) cold (people)*
tener (mucho) calor	*to be (very) hot (people)*
tener (mucho) sueño	*to be (very) sleepy*
tener (mucho) miedo	*to be (very) afraid*
tener (mucho) éxito	*to be (very) successful*
tener — años	*to be — years old*
tener que + *inf*	*to have to + verb*
hacer (mucho) calor	*to be (very) hot (weather)*
hacer (mucho) frío	*to be (very) cold (weather)*
hacer (mucho) caso a	*to pay (great) attention to*

Tenemos mucho frío.
We feel very cold.

Hace mucho calor hoy.
It is very hot today.

Maribel **tiene dieciséis años.**
Maribel is sixteen.

Yo **tengo mucha hambre** cuando estudio.
I'm very hungry when I study.

Frank **tiene miedo** de las mujeres.
Frank is afraid of women.

Javier **tiene mucho éxito** con las mujeres.
Javier is very successful with women.

Nosotros no **tenemos muchas ganas** de estudiar.
We don't feel very much like studying.

Yo **tengo que comer** ahora.
I have to eat now.

Javier **no hace caso a** las mujeres.
Javier pays no attention to women.

EJERCICIOS: Los modismos con **tener** y **hacer**

***C.** *Change the sentences according to the words in parentheses:*

1. Javier tiene mucho sueño ahora.
   (sed, frío, calor, prisa)
2. Nosotros tenemos mucho miedo.
   (éxito, razón, hambre, suerte)
3. Yo no tengo calor.
   (diez años, ganas de estudiar, la culpa)
4. Ahora Uds. tienen que estudiar.
   (comer, hacer caso al profesor, pagar)
5. Cuando hace calor bebo mucho café.
   (vino, agua, limonada)

***D.** *Form sentences substituting the appropriate words from the line above:*

Yo no tengo mucha suerte.
1. ________ sueño.
2. Ellos ________
3. ________ prisa.
4. Nosotros ________
5. ________ calor.
6. Frank ________
7. ________ sed.
8. Tú ________
9. ________ éxito.
10. Maribel ________
11. ________ hambre.
12. Uds. ________
13. ________ miedo.

E. *Answer the following questions:*

1. ¿Hace Ud. mucho caso a las mujeres?
2. ¿Hace Ud. mucho caso a los hombres?
3. ¿Tiene Ud. sueño ahora?
4. ¿Cuántos años tiene Ud.?

5. ¿Tiene Ud. que vivir solo?
6. ¿Qué hace Ud. cuando tiene sed?
7. ¿Tiene Ud. prisa ahora?
8. ¿Tiene Ud. mucha suerte?
9. ¿Qué come Ud. cuando tiene hambre?
10. ¿Tiene Ud. miedo de las mujeres?
11. ¿Qué tiene Ud. que hacer ahora?
12. ¿Tiene Ud. éxito con las mujeres?
13. ¿Qué bebe Ud. cuando hace calor?
14. ¿Quién tiene la culpa, Javier o Ud.?
15. ¿Tiene Ud. ganas de estudiar ahora?

14. Negative Words (*Las palabras de negación*)

siempre	*always*	**nunca**	*never*
alguien	*somebody*	**nadie**	*nobody*
algo	*something*	**nada**	*nothing*
o . . . o . . .	*either . . . or . . .*	**ni . . . ni . . .**	*neither . . . nor . . .*
también	*also*	**tampoco**	*either*

a. Unlike English, Spanish uses double negatives. **No** can be placed before the verb, and the other negative after the verb:

No comprendo **nada.**	*I don't understand anything.*
No paga **nadie.**	*Nobody pays.*
No beben **nunca.**	*They never drink.*
No tiene **ni** casa **ni** auto.	*He has neither house nor car.*
No tiene mujer **tampoco.**	*He doesn't have a wife, either.*

b. Negative words may also be placed before the verb, in which case **no** is deleted:

Nada comprendo.
Nadie paga.
Nunca beben.
Ni casa **ni** auto tiene.
Tampoco tiene mujer.

15. Pronoun Objects of a Preposition (*Los pronombres preposicionales*)

Pronoun objects of a preposition are the same as the subject pronouns, except in the first and second persons singular:

	SINGULAR		PLURAL	
1	para **mí**	*for me*	para **nosotros**	*for us*
2	para **ti**	*for you*	para **vosotros**	*for you*
3	para **Ud.**	*for you*	para **Uds.**	*for you*
	para **él**	*for him, it*	para **ellos**	*for them*
	para **ella**	*for her, it*	para **ellas**	*for them*

The preposition **con** combines with **mí** and **ti**, forming the irregular objects **conmigo** *with me* and **contigo** *with you* (fam. sing.). All the other pronoun objects are regular after **con: con Ud., con él, con ella,** etc.

El jamón es **para mí.**	*The ham is for me.*
No hay nada **para ti.**	*There isn't anything for you.*
¿Qué tienes **contra él**?	*What do you have against him?*
¡Ya no habla **conmigo**!	*She no longer speaks to me!*
Pero habla mucho **con nosotros.**	*But she talks a lot with us.*

EJERCICIOS: Las palabras de negación y los pronombres preposicionales

***F.** *Change the following sentences according to the example:*

EJEMPLO: Nadie comprende.
No comprende nadie.

1. Ni sed ni hambre tengo.
2. Tampoco tengo frío.
3. Nada tengo contra ti.
4. Nunca hago caso a las mujeres.
5. Nada comprendes.
6. Nadie tiene miedo de ellas.
7. Nada vale esa mujer.
8. Nadie estudia conmigo.
9. Ni sopa ni jamón como.
10. Tampoco bebo vino.

G. *Change the sentences according to the pronouns in parentheses:*

1. Frank tiene miedo de ellos.
   (him, you–fam. sing., us, me, her)
2. El jamón no es para Ud.
   (me, him, her, you–for. pl., us)
3. Las niñas nunca hablan con él.
   (you–fam. sing., us, her, me, him)
4. No tengo nada contra ellos.
   (her, him, you–fam. sing., them, you–for. pl.)

H. *Answer the following questions choosing either alternative:*

1. ¿Hablas conmigo o con ella?
2. ¿Estudias con nosotros o con ellos?
3. ¿Vives con él o con ella?
4. ¿Comes con ellas o conmigo?
5. ¿Es el jamón para mí o para ti?
6. ¿Es la sopa para ellos o para ellas?
7. ¿Es el vino para ti o para nosotros?
8. ¿Tienes miedo de mí o de ella?
9. ¿Tienes miedo de nosotros o de ellos?
10. ¿Luchas contra ella o contra él?

LECTURA

El viejo verde

Ramón Moreno es un intelectual español, pero ahora vive en México donde es profesor de filosofía en la Universidad. Es un hombre patriótico, dinámico, estoico y un poco sentimental. Vive solo en una casa enorme cerca del hospital. Ya no tiene ni mujer ni hermanos a causa de la guerra civil española. Básicamente es un hombre melancólico, pero lucha contra eso todos los días de la vida. Bebe mucho y hace mucho caso a las mujeres, especialmente a las mujeres jóvenes; pero es muy viejo y tiene muy poco éxito con ellas. Las mujeres no comprenden la muerte como él porque son jóvenes y no tienen experiencia de la vida. Además, todas ellas son mexicanas o norteamericanas, y no tienen experiencia de la guerra tampoco. Ramón Moreno vale mucho, pero no lo[1] comprende nadie.

PREGUNTAS

1. ¿Quién es Ramón Moreno?
2. ¿Dónde vive?
3. ¿Cómo es el profesor Moreno?
4. ¿Por qué no tiene ni mujer ni hermanos?
5. ¿A quiénes hace mucho caso?
6. ¿Por qué no tiene mucho éxito con las mujeres?
7. ¿Por qué no comprenden la muerte las mujeres?
8. ¿Por qué no tienen experiencia de la guerra?

1. **lo** it.

COGNADOS NUEVOS

auto *m*	especialmente	intelectual
básicamente	estoico	limonada *f*
café *m*	exagerar	mexicano
cafetería *f*	experiencia *f*	melancólico
civil	fantástico	patriótico
cuestión *f*	fenomenal	sentimental
dinámico	hospital *m*	silencio *m*

Capítulo 4

CONVERSACIÓN

Los padres de Elvira hablan en casa.

E: ¡Guillermo! ¿Qué haces? ¡Guillermo! ¿No oyes? ¿Por qué no dices nada?

G: Tengo que salir con mis amigos.

E: ¿Con tus amigos? Pero, ¿por qué no sales conmigo?

G: Porque tú tienes que preparar la cena.

E: Entonces, ¿por qué no salimos tú y yo después de cenar?

G: Porque vienen aquí los padres de Rachel.

E: ¡Magnífico! ¡Y tú no dices nada hasta el último momento!

G: ¿Por qué tienes que gritar?

E: ¡Porque no tengo nada en casa! Sólo hay una botella de vino, ¡y es el peor vino del mundo! ¿Qué hago?

G: Eso no tiene importancia. Ellos beben muy poco.

E: ¿Ah, sí? ¿Y la hija mayor? Bebe más que un pez, y su hermano menor bebe tanto como ella.

G: ¿Por qué tienes que hablar tan mal de ellos?

E: Es que viven muy bien y siempre tienen buen[1] vino en casa. Claro, ellos son más ricos que nosotros, y su casa no es tan pequeña como la nuestra y su auto es más nuevo y más grande que el nuestro.

G: Bueno, ¡basta, Elena! Nuestra casa no es tan vieja como la suya, y nuestro auto es menos ridículo que el suyo. Además, Elvira es la mejor hija del mundo. Tenemos mucha suerte.

E: Tienes razón, Guillermo. ¡Ya no grito más!

1. **Bueno** drops the **-o** before masculine singular nouns.

Palabras y modismos nuevos

¡basta!	enough!	**nuestro**	our
bien	well	**(el) nuestro**	ours
botella *f*	bottle	**nuevo**	new
casa: en casa	at home	**oír**	to hear
cena *f*	dinner	**padres** *m pl*	parents
cenar	to have dinner	**peor**	worse
¡claro!	of course!	**el peor**	the worst
decir	to say	**pequeño**	small, little
después (de)	after, afterwards	**pez** *m*	fish
en	at	**que**	than
grande	big	**rico**	rich
gritar	to shout	**salir**	to go out
hasta	until	**sólo**	only
hija *f*	daughter	**su, sus**	his, her, its, your, their
mal	badly		
más	more	**(el) suyo**	his, hers, its, yours, theirs
mayor	older, oldest		
mejor	better	**tan** + *adj. or adv.* + **como**	as + *adj. or adv.* + as
el mejor	the best		
menor	younger, youngest	**tanto como**	as much as
menos	less, fewer	**tener que**	to have to
mis (*pl*)	my	**tus** (*pl*)	your
mundo *m*	world	**último**	last
		venir	to come

Preguntas

1. ¿Qué tiene que hacer Guillermo?
2. ¿Por qué no sale con su mujer?
3. ¿Por qué no sale con ella después de cenar?
4. ¿Por qué grita Elena?
5. ¿Cómo es la casa de los padres de Rachel?
6. ¿Cómo es su auto?
7. ¿Cómo es la casa de los padres de Elvira?
8. ¿Cómo es su hija?

PRONUNCIACIÓN

ñ	niño	niña
	señor	señora
	ñoño	pañuelo
	sueño	soñar

ch	ocho	chico
	noche	chulo
	mucho	techo
	muchacho	muchacha
b,v	bebe	buscar
	boba	bueno
	viva	bonita
	vino	bola
d	dos	dedo
	días	dado
	daño	hablado
	doy	vivido

GRAMÁTICA Y EJERCICIOS

16. Present Indicative of salir, oír, decir, venir (*El presente de indicativo*)

salir *to go out*

salgo	**salimos**
sales	**salís**
sale	**salen**

oír *to hear*

oigo	**oímos**
oyes	**oís**
oye	**oyen**

decir *to say*

digo	**decimos**
dices	**decís**
dice	**dicen**

venir *to come*

vengo	**venimos**
vienes	**venís**
viene	**vienen**

EJERCICIOS: Los verbos irregulares

A. *Supply the appropriate forms of the verb:*

1. salir: Ud., tú, ellos, nosotros, yo
2. oír: yo, nosotros, ella, tú, ellos
3. decir: tú, ellas, él, yo, nosotros
4. venir: ellos, yo, nosotros, ella, tú

B. *Change the sentences according to the subjects in parentheses:*

1. ¿No oyes?
   (Ud., ellos, ella, Uds.)
2. ¿Por qué no dices nada?
   (él, Uds., ellos, Ud.)

3. Salgo con unos amigos.
   (nosotros, tú, ellas, él)
4. ¿Vienen aquí ellos?
   (tú, ella, Uds.)
5. Siempre tienen vino en casa.
   (yo, nosotros, tú, Ud.)
6. ¿Por qué gritas?
   (él, ellos, ella, Uds.)

C. *Give the appropriate form of the following verbs:*

1. nosotros: decir, salir, poner, valer, gritar, luchar
2. yo: oír, tener, venir, hacer, preparar, pagar
3. Uds.: hacer, luchar, gritar, valer, poner, salir
4. tú: decir, venir, tener, oír, pagar, preparar

17. Possessive Adjectives (*Los adjetivos posesivos*)

a. Possessive adjectives, like all other adjectives, agree in number with the noun they modify. The first and second persons plural also agree in gender:

MASCULINE		FEMININE	
SINGULAR			
mi hermano	*my brother*	**mi** hermana	*my sister*
tu padre	*your father*	**tu** madre	*your mother*
su amigo	*your, his, her friend*	**su** amiga	*your, his, her friend*
nuestro auto	*our car*	**nuestra** casa	*our house*
vuestro vino	*your wine*	**vuestra** sopa	*your soup*
su amigo	*your, their friend*	**su** amiga	*your, their friend*
PLURAL			
mis hermanos	*my brothers*	**mis** hermanas	*my sisters*
tus libros	*your books*	**tus** casas	*your houses*
sus amigos	*your, his, her friends*	**sus** amigas	*your, his, her friends*
nuestros autos	*our cars*	**nuestras** casas	*our houses*
vuestros hijos	*your sons*	**vuestras** hijas	*your daughters*
sus amigos	*your, their friends*	**sus** amigas	*your, their friends*

b. Because **su** and **sus** have several meanings, they are changed in the following way for emphasis and to avoid ambiguity:

su amigo:	**el amigo de Ud.**	*your friend*
	el amigo de él	*his friend*
	el amigo de ella	*her friend*
	el amigo de Uds.	*your friend*
	el amigo de ellos	*their friend*
	el amigo de ellas	*their friend*
sus amigas:	**las amigas de Ud.**	*your friends*
	las amigas de él	*his friends*
	las amigas de ella	*her friends*
	las amigas de Uds.	*your friends*
	las amigas de ellos	*their friends*
	las amigas de ellas	*their friends*

Los padres de Javier y de Elvira viven cerca de nosotros. **Los padres de él** son hipócritas, pero **los padres de ella** son muy sinceros.
Javier's and Elvira's parents live near us. His parents are hypocritical, but her parents are very sincere.

EJERCICIOS: Los adjetivos posesivos

D. *Make the necessary changes according to the example:*

EJEMPLO: mi libro (gatos)
mis gatos

1. mi hermano (hermanos)
2. su amigo (amigas)
3. nuestro auto (casa)
4. tu padre (madre)
5. nuestros profesores (profesora)
6. mis hijas (hijos)
7. sus experiencias (libros)
8. tus padres (madre)
9. nuestra sopa (vino)
10. mi profesora (niño)

***E.** *Clarify the following possessive adjectives according to the example:*

EJEMPLO: su amigo (Ud.)
el amigo de Ud.

1. su profesor (él)
2. su hija (Uds.)
3. su gato (ellos)
4. su niño (ella)
5. su libro (Ud.)
6. su amiga (ellas)
7. sus autos (ella)
8. sus hijos (él)
9. sus niñas (Uds.)
10. sus amigos (ellos)
11. sus experiencias (Ud.)
12. sus autos (ellas)

F. *Answer the following questions using a possessive adjective in your answer:*

1. ¿Es muy viejo tu padre?
2. ¿Es sentimental tu madre?
3. ¿Es muy grande la casa de Elena?
4. ¿Es egocéntrica la mujer de Guillermo?
5. ¿Grita mucho la mujer de Guillermo?
6. ¿Son ricos los padres de Rachel?
7. ¿Son inteligentes los profesores de Uds.?
8. ¿Son egocéntricas las hermanas de Uds.?
9. ¿Habla mucho la madre de Ud.?
10. ¿Estudia mucho el hermano de Frank?

18. Possessive Pronouns (*Los pronombres posesivos*)

a. Possessive pronouns agree in gender and number with the noun they replace:

MASCULINE		FEMININE	
SINGULAR			
el mío	*mine*	**la mía**	*mine*
el tuyo	*yours*	**la tuya**	*yours*
el suyo	*yours, his, hers*	**la suya**	*yours, his, hers*
el nuestro	*ours*	**la nuestra**	*ours*
el vuestro	*yours*	**la vuestra**	*yours*
el suyo	*yours, theirs*	**la suya**	*yours, theirs*
PLURAL			
los míos	*mine*	**las mías**	*mine*
los tuyos	*yours*	**las tuyas**	*yours*
los suyos	*yours, his, hers*	**las suyas**	*yours, his, hers*
los nuestros	*ours*	**las nuestras**	*ours*
los vuestros	*yours*	**las vuestras**	*yours*
los suyos	*yours, theirs*	**las suyas**	*yours, theirs*

Yo pago mi sopa y tú pagas **la tuya.**
I pay for my soup and you pay for yours.

Nosotros tenemos tus libros y tú tienes **los nuestros.**
We have your books and you have ours.

Ud. habla con mi profesor y yo hablo con **el suyo.**
You speak with my professor and I speak with yours.

b. The various forms of **suyo** are changed in the following way for emphasis and to avoid ambiguity:

el suyo: **el de Ud., el de él, el de ella, el de Uds., el de ellos, el de ellas**

la suya: **la de Ud., la de él, la de ella, la de Uds., la de ellos, la de ellas**

los suyos: **los de Ud., los de él, los de ella, los de Uds., los de ellos, los de ellas**

las suyas: **las de Ud., las de él, las de ella, las de Uds., las de ellos, las de ellas**

Los amigos de él son egoístas, pero **los de ella** son generosos.
His friends are egotistic, but hers are generous.

La casa de ella es grande, pero **la de ellos** es enorme.
Her house is big, but theirs is enormous.

c. The definite article is usually omitted after **ser:**

Es mío. No es de Ud. *It's mine. It's not yours.*

d. Possessive pronoun forms may also be used as adjectives in the following construction:

una amiga mía *a friend of mine*
unos amigos suyos *some friends of his*

The indefinite article is usually not omitted after **ser:**

Es un amigo mío. *He's a friend of mine.*
Son unas amigas suyas. *They're some friends of his.*

EJERCICIOS: Los pronombres posesivos

***G.** *Change the sentences substituting the words in parentheses:*

1. El jamón no es mío.
   (sopa, libros, casas)
2. ¿Es tuya la limonada?
   (café, poemas, autos)
3. La culpa no es nuestra.
   (telegrama, niños, jamón)
4. Él dice que el auto no es suyo.
   (yo, nosotros, tú, ellos, Ud.)
5. Ella dice que tampoco es suyo.
   (él, ellas, nosotros, Uds., tú)

***H.** *Change all the nouns to pronouns, and then clarify the* **suyo** *form:*

EJEMPLO: Tengo el libro de María.
Tengo el suyo. Tengo el de ella.

1. Tengo los telegramas de Elena.
2. Bebo la limonada de Rachel.
3. Como la sopa de Javier y Frank.
4. Estudiamos los libros de Frank.
5. Tenemos la radio de Elvira y Rachel.

***I.** *Answer the following questions according to the example:*

EJEMPLO: ¿Es tuya la casa?
Sí, es mía.

1. ¿Es tuyo el jamón?
2. ¿Son de Uds. los niños?
3. ¿Es mía la sopa?
4. ¿Es de Ud. la radio?
5. ¿Son de Uds. las limonadas?
6. ¿Son tuyos los libros?
7. ¿Es mío el café?
8. ¿Es de Uds. la casa?
9. ¿Son míos los libros?
10. ¿Es tuyo el poema?

19. Comparisons and Superlatives (*Los comparativos y los superlativos*)

a. A comparative is the form of an adjective or adverb that indicates a greater degree or amount: *bigger, faster.*
A superlative is the form of the adjective or adverb that denotes the greatest degree or amount: *biggest, fastest.*

b. Equal comparisons are formed in Spanish by using **tan . . . como . . .** (*as . . . as . . .*) with adjectives and adverbs and **tanto (-a, -os, -as) . . . como . . .** (*as much, as many . . . as*) with nouns:

(1) Comparison of adjectives

Él es **tan viejo como** ella.
He is as old as she is.

Yo no soy **tan generosa como** Ud.
I'm not as generous as you are.

(2) Comparison of adverbs

Hablo **tan rápidamente como** tú.
I speak as fast as you do.

(3) Comparison of nouns

Ellos no tienen **tantos libros como** yo.
They don't have as many books as I do.

Él tiene **tanto vino como** ella.
He has as much wine as she does.

(4) **Tanto como** may be used to compare actions:

Yo no estudio **tanto como** tú.
I don't study as much as you do.

c. Unequal comparisons are formed by using **más . . . que** (*more . . . than*) or **menos . . . que** (*less, fewer . . . than*) with adjectives, adverbs, or nouns:

(1) Comparison of adjectives

El es **más sincero que** ella.
He is more sincere than she is.

Ellos son **menos cínicos que** yo.
They are less cynical than I am.

(2) Comparison of adverbs

Ella habla **más rápidamente que** yo.
She speaks more quickly than I do.

Tú hablas **menos enfáticamente que** ellos.
You speak less emphatically than they do.

(3) Comparison of nouns

Javier tiene **más amigos que** Frank.
Javier has more friends than Frank.

Maribel tiene **menos libros que** Elvira.
Maribel has fewer books than Elvira.

(4) **Más que** and **menos que** may be used to compare actions:

Ramón Moreno bebe **más que** yo.
Ramon Moreno drinks more than I do.

Yo estudio mucho **menos que** Elvira.
I study much less than Elvira.

(5) **De** is used instead of **que** before a numeral:

Tengo **más de veinte** libros.
I have more than twenty books.

d. Superlatives are formed in the same way as comparatives, the difference in meaning being derived from the context. They are generally preceded by a definite article. **De** after a superlative is equivalent to the English *in* or *of*:

Es **el hombre más rico de** todos.
He's the richest man of all.

Es **el profesor menos popular** de la Universidad.
He's the least popular professor in the University.

Son **los neurólogos más famosos** del mundo.
They are the most famous neurologists in the world.

The noun may be left out of the superlative construction, if desired:

Es **el más rico** de todos.	*He's the richest of all.*
Es **el menos popular.**	*He's the least popular.*
Son **los más famosos.**	*They are the most famous.*

e. A list of irregular comparatives and superlatives follows:

ADJECTIVE		COMPARATIVE	SUPERLATIVE
bueno	*good*	**mejor** *better*	**el mejor** *the best*
malo	*bad*	**peor** *worse*	**el peor** *the worst*
mucho	*much*	**más** *more*	
poco	*few, little*	**menos** *less, fewer*	
grande	*big*	**mayor** / **más grande** } *bigger*	**el mayor** / **el más grande** } *the biggest*
viejo	*old*	**mayor** / **más viejo** } *older*	**el mayor** / **el más viejo** } *the oldest*
pequeño	*small*	**menor** / **más pequeño** } *smaller*	**el menor** / **el más pequeño** } *the smallest*
joven	*young*	**menor** / **más joven** } *younger*	**el menor** / **el más joven** } *the youngest*

ADVERB		COMPARATIVE		SUPERLATIVE	
bien	*well*	**mejor**	*better*	**mejor**	*the best*
mal	*badly*	**peor**	*worse*	**peor**	*the worst*
mucho	*much*	**más**	*more*	**más**	*the most*
poco	*little*	**menos**	*less*	**menos**	*the least*

Maribel escribe **bien**, pero Rachel escribe **mejor.**
Maribel writes well, but Rachel writes better.

Sí, pero Elvira es **la mejor de** todas.
Yes, but Elvira is the best of all.

Mi hermana es **mayor que** la tuya.
My sister is older (bigger) than yours.

Sí, pero no es **mayor que** mi hermana **mayor.**
Yes, but she's not older (bigger) than my older (oldest) sister.

(1) **Más grande** and **más pequeño** are often used to clarify ambiguities that might exist with **mayor** and **menor:**

Mi amiga es **más grande que** la tuya.
My friend is bigger than yours.

(2) **El mayor** and **el menor** are usually not accompanied by nouns:

¿Es Ud. **el menor**?
Are you the youngest?

Esta casa es **la mayor de** todas.
This house is the biggest of all.

The alternate forms **el más grande, el más viejo, el más pequeño, el más joven** are used instead of **el mayor** and **el menor** to modify a noun:

Es **la casa más grande del** mundo.
It's the biggest house in the world.

Es **el libro más viejo** que hay.
It's the oldest book there is.

Son **los gatos más pequeños de** todos.
They are the smallest cats of all.

Son **las muchachas más jóvenes de** la Universidad.
They are the youngest girls in the University.

(3) **El peor** and **el mejor** precede the noun:

Es **el mejor neurólogo del** mundo.
He's the best neurologist in the world.

Son **los peores dentistas de** Toronto.
They are the worst dentists in Toronto.

EJERCICIOS: Los comparativos y los superlativos

J. *Change the following sentences substituting the subjects in parentheses:*

1. Él no es tan generoso como ella.
   (ellos, tú, yo)
2. Ellos no tienen tanta preparación como él.
   (ella, nosotros, Ud.)
3. Ellas son más ricas que nosotros.
   (ella, tú, ellos)
4. Yo soy menos sincera que Ud.
   (él, ellos, ella)

***K.** *Substitute the words in parentheses making any necessary changes in the sentence:*

1. Es el *hombre* más rico del mundo.
   (dentista, mujer, personas)
2. Es el *hijo* menos agresivo de la familia.
   (hija, niños, niñas)
3. Es el *profesor* más egocéntrico de la universidad.
   (profesora, artistas, hombres)

L. *Answer the following questions:*

1. ¿Es Ud. tan agresivo como Rachel?
2. ¿Es Ud. tan taciturno como el padre de Rachel?
3. ¿Es Ud. tan buena persona como Elvira?
4. ¿Es Ud. tan mala persona como yo?
5. ¿Es Ud. tan popular como Javier?
6. ¿Bebe Ud. tanto vino como Ramón Moreno?
7. ¿Sale Ud. con tantas mujeres como Javier?
8. ¿Tiene Ud. tantos autos como Rachel?
9. ¿Estudia Ud. tanto como Frank?
10. ¿Grita Ud. tanto como Elena?

M. *Express in Spanish:*

1. Frank speaks badly, but I speak worse.
2. I have fewer books than you.
3. My sister is younger than yours.
4. Her older brother is bigger than you.
5. Are you the oldest?
6. His brother is the youngest of all.
7. She has the smallest cats.
8. His father is the best dentist in the world.

LECTURA

Los padres de Rachel

El padre de Rachel es un famoso médico norteamericano, pero ahora trabaja en México. Vive con su familia cerca del Hospital Central. Es neurólogo, y todos dicen que es el mejor especialista del mundo . . . todos menos su mujer. Ella siempre dice que es un hombre muy taciturno. No comprende que su silencio es una forma de estoicismo—es muy difícil vivir con una mujer como ella. Ella no es tan introvertida como él, y no tiene tanta educación como él tampoco. Él es mucho menos agresivo que su mujer, y por eso nunca dice nada cuando ella habla. Vive físicamente en casa con su familia, pero espiritualmente vive solo. Rachel, como su madre, es también muy cáustica, pero no tan cínica. Eso viene con los años.

PALABRAS Y MODISMOS NUEVOS

difícil	difficult	**padre** *m*	father
madre *f*	mother	**por eso**	that's why, for that reason

médico *m*	doctor	**trabajar**	to work
menos	except		

PREGUNTAS

1. ¿Quién es el padre de Rachel?
2. ¿Dónde trabaja?
3. ¿De qué es especialista?
4. ¿Qué dicen todos de él?
5. ¿Qué dice su mujer de él?
6. ¿Es ella tan introvertida como él?
7. ¿Tiene ella más educación que él?
8. ¿Es ella menos agresiva que él?
9. ¿Es Rachel tan cínica como su madre?
10. ¿Es Rachel más cáustica que su padre?

COGNADOS NUEVOS

agresivo
cáustico
central
cínico
educación *f*
enfáticamente
especialista *m & f*
espiritualmente
estoicismo *m*
familia *f*
famoso
físicamente
forma *f*
importancia *f*
introvertido
magnífico
momento *m*
neurólogo *m*
popular
preparación *f*
preparar
radio *m or f*
rápidamente
ridículo
taciturno

Capítulo 5

CONVERSACIÓN

En casa de Javier. Habla Frank con él.

F: ¡Hola, Javier, soy yo! ¿Qué tal?
J: ¡Por Dios, Frank! ¿Tú qué haces aquí hoy?
F: Pues, ¿no soy tu mejor amigo?
J: Mira, Frank, tengo mucha prisa ahora. ¿Qué hora es?
F: Son las siete y media. ¿Por qué?
J: ¿Las siete y media? ¡Ya es muy tarde!
F: ¡Qué va! Todavía es temprano.
J: Es que tengo que salir con Rachel a las ocho menos cuarto.
F: ¿Con Rachel? ¿Pero no sales con Elvira esta noche?
J: No, salgo con ella mañana a mediodía y con Maribel a medianoche. Después, a las dos de la madrugada, salgo con otra.
F: ¡Qué ridículo eres!
J: Esta semana salgo con cuatro muchachas y el mes próximo con diez.
F: Sí, ¡y el año próximo con treinta y nueve!
J: ¡Eso es!
F: Probablemente Rachel no existe. ¿Quién es? ¿De dónde es?
J: Es de Nueva York.
F: ¿Ah, sí? Y, ¿cómo es?
J: Pues su familia es judía, pero ella es budista y es pacifista también. Es muy linda, pero es demasiado gorda.
F: Entonces, ¿por qué sales con ella?
J: Porque su padre es un médico muy famoso y enseña en la Universidad. Su familia es muy rica.
F: Eres un don Juan, y eres muy cínico.
J: Por eso me adoran las mujeres.
F: ¡Qué egoísta eres!
J: Soy como soy.

Palabras y modismos nuevos

a	at	**mediodía** *m*	noon
como	as	**mes** *m*	month
cuarto *m*	quarter	**¡mira!**	look!
las ocho menos cuarto	a quarter to eight	**muchacha** *f*	girl
de	from	**noche** *f*	night
demasiado	too	**esta noche**	tonight
dos: a las dos	at two o'clock	**otro**	another, someone else
enseñar	to teach	**¡por Dios!**	good Lord!, for God's sake!
¡eso es!	that's it!, that's right!	**próximo**	next
esto	this	**¡qué va!**	nonsense!, what nonsense!
gordo	fat	**semana** *f*	week
hora *f*	hour, time	**ser**	to be
hoy	today	**tarde**	late; *f* afternoon
judío	Jewish; *m* Jew	**temprano**	early
lindo	pretty	**todavía**	still
madrugada *f*	early morning	**ya**	already
mañana *f*	tomorrow; morning		
medianoche *f*	midnight		
medio	half		
las siete y media	half past seven		

Preguntas

1. ¿Por qué tiene Javier mucha prisa?
2. ¿Qué hora es?
3. ¿Quién es Rachel?
4. ¿De dónde es?
5. ¿Cómo es Rachel?
6. ¿Quién es su padre?
7. ¿Dónde enseña?
8. ¿Por qué sale Javier con ella?
9. ¿Cómo es Javier?

PRONUNCIACIÓN

r	pero	comer
	para	vivir
	toro	dar
	muro	ser
	rana	respeto
	rabia	reír
	ropa	reloj
	raro	ratón

rr	perro	borracho
	burro	tierra
	torre	carro
	charro	cerrado
	correr	carrera
	cerrar	carretera

GRAMÁTICA Y EJERCICIOS

20. Uses of ser (*Los usos de* ser)

ser to be

soy	*I am*	**somos**	*we are*
eres	*you are (fam.)*	**sois**	*you are (fam.)*
es	*he, she, it is; you are (for.)*	**son**	*they, you (for.) are*

a. **Ser** is used with predicate nouns and pronouns and with predicate adjectives.

(1) Predicate nouns and pronouns identify the subject, telling who or what it is inherently. Predicates generally state something about the qualities or characteristics of the subject they refer to:

Soy tu mejor **amigo**.	*I'm your best friend.*
Rachel es una **muchacha**.	*Rachel is a girl.*
Tú eres un **don Juan**.	*You're a Don Juan.*
¿Quién es? —Soy **yo**.	*"Who is it?" "It's me."*

(2) Predicate adjectives characterize the subject by the quality they describe. They are always joined to the subject by **ser** or some other state of being verb:

Rachel es muy **linda**.	*Rachel is very pretty.*
Pero es demasiado **gorda**.	*But she's too fat.*
¡Qué **egoísta** eres!	*How egotistical you are!*

EJERCICIOS: Los predicados y **ser**

A. *Change the following sentences according to the words in parentheses:*

1. Ella es mi madre.
   (hermano, padres, hijas)
2. Nosotros somos buenos amigos.
   (ellos, Uds., ellas)

3. Rachel es una muchacha.
   (ellos, él, tú)
4. Soy yo.
   (nosotros, tú, ella)
5. Eres quien eres.
   (yo, nosotros, ellos)

***B.** *Complete the sentences substituting the appropriate words from the line above:*

1. ¡Qué cínico eres tú!
   ¡_________ ella!
   ¡____ generosa _____!
   ¡_________ tus hermanos!
   ¡____ taciturnos _____!
   ¡_________ las niñas!
   ¡____ egoístas _____!
   ¡_________ Javier!
2. ¿Cómo es Rachel? Es muy linda.
   ¿____ tus padres? _________.
   ¿_________ agresivos.
   ¿____ tú? _____.
   ¿_________ viejo.
   ¿____ Ramón Moreno? _____.
   ¿_________ dinámico.
   ¿____ los médicos? _____.

b. After **ser**, the indefinite article is omitted before professions, religions, nationalities, and political persuasions. The indefinite article is used, however, when the noun is modified by an adjective.

(1) Professions

El padre de Rachel es médico. *Rachel's father is a doctor.*	**Es un médico famoso.** *He is a famous doctor.*
Mi hermano es artista. *My brother is an artist.*	**Es un artista terrible.** *He's a terrible artist.*

(2) Religions

Rachel es budista. *Rachel is a Buddhist.*	**Es una budista muy entusiasta.** *She is a very enthusiastic Buddhist.*
Elvira es católica. *Elvira is a Catholic.*	**No es una católica muy devota.** *She's not a very devout Catholic.*

(3) Nationalities

Frank es canadiense. *Frank is a Canadian.*	**Es un canadiense típico.** *He is a typical Canadian.*

Ramón Moreno es español. *Ramón Moreno is a Spaniard.* **Es un español muy patriótico.** *He's a very patriotic Spaniard.*

(4) Political persuasions

Mi hermana es demócrata. *My sister is a Democrat.* **Es una demócrata liberal.** *She is a liberal Democrat.*

Guillermo es socialista. *Guillermo is a Socialist.* **Es un socialista muy sincero.** *He's a very sincere Socialist.*

EJERCICIOS: El artículo indefinido con **ser**

C. *Complete the sentences using* **ser** *and the indefinite article, when necessary:*

1. Mi hermano _____ artista. _____ artista muy malo.
2. Mi madre _____ profesora. _____ profesora muy estricta.
3. Su padre _____ dentista. _____ dentista excelente.
4. El padre de Rachel _____ judío. _____ judío muy inteligente.
5. Elena _____ católica. _____ católica muy devota.
6. Tú _____ cristiano. Pero no _____ cristiano perfecto.
7. Elvira _____ mexicana. _____ mexicana muy linda.
8. Mi madre _____ inglesa. _____ inglesa muy cómica.
9. Mi padre _____ alemán. _____ alemán muy idealista.
10. Su hermano _____ fascista. _____ fascista muy estricto.

***D.** *Answer the following questions according to the example:*

EJEMPLO: ¿Es dentista tu padre? (bueno)
Sí, es un dentista muy bueno.

1. ¿Es profesor tu amigo? (estricto)
2. ¿Es comunista tu hermana? (agresiva)
3. ¿Es republicano Frank (típico)
4. ¿Es artista tu hijo? (admirable)
5. ¿Es católica tu hija? (perfecta)
6. ¿Es español el Sr. Moreno? (dinámico)
7. ¿Es mexicana la madre de Elvira? (patriótica)
8. ¿Es luterano tu padre ? (fanático)
9. ¿Es actor tu hermano? (fenomenal)
10. ¿Es secretaria tu hermana? (estúpida)

c. **Ser** is used to denote origin (where the subject is from), material (what it is made of), ownership (whom it belongs to), and destination (whom it is intended for).

(1) Origin

¿De dónde es Rachel?	**Es de Nueva York.**
Where is Rachel from?	*She's from New York.*
¿De dónde eres tú?	**Soy de aquí.**
Where are you from?	*I'm from here.*

(2) Material

¿De qué es tu casa?	**Es de cemento.**
What is your house made of?	*It's made of cement.*
¿De qué es la tuya?	**Es de adobe.**
What is yours made of?	*It's made of adobe.*

(3) Ownership

¿De quién es el gato?	**Es de mi hermano.**
Whose cat is it?	*It's my brother's.*
¿Es tuyo el libro?	**Sí, es mío.**
Is the book yours?	*Yes, it's mine.*

(4) Destination

¿Para quién es el café?	**Es para tu madre.**
For whom is the coffee?	*It's for your mother.*
¿Es para ti el jamón?	**Sí, es para mí.**
Is the ham for you?	*Yes, it's for me.*

EJERCICIOS: Más usos de **ser**

E. *Change the following sentences according to the words in parentheses:*

1. *Ella* es de Bolivia.
   (tú, mis padres, yo)
2. *La casa de Javier* es de adobe.
   (la mía, las nuestras, la tuya)
3. *La limonada* es de mi hermana.
   (los libros, el café, la sopa)
4. El jamón es para *nosotros*.
   (él, Uds., mí)
5. ¿Es tuya *la limonada*?
   (las casas, el café, los libros)

***F.** *Answer the questions according to the example:*

EJEMPLO: ¿De dónde eres tú? (Guatemala)
Soy de Guatemala.

1. ¿De dónde son tus padres? (Colombia)

2. ¿De dónde es tu amiga? (Puerto Rico)
3. ¿De qué es tu casa? (adobe)
4. ¿De qué es la casa de Javier? (cemento)
5. ¿De qué es la cacerola? (metal)
6. ¿De quién es la radio? (Javier)
7. ¿De quién son los poemas? (Frank)
8. ¿Para quién es el vino? (los padres de Rachel)
9. ¿Para quién son las limonadas? (ellos)
10. ¿Para quién es la sopa? (él)

d. **Ser** is used in expressions of time.

(1) The verb is singular when **hora** (*hour*) is understood, and plural when **horas** is understood. The definite article is feminine, since it always modifies **hora** or **horas**, whether these words are mentioned or not.

¿Qué hora es?	*What time is it?*
Es la una.	*It's one o'clock.*
Son las dos.	*It's two o'clock.*
Son las once.	*It's eleven o'clock.*

(2) The conjunction **y** is used with minutes following the hour up to the half hour. **Menos** is used with minutes preceding the hour, starting with the half hour.

Es la una y veinte.	*It's twenty past one.*
Son las tres y media.	*It's half past three.*
Son las cuatro y cuarto.	*It's a quarter past four.*
Es la una menos veinticinco.	*It's twenty-five to one.*
Son las cinco menos cinco.	*It's five to five.*
Son las nueve menos cuarto.	*It's a quarter to nine.*

(3) **Mañana** (*morning*) is used to express time from sunrise to noon; **tarde** (*afternoon*), from noon to sunset; **noche** (*night*), from sunset to midnight; **madrugada** (*early morning*), from midnight to sunrise. When the hour is mentioned, **de** must be used before **mañana, tarde, noche**, or **madrugada**.

Es la una de la madrugada.	*It's one o'clock in the morning.*
Son las tres de la tarde.	*It's three in the afternoon.*
Viene a las diez de la mañana.	*He's coming at ten in the morning.*
Salgo a las nueve de la noche.	*I leave at nine at night.*

When the hour is not mentioned, **por** is used with these expressions:

mañana por la mañana	*tomorrow morning*
mañana por la noche	*tomorrow night*
el domingo por la tarde	*Sunday afternoon*

(4) Other expressions of time

Comemos a mediodía.	*We eat at noon.*
Salimos a medianoche.	*We leave at midnight.*
Todavía es temprano.	*It's still early.*
Ya es tarde.	*It's already late.*

Mañana may either mean *morning* or *tomorrow*, and **tarde** may either mean *afternoon* or *late*, depending on the context.

e. **Ser** is used with days of the week and months of the year.

¿Qué día es hoy?	*What day is it today?*
Hoy es jueves.	*Today is Thursday.*
Mañana es viernes.	*Tomorrow is Friday.*

Except for **primero** (*first*), the cardinal numbers are used in dates:

el primero de enero	*the first of January*
Hoy es el trece de febrero.	*Today is the thirteenth of February.*
Mañana es el dos de mayo.	*Tomorrow is the second of May.*

21. Days of the Week and Months of the Year (*Los días de la semana y los meses del año*)

a. Days of the Week

lunes	*Monday*	**viernes**	*Friday*
martes	*Tuesday*	**sábado**	*Saturday*
miércoles	*Wednesday*	**domingo**	*Sunday*
jueves	*Thursday*		

b. Months of the Year

enero	*January*	**julio**	*July*
febrero	*February*	**agosto**	*August*
marzo	*March*	**septiembre**	*September*
abril	*April*	**octubre**	*October*
mayo	*May*	**noviembre**	*November*
junio	*June*	**diciembre**	*December*

EJERCICIOS: ser con la hora y las fechas

G. *Answer the following questions in Spanish using the times indicated in parentheses:*

1. ¿A qué hora come Ud.? (1:10)

2. ¿A qué hora estudia Ud.? (5:25)
3. ¿A qué hora trabaja Ud.? (6:45)
4. ¿A qué hora prepara Ud. la cena? (8:15)
5. ¿A qué hora salen Uds.? (3:30)
6. ¿A qué hora vienen Uds.? (10:40)
7. ¿A qué hora comen Uds.? (12:15)
8. ¿A qué hora preparan Uds. la cena? (5:55)

***H.** *Answer the following questions:*

1. Si hoy es jueves, ¿qué día es mañana?
2. Si hoy es martes, ¿qué día es mañana?
3. Si hoy es sábado, ¿qué día es mañana?
4. Si hoy es lunes, ¿qué día es mañana?
5. Si hoy es miércoles, ¿qué día es mañana?
6. Si hoy es viernes, ¿qué día es mañana?
7. Si hoy es domingo, ¿qué día es mañana?

***I.** *Express the following dates in Spanish:*

1. Jan. 21
2. May 15
3. Aug. 26
4. Sept. 1
5. July 25
6. Feb. 7
7. Dec. 13
8. Mar. 8
9. June 11
10. Apr. 23
11. Oct. 30
12. Nov. 4

J. *Express in Spanish:*

1. He's coming tomorrow morning.
2. They leave at noon.
3. Are you working Sunday afternoon?
4. It's one thirty in the morning!
5. It's already very late.
6. Does she leave tomorrow night?
7. I prepare dinner at a quarter to eight at night.
8. We leave tomorrow at ten thirty in the morning.

CORTESÍA DE AMERICAN AIRLINES

El Edificio Administrativo de la Universidad de México

LECTURA

La vida de los estudiantes

Los estudiantes de la Universidad de México son de todas partes. Unos son de México, naturalmente, y otros son de los Estados Unidos, el Canadá, Europa, África, Asia y Australia. Hay una gran[1] variedad de opiniones en la Universidad. Muchos estudiantes son socialistas, comunistas, pacifistas o conservadores. Unos no tienen interés en la política. Los estudiantes representan también muchas de las religiones del mundo. Hay católicos, protestantes, judíos y unos budistas muy devotos. Muchos de los activistas de la Universidad hablan contra la guerra y otros luchan contra el sistema académico o la contaminación.

Javier es el menos dedicado de todos los estudiantes y también el muchacho más egocéntrico de la Universidad. Nunca lucha contra nada, como sus amigos, porque dice que su vida es más importante que los problemas del mundo. Dice también que sale con una muchacha diferente todos los días de la semana y todos los meses del año, pero naturalmente exagera. Tiene que exagerar porque tiene miedo de las mujeres. Siempre habla mal de ellas a causa de este miedo, pero no comprende eso porque es demasiado joven todavía.

PALABRAS Y MODISMOS NUEVOS

contaminación *f*	pollution	**grande**	great
Estados Unidos *m pl*	United States	**todas partes**	all parts, everywhere
estudiante *m & f*	student	**otros**	others

PREGUNTAS

1. ¿De dónde son los estudiantes?
2. ¿Qué opiniones políticas tienen?
3. ¿Qué religión tienen?
4. ¿Qué hacen los budistas y los pacifistas?
5. ¿Contra qué luchan los otros?
6. ¿Cómo es Javier?
7. ¿Por qué no lucha contra nada?
8. ¿Cuántas veces dice que sale con las muchachas?
9. ¿Por qué tiene que exagerar?

1. **Grande** drops the **-de** before singular nouns.

COGNADOS NUEVOS

académico
activista *m & f*
actor *m*
admirable
adobe *m*
adorar
budista *m & f*
cacerola *f*
católico
cemento *m*
cómico
comunista *m & f*
conservador *m*
cristiano
demócrata *m & f*
devoto
diferente
egoísta
entusiasta
estricto
estúpido
excelente
existir
fanático
fascista *m & f*
general
idealista
imaginable
liberal
luterano
metal *m*
naturalmente
opinión *f*
pacifista *m & f*
perfecto
política *f*
político
probablemente
protestante *m & f*
religión *f*
representar
republicano
rígido
secretaria *f*
socialista *m & f*
terrible
típico
variedad *f*

Repaso 1

1. Articles and Gender

Review Chapter 1, Sections 1 and 2.

Definite Articles

el, la, los, las

Indefinite Articles

una, una, unos, unas

A. *Supply definite articles:*

1. café
2. clase
3. alma
4. muerte
5. padre
6. cuestión
7. mano
8. educación
9. programa
10. agua
11. matemáticas
12. mujer

B. *Supply indefinite articles:*

1. dilema
2. profesor
3. vez
4. sistema
5. hombre
6. víctima
7. drama
8. color
9. civilización
10. restaurante
11. universidad
12. poema

2. Plural of Nouns and Agreement of Adjectives

Review Chapter 1, Sections 3 and 4.

Plural of Nouns

el gato los gatos el jamón los jamones

Agreement of Adjectives

un hombre cínico **una mujer cínica**
un hombre inteligente **una mujer inteligente**

C. *Change to the plural:*

1. la casa enorme
2. el color artificial
3. la universidad moderna
4. el sistema viejo
5. el poema ideal
6. el problema eterno
7. el teatro central
8. la clase dinámica
9. el hospital grande
10. el programa nuevo

D. *Change to the feminine:*

1. un hermano oportunista
2. un padre joven
3. un hijo agresivo
4. un viejo hipócrita
5. un dentista alemán
6. un hombre importante
7. un niño malo
8. un profesor popular
9. un amigo ideal
10. un artista egoísta
11. un hombre canadiense
12. un especialista brillante

3. Formation of Questions, Contractions, Possession

Review Chapter 1, Section 6, and Chapter 2, Sections 9 and 10.

Questions

¿Es oportunista Javier? or **¿Es Javier oportunista**? **¿Tienes hambre**?

Contractions

de + el = del **a + el = al**

Possession

la casa de Javier *Javier's house*

E. *Change to questions emphasizing the adjectives:*

1. El problema es difícil.
2. La profesora es muy buena.
3. Las casas son enormes.
4. Es un poema.
5. Los niños no son normales.
6. El teatro no es muy viejo.
7. La universidad es excelente.
8. El poema es muy sentimental.
9. Las mujeres son oportunistas.
10. La niña no es canadiense.
11. Los dentistas no son malos.
12. Eres muy generosa.

F. *Form possessives according to the example:*

EJEMPLO: (casa, autor)
la casa del autor

1. (hijo, médico)
2. (sistema, universidad)
3. (importancia, neurólogo)
4. (problemas, mundo)
5. (experiencia, padre)
6. (auto, viejo)
7. (cena, niño)
8. (libros, él)
9. (hermano, presidente)
10. (hijas, profesor)

4. Present Indicative of Regular and Irregular Verbs

Review Chapter 2, Section 8; Chapter 3, Section 12; and Chapter 4, Section 16.

Regular Verbs

estudiar, comer, vivir

Irregular Verbs

hacer, poner, valer, tener, salir, oír, decir, venir

G. *Give the present indicative:*

1. yo (oír, hacer, comprender, poner, decir)
2. Uds. (venir, estudiar, luchar, tener, oír)
3. nosotros (vivir, exagerar, salir, comer, valer)
4. tú (tener, decir, venir, oír, gritar)

H. *Express in Spanish:*

1. I'm in a hurry.
2. It's very hot.
3. Why is he coming?
4. What are you (fam.) doing?
5. He goes out with Elvira.
6. How much is it worth?
7. I hear the music.
8. We study Spanish.
9. It's cold at home.
10. They are very successful.

5. Negative Sentences and Words

Review Chapter 1, Section 7, and Chapter 3, Section 14.

Negative Sentences

No tengo hambre. El problema no es difícil.

Negatives with Corresponding Affirmatives

nunca/siempre nadie/alguien nada/algo ni . . . ni . . . /o . . . o . . .

I. *Make the following statements negative:*

1. Javier tiene suerte.
2. Ellos preparan la cena.
3. Yo salgo con mi amigo.
4. Frank tiene ganas de luchar.
5. Nosotros bebemos mucho vino.
6. Hace mucho calor aquí.

J. *Answer the following questions in the negative:*

1. ¿Bebe Ud. algo ahora?
2. ¿Oye Ud. algo?
3. ¿Dice Ud. algo?
4. ¿Come Ud. algo ahora?
5. ¿Hay alguien aquí?
6. ¿Vive alguien con Ud.?
7. ¿Habla Ud. con alguien?
8. ¿Hay alguien en casa?
9. ¿Tiene Ud. prisa siempre?
10. ¿Siempre hace frío aquí?
11. ¿Tiene Ud. razón siempre?
12. ¿Qué bebe Ud., café o vino?
13. ¿Qué come Ud., jamón o sopa?
14. ¿Quién tiene la culpa, yo o él?

6. Pronoun Objects of the Preposition, Possessive Adjectives and Pronouns

Review Chapter 3, Section 15; Chapter 4, Sections 17 and 18.

PRONOUN OBJECTS OF THE PREPOSITION	
mí	**nosotros (-as)**
ti	**vosotros (-as)**
Ud.	**Uds.**
él	**ellos**
ella	**ellas**

POSSESSIVE ADJECTIVES AND PRONOUNS	
ADJECTIVES	PRONOUNS
mi, mis	**el mío (-a, -os, -as)**
tu, tus	**el tuyo (-a, -os, -as)**
su, sus	**el suyo (-a, -os, -as)**
nuestro (-a, -os, -as)	**el nuestro (-a, -os, -as)**
vuestro (-a, -os, -as)	**el vuestro (-a, -os, -as)**
su, sus	**el suyo (-a, -os, -as)**

K. *Answer the following questions choosing the second alternative:*

1. ¿Es la limonada para él o para Ud.?

2. ¿Es el café para ellos o para mí?
3. ¿Son los libros para ella o para Uds.?
4. ¿Estudia Frank con Elvira o con Ud.?
5. ¿Habla el profesor con ella o contigo?
6. ¿Viene Ud. con ellos o con nosotros?
7. ¿Tiene Elvira miedo de ellos o de Ud.?
8. ¿Tienen Uds. algo contra ella o contra mí?
9. ¿Luchas contra él o contra nosotros?

L. *Express in Spanish clarifying all the third person forms:*

1. his daughter
2. our friends
3. my brother
4. her cars
5. our wine
6. their (fem.) professor
7. your (form. sing.) books
8. your (fam. sing.) children
9. their (masc.) house
10. your (form. pl.) sister

M. *Answer the following questions according to the example:*

EJEMPLO: ¿De quién es el libro? (María)
Es suyo.
¿De quién?
Es de ella.

1. ¿De quién es la sopa? (Javier) ¿De quién?
2. ¿De quién son los telegramas? (Elvira) ¿De quién?
3. ¿De quién es la limonada? (Don Ramón) ¿De quién?
4. ¿De quién son los libros? (Frank) ¿De quién?
5. ¿De quién es el auto? (los padres de Elvira) ¿De quiénes?
6. ¿De quién son las radios? (las muchachas) ¿De quiénes?
7. ¿De quién es la casa? (los amigos de Frank) ¿De quiénes?

7. Comparisons and Superlatives

Review Chapter 4, Section 19.

EQUAL COMPARISONS:	**tan . . . como . . .** with adjectives and adverbs	
	tanto . . . como . . . with nouns	
UNEQUAL COMPARISONS:	**más . . . que . . .**	with adjectives, adverbs,
	menos . . . que . . .	or nouns
SUPERLATIVES:	Definite article + (noun) + comparative	

N. *Answer the following questions according to the example:*

EJEMPLO: ¿Tiene Ud. tantos libros como yo?
¡Tengo más libros que Ud.!

1. ¿Tiene Ud. tanta limonada como yo?

2. ¿Come Ud. tanto jamón como nosotros?
3. ¿Beben Uds. tanto vino como Frank y Javier?
4. ¿Tiene Ud. tanto café como yo?
5. ¿Tengo tanta sopa como Ud.?

O. *Answer the following questions according to the example:*

EJEMPLO: ¿Es Ud. tan sentimental como Frank?
No, soy menos sentimental que él.

1. ¿Es Ud. tan importante como Javier?
2. ¿Son Uds. tan cínicos como yo?
3. ¿Es Ud. tan taciturno como nosotros?
4. ¿Soy tan generosa como Ud.?
5. ¿Somos tan agresivos como Uds.?

P. *Answer the following questions according to the example:*

EJEMPLO: ¿Tiene muchos libros Elvira?
No, pero tiene tantos libros como Javier.

1. ¿Tienen Uds. muchos hermanos?
2. ¿Bebe Ud. mucho vino?
3. ¿Come Ud. demasiado?
4. ¿Estudian Uds. demasiado?
5. ¿Hablo yo demasiado?

Q. *Answer the following questions according to the example:*

EJEMPLO: ¿Es muy agresiva Rachel?
No, pero es tan agresiva como Elvira.

1. ¿Es muy egoísta tu hermano?
2. ¿Son muy gordos los estudiantes?
3. ¿Es Ud. muy linda?
4. ¿Son Uds. muy idealistas?
5. ¿Soy muy estricta?

R. *Answer the following questions according to the example:*

EJEMPLO: ¿El profesor Moreno? ¿Popular?
Sí, el profesor Moreno es el hombre más popular del mundo.

1. ¿Frank? ¿Generoso?
2. ¿Javier y Eduardo? ¿Cínicos?
3. ¿Elvira? ¿Gorda?
4. ¿Elvira y Rachel? ¿Sentimentales?
5. ¿El libro de español? ¿Perfecto?

8. Uses of ser

Review Chapter 5, Sections 20 and 21.

Ser is used with predicates, time expressions, and dates; and to denote origin, material, ownership, and destination.

S. *Express in Spanish:*

1. He's our best friend.
2. They are brothers.
3. He is a professor.
4. She is the way she is.
5. We are sisters.
6. You are too idealistic.
7. I'm very fat.
8. How stupid we are!
9. How cynical he is!
10. How pretty she is!

T. *Answer the following questions according to the example:*

EJEMPLO: ¿Es profesora tu madre? (estricta)
Sí, pero es una profesora muy estricta.

1. ¿Es artista tu hermano? (malo)
2. ¿Son dentistas tus amigos? (estúpidos)
3. ¿Es católica Elvira? (fanática)
4. ¿Son luteranas esas muchachas? (agresivas)
5. ¿Es canadiense tu amiga? (patriótica)
6. ¿Son comunistas esos profesores? (fanáticos)
7. ¿Es socialista tu amigo? (cínico)

U. *Answer the following questions according to the example:*

EJEMPLO: ¿Elvira? ¿De Guatemala?
Sí, Elvira es de Guatemala.

1. ¿Uds.? ¿De aquí?
2. ¿Ellos? ¿De Manitoba?
3. ¿Tú? ¿De Panamá?
4. ¿La casa? ¿De cemento?
5. ¿Los autos? ¿De metal?
6. ¿Los libros? ¿De Javier?
7. ¿La radio? ¿De Guillermo?
8. ¿El café? ¿Para tu padre?
9. ¿Los chocolates? ¿Para mí?
10. ¿La limonada? ¿Para ti?

V. *Answer the following questions according to the example:*

EJEMPLO: ¿Qué hora es? (5:10)
Son las cinco y diez.

1. ¿Qué hora es? (6:30)
2. ¿Qué hora es? (1:25)
3. ¿Qué hora es? (7:45)
4. ¿Qué hora es? (11:50)
5. ¿Qué hora es? (12:35)
6. ¿Qué hora es? (2:55)
7. ¿Qué hora es? (8:20)
8. ¿Qué hora es? (1:15)
9. ¿Qué hora es? (3:30)
10. ¿Qué hora es? (4:05)

W. *Answer the following questions:*

1. Si hoy es miércoles, ¿qué día es mañana?
2. Si hoy es sábado, ¿qué día es mañana?
3. Si hoy es lunes, ¿qué día es mañana?
4. Si hoy es domingo, ¿qué día es mañana?
5. Si hoy es jueves, ¿qué día es mañana?
6. Si hoy es martes, ¿qué día es mañana?
7. Si hoy es viernes, ¿qué día es mañana?

X. *Express the following dates in Spanish:*

1. Feb. 13	3. May 29	5. Dec. 11	7. Jan. 6
2. Aug. 26	4. Sept. 19	6. Nov. 4	8. Oct. 1

Capítulo 6

CONVERSACIÓN

Hablan Elena y Rose (la madre de Rachel). Están en casa de Rose.

R: ¿Pongo más hielo en la limonada, Elena?
E: No, gracias. Todavía está muy fría.
R: ¿Está demasiado verde la manzana?
E: No, no, está bien, muchas gracias. Está muy rica.
R: ¿Por qué estás tan triste, mujer? ¿Están enfermos los niños?
E: No, por lo menos los niños están bien. Pero ese idiota de Guillermo sale con su secretaria casi todas las noches. Dice que sale con sus amigos, pero sale con ella.
R: ¿Sale con su secretaria tu marido? ¡Es la historia más vieja del mundo! ¿Por qué tiene que ser tan convencional Guillermo?
E: Pues porque soy como todas las madres que tienen muchos hijos. Soy gorda y vieja.
R: Elena, ¿estás loca? ¿Por qué hablas así?
E: Digo la verdad. Sale con su secretaria porque está cansado de vivir conmigo.
R: Pero, ¿cómo es la famosa secretaria?
E: Guillermo dice que es muy lista y que tiene mucho talento, pero yo digo que es tonta y muy fea.
R: ¡Aja, Elena! Estás celosa, ¿verdad?
E: No, no estoy celosa. Estoy enojada. Guillermo es muy pesado. Pero, claro, soy demasiado vieja para él ahora.
R: ¡Qué va, Elena! ¡Estás muy joven todavía!
E: *Estoy* muy joven, ¿eh? Entonces soy vieja, ¿verdad? ¡Qué amiga! ¡Tú eres peor que Guillermo!

Palabras y modismos nuevos

cansado	tired	**manzana** *f*	apple
casa: en casa de Rose	at Rose's (house)	**marido** *m*	husband
casi	almost, nearly	**menos: por lo menos**	at least
celoso	jealous	**niños** *m pl*	small children
enfermo	sick	**noche: todas las noches**	every night
enojado	angry	**pesado**	tiresome, annoying
ese	that		
estar	to be	**que**	who
feo	ugly	**rico** (*with* **estar**)	delicious
hielo *m*	ice	**tonto**	stupid
hijos *m pl*	children	**triste**	sad
historia *f*	story	**verdad** *f*	truth
listo	smart; ready	**¿verdad?**	right? true?
loco	crazy	**verde**	green; unripe

Preguntas

1. ¿Cómo están los niños de Elena?
2. ¿Por qué está triste Elena?
3. ¿Cómo son todas las madres que tienen muchos hijos?
4. ¿Por qué sale Guillermo con su secretaria?
5. ¿Cómo es la secretaria según Guillermo?
6. ¿Comó es según Elena?
7. ¿Está celosa Elena?
8. ¿Cómo es Guillermo según ella?
9. ¿Por qué está enojada con Rose?

GRAMÁTICA Y EJERCICIOS

22. Uses of estar (*Los usos de* estar)

estar *to be*

estoy	*I am*	**estamos**	*we are*
estás	*you are (fam.)*	**estáis**	*you are (fam.)*
está	*he, she, it is*	**están**	*they are*

a. **Estar** is used to express location:

¿Dónde están los padres de Rachel?	*Where are Rachel's parents?*
Están en casa de Elvira.	*They're at Elvira's house.*
Estoy con mis amigos.	*I'm with my friends.*

b. **Estar** is used with adjectives that express a state or condition, that is, how the subject feels, how he looks, or what he happens to be like at a particular time.

(1) How the subject feels at a given time:

¡Hola! ¿Cómo estás? **Estoy bien, gracias.**
Hi! How are you? *—I'm fine, thanks.*

Por lo menos los niños no están enfermos.
At least the children aren't sick.

Estás celosa, ¿verdad? **—No, estoy enojada.**
You're jealous, aren't you? *—No, I'm angry.*

(2) How the subject looks at a given time:

La casa está sucia.	*The house is dirty.*
¡Qué linda estás!	*How pretty you look!*
Estás muy joven todavía.	*You still look very young.*

(3) What the subject happens to be like at a given time:

Estoy muy ocupado ahora.	*I'm very busy now.*
El café está caliente.	*The coffee is hot.*
Tu sopa está fría.	*Your soup is cold.*

EJERCICIOS: Los usos de **estar**

***A.** *Location. Answer the following questions in the affirmative:*

1. ¿Está Ud. con los amigos de Javier?
2. ¿Está Frank en casa de Javier?
3. ¿Está la casa de Javier cerca del hospital?
4. ¿Están los niños con su madre?
5. ¿Están Uds. en la Universidad?
6. ¿Están los amigos de Frank en el café?
7. ¿Estamos Elvira y yo en casa de mi hermano?
8. ¿Estás en la clase de español?

***B.** *How the subject feels at a given time. Answer the following questions in the negative:*

1. ¿Está Ud. bien hoy?
2. ¿Está bien tu madre?
3. ¿Están enfermos tus niños?
4. ¿Está tu marido celoso del gato?
5. ¿Estás muy enojado con los niños?
6. ¿Están Uds. contentos con la clase?

7. ¿Están Uds. tristes cuando no estoy aquí?
8. ¿Está contento Javier cuando sale con Rachel?
9. ¿Están Uds. desilusionados con su profesor?

***C.** *How the subject looks at a given time. Change the following sentences substituting the words in parentheses:*

1. Las niñas están muy sucias ahora.
   (la casa, los gatos, mi hijo)
2. Rachel está muy joven hoy.
   (Elena y Rose, él, tú)
3. ¡Qué linda estás esta mañana!
   (ella, nosotras, ellas)

D. *What the subject happens to be like at a given time. Change the following sentences substituting the words in parentheses:*

1. ¿Están Uds. muy ocupados ahora?
   (tú, ella, él)
2. El café está demasiado caliente.
   (las limonadas, la sopa, el agua)
3. ¡Qué fría está la sopa!
   (el agua, el café, las limonadas)

23. Contrastive Meanings of ser and estar (*El contraste entre* ser *y* estar)

a. The meaning of an adjective may change according to the verb with which it is used:

El niño es malo.	*The child is bad.*
El niño está malo.	*The child is sick.*
Javier es muy listo.	*Javier is very smart.*
Elvira está lista.	*Elvira is ready.*
Mis padres son ricos.	*My parents are rich.*
El jamón está rico.	*The ham is delicious.*
Las manzanas son verdes.	*The apples are green*
Las manzanas están verdes.	*The apples are unripe.*

b. Remember that **ser** expresses a characteristic, while **estar** expresses a condition:

Rachel es linda.	*Rachel is pretty.*
Está linda hoy.	*She looks pretty today.*
Mi padre es joven.	*My father is young.*
Está joven ahora.	*He looks young now.*

Yo soy vieja.	*I am old.*
Estoy vieja esta tarde.	*I feel old this afternoon.*
El hielo es frío.	*Ice is cold.*
Mi sopa está fría.	*My soup is cold.*

EJERCICIO: **ser** y **estar**

E. *Complete the sentences using the appropriate form of* **ser** *or* **estar**:

1. La familia de Javier _____ muy rica.
2. Rachel _____ muy linda, pero _____ muy gorda este año.
3. Yo _____ muy fea ahora porque _____ cansada.
4. Ahora _____ contenta porque mi sopa _____ muy caliente.
5. ¡Qué rico _____ el jamón!
6. El hielo _____ frío.
7. Rachel _____ muy linda cuando _____ enojada.
8. Mis padres _____ en el hospital porque _____ malos.
9. Elena _____ muy pesada porque habla demasiado.
10. Javier _____ muy listo; por eso no tiene que estudiar.
11. Ya son las ocho. ¿ _____ listo tú?
12. Yo siempre _____ triste cuando tú no _____ aquí.

24. Demonstrative Adjectives and Pronouns (*Los adjetivos y los pronombres demostrativos*)

a. Demonstrative adjectives point out one or more of a group: *this dish, that glass, these buttons, those mountains.* They agree in number and gender with the noun they modify:

MASCULINE	FEMININE	
este	**esta**	*this*
ese	**esa**	*that (nearby)*
aquel	**aquella**	*that (over there, far away)*
estos	**estas**	*these*
esos	**esas**	*those (nearby)*
aquellos	**aquellas**	*those (over there, far away)*

Esta casa es mía, y **aquella casa** es de ella.
This house is mine, and that house is hers.

Este café es mío, y **ese café** es tuyo.
This coffee is mine, and that coffee is yours.

¡Qué malos son **esos niños**!
How naughty those children are!

Rachel vive en **aquella casa.**
Rachel lives in that house (over there).

Aquel señor es profesor.
That man is a professor.

b. Demonstrative pronouns also point out one or more of a group: *this (one), that (one), these, those.* They agree in number and gender with the noun they replace, and they are distinguished from the demonstrative adjectives by an accent mark over the stressed syllable:

MASCULINE	FEMININE	
éste	**ésta**	*this (one)*
ése	**ésa**	*that (one) (nearby)*
aquél	**aquélla**	*that (one) (far away)*
éstos	**éstas**	*these*
ésos	**ésas**	*those (nearby)*
aquéllos	**aquéllas**	*those (far away)*

Esta casa es mía, y **aquélla** es de ella.
This house is mine, and that one is hers.

Este café es mío, y **ése** es tuyo.
This coffee is mine, and that's yours.

c. Neuter demonstrative pronouns refer to an abstract concept rather than to a specific noun. Their endings never change and they never need a written accent mark:

esto *this*
eso *that*
aquello *that*

Esto tiene que ser verdad.	*This has to be true.*
¿Qué es **eso**?	*What's that? (unidentified object)*
¿Por qué haces **eso**?	*Why do you do that?*
Aquello no tiene importancia.	*That has no importance.*

EJERCICIOS: Los adjetivos y los pronombres demostrativos

F. *Change the adjectives according to the nouns in parentheses:*

1. este hombre (mujer)
2. ese niño (niña)
3. aquella casa (casas)
4. esta vez (ocasiones)

5. aquellos libros (novelas)
6. esa manzana (jamón)
7. aquella muchacha (muchacho)
8. este actor (secretaria)
9. ese auto (cosas)
10. esa mujer (hombres)

G. *Replace the nouns in Exercise F with demostrative pronouns:*

EJEMPLO: este hombre
éste

***H.** *Change the sentences substituting the words in parentheses:*

1. Este jamón es muy bueno.
   (Universidad, niños, manzanas)
2. ¿Dónde están esos libros?
   (cosas, muchacho, mujer)
3. Aquel teatro es mucho mejor.
   (casa, niñas, países)

***I.** *Answer the following questions according to the example:*

EJEMPLO: ¿Vives en esta casa o en aquélla?
Vivo en aquélla.

1. ¿Estudias con este profesor o con aquél?
2. ¿Sales con esta muchacha o con aquélla?
3. ¿Cenas con estas mujeres o con aquéllas?
4. ¿Vives con estos muchachos o con aquéllos?
5. ¿Sales con este hombre o con aquél?

EJEMPLO: ¿Son tuyos estos niños o aquéllos?
Éstos son míos.

1. ¿Son tuyas estas niñas o aquéllas?
2. ¿Es tuya esta casa o aquélla?
3. ¿Es tuyo este auto o aquél?
4. ¿Son tuyos estos poemas o aquéllos?
5. ¿Son tuyas estas manzanas o aquéllas?
6. ¿Es tuya esa casa o aquélla?
7. ¿Son tuyos esos libros o aquéllos?
8. ¿Es tuyo ese jamón o aquél?

25. Colors (*Los colores*)

blanco *white*
amarillo *yellow*

anaranjado	*orange*
rojo	*red*
morado	*purple*
azul	*blue*
verde	*green*
negro	*black*
gris	*gray*

¿De qué color es el libro? *What color is the book?*
El libro es azul. *The book is blue.*

EJERCICIOS: Los colores

J. *Change the sentences substituting the words in parentheses:*

1. Aquí hay unos libros rojos.
   (azul, verde, amarillo, blanco)
2. Nosotros tenemos una casa gris.
   (anaranjado, azul, verde, rojo)
3. Mi auto es negro.
   (morado, amarillo, blanco, azul)

K. *Complete the sentences substituting the appropriate words from the line above:*

Nosotros tenemos unos gatos negros.

1. ______________ auto ________.
2. Yo ______________ azul.
3. ______________ libros ________.
4. Ellas ______________ verdes.
5. ______________ casa ________.
6. Tú ______________ blanca.
7. ______________ gatos ________.
8. Uds. ______________ amarillos.
9. ______________ radio ________.
10. Él ______________ gris.

CORTESÍA DE AMERICAN AIRLINES

«La casa donde vive Javier es de cemento».
El sector de San Ángel, Ciudad de México

LECTURA

Las casas donde viven Frank y Javier

La casa donde vive Frank es de adobe y está cerca de un hospital. La señora de la casa es muy vieja y bastante fea, y está desilusionada con la vida. La casa siempre está muy sucia y los estudiantes no comen bien porque ella no tiene energía para esas cosas. El café nunca está caliente y la sopa siempre está fría. Es una señora pesimista y melancólica, y está enferma casi todos los días. Frank tiene que vivir en esa casa porque es muy pobre, pero es un muchacho bastante estoico. Siempre está muy ocupado y estudia mucho para no estar demasiado triste.

La casa donde vive Javier es de cemento. La señora de la casa es muy joven y linda, pero es una mujer enorme. Sus tres hijos también son gordos, como la mamá. Ella es de Colombia y es católica, pero no es una católica muy devota. Sale con los estudiantes y siempre organiza fiestas para ellos. Javier está muy contento en esa casa y sale muchas veces con la señora. Ella adora a Javier porque dice que es superior a los otros muchachos que viven en su casa. La verdad es que él es un poco cruel y muy extravagante, pero por eso ella está muy ilusionada con él. Esa señora tiene que ser tonta, o un poco masoquista, o quizás egoísta como Javier. ¡Es como es!

PALABRAS Y MODISMOS NUEVOS

bastante	quite	**para**	in order to
caliente	hot	**pobre**	poor
cosa *f*	thing	**quizás**	maybe
día: todos los días	every day	**señora** *f*	lady, landlady
ocupado	busy	**sucio**	dirty

PREGUNTAS

1. ¿De qué es la casa donde vive Frank?
2. ¿Dónde está su casa?
3. ¿Cómo es la señora de la casa?
4. ¿Por qué no comen bien los estudiantes?
5. ¿Por qué tiene que vivir Frank en esa casa?
6. ¿Por qué estudia mucho?
7. ¿De qué es la casa donde vive Javier?
8. ¿Cómo es la señora de su casa?
9. ¿Cómo son sus hijos?
10. ¿De dónde es la señora?

11. ¿Qué hace para los estudiantes?
12. ¿Por qué está muy ilusionada con Javier?

COGNADOS NUEVOS

clase *f*	extravagante	ocasión *f*
contento	fiesta *f*	ocupar
convencional	ilusionado	organizar
cruel	mamá	pesimista
desilusionado	masoquista	superior
energía *f*	novela *f*	talento *m*

Capítulo 7

CONVERSACIÓN

Hablan Frank y Maribel.

F: ¡Maribel! ¿Adónde vas? ¿Por qué huyes siempre de mí?
M: No es que huyo de ti; ahora tengo mucha prisa.
F: ¿Por qué? ¿Qué tienes que hacer?
M: Voy a casa de Javier ahora. Él va a enseñarme a tocar la guitarra.
F: ¿Tú vas a aprender a tocar la guitarra?
M: Sí, y me dice que tengo mucho talento también.
F: ¿Él te dice eso?
M: Desde luego. Creo que Javier es un muchacho que vale mucho.
F: Mira, Maribel, ¿no ves que te da esas lecciones porque tiene ganas de estar contigo? Después probablemente te invita a cenar, o quizás te lleva a bailar o algo así.
M: ¿Sí? ¿Tú crees eso?
F: Creo que sí. ¡Absolutamente!
M: Entonces voy a casa ahora mismo.
F: Pero, ¿no vas a casa de Javier?
M: Sí, claro, pero si él va a invitarme a cenar esta noche, tengo que llevar un vestido nuevo.
F: ¡Maribel! ¿Estás loca? Tú y yo tenemos una cita esta noche, ¿no es verdad? Vamos al cine, ¿no?
M: ¡Ay, Frank! ¿Por qué no vamos mañana?
F: Maribel, ¡por Dios! ¿No comprendes que Javier es un don Juan?
M: No, no comprendo eso, y no te creo tampoco. Me gusta mucho estar con él, y tú estás celoso de él y de mí y de todo el mundo.
F: Bueno, ya estoy enojado, ¿me oyes? Si Javier te gusta tanto, entonces no digo más. Y adiós. Voy a buscar otra muchacha para esta noche.
M: ¿No vienes a visitarme mañana?
F: No. Pues, quizás . . . Bueno, te veo mañana, pero no me gusta la idea.
M: ¡Me gustas mucho cuando estás enojado!

CORTESÍA DE BRANIFF INTERNATIONAL

Un baile folklórico de México

Palabras y modismos nuevos

adiós	good-bye	**desde luego**	of course
¿adónde?	where? (with verbs of motion)	**gustar**	to be pleasing, to like
		huir	to run away, to flee
ahora mismo	right now	**ir**	to go
algo	something	**ir a casa**	to go home
aprender	to learn	**ir a casa de Javier**	to go to Javier's (house)
bailar	to dance	**lección** *f*	lesson
buscar	to look for	**llevar**	to take; to wear
cine *m*	movies	**mundo: todo el mundo**	everyone
cita *f*	date, appointment	**si**	if
contigo	with you (*fam.*)	**te**	you (*fam.*)
creer	to believe	**tocar**	to play (an instrument)
creo que sí	I think so	**ver**	to see
dar	to give	**vestido** *m*	dress

Preguntas

1. ¿Adónde va Maribel?
2. ¿Qué va a hacer Maribel?
3. ¿Cómo es Javier según ella?
4. ¿Por qué da lecciones Javier a Maribel?
5. ¿Qué va a hacer después?
6. ¿Por qué va a casa Maribel?
7. ¿Por qué está loca Maribel según Frank?
8. ¿Cómo es Javier según Frank?
9. ¿Por qué está enojado Frank?
10. ¿A quién va a buscar?
11. ¿Va a visitar a Maribel mañana?

GRAMÁTICA Y EJERCICIOS

26. Present Indicative of ir, dar, ver, creer, and huir (*El presente de indicativo*)

ir *to go*		**dar** *to give*		**ver** *to see*	
voy	**vamos**	**doy**	**damos**	**veo**	**vemos**
vas	**vais**	**das**	**dais**	**ves**	**veis**
va	**van**	**da**	**dan**	**ve**	**ven**

creer *to believe*		**huir** *to run away*	
creo	**creemos**	**huyo**	**huimos**
crees	**creéis**	**huyes**	**huis**
cree	**creen**	**huye**	**huyen**

EJERCICIOS: Los verbos irregulares

A. *Supply the appropriate forms of the verb:*

1. ir: tú, ella, nosotros, yo, Uds.
2. dar: nosotros, yo, él, ellas, tú
3. ver: ellos, tú, ella, nosotros, yo
4. creer: yo, nosotros, ellos, tú, Ud.
5. huir: Uds., él, yo, nosotros, tú

B. *Change the sentences according to the new subjects in parentheses:*

1. ¿Adónde vas?
   (él, nosotros, Ud., Uds.)
2. ¿Por qué huyes siempre de mí?
   (Ud., ellos, ella, Uds.)
3. Él va a enseñarme.
   (tú, ellas, Ud., ellos)
4. Javier te da unas lecciones.
   (ella, nosotros, yo, ellos)
5. Después te invita a cenar.
   (ellas, yo, nosotros, ella)
6. Quizás te lleva a bailar o algo así.
   (yo, ellos, nosotros, ellas)
7. Creo que sí.
   (él, nosotros, ellas, Uds.)
8. Bueno, te veo mañana.
   (ella, él, nosotros, ellos)

C. *Give the appropriate form of the following verbs:*

1. ellos: bailar, ver, aprender, dar, ir, invitar
2. nosotros: huir, creer, enseñar, ir, ver, comprender
3. yo: llevar, dar, ir, bailar, ver, tocar, visitar
4. usted: creer, huir, aprender, dar, llevar, bailar

27. Object Pronouns: First and Second Persons (*Los pronombres personales como complementos*)

a. Direct and indirect objects are generally nouns and pronouns that receive the action of a verb. A direct object answers the questions "what?" or "whom?":

I see **the books**.	I see **them**.
I love **Javier**.	I love **him**.

An indirect object answers the questions "to what?" or "to whom?":

I sent the letter to **the post office.**
I gave the books to **Frank.**
I gave them to **him.**

DIRECT AND INDIRECT	DIRECT	INDIRECT
me	*me*	*to me*
te	*you (fam.)*	*to you*
nos	*us*	*to us*
os	*you (fam. pl.)*	*to you*

b. In Spanish the direct and indirect object pronouns are the same in the first and second persons. The difference can be gleaned from the context.

c. In Spanish, object pronouns come directly before a conjugated verb. (The exception, object pronouns with affirmative commands, is explained in Capítulo 9.)

(1) Direct object pronouns

Tú no **me crees.** — *You don't believe me.*
Yo no **te creo** tampoco. — *I don't believe you, either.*
Mi padre **nos invita** a cenar. — *My father is inviting us to dinner.*

(2) Indirect object pronouns

Me dice que tengo mucho talento.
He tells me I have a lot of talent.

¿Él **te dice** eso?
He tells you that?

Ramón Moreno siempre **nos da** chocolates.
Ramón Moreno always gives us chocolates.

In English *to* is often omitted in sentences containing indirect objects: *he tells (to) me, he gives (to) me,* etc.

d. Object pronouns of an infinitive are usually attached to the infinitive:

Él **va a enseñarme** a tocar la guitarra.
He's going to teach me how to play the guitar.

Voy a invitarte a bailar.
I'm going to invite you to dance.

Ellos **vienen a visitarnos** mañana.
They're coming to visit us tomorrow.

Object pronouns of an infinitive may also stand before the conjugated verb instead of being attached to the infinitive, resulting in a more informal style:

Él **me va a enseñar** a tocar la guitarra.
Te voy a invitar a bailar.

When they are objects of a conjugated verb, they always stand before the conjugated verb:

Él **me invita a cenar.** *He's inviting me to dinner.*

EJERCICIOS: Los pronombres personales como complementos

***D.** *Answer the following questions according to the example:*

EJEMPLO: ¿Javier te da lecciones?
Sí, me da lecciones.

1. ¿Te dan café ellos?
2. ¿Te da limonada Elvira?
3. ¿Te enseña a bailar Frank?
4. ¿Te enseña a hablar español el profesor?
5. ¿Te enseña a tocar la guitarra tu marido?
6. ¿Te invita a cenar Frank?
7. ¿Te invitan a cenar Frank y Javier?
8. ¿Te invitan al cine ellos?
9. ¿Te dice Javier que tienes mucho talento?
10. ¿Te dice eso él?

***E.** *Answer the following questions according to the example:*

EJEMPLO: ¿Vienes a verme mañana?
Sí, voy a verte mañana.

1. ¿Vienes a verme el lunes?
2. ¿Vienes a visitarme el miércoles?
3. ¿Vienes a hablarme el domingo?
4. ¿Vas a darme una lección el sábado?
5. ¿Vas a invitarme a cenar?
6. ¿Vas a enseñarme tus poemas?
7. ¿Vas a darme una lección el jueves?
8. ¿Vas a decirme la verdad?
9. ¿Vas a llevarme al cine?
10. ¿Vas a llevarme a cenar?

28. gustar

The verb **gustar** means *to be pleasing*, although it is generally used to express the English *to like*. Only indirect objects are used with **gustar**:

¿Te gusta bailar?	*Do you like to dance?* *(Does it please you to dance?)*
Sí, me gusta mucho.	*Yes, I like it a lot.* *(Yes, it pleases me very much.)*

Gustar agrees with the subject of the sentence, which is usually placed after it:

Me gusta el libro.	*I like the book.* *(The book is pleasing to me.)*
Me gustan los libros.	*I like books.* *(Books are pleasing to me.)*
Nos gusta la idea.	*We like the idea.* *(The idea is pleasing to us.)*
Nos gustan las manzanas.	*We like apples.* *(Apples are pleasing to us.)*
¿Te gustan las mujeres?	*Do you like women?* *(Are women pleasing to you?)*
No, no me gustan nada.	*No, I don't like them atall.* *(No, they are not at all pleasing to me.)*

EJERCICIOS: gustar

F. *Answer the following questions according to the example:*

EJEMPLO: ¿Te gusta la idea?
No, no me gusta nada.

1. ¿Te gusta el vino?
2. ¿Te gusta Javier?
3. ¿Te gusta bailar?
4. ¿Te gusta el jamón?
5. ¿Te gusta el cine?
6. ¿Te gustan las mujeres?
7. ¿Te gustan los niños?
8. ¿Te gustan las manzanas?
9. ¿Te gustan los libros sentimentales?
10. ¿Te gustan los hombres crueles?

G. *Answer the following questions:*

1. ¿Te gusta más bailar o estudiar?

2. ¿Te gusta más el vino o el agua?
3. ¿Te gusta más la televisión o el cine?
4. ¿Te gusta más la guitarra o el piano?
5. ¿Te gusta más Frank o Javier?
6. ¿Te gustan más las mujeres listas o las mujeres ricas?
7. ¿Te gustan más las casas convencionales o las casas modernas?
8. ¿Te gustan más los niños tontos o los niños egoístas?
9. ¿Te gustan más los hombres cínicos o los hombres inocentes?

***H.** *Change the sentences substituting the words in parentheses:*

1. Me gusta tu libro. (libros)
2. Nos gusta esa casa. (casas)
3. ¿Te gusta mi idea? (ideas)
4. Me gusta este libro. (libros)
5. Nos gusta tu hermano. (hermanos)
6. ¿Te gustan aquellas casas? (casa)
7. Me gustan los poemas. (poema)
8. Nos gustan estas novelas. (novela)
9. ¿Te gustan mis hermanas? (hermana)
10. Me gustan mucho tus ideas. (idea)

29. Relative Pronoun que (*El pronombre relativo* que)

A relative pronoun introduces a dependent clause and usually refers to a previously mentioned noun or pronoun:

Do you know the girl **who** lives in the white house?
Here are the papers **that** were thrown out by mistake.

The relative pronoun **que**, meaning *who*, *that*, or *which*, is never omitted in Spanish as its equivalents sometimes are in English:

Frank es un muchacho **que** vale mucho.
Frank is a boy who is worth a great deal.

Ésta es la guitarra **que** toca Javier todos los días.
This is the guitar (that) Javier plays every day.

Todos dicen **que** es el mejor neurólogo del mundo.
They all say (that) he's the best neurologist in the world.

No comprende **que** su silencio es una forma de estoicismo.
She doesn't understand that his silence is a form of Stoicism.

30. Preposition a after Verbs of Motion (*La preposición* a *con verbos de movimiento*)

Verbs of motion, such as *ir* and *venir*, and certain other verbs which imply motion toward a goal, take the preposition **a** when used with an infinitive:

Ya no **voy a hablar** más.	*I'm not going to talk any more.*
¿No **vienes a visitarme**?	*Aren't you coming to visit me?*
Me **enseña a tocar** la guitarra.	*He's teaching me to play the guitar.*
Aprendo a tocar el piano.	*I'm learning to play the piano.*
Después te **invita a cenar.**	*Afterwards he'll invite you to dinner.*
Quizás te **lleva a bailar.**	*Maybe he'll take you dancing.*

31. Personal a (A *con el complemento directo*)

The preposition **a** is used in Spanish before a direct object that refers to a person. The personal **a** is never used after **tener**, however, and it has no English equivalent.

Veo **a mi hermano** todos los días.	*I see my brother every day.*
Las mujeres adoran **a Javier**.	*Women adore Javier.*
Ella invita **a sus padres**, no **a Ud**.	*She's inviting her parents, not you.*
But: **Elena tiene cinco hijos.**	*Elena has five children.*

Exception: The personal **a** is not used when the direct object is indefinite or unknown:

Frank busca otra muchacha. *Frank is looking for another girl* (*whoever she may be*).

EJERCICIOS: El pronombre relativo **que**; la preposición **a**

***I.** *Change the sentences according to the words in parentheses:*

1. Es un muchacho que vale mucho.
   (mujer, hombres, niñas)
2. Adoro a la muchacha que vive en la casa blanca.
   (mujer, hombre, niños)
3. Todos dicen que es el mejor neurólogo del mundo.
   (dentista, profesores, madre)
4. Ya no voy a estudiar más.
   (hablar, decir, comer)

5. Frank busca otra muchacha.
   (hombre, libros, mujeres)
6. Veo a mi hermano.
   (mis padres, los gatos, la casa blanca)
7. Tengo tres gatos.
   (hijos, niñas, hermanos)

***J.** *Change the sentences substituting the appropriate words from the line above:*

Adoro a mi marido.

1. ______________ amigos.
2. Busco ______________.
3. ______________ el libro.
4. Veo ________________.
5. ________________ niños.
6. Llevo ________________.
7. ________________ hermana.
8. Invito ________________.

LECTURA

Una carta de Ramón Moreno a un amigo suyo

Querido Pepe:

Muchas gracias por tu última carta. Siempre me gusta tener noticias tuyas. Me preguntas si estoy bien, pero ya sabes que a mi edad es imposible estar bien. En estos momentos estoy más triste que nunca, porque es primavera y soy muy viejo, más viejo que nadie. ¡Qué contraste entre la primavera y yo! Todo está verde, todo está nuevo, y los muchachos llevan a las muchachas a bailar y a beber vino. Para ellas no existo yo como hombre . . . En su opinión soy más bien un profesor que estudia todos los días y que habla siempre de cosas muy abstractas en clase. Es terrible no ser ya hombre. Los deseos que vienen ahora con la primavera ya no tienen solución, y yo estoy más solo que nunca. Tú me dices en tu última carta que tienes miedo de la impotencia senil. Pues yo también, pero con esta diferencia: tengo miedo de la potencia senil. ¿Qué hago yo ahora que soy viejo? Mis estudiantes no tienen ese problema. Creo que odio un poco a todos ellos por la vida tan feliz que tienen. Pero claro, también adoro a las niñas primaverales que están en mis clases y que estudian filosofía conmigo. Quizás adoro demasiado a esas niñas, porque siempre huyen de mí. Ellas creen que huyen de un viejo verde. La verdad es que huyen de un muchacho tan joven como todos los otros muchachos, pero que vive en un cuerpo viejo. Ellas no comprenden mi dilema y son crueles porque son jóvenes. Pero así es la vida. No me gusta estar solo y no me gusta ser viejo. Es la cosa más intolerable que hay, especialmente en nuestra cultura occidental. ¿Qué hago yo ahora que soy viejo? Ya viene la muerte a buscarme, amigo, y no tengo ganas de morir.

Te manda muchos abrazos tu viejo amigo,

Ramón

PALABRAS Y MODISMOS NUEVOS

abrazo *m*	hug, embrace	**noticias** *f pl*	news
carta *f*	letter	**odiar**	to hate
cuerpo *m*	body	**por**	for
deseo *m*	desire	**preguntar**	to ask
edad *f*	age	**primavera** *f*	spring
feliz	happy	**primaveral**	spring-like, youthful
mandar	to send	**que**	which
más bien	rather, instead	**querido**	dear
morir	to die	**saber**	to know

PREGUNTAS

1. ¿Qué hacen los muchachos en primavera?
2. ¿Cómo es Ramón Moreno según las muchachas?
3. ¿De qué tiene miedo su amigo?
4. ¿De qué tiene miedo él?
5. ¿Por qué odia un poco a sus estudiantes?
6. ¿Por qué dice que adora demasiado a las niñas?
7. ¿De quién huyen las muchachas?
8. ¿Por qué son crueles?
9. ¿Qué es la cosa más intolerable que hay según don Ramón?

COGNADOS NUEVOS

absolutamente	guitarra *f*	occidental
abstracto	idea *f*	piano *m*
contraste *m*	impotencia *f*	potencia *f*
cultura *f*	inocente	senil
chocolate *m*	intolerable	solución *f*
diferencia *f*	invitar	visitar

Capítulo 8

CONVERSACIÓN

Habla Ramón Moreno con Elvira, una estudiante suya.

R: Tú no me quieres nada, aunque yo te adoro.

E: ¡Qué va! Si[1] yo lo quiero mucho a Ud., Sr. Moreno.

R: Tú crees que soy muy viejo, más viejo que tu abuelo. Más viejo que el diablo, ¿verdad?

E: No, no creo eso. ¡Si Ud. es muy joven!

R: ¿Por qué mientes, hija mía? Ya sabes que tengo sesenta y siete años. El diablo sabe más por viejo que por diablo. Así que siempre tienes que decirme la verdad, y nada más que la verdad.

E: Pues le digo la verdad. Ud. no es nada viejo.

R: ¡Basta, niña! ¡A mí no me engañas así! A ti no te gustan los viejos. Te gustan los jóvenes. Yo te veo muchas veces con Javier, un muchacho que no vale nada en absoluto. ¿Tú qué piensas de él? ¿Lo conoces bien?

E: Es un amigo mío, nada más.

R: Ni más ni menos, ¿eh? Pues te advierto que ese tonto no va a tener el más mínimo éxito en la vida. De filosofía no entiende ni una palabra, y los ensayos que escribe para mis clases son fatales. Yo creo que Frank se los vende.

E: ¡Es una acusación bastante grave!

R: ¡Aja! Lo defiendes, ¿eh? ¿Defiendes a ese idiota? Ahora empiezo a perder la paciencia.

E: Pero ¿por qué pierde Ud. la paciencia?

R: Porque tú lo quieres a él y a mí nada. Tú crees que es un muchacho muy atractivo, ¿verdad? Pues si cierras los[2] ojos, soy un verdadero Adonis.

1. **Si,** although it has no direct English equivalent, is used to emphasize statements and suggests the English *but on the contrary, I do . . .* 2. The definite article is generally used with parts of the body and articles of clothing to express *your, his, her,* etc.

E: Pero yo no quiero a Javier.
R: Si quieres cartas de amor, yo te las escribo. Y si quieres chocolates, yo te los mando. Y si quieres una rosa, te la compro ahora mismo.
E: Pero yo no quiero esas cosas.
R: Y si quieres oír un poema de amor, yo te lo leo.
E: ¡Si no quiero nada!
R: Y además, yo hago todas esas cosas cien veces mejor que Javier.
E: ¡Sr. Moreno! ¡A veces creo que Ud. no me oye cuando le hablo!
R: Te oigo, te veo y te adoro, niña. Pero tú no me quieres nada.

Palabras y modismos nuevos

absoluto:	nothing at all,
nada en absoluto	absolutely nothing
abuelo *m*	grandfather
advertir (ie)	to warn
amor *m*	love
así que	so, therefore
aunque	even though, although
cerrar (ie)	to close
cien	a hundred
comprar	to buy
conocer	to know, to be acquainted with
defender (ie)	to defend
diablo *m*	devil
empezar (ie)	to begin
engañar	to deceive, to fool
ensayo *m*	essay
entender (ie)	to understand
escribir	to write
le	(to) you (*ind. obj. pro.*)
leer	to read
lo	you, him (*dir. obj. pro.*)
mentir (ie)	to lie
mínimo: el más mínimo	the slightest
ojo *m*	eye
palabra *f*	word
pensar (ie)	to think
pensar + *inf.*	to intend
perder (ie)	to lose
por + *noun or adj.*	for being + *noun or adj.*
por viejo	for being old
por diablo	for being the devil
querer (ie)	to love, to want
señor (Sr.)	Mr.
sesenta	sixty
si	but on the contrary, I do . . .
tonto *m*	fool
vender	to sell
verdadero	real
vez *f* (**veces** *pl*)	time
a veces	at times, sometimes

Preguntas

1. ¿Le gustan a Elvira los viejos?
2. ¿Qué piensa Elvira de Javier?
3. ¿Comó es Javier según el profesor Moreno?
4. ¿Cómo son los ensayos que escribe para sus clases?
5. ¿Qué acusación hace el Sr. Moreno?

6. ¿Por qué pierde la paciencia?
7. Si cierra los ojos Elvira, ¿cómo es el Sr. Moreno?
8. ¿Cree Ud. que el Sr. Moreno oye a Elvira cuando ella le habla?
9. ¿Cree Ud. que él tiene razón cuando dice que Elvira no lo quiere?
10. ¿Qué piensa Ud. del profesor Moreno?
11. ¿Conoce Ud. a muchos viejos como él?

GRAMÁTICA Y EJERCICIOS

32. Present Indicative of Stem-Changing Verbs (*Los verbos con cambios en la raíz*)

Stem-changing verbs are those verbs whose root vowel, **e** or **o**, changes when stressed. There are three types of changes in the present tense: (1) the root vowel **e** changes to **ie**, (2) the root vowel **o** becomes **ue**, and (3) the root vowel **e** changes to **i** in some third conjugation verbs. Here is a sample of the first type:

cerrar *to close*		**pensar** *to think*		**empezar** *to begin*	
c**ie**rro	cerramos	p**ie**nso	pensamos	emp**ie**zo	empezamos
c**ie**rras	cerráis	p**ie**nsas	pensáis	emp**ie**zas	empezáis
c**ie**rra	c**ie**rran	p**ie**nsa	p**ie**nsan	emp**ie**za	emp**ie**zan
querer *to want, love*		**perder** *to lose*		**entender** *to understand*	
qu**ie**ro	queremos	p**ie**rdo	perdemos	ent**ie**ndo	entendemos
qu**ie**res	queréis	p**ie**rdes	perdéis	ent**ie**ndes	entendéis
qu**ie**re	qu**ie**ren	p**ie**rde	p**ie**rden	ent**ie**nde	ent**ie**nden
defender *to defend*		**mentir** *to lie*		**advertir** *to warn*	
def**ie**ndo	defendemos	m**ie**nto	mentimos	adv**ie**rto	advertimos
def**ie**ndes	defendéis	m**ie**ntes	mentís	adv**ie**rtes	advertís
def**ie**nde	def**ie**nden	m**ie**nte	m**ie**nten	adv**ie**rte	adv**ie**rten

Notice that the root vowel of the first and second persons plural never changes because it is never stressed.

EJERCICIOS: Los verbos con cambios en la raíz

A. *Supply the appropriate forms of the verb:*

1. pensar: nosotros, yo, él, ellas, tú
2. defender: ellos, tú, ella, nosotros, yo
3. advertir: yo, nosotros, ellos, tú, Ud.

4. empezar: Uds., él, yo, nosotros, tú
5. mentir: tú, ella, nosotros, yo, Uds.

B. *Change the sentences according to the new subjects in parentheses:*

1. Tú no me quieres nada.
   (él, ellas, Ud., ellos)
2. ¿Por qué mientes?
   (Uds., nosotros, ella, yo)
3. Si cierras los ojos, soy un Adonis.
   (Uds., Ud., ellos, ella)
4. ¿Tú qué piensas de él?
   (Ud., ellos, Uds., ella)
5. Pues te advierto que es muy tonto.
   (ella, ellos, nosotros, él)
6. De filosofía no entiende ni una palabra.
   (yo, Uds., ella, nosotros)
7. ¡Aja! Lo defiendes, ¿eh?
   (Ud., ellos, ella, Uds.)
8. Ahora empiezo a perder la paciencia.
   (nosotros, tú, ellos, él)
9. Pero, ¿por qué pierde Ud. la paciencia?
   (tú, Uds., ella, ellos)

C. *Give the appropriate form of the present tense:*

1. usted: cerrar, comprar, perder, vender, mentir
2. nosotros: advertir, defender, leer, mandar, empezar
3. yo: engañar, pensar, escribir, mentir, entender
4. tú: querer, leer, mandar, cerrar, advertir

33. Object Pronouns: Third Person (*Los pronombres personales como complementos*)

DIRECT		INDIRECT	
lo	*you* (form., m.), *him, it*	**le**	*to you, to him, to her, to it*
la	*you* (form., f.), *her, it*		
los	*you* (form., pl.), *them*	**les**	*to you, to them*
las	*you* (form., pl.), *them*		

Compro **los libros**. — *I buy the books.*
Los compro. — *I buy them.*

Quiero **las rosas**. — *I want the roses.*
Las quiero. — *I want them.*

¿Vas a escribir **la carta**? ¿Vas a escribir**la**? (¿**La** vas a escribir?)	*Are you going to write the letter?* *Are you going to write it?*
¿Tienes **el libro**? ¿**Lo** tienes?	*Do you have the book?* *Do you have it?*
Hablo **a María.** **Le** hablo.	*I talk to Mary.* *I talk to her.*
Escribo **a mis padres.** **Les** escribo.	*I'm writing to my parents.* *I'm writing to them.*

a. When direct and indirect object pronouns occur together, the indirect always comes before the direct:

Si quieres cartas de amor, yo **te las** escribo.
If you want love letters, I'll write them to you.

Si quiero chocolates, ¿**me los** manda Ud.?
If I want chocolates, will you send them to me?

Si queremos una rosa, **nos la** compra él.
If we want a rose, he'll buy it for us.

b. When both the direct and the indirect object pronouns are in the third person, the indirect object pronoun changes from **le** or **les** to **se**:

Él **le** vende **los ensayos.** Él **se los** vende.	*He sells him the essays.* *He sells them to him.*
Le escribo **cartas de amor.** **Se las** escribo.	*I write her love letters.* *I write them to her.*
Les leemos **un poema.** **Se lo** leemos.	*We read them a poem.* *We read it to them.*

When two object pronouns are attached to the infinitive, the last syllable of the infinitive has a written accent:

Voy a **decírselo.**	I'm going to tell him (it).
¿Quieres **mandármelos**?	Do you want to send them to me?

c. In order to clarify the ambiguous **le, les,** or **se,** a prepositional phrase (**a Ud., a él, a ella, a María,** etc.) may be used in addition to the indirect object pronoun:

Frank **se los** vende **a él.**	*Frank sells them to him.*
Se las escribo **a Ud.**	*I'm writing them to you.*
Les leemos un poema **a ellos.**	*We're reading them a poem.*
Le escribo **a María.**	*I'm writing to María.*
Se los mando **a Javier.**	*I'm sending them to Javier.*

The appropriate prepositional phrases may also be added to emphasize a direct or indirect object pronoun:

A mí no **me** engañas así.	*You can't fool* me *that way.*
A ti no **te** gustan los viejos.	You *don't like old men.*
Tú **lo** quieres **a él** y **a mí** nada.	*You love* him *and not* me (*at all*).
Vamos a decír**selo a él**, pero no **a ella**.	*Let's tell* him, *but not* her.

EJERCICIOS: Los pronombres personales como complementos

***D.** *Construct sentences according to the examples.*

EJEMPLO: Él quiere chocolates.
Entonces se los mando.

Yo quiero una rosa.
Entonces te la mando.

1. Ella quiere una carta de amor.
2. Nosotros queremos libros.
3. Ellas quieren una radio.
4. Yo quiero un vestido.
5. Él quiere un auto.
6. Ellos quieren unos gatos.
7. Yo quiero una rosa amarilla.
8. Ella quiere un vestido nuevo.
9. Nosotros queremos una guitarra.

***E.** *Answer the following questions according to the example:*

EJEMPLO: ¿Me quieres a mí o a ella?
Te quiero a ti.

1. ¿La quieres a ella o a mí?
2. ¿Nos ves a nosotros o a ellos?
3. ¿Les hablas a ellos o a nosotros?
4. ¿Le escribes a ella o a ellos?
5. ¿Me engañas a mí o a él?
6. ¿Se lo lees a él o a ella?
7. ¿Se lo mandas a ellos o a ellas?
8. ¿Se lo dices a él o a ellos?
9. ¿Nos llevas a nosotros o a ellos?

***F.** *Change the sentences according to the example:*

EJEMPLO: Ellos dan los chocolates a los niños.
Ellos les dan los chocolates.
Ellos se los dan.

1. Yo mando una rosa a Elvira.

2. Él vende los ensayos a Javier.
3. Nosotros leemos un poema a los niños.
4. Yo escribo cartas de amor a mi marido.
5. Elvira dice la verdad al profesor Moreno.

G. *Change the sentences according to the words in parentheses:*

1. Me gustan las mujeres.
(los gatos, el chocolate, la limonada)
2. Nos gusta mucho el café.
(tu vestido nuevo, la guitarra, los poemas románticos)
3. A mi marido no le gusta el vino.
(las casas modernas, la televisión, su secretaria)
4. A los niños les gustan mucho los gatos.
(el chocolate, las manzanas, el cine)
5. A las mujeres les gusta mucho la primavera.
(la cartas de amor, bailar, los niños)
6. A mi hija no le gustan los muchachos.
(su profesor, sus lecciones de inglés, estudiar)
7. A los viejos no les gusta nada bailar.
(el frío, los médicos, las cosas modernas)

34. saber and conocer

saber *to know*		**conocer** *to know*	
sé	**sabemos**	**conozco**	**conocemos**
sabes	**sabéis**	**conoces**	**conocéis**
sabe	**saben**	**conoce**	**conocen**

a. The verb **saber** means *to know a fact*, *to know how to do a thing*, or *to know something by heart:*

Ya sabes que tengo sesenta y siete años.
You already know that I am sixty-seven years old.

El diablo sabe más por viejo que por diablo.
The devil knows more because he is old than because he is the devil.

¿Sabes tocar la guitarra?
Do you know how to play the guitar?

No, pero sé tocar el piano.
No, but I know how to play the piano.

Los niños no saben la lección.
The children do not know the lesson.

b. The verb **conocer** means *to be familiar with*, or *to be acquainted with someone or something:*

Yo no conozco al profesor Moreno.
I am not acquainted with Professor Moreno.

¿Conoces la casa de Elvira?
Are you familiar with Elvira's house?

No, no la conozco, pero sé dónde está.
No, I'm not familiar with it, but I know where it is.

35. Present Tense with Future Meaning (*El presente con sentido del futuro*)

The present indicative is often used in Spanish to express a future action, if the future is clear in the context:

¿Por qué no salimos tú y yo después de cenar?
Why don't you and I go out after dinner?

Porque vienen aquí los padres de Rachel.
Because Rachel's parents are coming here.

Después probablemente te invita a cenar.
Afterwards he'll probably invite you to dinner.

O quizás te lleva a bailar o algo así.
Or maybe he'll take you dancing, or something like that.

¡Ay, Frank! ¿Por qué no vamos mañana?
Oh, Frank! Why don't we go tomorrow?

¿No vienes a visitarme mañana?
Aren't you coming to visit me tomorrow?

Bueno, te veo mañana.
All right, I'll see you tomorrow.

36. Infinitive after Prepositions (*El infinitivo después de preposiciones*)

The infinitive is the only verb form that can be used after a preposition:

Frank estudia mucho **para no estar** demasiado triste.
Frank studies a lot in order not to be too sad.

¿Por qué no salimos **después de cenar**?
Why don't we go out after dinner?

Guillermo está cansado **de vivir** conmigo.
Guillermo is tired of living with me.

Javier va **a enseñarme** a tocar la guitarra.
Javier is going to teach me to play the guitar.

Ya viene la muerte **a buscarme**, amigo, y no tengo ganas **de morir**.
Death is already coming to look for me, my friend, and I don't feel like dying.

EJERCICIOS: saber y conocer; el presente; el infinitivo

★H. *Answer the following questions:*

1. ¿Sabe Ud. dónde vivo yo?
2. ¿Conoce Ud. a mi marido?
3. ¿Sabe Ud. tocar la guitarra?
4. ¿Sabe Ud. bien esta lección?
5. ¿Conoce Ud. México?
6. ¿Conoce Ud. la casa donde vive Frank?
7. ¿Sabe Ud. de dónde es Frank?
8. ¿Conoce Ud. a los padres de Elvira?
9. ¿Sabe Ud. quién es el padre de Rachel?

★I. *Answer the following questions according to the example:*

EJEMPLO: ¿Me das una rosa amarilla?
Mañana te la doy.

1. ¿Me lees un poema romántico?
2. ¿Le mandas a Elvira unos chocolates?
3. ¿Le escribes a Javier una carta?
4. ¿Les vendes el auto a los muchachos?
5. ¿Me compras un vestido nuevo?
6. ¿Le vendes la radio a mi madre?
7. ¿Nos mandas unos libros de historia?
8. ¿Les lees tu ensayo a los estudiantes?

J. *Answer the following questions:*

1. ¿Qué hace Ud. para no estar demasiado triste?
2. ¿Qué hace Ud. para no tener demasiado sueño?
3. ¿Qué hace Ud. para no tener demasiada hambre?
4. ¿Qué hace Ud. para no tener demasiada sed?
5. ¿Qué hace Ud. para tener éxito con las mujeres?
6. ¿Qué hace Ud. después de cenar?
7. ¿Qué hace Ud. cuando está cansado de estudiar?

8. ¿Siempre tiene Ud. ganas de aprender algo?
9. ¿Siempre tiene Ud. ganas de bailar?
10. ¿Tiene Ud. ganas de hablar con el profesor Moreno?

37. Cardinal Numbers over Forty (*Los números cardinales de cuarenta para arriba*)

40	**cuarenta**
41	**cuarenta y uno, (-a)**
50	**cincuenta**
60	**sesenta**
70	**setenta**
80	**ochenta**
90	**noventa**
100	**cien, ciento**
101	**ciento uno (-a)**
200	**doscientos (-as)**
300	**trescientos (-as)**
400	**cuatrocientos (-as)**
500	**quinientos (-as)**
600	**seiscientos (-as)**
700	**setecientos (-as)**
800	**ochocientos (-as)**
900	**novecientos (-as)**
1,000	**mil**
1,001	**mil uno (-a)**
1,100	**mil cien**
2,000	**dos mil**
100,000	**cien mil**
200,000	**doscientos (-as) mil**
1,000,000	**un millón**
2,000,000	**dos millones**
3,515,167	**tres millones, quinientos (-as) quince mil, ciento sesenta y siete**

a. The conjunction **y** is used only in compounds between 41 and 99:

cuarenta **y** un hombres	41 *men*
ochenta **y** tres pesos	83 *pesos*

b. Cardinal numbers are invariable except for **uno** and the multiples of **ciento**, which agree in gender with the noun they modify:

ciento una mujeres	101 *women*
doscientas mujeres	200 *women*

novecientos hombres	900 *men*
cinco mil quinientas veintiuna mujeres	5,521 *women*

c. **Cien** becomes **ciento** before any number lower than 100:

Hay **ciento tres** profesores en la Universidad.
There are one hundred and three professors in the University.
Javier tiene **ciento cincuenta** pesos.
Javier has one hundred and fifty pesos.

d. *One* is not expressed before **cien(to)** and **mil** as it is in English:

cien libros	*one hundred books*
ciento tres pesos	*one hundred and three pesos*
mil sistemas	*one thousand systems*

e. **Millón** is a noun and must be preceded by **un**. **De** is used when a noun follows:

un millón	*one million*
un millón de dólares	*a million dollars*
dos millones de dólares	*two million dollars*

f. In Spanish, one does not count by hundreds over 900. All numbers over 1,000, including dates, are expressed by using **mil** or some multiple of **mil:**

mil quinientos dólares	*fifteen hundred dollars*
mil novecientos ochenta y cuatro	*nineteen (hundred and) eighty-four*

EJERCICIOS: Los números cardinales

***K.** *Answer the following questions:*

1. ¿Cuántos son veinte y treinta?
2. ¿Cuántos son cuarenta y cincuenta?
3. ¿Cuántos son ochenta menos cincuenta?
4. ¿Cuántos son noventa menos veinte?
5. ¿Cuántos son setenta menos sesenta?

L. *Answer the following questions using the number indicated in parentheses:*

1. ¿Cuántos hombres estudian aquí? (51)
2. ¿Cuántas mujeres viven en esa casa? (21)
3. ¿Cuántos pesos tiene Ud.? (161)
4. ¿Cuántas muchachas hay en tu clase? (41)
5. ¿Cuántos años tiene tu abuelo? (91)
6. ¿Cuántos profesores hay en la Universidad? (100)
7. ¿Con cuántas mujeres sale Javier? (181)

M. *Express in Spanish:*

1. 500 men
2. 100 women
3. 1,000 books
4. 1,000,000 dollars
5. 1938
6. 6,581 houses
7. 2,000,000 books
8. 2,321 professors

LECTURA

Una carta de Frank a Maribel

Mi querida Maribel:

Te escribo una carta de amor, pero no es una carta de amor muy convencional porque, como todavía no te conozco bien, no voy a mandártela. Aunque no lo sabes, te quiero mucho y pienso vivir contigo para siempre. Te escribo esta carta ahora porque quiero decirte muchas cosas, cosas que un día voy a decirte en persona. Ahora tengo que escribirte las ideas que tengo en vez de decírtelas, porque tú no me conoces bien y ahora no quieres saber que te quiero. Pero tengo mucha paciencia, y un día te voy a dar esta carta.

Voy a hablarte de nuestro futuro, y digo «nuestro» futuro porque el futuro sin ti no existe para mí. Quiero hacer muchas cosas contigo a mi lado. La cosa más importante que tengo que hacer es comprar un barco. Conozco a un hombre que tiene un barco perfecto para nosotros, pero no sé si quiere vendérmelo. Quiero ver el mundo contigo en ese barco, o por lo menos en un barco como el que tiene ese señor. Quiero ver todos los países del mundo y estar siempre solo contigo. Bueno, si tenemos hijos los llevamos con nosotros, claro. Vamos a ser muy felices, Maribel.

No sé si entiendes bien mi idea del barco. Quiero estar solo contigo, claro, pero hay más: yo quiero ser un hombre completamente independiente. A mí no me gusta nada esta civilización contemporánea nuestra con toda la competencia que hay entre los hombres. Estoy terriblemente cansado de las guerras eternas que existen el mundo político, en la Universidad, entre los hombres y las mujeres, entre un país y otro. No tengo ganas de luchar. Simplemente quiero vivir mi vida sin molestar a nadie. ¿Entiendes todo eso, Maribel? Por eso me gusta mucho el mar, porque en un barco hay que ser un verdadero hombre. En la vida política los hombres son hipócritas, y todos hablan de cosas tontas. No saben nada y no comprenden nada. Mienten todos los días, pero, ¡son hombres muy importantes! ¡Pues yo no quiero ser así, y no pienso vivir así! En un barco la hipocresía no vale nada, y el mar no perdona a los hombres que no saben nada.

Bueno, Maribel, ya estás cansada ahora de leer esta carta, ¿verdad? Aunque no lo sabes, te mando muchos besos. La primavera es magnífica, y yo estoy más contento que nunca.

Te quiero,

Frank

CORTESÍA DE CANADIAN PACIFIC RAILROAD

«Quiero ver el mundo contigo en ese barco...»
El puerto de Acapulco, México

PALABRAS Y MODISMOS NUEVOS

barco *m*	boat	**mar** *m*	sea
beso *m*	kiss	**país** *m*	country
como	since	**para siempre**	forever
competencia *f*	competition	**perdonar**	to forgive
entre	among, between	**señor** *m*	man, gentleman
hay que	one has to, one must	**sin**	without
lado *m*	side	**vez: en vez de**	instead of

PREGUNTAS

1. ¿Por qué no es muy convencional la carta de Frank?
2. ¿Por qué no le dice a Maribel que la quiere?
3. ¿Cuál es la cosa más importante que tiene que hacer Frank?
4. ¿Qué quiere hacer Frank con el barco?
5. ¿Qué piensa Frank de la civilización moderna?
6. ¿De qué está cansado?
7. ¿Por qué le gusta mucho el mar?
8. ¿Qué piensa de los hombres «importantes»?
9. ¿Qué piensa Frank de la primavera?
10. ¿Qué piensa el profesor Moreno de la primavera? (Véase su carta en el capítulo 7.)

COGNADOS NUEVOS

acusación *f*	fatal	persona *f*
atractivo	futuro *m*	romántico
competencia *f*	grave	rosa *f*
completamente	independiente	simplemente
contemporáneo	paciencia *f*	terriblemente

Capítulo 9

CONVERSACIÓN

E: Enfermera R: Ramón Moreno I: Irving Goodman (neurólogo y padre de Rachel)

E: Perdone, Dr. Goodman, aquí está el profesor Moreno.
I: Pase Ud., señor. Buenas tardes.
R: Muy buenas. Mucho gusto en conocerlo.
E: ¿Puedo salir, doctor?
I: Sí, muy bien, salga Ud. ahora. Pero vuelva Ud. en diez o quince minutos, por favor. Y tráigame un termómetro, ¿quiere? No lo olvide, ¿eh?
E: Muy bien, doctor. (Sale la enfermera.)
R: ¡Qué suerte tiene Ud.! ¿Dónde encuentra Ud. a estas enfermeras tan lindas y tan jóvenes que tiene?
I: Nos parecen jóvenes porque nosotros somos viejos. Bueno, venga aquí, Sr. Moreno, y déjeme examinarlo a Ud. ¿Qué le pasa a Ud.? ¿Le duele algo?
R: Pues me duele la cabeza y me duelen los ojos. Hasta los pies me duelen a veces. Y no me hable de aspirinas, porque no valen para nada en absoluto.
I: Muéstreme las manos, por favor.
R: ¿Las manos? ¿Por qué?
I: Muéstremelas, por favor. Tiemblan un poco, ¿verdad?
R: Es que bebo y fumo mucho.
I: Pues no beba Ud. tanto, y no fume tampoco. Créame Ud., esos excesos son muy malos para el cuerpo.
R: Pero son muy buenos para el alma.
I: Bueno, ahora hágame el favor de mirar hacia la ventana. ¡No mueva Ud. la cabeza! Y ahora, mire hacia la puerta. Muy bien.
R: Yo tengo mucho talento para eso. Así miro a las mujeres. Con los ojos nada más, y sin mover la cabeza.
I: Bueno. Ahora dígame una cosa. ¿Duerme Ud. bien?

R: ¿Que si duermo bien? ¡Claro que no duermo bien! Recuerdo siempre a mi familia, y sueño con la guerra. Tengo recuerdos terribles. Y no me dé barbitúricos porque no los quiero.

I: No tenga cuidado. No pienso dárselos.

R: Entonces, ¿qué me pasa? ¿Qué tengo?

I: No sé. No tengo una opinión formada todavía.

R: ¿No sabe Ud. lo que tengo? ¿Pero cuánto tiempo tengo que esperar? A lo mejor ya no me queda mucho tiempo aquí en la tierra.

I: ¡Qué va! A Ud. le quedan muchos años de vida todavía.

R: Pero me falta salud para gozarlos.

I: ¡Pues no vaya Ud. tanto a las tabernas! ¡Cuento con Ud.!

R: ¡Oiga Ud.! ¡No me ponga en una situación intolerable!

I: ¡Sr. Moreno! ¿No le importa nada la salud? ¡Sea Ud. razonable por lo menos! No le cuesta nada ser razonable.

R: ¿Razonable? ¿Yo? ¡Si no hay que ser razonable en la vida! ¡No caiga Ud. en esa trampa! Los hombres razonables no saben vivir. Vea Ud., si yo tengo que morir, prefiero morir de gusto en los brazos de una mujer.

Palabras y modismos nuevos

alma *f*	soul
brazo *m*	arm
cabeza *f*	head
caer	to fall
contar (ue)	to count
contar con	to count on
costar (ue)	to cost
cuidado: tener cuidado	to be careful
no tenga cuidado	don't worry
decir	to tell
dejar	to let, to leave
doler (ue)	to be painful; to hurt
dormir (ue)	to sleep
encontrar (ue)	to find
enfermera *f*	nurse
esperar	to wait
faltar	to be lacking
favor: por favor	please
hágame el favor (de)	please, kindly
fumar	to smoke
gozar	to enjoy
gusto *m*	pleasure
mucho gusto en conocerlo	pleased to meet you
hacia	towards
hasta	even
importar	to matter; to care about
mano *f*	hand
mejor: a lo mejor	maybe
mirar	to look
mostrar (ue)	to show
mover (ue)	to move
olvidar	to forget
parecer	to seem
pasar	to pass, to come in; to happen
pie *m*	foot
poder (ue)	to be able
preferir (ie)	to prefer
puerta *f*	door
quedar	to remain; to have left
recordar (ue)	to remember
recuerdo *m*	memory

salud *f*	health	**tierra** *f*	earth
señor *m*	Sir	**traer**	to bring
soñar (ue) con	to dream about	**trampa** *f*	trap
tarde: buenas tardes	good afternoon	**ventana** *f*	window
temblar (ie)	to tremble	**volver (ue)**	to return, to come back
tiempo *m*	time		

Preguntas

1. ¿Cuándo tiene que volver la enfermera?
2. ¿Qué le parecen al Sr. Moreno las enfermeras?
3. ¿Le duele algo al Sr. Moreno?
4. ¿Qué le parecen las aspirinas?
5. ¿Por qué tiemblan las manos del Sr. Moreno?
6. ¿Cómo mira el Sr. Moreno a las mujeres?
7. ¿Duerme bien el Sr. Moreno?
8. ¿Qué tiene el Sr. Moreno según el Dr. Goodman?
9. ¿Cómo quiere morir el Sr. Moreno?

GRAMÁTICA Y EJERCICIOS

38. Present Indicative of Stem-Changing Verbs (*Los verbos con cambios en la raíz*)

The second of the three types of stem changes in the present tense occurs in those verbs whose root vowel **o** becomes **ue** when stressed:

mostrar *to show*		**volver** *to return*		**morir** *to die*	
muestro	mostramos	vuelvo	volvemos	muero	morimos
muestras	mostráis	vuelves	volvéis	mueres	morís
muestra	muestran	vuelve	vuelven	muere	mueren

Other verbs with this change:

contar (con)	*to count (on)*	**doler**	*to hurt*
costar	*to cost*	**mover**	*to move*
encontrar	*to find*	**poder**	*to be able (I can, I may, etc.)*
recordar	*to remember*	**dormir**	*to sleep*
soñar (con)	*to dream (about)*		

Remember that stem-changing verbs do not change their root vowel in the first and second persons plural.

39. Present Indicative of caer and traer (*El presente de indicativo*)

caer *to fall*		**traer** *to bring*	
caigo	**caemos**	**traigo**	**traemos**
caes	**caéis**	**traes**	**traéis**
cae	**caen**	**trae**	**traen**

EJERCICIOS: Los verbos con cambios en la raíz y los verbos irregulares

A. *Supply the appropriate forms of the verb:*

1. caer: Uds., él, yo, nosotros, tú
2. mostrar: tú, ella, nosotros, yo, Uds.
3. volver: nosotros, yo, él, ellas, tú
4. traer: ellos, tú, ella, nosotros, yo
5. mover: yo, nosotros, ellos, tú, Ud.

B. *Change the sentences according to the new subjects in parentheses:*

1. ¿Puedo salir, doctor?
   (él, nosotros, ellas)
2. ¿Dónde encuentra Ud. a las enfermeras?
   (tú, ellos, Uds.)
3. ¡Claro que no duermo bien!
   (nosotros, Ud., ellas)
4. Recuerdo siempre a mi familia.
   (él, nosotros, Uds.)
5. Sueño con la guerra.
   (ellos, tú, nosotros)
6. Cuento con Ud.
   (nosotros, ellos, ellas)
7. Prefiero hacerlo ahora.
   (tú, él, nosotros)

C. *Give the appropriate form of the following infinitives:*

1. tú: olvidar, costar, dejar, traer, preferir
2. yo: temblar, encontrar, mirar, mover, morir
3. nosotros: gozar, dormir, poder, fumar, mover
4. ellas: caer, recordar, dormir, soñar, volver

40. Formal Direct Commands (*Los mandatos directos*: Ud. *y* Uds.)

a. In almost all verbs the formal command corresponding to **usted** consists of the stem of the first person singular of the present indicative plus the following endings: **e** in **-ar** verbs, and **a** in **-er** and **-ir** verbs. Plural commands (**ustedes**) add **n** to the singular.

INFINITIVE	PRESENT TENSE	SINGULAR COMMAND		PLURAL COMMAND	
		REGULAR VERBS			
hablar	hablo	**hable**	*speak*	**hablen**	*speak*
comer	como	**coma**	*eat*	**coman**	*eat*
vivir	vivo	**viva**	*live*	**vivan**	*live*
		STEM-CHANGING VERBS			
pensar	pienso	**piense**	*think*	**piensen**	*think*
volver	vuelvo	**vuelva**	*come back*	**vuelvan**	*come back*
dormir	duermo	**duerma**	*sleep*	**duerman**	*sleep*
		IRREGULAR VERBS			
tener	tengo	**tenga**	*have*	**tengan**	*have*
hacer	hago	**haga**	*do, make*	**hagan**	*do, make*
poner	pongo	**ponga**	*put*	**pongan**	*put*
traer	traigo	**traiga**	*bring*	**traigan**	*bring*
caer	caigo	**caiga**	*fall*	**caigan**	*fall*
salir	salgo	**salga**	*leave*	**salgan**	*leave*
decir	digo	**diga**	*say, tell*	**digan**	*say, tell*
oír	oigo	**oiga**	*hear*	**oigan**	*hear*
venir	vengo	**venga**	*come*	**vengan**	*come*
ver	veo	**vea**	*see*	**vean**	*see*
		VERBS WITH IRREGULAR COMMAND FORMS			
dar	doy	**dé**	*give*	**den**	*give*
ser	soy	**sea**	*be*	**sean**	*be*
ir	voy	**vaya**	*go*	**vayan**	*go*
saber	sé	**sepa**	*know*	**sepan**	*know*

b. Object pronouns are always attached to an affirmative command. A written accent is placed on the syllable that is normally stressed.

Déjeme examinarlo a Ud.
Let me examine you.

Muéstremelas, por favor.
Show them to me, please.

Hágame el favor de mirar hacia la ventana.
Do me the favor of looking towards the window.

Ahora **dígame** una cosa.
Now tell me something.

c. Object pronouns are always placed before a negative command:

Y **no lo olvide,** ¿eh?
And don't forget (it), eh?

No me hable de aspirinas.
Don't talk to me about aspirins.

¡**No me ponga** en una situación intolerable!
Don't put me in an intolerable situation!

d. **Ud.** and **Uds.** are often used with the formal commands and are placed after them:

Pase Ud., señor.
Come in, Sir.

Salga Ud. ahora, pero **vuelva Ud.** en diez minutos, por favor.
Leave now, but come back in ten minutes, please.

¡**No mueva Ud.** la cabeza!
Don't move your head!

¡Pues **no vaya Ud.** tanto a las tabernas!
Well, don't go to taverns so much!

EJERCICIOS: Los mandatos directos

***D.** *Answer the following questions according to the example:*

EJEMPLO: ¿Cierro la puerta?
Sí, cierre Ud. la puerta.

1. ¿Cierro la ventana?
2. ¿Pongo el jamón aquí?
3. ¿Traigo el café?
4. ¿Salgo a las ocho?
5. ¿Vuelvo a las diez?
6. ¿Vengo mañana?
7. ¿Preparo la cena?
8. ¿Cuento de veinte a treinta?
9. ¿Muevo la cabeza?
10. ¿Empiezo a leer?

***E.** *Answer the following questions according to the example:*

EJEMPLO: ¿Comemos las manzanas?
No, no coman Uds. las manzanas.

1. ¿Bebemos el vino?

2. ¿Hablamos con el profesor?
3. ¿Estudiamos la lección?
4. ¿Aprendemos español?
5. ¿Vamos al cine?
6. ¿Miramos a las mujeres?
7. ¿Olvidamos la cita?
8. ¿Salimos ahora?
9. ¿Defendemos a Javier?
10. ¿Bailamos con Elvira?

***F.** *Answer the following questions according to the example:*

EJEMPLO: ¿Lo llevamos al cine?
Sí, llévenme al cine.
No, no me lleven al cine.

1. ¿Lo invitamos a cenar?
2. ¿Le compramos un vestido nuevo?
3. ¿Le enseñamos a tocar la guitarra?
4. ¿Lo visitamos mañana?
5. ¿Le decimos la verdad?

***G.** *Answer the following questions according to the example:*

EJEMPLO: ¿Se lo mando a Ud.?
Sí, mándemelo.
No, no me lo mande.

1. ¿Se lo vendo a Ud.?
2. ¿Se lo escribo a Ud.?
3. ¿Se lo compro a Ud.?
4. ¿Se lo leo a Ud.?
5. ¿Se lo muestro a Ud.?

***H.** *Answer the following questions according to the example:*

EJEMPLO: ¿Les digo a Uds. la verdad?
Sí, díganosla.
No, no nos la diga.

1. ¿Les vendo a Uds. la casa?
2. ¿Les doy a Uds. el termómetro?
3. ¿Les traigo a Uds. unas aspirinas?
4. ¿Les escribo a Uds. una carta?
5. ¿Les mando a Uds. unos chocolates?
6. ¿Les leo a Uds. un poema?
7. ¿Les muestro a Uds. las rosas?

41. Verbs with Indirect Objects (*Los verbos usados con el complemento indirecto*)

Besides **gustar**, there are several other verbs which may be used with indirect object pronouns:

pasar	*to happen; to be the matter*
doler	*to be painful; to hurt*
parecer	*to seem; to think*
importar	*to matter; to care about*
quedar	*to remain; to have left*
faltar	*to lack; to not have*

¿Qué le pasa a Ud.?
What's the matter? (What is happening to you?)

Me duelen los ojos.
My eyes hurt. (My eyes are painful to me.)

¿Qué le parecen las enfermeras?
What does he think of the nurses? (How do they seem to him?)

Le parecen muy lindas.
He thinks they are very pretty. (They seem very pretty to him.)

¿No le importa nada la salud?
Don't you care at all about your health? (Doesn't your health matter to you at all?)

Le quedan a Ud. muchos años.
You have many years left. (Many years are remaining to you.)

Pero me falta salud para gozarlos.
But I don't have the health to enjoy them. (But health is lacking to me . . .)

EJERCICIOS: Los verbos usados con el complemento indirecto

I. *Change the sentences according to the words in parentheses:*

1. ¿Qué le pasa a Ud.?
   (a nosotros, a ti, a ellos)
2. A mí no me pasa nada.
   (a él, a ellas, a nosotros)
3. A ellos les duelen los pies.
   (a ella, a mí, a nosotros)
4. ¿Qué le parecen a Ud. las enfermeras?
   (a ti, a Uds., a él)
5. A ella le parece muy viejo Ramón Moreno.
   (a nosotros, a ellos, a él)
6. A Javier le quedan tres pesos.
   (a ella, a mí, a nosotros)

J. *Change the sentences according to the words in parentheses:*

1. Me duelen los pies.
   (la cabeza, los ojos, todo el cuerpo)
2. ¿Qué le parece la casa?
   (las enfermeras, mi vestido nuevo, la limonada)
3. Las mujeres nos parecen muy tontas.
   (los niños, el gato, las secretarias)
4. A ellos les quedan cincuenta y un pesos.
   (mucho vino, cien libros, ciento noventa y una rosas)
5. Me faltan sesenta pesos para comprarlo.
   (ciento diez pesos, un peso, cien pesos)

42. Neuter Article lo (*El artículo neutro* lo)

a. An adjective may be used with the neuter article **lo** to refer to the abstract quality expressed by the adjective. The resulting phrase functions as a noun. The English equivalent usually includes a word such as *part* or *thing*:

Lo triste es que no sé dónde está.
The sad part is that I don't know where it is.

Lo malo es que yo no encuentro soluciones.
The bad thing is that I don't find any solution.

b. **Lo que** refers to an idea or thought and is expressed in English by *what* or *that which*:

¿No sabe Ud. **lo que** tengo?
Don't you know what's wrong with me (*what I have*)*?*

Los hombres siempre hacen **lo que** quieren.
Men always do what they want.

Lo que me da miedo es que lo odio.
What scares me is that I hate him.

EJERCICIOS: El artículo neutro **lo**

K. *Change the sentences according to the words in parentheses:*

1. Esto es lo más probable.
   (posible, fenomenal, importante)
2. Lo horrible de la guerra es la muerte.
   (terrible, triste, trágico)

3. Lo bueno es que viene esta noche.
   (fantástico, magnífico, mejor)
4. No me gusta nada lo ridículo.
   (típico, viejo, moderno)

*L. *Answer the following questions according to the example:*

EJEMPLO: ¿Qué traigo?
Traiga Ud. lo que tiene.

1. ¿Qué llevo?
2. ¿Qué mando?
3. ¿Qué como?
4. ¿Qué vendo?
5. ¿Qué bebo?

*M. *Answer the following questions according to the example:*

EJEMPLO: ¿Qué es terrible?
Lo terrible es lo que Ud. dice.

1. ¿Qué es fantástico?
2. ¿Qué es magnífico?
3. ¿Qué es fenomenal?
4. ¿Qué es imposible?
5. ¿Qué es horrible?

LECTURAS

El diario de Elena, madre de Elvira

A mí me parece que el matrimonio es realmente una institución intolerable. Los hombres siempre hacen lo que quieren, y las mujeres tienen que estar en casa con los niños. ¿Qué hacemos nosotras las mujeres cuando nuestros maridos salen con otras mujeres? No podemos hacer nada, porque no existe el divorcio para los católicos. Las mujeres vivimos como prisioneras a causa de las muchas obligaciones que tenemos en casa. Además es una tortura vivir con un hombre que no vuelve a casa hasta muy tarde todas las noches. No puedo mirar a Guillermo sin pensar en las cosas que le dice a su secretaria cuando está con ella. Probablemente le dice que yo no lo comprendo y que quiero más a los niños y a los gatos que a él. Y ella le dice que todo eso es muy triste y que ella entiende muy bien la situación. Entonces cierra los ojos y le da un beso y le prepara la cena. Después él viene a casa y me dice que está muy cansado, que no tiene hambre pero que sí tiene sed y que ¿por qué no hay nunca vino en casa? ¿Por qué estoy tan fea? ¿Por qué no puedo llevar a veces un vestido nuevo? Sin duda su secretaria lleva un vestido nuevo todos los días, y él me compara con ella. Pero claro, ella no tiene cinco hijos y puede comprar todo lo que quiere cuando tiene ganas de hacerlo. Probablemente Guillermo le compra muchos vestidos también, pero naturalmente a mí no me compra nada porque yo no cuento. Claro que no.

Bueno, basta de recriminaciones. Lo malo es que no encuentro solución a ese problema, aunque pienso mucho en nuestra vida. A veces cuando miro a Guillermo lo odio con toda el alma, y me parece que tiene la culpa de todo. Otras veces cuando lo miro lo quiero mucho porque recuerdo nuestros días felices en la Universidad. Voy de un extremo a otro, y hay momentos cuando me parece que estoy loca. Pero lo que realmente me da miedo es que poco a poco creo que lo odio más que lo quiero. No sé si es posible querer a un hombre después de tantos años de sufrimiento. Y lo irónico es que a lo mejor vuelve él a mis brazos un día. Pero entonces va a ser demasiado tarde, porque yo sé muy bien que no soy un ángel y no puedo perdonarlo. Quizás todos los seres humanos estamos tristes porque somos tan imperfectos y egoístas. Sartre tiene razón cuando dice que el infierno está aquí en la tierra.

PALABRAS Y MODISMOS NUEVOS

duda *f* doubt
infierno *m* hell
lo que whatever, what, that which
todo lo que everything
sufrimiento *m* suffering
tierra *f* earth

PREGUNTAS

1. ¿Qué le parece a Elena el matrimonio?
2. Según Elena, ¿qué diferencia hay entre los hombre y las mujeres?
3. ¿Por qué viven las mujeres como prisioneras?
4. ¿Qué es una tortura para Elena?
5. ¿Qué imagina Elena que dice Guillermo a su secretaria?
6. ¿Qué le dice Guillermo a su mujer cuando vuelve a casa?
7. ¿Qué piensa Elena cuando mira a su marido?
8. ¿Qué es lo que le da miedo a Elena?
9. ¿Cree Ud. que es posible querer a una persona después de muchos años de sufrimiento?
10. ¿Qué es lo irónico de la situación?
11. ¿Cree Ud. que Sartre tiene razón?

Miguel Hernández (1910–1942)

Miguel Hernández nace en un pueblo del Levante español. Su familia es pobre y pronto el muchacho abandona la escuela. En el campo, donde es pastor de cabras, y en el pueblo Miguel Hernández estudia y escribe poesía. Conoce al poeta García Lorca y va a Madrid, donde es amigo de los poetas Alberti y Neruda. La Guerra Civil le inspira grandes poemas. En 1939, después de la guerra, Miguel Hernández va a la cárcel. En la ausencia de su casa, de su mujer y de su hijo encuentra su mejor voz poética. Nunca vuelve a casa. Todavía muy joven, el poeta muere en la cárcel de tuberculosis.

Tristes guerras

Tristes guerras
si no es de amor la empresa.
Tristes, tristes.
Tristes armas
si no son palabras.
Tristes, tristes.
Tristes hombres
si no mueren de amores.
Tristes, tristes.

PALABRAS Y MODISMOS NUEVOS

arma *f*	weapon, arm
ausencia *f*	absence
campo *m*	country, countryside
cárcel *f*	jail, prison
empresa *f*	undertaking
escuela *f*	school
nacer	to be born
pastor *m*	shepherd
pastor de cabras	goatherd
poesía *f*	poetry
pronto	soon
pueblo *m*	town
voz *f*	voice

COGNADOS NUEVOS

abandonar
ángel *m*
aspirina *f*
barbitúricos *m pl*
comparar
defender (ie)
diario *m*
divorcio *m*
examinar
exceso *m*
extremo *m*
favor *m*
formar
humano
imperfecto
inspirar
institución
irónico
matrimonio *m*
obligación *f*
poeta *m*
poético
prisionera *f*
razonable
realmente
recriminación *f*
situación *f*
taberna *f*
termómetro *m*
tortura *f*
tuberculosis *m*

Capítulo 10

CONVERSACIÓN

Habla Rose con su hija, Rachel.

Ro: Ven aquí, Rachel, que te quiero ver un momento.
Ra: ¿Ahora mismo? Tengo una cita con Salvador.
Ro: ¿Quién es Salvador? ¿Lo conozco yo?
Ra: No, no lo conoces. ¿Por qué me lo preguntas?
Ro: Porque me gusta saber con quién sales.
Ra: Pero, ¿por qué? Ya no soy una niña. Y además, yo no te pregunto nada a ti.
Ro: No me hables así, Rachel, que soy tu madre. Y dime quién es Salvador.
Ra: Pues no lo sé.
Ro: ¿Comó que no lo sabes? Dímelo ahora mismo, que no te lo voy a preguntar dos veces.
Ra: Bueno, si quieres una definición superficial, es pacifista y budista y tiene barba y pelo largo y fuma marihuana. ¿Sigo o basta ya?
Ro: Muy bien, sal con ese idiota si quieres, pero después no me digas que necesitas el coche y más dinero porque él no tiene nada en absoluto.
Ra: ¡Si yo no te pido nada! Salvador y yo no somos materialistas. No necesitamos cosas así.
Ro: ¡Yo no concibo cómo puedes ser tan ridícula! ¿No sabes tú que el dinero cuenta para mucho en esta vida?
Ra: ¿Por qué insistes tanto, mamá? ¡Yo te digo que el dinero no sirve para nada!
Ro: ¡Y yo te repito que sí sirve, y para mucho! ¿Quién te paga la Universidad, eh? ¿Y quién te paga los vestidos y la comida? ¡Contesta!
Ra: ¡Ay, mamá, por Dios! ¡No consigues nada cuando me hablas así! Me impides tener una buena conversación contigo.
Ro: Ten cuidado, que ya estoy enojada, ¿eh?

Ra: Mira, mamá. Yo no quiero tener nada, pero sí quiero ser algo. ¿No ves la diferencia entre ser y tener? ¡Es la diferencia entre tú y yo!

Ro: ¿Ah sí? Ponme un ejemplo entonces.

Ra: Pues tú y papá por ejemplo. Uds. tienen dos coches y una casa enorme, pero no son felices. Además, tú no eres nadie. Eres la mujer de un neurólogo, pero ¿tú quién eres?

Ro: ¿ Y tú? ¿Quién eres tú? ¡Hazme el favor de explicármelo!

Ra: Pues yo soy quien soy. Soy pacifista, como Salvador. Tengo amigos que son como yo, y todos luchamos para mejorar el mundo. No tenemos nada, pero somos más felices que la gente rica.

Ro: ¡Ah claro!, porque la gente rica les da a Uds. de comer. Son Uds. todos unos[1] irresponsables y perezosos. ¡Lo más importante es tener una profesión, tener un diploma, tener ambiciones!

Ra: ¡Qué va! ¡Por eso hay guerras, porque todo el mundo quiere tener cosas, cosas y más cosas!

Ro: Bueno, sal a ver a tu querido Salvador, y sé un poco menos arrogante, si puedes.

Ra: ¡Ay, mamá! ¡Es imposible hablar contigo!

Palabras y modismos nuevos

barba *f* — beard
coche *m* — car
comida *f* — meal; food
¿cómo que . . .? — what do you mean . . .?
concebir (i) — to conceive
conseguir (i) — to get, to obtain
contestar — to answer
dar de comer — to feed
dinero *m* — money
ejemplo: poner un ejemplo — to give an example
  por ejemplo — for example
explicar — to explain
gente *f* — people
impedir (i) — to prevent
largo — long
mejorar — to improve
necesitar — to need
pedir (i) — to ask for, to request
pelo *m* — hair
perezoso — lazy
repetir (i) — to repeat
seguir (i) — to go on, to continue
servir (i) — to serve
  servir para — to be of use, to be useful
sí + *verb*: **sí sirve** — it *is* useful
  sí quiero ser algo — I *do* want to be something

Preguntas

1. ¿Quién es Salvador?
2. ¿Qué opinión tienen Rose y Rachel del dinero?

1. *People* or *students* is understood here.

3. ¿Cree Ud. que Rose es una persona importante?
4. ¿Cree Ud. que lo que hace Rachel es importante?
5. ¿Qué opinión tiene Rose de la gente joven?
6. Según Rose, ¿qué es lo importante en la vida?
7. ¿Qué piensa Rachel de las ideas de su madre?
8. ¿Qué piensa Rose de su hija?
9. ¿Qué piensa Rachel de su madre?

GRAMÁTICA Y EJERCICIOS

43. Present Indicative of Stem-Changing Verbs (*Los verbos con cambios en la raíz*)

The third type of stem change in the present tense occurs in some verbs of the third conjugation whose root vowel **e** becomes **i** when stressed:

pedir *to ask for*		**seguir** *to follow, continue*	
pido	pedimos	sigo	seguimos
pides	pedís	sigues	seguís
pide	piden	sigue	siguen

Other verbs with this change:

concebir	*to conceive*
conseguir	*to obtain, accomplish*
impedir	*to prevent*
perseguir	*to persecute*
repetir	*to repeat*
servir	*to serve*
servir para . . .	*to be of use as . . .*

EJERCICIOS: Los verbos con cambios en la raíz

A. *Supply the appropriate forms of the verb:*

1. servir: tú, ellas, él, yo, nosotros
2. conseguir: Uds., yo, nosotros, ella, tú
3. impedir: yo, nosotros, ella, tú, ellos
4. repetir: Ud., tú, ellos, nosotros, yo
5. concebir: tú, nosotros, yo, él, Uds.

B. *Change the sentences according to the new subjects in parentheses:*

1. ¿Sigo o basta ya?
   (nosotros, él, ellas)
2. ¡Si yo no te pido nada!
   (él, nosotros, ellos)

3. ¡Yo no concibo cómo puedes ser tan ridícula!
   (ella, ellos, nosotros)
4. ¿Por qué me persigues?
   (Uds., ellas, Ud.)
5. El dinero no sirve para nada.
   (los gatos, esto, las rosas)
6. ¡Y yo te repito que sí!
   (ellos, nosotros, ella)
7. ¡No consigues nada cuando me hablas así!
   (él, Uds., Ud.)
8. Me impides tener una buena conversación contigo.
   (Ud., ella, Uds.)
9. Te digo que no soy materialista.
   (él, ellos, nosotros)

44. Direct Commands: Familiar Forms (*Los mandatos directos*: tú *y* vosotros)

a. Familiar Singular Commands

In almost all verbs, the familiar affirmative command form corresponding to **tú** is the same as the third person singular of the present indicative. The familiar negative command consists of the singular formal command plus **s**:

INFINITIVE	PRESENT TENSE 3RD PER. SING.	AFFIRMATIVE COMMAND FAMILIAR		AFFIRMATIVE COMMAND FORMAL	NEGATIVE COMMAND FAMILIAR	
		REGULAR VERBS				
hablar	habla	**habla**	*speak*	hable	**no hables**	*don't speak*
comer	come	**come**	*eat*	coma	**no comas**	*don't eat*
escribir	escribe	**escribe**	*write*	escriba	**no escribas**	*don't write*
		STEM-CHANGING VERBS				
pensar	piensa	**piensa**	*think*	piense	**no pienses**	*don't think*
volver	vuelve	**vuelve**	*come back*	vuelva	**no vuelvas**	*don't come back*
pedir	pide	**pide**	*ask*	pida	**no pidas**	*don't ask*
		IRREGULAR VERBS				
traer	trae	**trae**	*bring*	traiga	**no traigas**	*don't bring*
caer	cae	**cae**	*fall*	caiga	**no caigas**	*don't fall*
oír	oye	**oye**	*hear*	oiga	**no oigas**	*don't hear*
ver	ve	**ve**	*see*	vea	**no veas**	*don't see*
creer	cree	**cree**	*believe*	crea	**no creas**	*don't believe*

IRREGULAR FAMILIAR COMMAND FORMS					
decir	**di**	*say, tell*	diga	**no digas**	*don't say, tell*
hacer	**haz**	*do, make*	haga	**no hagas**	*don't do, make*
ir	**ve**	*go*	vaya	**no vayas**	*don't go*
poner	**pon**	*put*	ponga	**no pongas**	*don't put*
salir	**sal**	*leave*	salga	**no salgas**	*don't leave*
ser	**sé**	*be*	sea	**no seas**	*don't be*
tener	**ten**	*have*	tenga	**no tengas**	*don't have*
venir	**ven**	*come*	venga	**no vengas**	*don't come*

b. Familiar Plural Commands

(1) Familiar plural commands are the same as formal plural commands throughout most of Spanish America:

INFINITIVE	AFFIRMATIVE COMMAND		NEGATIVE COMMAND	
hablar	**hablen**	*speak*	**no hablen**	*don't speak*
comer	**coman**	*eat*	**no coman**	*don't eat*
vivir	**vivan**	*live*	**no vivan**	*don't live*

(2) In Spain, where the **vosotros** form is used, the affirmative familiar plural command is formed by dropping the **r** from the infinitive and adding **d**:

INFINITIVE	AFFIRMATIVE COMMAND	
hablar	**hablad**	*speak*
comer	**comed**	*eat*
vivir	**vivid**	*live*

(3) The negative familiar plural command (**vosotros**) is formed by placing an accent on the last letter of the affirmative formal singular command and adding **is**:

INFINITIVE	AFFIRMATIVE COMMAND FORMAL, SINGULAR	NEGATIVE COMMAND	
hablar	hable	**no habléis**	don't speak
comer	coma	**no comáis**	don't eat
vivir	viva	**no viváis**	don't live
traer	traiga	**no traigáis**	don't bring
decir	diga	**no digáis**	don't say (tell)
salir	salga	**no salgáis**	don't leave

(4) The negative **vosotros** command of **-ar** and **-er** stem-changing verbs has no change in the stem vowel because the vowel is not stressed:

INFINITIVE	NEGATIVE COMMAND
cerrar (ie)	**no cerréis** *don't close (shut)*
querer (ie)	**no queráis** *don't love*
mostrar (ue)	**no mostréis** *don't show*
volver (ue)	**no volváis** *don't return (come back)*

(5) In the negative **vosotros** command of **-ir** stem-changing verbs, the stem vowel **e** changes to **i**, and **o** changes to **u**, even though these vowels are not stressed:

INFINITIVE	NEGATIVE COMMAND
dormir (ue)	**no durmáis** *don't sleep*
morir (ue)	**no muráis** *don't die*
mentir (ie)	**no mintáis** *don't lie*
sentir (ie)	**no sintáis** *don't feel*
pedir (i)	**no pidáis** *don't ask*
seguir (i)	**no sigáis** *don't continue (go on)*

c. Object Pronouns and Commands

Object pronouns are attached to an affirmative command and precede a negative command:

Dime quién es Salvador.
Tell me who Salvador is.

Ponme un ejemplo, entonces.
Give me an example, then.

¡**Hazme** el favor de explicármelo!
Do me the favor of explaining it to me!

No me hables así.
Don't talk to me that way.

Después **no me digas** que necesitas el coche.
Don't tell me afterwards that you need the car.

EJERCICIOS: Los mandatos directos

*C. *Answer the following questions according to the example:*

EJEMPLO: ¿Cierro la puerta?
Sí, cierra la puerta.

1. ¿Cierro la ventana?
2. ¿Empiezo a comer?

3. ¿Muevo los pies?
4. ¿Cuento contigo?
5. ¿Preparo la comida?
6. ¿Vengo a las once?
7. ¿Vuelvo mañana?
8. ¿Salgo con Salvador?
9. ¿Traigo el vino?
10. ¿Pongo el dinero aquí?

***D.** *Answer the following questions according to the example:*

EJEMPLO: ¿Como las manzanas?
No, no comas las manzanas.

1. ¿Bebo esta limonada?
2. ¿Bailo con Javier?
3. ¿Sirvo la cena ahora?
4. ¿Salgo a las tres y media?
5. ¿Olvido la cita?
6. ¿Repito la lección?
7. ¿Pido un favor a Javier?
8. ¿Voy con Elvira al cine?
9. ¿Hablo con el dentista?
10. ¿Aprendo a hablar chino?
11. ¿Estudio el poema contigo?
12. ¿Explico[2] la lección?

***E.** *Answer the following questions according to the example:*

EJEMPLO: ¿Te llevo al cine?
Sí, llévame al cine.
No, no me lleves al cine.

1. ¿Te invito a casa?
2. ¿Te digo una cosa?
3. ¿Te visito a las diez?
4. ¿Te enseño a bailar?
5. ¿Te compro un coche?
6. ¿Te hago un favor?

***F.** *Answer the following questions according to the example:*

EJEMPLO: ¿Te lo mando mañana?
Sí, mándamelo mañana.
No, no me lo mandes mañana.

1. ¿Te lo muestro mañana?

2. For spelling changes such as the one required here, review **Capítulo preliminar,** Section 11.

2. ¿Te lo explico mañana?
3. ¿Te lo pido mañana?
4. ¿Te lo pregunto mañana?
5. ¿Te lo leo mañana?
6. ¿Te lo vendo mañana?

G. *Answer the following questions according to the example:*

EJEMPLO: ¿Te digo la verdad?
Sí, dímela.
No, no me la digas.

1. ¿Te muestro las rosas?
2. ¿Te leo el poema?
3. ¿Te doy el dinero?
4. ¿Te traigo el café?
5. ¿Te mando el vestido?
6. ¿Te repito la lección?

45. pedir and preguntar

a. **Pedir** means *to ask for* or *to request*, whereas **preguntar** means *to ask about* or *to inquire*:

¿Por qué me lo preguntas?	*Why do you ask me (about him)?*
No te pregunto nada a ti.	*I don't ask you anything.*
Yo no te pido nada.	*I'm not asking you for anything.*
No te lo voy a pedir dos veces.	*I'm not going to ask you (for it) twice.*

The meanings of the English prepositions *for* and *about* are included in the Spanish verbs.

b. When the object of **preguntar** or **pedir** is a person, the *indirect* object pronoun is used:

Rose **le pregunta a su hija** por qué sale con Salvador.
Rose asks her daughter why she goes out with Salvador.

Rachel no **les pide dinero a sus padres.**
Rachel doesn't ask her parents for money.

46. Lo as a Verb Complement (Lo *como complemento del verbo*)

a. The neuter object pronoun **lo** is used with such verbs as **pedir, preguntar, decir,** and **saber** when it refers to a previously expressed idea:

¿Por qué me **lo** preguntas?
Why do you ask me (about it)?

Pues no **lo** sé.
Well, I don't know (who he is).

Dí**melo** ahora mismo.
Tell me right now (who he is).

No te **lo** voy a pedir dos veces.
I'm not going to ask you twice (to tell me who he is).

b. Some verbs use a neuter object pronoun both in Spanish and in English:

No **lo** creo.	*I don't believe it.*
¡Hazme el favor de explicárme**lo**!	*Do me the favor of explaining it to me!*

c. If these verbs already have a direct object or the equivalent, the object pronoun **lo** is omitted:

Yo no te pregunto nada a ti.
I'm not asking you anything.

Dime quién es Salvador.
Tell me who Salvador is.

Después no me digas que necesitas el coche.
Don't tell me afterwards that you need the car.

¡Si yo no te pido nada!
But I'm not asking you for anything!

Creo que viene mañana.
I think he's coming tomorrow.

¿Quieres explicarme la lección?
Do you want to explain the lesson to me?

47. Position of Object Pronouns with the Infinitive (*La posición de los pronombres usados como complementos directos e indirectos*)

When direct and indirect object pronouns are objects of an infinitive, they may either be attached to the infinitive or precede the conjugated verb. In the latter case, the tone of the sentence is a little more familiar or colloquial:

Te quiero ver un momento.	*I want to see you a moment.*
No **te lo voy a preguntar** dos veces.	*I'm not going to ask you twice.*

48. Que after Direct Commands (Que *después de los mandatos directos*)

Que is often used to introduce a phrase which explains or clarifies a previously given command. In such cases, **que** has no English equivalent:

Ven aquí Rachel, **que** te quiero ver un momento.
Come here Rachel! I want to see you a moment.

No me hables así, Rachel, **que** soy tu madre.
Don't speak to me that way, Rachel! I'm your mother.

Dímelo ahora mismo, **que** no te lo voy a preguntar dos veces.
Tell me right now! I'm not going to ask you twice.

Ten cuidado, **que** ya estoy enojada, ¿eh?
Be careful! I'm angry now, eh?

EJERCICIOS

H. *Supply the present indicative of* **pedir** *or* **preguntar:**

1. Rose le _____ a Rachel quién es Salvador.
2. Rachel no le _____ dinero a su madre.
3. Rose le _____ a su hija por qué sale con Salvador.
4. Ellos me _____ si quiero ir al cine.
5. ¿Me _____ Ud. si tengo coche?
6. Yo te _____ una limonada.
7. Ella le _____ qué hora es.
8. Javier siempre _____ muchos favores.

***I.** *Respond to the following commands according to the example:*

EJEMPLO: Dile a tu madre quién es Salvador.
No, no se lo digo.

1. Pregúntale a Elvira cuándo viene.
2. Pídele a Javier un café caliente.
3. Explícale a Frank por qué estás aquí.
4. Diles a tus amigos que yo no puedo ir.
5. Pregúntales a las niñas si tienen sed.

***J.** *Change the following sentences placing the object pronouns in front of the conjugated verb:*

1. Él va a enseñarme a tocar la guitarra.
2. ¿No vienes a visitarme mañana?
3. Siempre tienes que decirme la verdad.

4. Quiero decirte muchas cosas, cosas que un día voy a decirte en persona.
5. No sé si quiere vendérmelo.
6. No tenga cuidado; no pienso dárselas.

*K. *Join the following sentences with the conjunction* **que**:

1. Ven aquí niña. Quiero darte unos chocolates.
2. Haz lo que te digo. Ya estoy enojada.
3. Sé bueno, niño. No me gustan los niños malos.
4. Ten paciencia. Todavía no son las tres y media.
5. Sal de aquí, hijo. Estás muy sucio.

LECTURAS

Las posesiones

Ensayo de Rachel para su clase de filosofía

El hombre es un animal que nace con el instinto de la conservación, y por eso busca siempre las cosas que necesita para subsistir. El hombre nace también con un yo enorme, un yo que le permite creer que es el ser más importante del mundo. Crece en su alma el deseo de tener más que los otros hombres. En vez de estar contento con lo necesario para su salud física y mental, empieza a buscar posesiones innecesarias[3] para alimentar el apetito gigantesco de su yo. Los hombres quieren ser ricos para conquistar la admiración de las mujeres y el respeto de los otros hombres. Las mujeres compran vestidos nuevos para conseguir la atención de los hombres y la envidia de las otras mujeres. Estas emociones en realidad son muy superficiales y no sirven para nada.

Lo irónico de todo esto es que el hombre es esclavo de sus posesiones. Piensa que con el dinero puede comprar la libertad, pero lo que compra es el sufrimiento. También cree que puede comprar más tiempo, pero resulta que tiene menos tiempo que nunca. Las posesiones no le dan al hombre más que innumerables[1] frustraciones y muchas úlceras, en vez de la vida ideal con que siempre sueña. Lo triste es que el hombre nunca encuentra la vida que busca, porque no quiere saber la verdad. Todas las religiones y todas las filosofías del mundo dicen que hay que olvidar las cosas materiales de la vida, pero los hombres cierran los ojos y siguen las ideas de sus padres y de sus abuelos.

Hoy necesitamos un cambio radical en nuestra filosofía de la vida. No necesitamos tantos coches y tantas casas. No necesitamos tener más que nuestros amigos. Tenemos que volver a la tierra y vivir como los pobres. Tenemos que vivir unidos, como la gente primitiva, en vez de vivir solos. Tenemos que olvidar

3. **nn** and **cc** are the only double consonants that exist in Spanish. Review **Capítulo preliminar,** Section 9c.

CORTESÍA DE LAN

«Tenemos que volver a la tierra...»
Las llamas de Chile

completamente el yo. Ya no hay tiempo para el odio, la lucha y toda la contaminación política y moral que hay en el mundo de hoy.

¿Cómo podemos hacer todo esto si el hombre nace con un yo enorme? La historia nos indica que los sistemas políticos no cambian a los hombres. Así que la solución no puede ser política.

La solución tiene que ser personal. Todo el mundo tiene que ver que la vida vale menos si no hay agua pura, aire fresco y amor entre los seres humanos.

PALABRAS Y MODISMOS NUEVOS

alimentar	to feed	**crecer**	to grow
cambiar	to change	**envidia** *f*	envy
cambio *m*	change	**espacio** *m*	space
conquistar	to conquer	**fresco**	fresh
conservación *f*	preservation; self-preservation		

PREGUNTAS

1. Según Rachel, ¿por qué busca el hombre posesiones innecesarias?
2. ¿Qué piensa Ud. de su teoría del yo gigantesco del hombre?
3. ¿Cree Ud. que Rachel simplifica demasiado el problema?
4. ¿Por qué es el hombre esclavo de sus posesiones?
5. ¿Cree Ud. que hay que olvidar las cosas materiales del mundo?
6. ¿Busca Ud. una vida ideal? ¿Cree Ud. que la va a encontrar?
7. ¿Cree Ud. que es una buena idea volver a la tierra?
8. ¿Es verdad que los sistemas políticos no cambian a los hombres?
9. ¿Qué piensa Ud. de la solución de Rachel?

Antonio Machado (1875–1939)

Antonio Machado nace en Andalucía, pero vive mucho tiempo en Castilla, donde enseña literatura francesa. Su mujer muere muy joven y el poeta vive solo el resto de su vida. Como es republicano, tiene que abandonar España después de la Guerra Civil. Viejo, cansado y enfermo, Machado muere en Francia dos semanas después.

El tema más importante de su poesía es el hombre. Los problemas que más le interesan son el amor, la muerte, el tiempo y la relación entre el sueño y la realidad. También le preocupa mucho el futuro de España, y critica a todos los españoles que son esclavos de la apatía, la complacencia y la pereza intelectual.

HISPANIC SOCIETY OF AMERICA

Antonio Machado por Joaquín Sorolla y Bastida

Nuevas canciones

Apuntes

XL

Los ojos por que suspiras,
sábelo bien,
los ojos en que te miras
son ojos porque te ven.

LXXXV

¿Tu verdad? No, la Verdad,
y ven conmigo a buscarla.
La tuya, guárdatela.

Palabras y modismos nuevos

apunte *m*	note	**preocupar**	to concern, to worry
canción *f*	song, lyric poem	**sueño** *m*	dream
esclavo *m*	slave	**suspirar**	to sigh
francés	French	**te**	yourself
guardar	to keep	**tema** *m*	theme
pereza *f*	laziness		

COGNADOS NUEVOS

admiración *f*
aire *m*
ambición *f*
animal *m*
apatía *f*
apetito *m*
arrogante
atención *f*
complacencia *f*
conservación *f*
criticar
definición *f*
descripción *f*
diploma *m*
emoción
físico
frustración *f*
gigantesco
indicar
innecesario
innumerable
insistir
instintivamente
instinto *m*
interesar
irresponsable
libertad *f*
marihuana *f*
material
materialista *m & f*
mental
necesario
permitir
personal
posesión *f*
primitivo
profesión *f*
puro
radical
realidad *f*
relación *f*
republicano *m*
respeto *m*
resto *m*
resultar
subsistir
superficial
úlcera *f*
unido

Repaso 2

1. ser and estar

Review Chapter 6, Sections 22 and 23.

Estar is used (1) to indicate location and (2) with adjectives to express a state or condition (how the subject feels, how he looks, or what he happens to be like at a particular time).

A. *Answer the following questions according to the example:*

EJEMPLO: ¿Dónde está Elvira? (en casa)
Está en casa.

1. ¿Dónde está Javier? (en la Universidad)
2. ¿Dónde están Maribel y Elvira? (con sus amigas)
3. ¿Dónde están Uds.? (en clase)
4. ¿Dónde están los padres de Frank? (en Manitoba)
5. ¿Dónde está el Dr. Goodman? (en el hospital)

B. *Change the sentences using the appropriate words from the line above:*

Los niños están enfermos.

1. La muchacha ______________________________
2. ______________________________ celosa.
3. Javier ______________________________
4. ______________________________ enojado.
5. Mis padres ______________________________
6. ______________________________ bien.
7. Yo______________________________
8. ______________________________ muy ocupada.
9. Ellos ______________________________

C. *Answer the following questions according to the example:*

EJEMPLO: ¿Qué tal la limonada? (frío)
Está demasiado fría.

1. ¿Qué tal el vino? (frío)
2. ¿Qué tal el agua? (frío)
3. ¿Qué tal la sopa? (caliente)
4. ¿Qué tal el café? (caliente)
5. ¿Qué tal la limonada? (frío)

D. *Express in Spanish:*

1. My children are very bad.
2. My children are sick.
3. We are not very smart.
4. We are not ready yet.
5. Javier's parents are rich.
6. This English ham is delicious.
7. These apples are green.
8. These apples are unripe.
9. Her sister is pretty.
10. She looks pretty today.
11. Their mother is young.
12. She looks young still.
13. Ice is cold.
14. Our coffee is cold.
15. You're always sad.
16. You look sad today.

2. Demonstrative Adjectives and Pronouns

Review chapter 6, Section 24.

DEMONSTRATIVE ADJECTIVES: **este (-a, -os, -as)**
ese (-a, -os, -as)
aquel (-lla, -llos, -llas)

DEMONSTRATIVE PRONOUNS: Add a written accent to the stressed vowels of the demonstrative adjectives: **éste**, **ése, aquél,** etc.

E. *Answer the following questions according to the example:*

EJEMPLO: ¿De quiénes son los dos libros?
Éste es mío, pero aquél es de Javier.

1. ¿De quiénes son las dos casas?
2. ¿De quiénes son los dos autos?
3. ¿De quiénes son las dos manzanas?
4. ¿De quiénes son los dos cafés?
5. ¿De quiénes son las dos limonadas?

3. Colors

Review Chapter 6, Section 25.

F. *Answer the following questions according to the example:*

EJEMPLO: ¿De qué color son los libros? (blanco, negro)
Éstos son blancos, pero ésos son negros.

1. ¿De qué color son las casas? (blanco, azul)
2. ¿De qué color son los autos? (morado, verde)
3. ¿De qué color son las manzanas? (amarillo, rojo)
4. ¿De qué color son los gatos? (negro, gris)
5. ¿De qué color son las radios? (azul, anaranjado)

4. Present Indicative of Irregular and Stem-Changing Verbs

Review Chapter 7, Section 26; Chapter 8, Section 32; Chapter 9, Sections 38 and 39; Chapter 10, Section 43.

Irregular Verbs

ir, dar, ver, creer, huir, caer, traer

Stem-Changing Verbs

e→ie: **cerrar, pensar, empezar, querer, perder, entender, defender, mentir, advertir**

o→ue: **mostrar, contar, costar, encontrar, recordar, soñar, doler, mover, poder, volver, morir, dormir**

e→i: **pedir, impedir, seguir, conseguir, perseguir, concebir, repetir, servir**

G. *Give the appropriate form of the present indicative:*

1. nosotros (huir, traer, cerrar, advertir, mostrar, poder, dormir)
2. yo (caer, dar, pensar, mentir, contar, volver, perseguir)
3. Uds. (ver, empezar, defender, encontrar, soñar, morir, pedir)
4. tú (huir, creer, perder, recordar, mover, concebir, repetir)
5. ella (ir, traer, querer, mostrar, dormir, seguir, impedir)

H. *Express in Spanish:*

1. He closes his eyes.
2. He dreams about her.
3. His head aches.
4. He returns home.
5. He can't sleep.
6. I bring the book.
7. I don't understand.
8. I lie.
9. You defend me.
10. I love you.

5. Direct and Indirect Object Pronouns

Review Chapter 7, Sections 27 and 28; Chapter 8, Section 33; Chapter 9, Section 41; Chapter 10, Section 47.

DIRECT OBJECT PRONOUNS	INDIRECT OBJECT PRONOUNS
me	**me**
te	**te**
lo, la	**le (se)**
nos	**nos**
os	**os**
los, las	**les (se)**

I. *Answer the following according to the example:*

EJEMPLO: ¿Vas a ver a Javier?
Sí, voy a verlo.

1. ¿Vas a ver a tus hermanas?
2. ¿Vas a ver a tus padres?
3. ¿Vas a invitar a Elvira?
4. ¿Vas a invitar a Guillermo?
5. ¿Vas a traer los libros?
6. ¿Vas a traer la guitarra?
7. ¿Vas a preparar la cena?
8. ¿Vas a cerrar los ojos?
9. ¿Vas a empezar la clase?
10. ¿Vas a beber el café?

J. *Answer the following according to the example:*

EJEMPLO: ¿Piensas mandar la carta a Javier?
Sí, pienso mandársela.

1. ¿Piensas mandar los chocolates a Elvira?
2. ¿Piensas mandar las rosas a tus padres?
3. ¿Piensas vender el barco a los estudiantes?
4. ¿Piensas vender la casa a los padres de Javier?
5. ¿Piensas dar el ensayo a tus amigos?

K. *Answer the following questions choosing the first alternative:*

1. ¿Lo quieres a él o a mí?
2. ¿Me quieres a mí o a los niños?
3. ¿Les hablas a ellos o a ellas?
4. ¿Le hablas a ella o a mí?
5. ¿Nos escribes a nosotros o a ellas?
6. ¿Le escribes a él o a Javier?
7. ¿Se lo mandas a ella o a mí?
8. ¿Me lo mandas a mí o a las niñas?
9. ¿Se lo dices a él o a ellos?

L. *Answer according to the example:*

EJEMPLO: ¿Te gustan los gatos negros?
No, no me gustan nada.

1. ¿Te gustan las mujeres sentimentales?
2. ¿Te gustan los viejos verdes?
3. ¿Te gustan los hombres cínicos?
4. ¿Te gusta mi poema sobre el marido ideal?
5. ¿Te gusta la televisión?

M. *Answer according to the example:*

EJEMPLO: ¿Qué le pasa a Ud.? (ojos)
Me duelen los ojos.

1. ¿Qué le pasa a Ud.? (cabeza)
2. ¿Qué le pasa a ella? (pies)
3. ¿Qué le pasa a él? (todo el cuerpo)
4. ¿Qué les pasa a Uds.? (manos)
5. ¿Qué les pasa a ellas? (ojos)

6. Direct Commands

Review Chapter 9, Section 40; Chapter 10, Section 44.

FORMAL		FAMILIAR	
SINGULAR	PLURAL	SINGULAR	PLURAL
hablar			
AFF. **hable** NEG. **no hable**	**hablen** **no hablen**	**habla** **no hables**	**hablen (hablad)** **no hablen (no habléis)**
comer			
AFF. **coma** NEG. **no coma**	**coman** **no coman**	**come** **no comas**	**coman (comed)** **no coman (no comáis)**
vivir			
AFF. **viva** NEG. **no viva**	**vivan** **no vivan**	**vive** **no vivas**	**vivan (vivid)** **no vivan (no viváis)**

N. *Answer the following questions according to the examples:*

EJEMPLO: ¿Cierro la puerta?
Sí, ciérrela, por favor.

1. ¿Cierro la ventana?
2. ¿Traigo el vino?
3. ¿Preparo la cena?
4. ¿Muevo los pies?
5. ¿Estudio las lecciones?

¿Pongo los libros aquí?
No, no los ponga aquí.

1. ¿Bebo la limonada?
2. ¿Como el jamón?
3. ¿Defiendo a Javier?
4. ¿Cierro los ojos?
5. ¿Escribo las cartas?

O. *Answer the following questions according to the examples:*

EJEMPLO: ¿Se lo mandamos a Ud.?
Sí, mándenmelo, por favor.

1. ¿Se lo mostramos a Ud.?
2. ¿Se lo leemos a Ud.?
3. ¿Se lo compramos a Ud.?
4. ¿Se lo escribimos a Ud.?
5. ¿Se lo vendemos a Ud.?

¿Te llevo al cine?
Sí, llévame al cine.

1. ¿Te digo la verdad?
2. ¿Te visito mañana?
3. ¿Te invito a cenar?
4. ¿Te preparo la cena?
5. ¿Te llevo a comer?

P. *Answer the following questions according to the example:*

EJEMPLO: ¿Te doy el libro? (ella)
No, no me lo des a mí. Dáselo a ella.

1. ¿Te doy los libros? (él)
2. ¿Te doy la manzana? (ellas)
3. ¿Te doy el vino? (ella)
4. ¿Te doy las guitarras? (ellos)
5. ¿Te doy las aspirinas? (él)

Q. *Express in Spanish:*

1. Give it to me. Don't give it to them. (For. sing.)
2. Tell it to her. Don't tell it to me. (Fam. sing.)
3. Bring it to us. Don't bring it to him. (For. pl.)
4. Show it to them. Don't show it to us. (Fam. pl.)
5. Look at me. Don't look at her. (Fam. sing.)

7. saber and conocer; pedir and preguntar

Review Chapter 8, Section 34; Chapter 10, Section 45.

saber: to know a fact, to know how, to know by heart
conocer: to be familiar with, acquainted with

pedir: to ask for, request
preguntar: to ask about, inquire

R. *Express in Spanish:*

1. I know how to play the guitar.
2. He knows Mr. Alonso.
3. They know that I am ready.
4. Do you know Acapulco?
5. No, but I know where it is.
6. I never ask him anything.
7. I never ask him for anything.
8. Ask him if he can come.
9. Ask her for the coffee.

S. *Form questions according to the example:*

EJEMPLO: Pregúntele a la Srta. Encinas si conoce a mi madre.
Srta. Encinas, ¿conoce Ud. a su madre?

1. Pregúntele a la Sra. Morales si sabe dónde vivo.
2. Pregúntele al Dr. Goodman si conoce Veracruz.
3. Pregúntele a Javier si pide muchos favores.
4. Pregúntele a Rachel si sabe hablar español.
5. Pregúntele a Elvira si conoce a mi hermano.

Capítulo 11

CONVERSACIÓN

Hablan Frank y Javier.

J: ¡Oye, Frank! ¿Tomaste apuntes ayer en la clase de filosofía?
F: Sí, pero no son muy buenos. No entendí nada.
J: ¡Bah! Eso no tiene importancia. Yo nunca entiendo nada de lo que dice el profesor Moreno.
F: ¿Por qué no fuiste a clase ayer?
J: Porque fui con Maribel al parque a pasear un poco. Después la llevé a casa y le di una lección.
F: ¿Una lección de qué?
J: Pues una lección de amor, claro.
F: ¡Calla, Javier! ¡No hables así de Maribel, que no me gusta nada en absoluto!
J: ¡Bueno, bueno! No debes gritar tanto, que vas a tener un ataque al corazón. Tú sabes muy bien que le doy lecciones de guitarra.
F: Lecciones de guitarra, ¿eh? ¡Ya sé que saliste con ella anoche! Cenaste con ella y después la invitaste al cine. Yo los vi a los dos.
J: ¿Ah, sí? Debiste saludarnos entonces.
F: Tú sales con Maribel porque sabes perfectamente bien que yo la quiero.
J: No, no es por eso, sino porque me gusta muchísmo el cine y, como además soy un hombre muy generoso, pagué su entrada.
F: ¡No eres nada generoso, sino egoísta y perverso! ¡Tú siempre sales con las novias de tus amigos! ¡Qué persona más irresponsable eres! ¡Eres irresponsabilísimo!
J: ¡Dios mío! ¡Qué palabra más larga! ¿Y tú? Tú crees que eres nobilísmo, ¿verdad?
F: No hablamos de mí, sino de ti.
J: Bueno, si eres tan noble, dame cien pesos.
F: ¡Cien pesos! ¡Si te di sesenta pesos la semana pasada! ¡Y otros veinte el mes pasado!

J: ¿Ah sí? Pues debí perderlos.

F: No perdiste el dinero, sino que lo gastaste. ¡Debes creer que soy estupidísimo!

J: Bueno, dame los apuntes de la clase de filosofía, que debe de ser tarde ahora, y tengo prisa.

F: ¡A ti no te doy nada! ¡Ni apuntes ni dinero ni nada!

J: ¡Qué amigo! ¡Y qué generoso eres! No te cuesta nada darme los apuntes, ¡anda!

F: ¡Debes estar loco! ¡Sales con mi novia, me debes dinero y ahora me pides favores!

J: ¡Hombre, por Dios! ¡No exageres tanto! ¿No soy tu mejor amigo? ¡Los amigos siempre piden favores!

F: Pues con amigos como tú, ¡no necesito enemigos!

Palabras y modismos nuevos

¡anda!	come on!
anoche	last night
ayer	yesterday
callar	to be silent, to shut up
corazón *m*	heart
deber	to owe, ought, must
enemigo *m*	enemy
entrada *f*	entrance, admission
gastar	to spend
novia *f*	girlfriend, fiancée
pasado	past
la semana pasada	last week
pasear	to walk, to take a walk
peso *m*	Mexican monetary unit
saludar	to greet, to say hello
sino	but, but rather
tomar	to take

Preguntas

1. ¿Qué le pide Javier a Frank?
2. ¿Por qué no fue Javier a la clase de filosofía?
3. ¿Adónde fue Javier con Maribel después de cenar?
4. ¿Por qué no los saludó Frank?
5. ¿Por qué salió Javier con Maribel?
6. ¿Por qué dice Frank que Javier es irresponsable?
7. ¿Cuánto dinero le dio Frank a Javier la semana pasada? ¿El mes pasado?
8. ¿Cree Ud. que Frank no es muy generoso?
9. ¿Cree Ud. que los buenos amigos deben pedir mucho?
10. ¿Qué piensa Ud. de Javier?

CORTESÍA DE BRANIFF INTERNATIONAL

El Monumento a la Independencia, Ciudad de México

GRAMÁTICA Y EJERCICIOS

49. Preterit Indicative of Regular Verbs (*El pretérito de indicativo de los verbos regulares*)

hablar	*to speak*
hablé	*I spoke, did speak*
hablaste	*you spoke, did speak*
habló	*you, he, she, it spoke, did speak*
hablamos	*we spoke, did speak*
hablasteis	*you spoke, did speak*
hablaron	*you, they spoke, did speak*
comer	*to eat*
comí	*I ate, did eat*
comiste	*you ate, did eat*
comió	*you, he, she, it ate, did eat*
comimos	*we ate, did eat*
comisteis	*you ate, did eat*
comieron	*you ate, they ate, did eat*
vivir	*to live*
viví	*I lived, did live*
viviste	*you lived, did live*
vivió	*you, he, she, it lived, did live*
vivimos	*we lived, did live*
vivisteis	*you lived, did live*
vivieron	*you, they lived, did live*

a. In **-ar** and **-ir** verbs the first person plural is the same in both the present and the preterit. The context will always clarify the meaning.

b. The preterit endings of **-er** and **-ir** verbs are identical.

c. The following spelling changes occur in the first person singular of the preterit of certain verbs:

pagar: **pagué** (**g** must remain hard before **e**)
gozar: **gocé** (never **z** before **e**)
tocar: **toqué** (**c** must remain hard before **e**)

EJERCICIOS: El pretérito de los verbos regulares

A. *Supply the appropriate forms of the preterit:*

1. llevar: Uds., él, yo, nosotros, tú
2. deber: ellas, Ud., tú, yo, nosotros
3. escribir: él, ellos, Uds., nosotros, yo

4. pasear:	nosotros, yo, ella, tú, ellos
5. gastar:	yo, nosotros, ellas, Ud., tú

B. *Give the indicated form of the preterit of the following verbs:*

1. nosotros:	guardar, existir, engañar, conocer, dejar
2. tú:	nacer, encontrar, perder, salir, soñar
3. ellos:	vivir, volver, pensar, ver, cerrar
4. Ud.:	beber, mostrar, recordar, entender, cambiar
5. ellas:	enseñar, bailar, defender, fumar, mover

C. *Give the first person singular of the preterit of the following verbs:*

1. empezar	6. gozar
2. pagar	7. buscar
3. llevar	8. preguntar
4. explicar	9. tocar
5. guardar	10. mejorar

50. Function of the Preterit (*La función del pretérito*)

The preterit is used to narrate what took place at a particular time in the past. The action it refers to must have a specific beginning and end:

¿Tomaste apuntes ayer?	*Did you take notes yesterday?*
No entendí nada.	*I didn't understand anything.*
¿Por qué no fuiste a clase?	*Why didn't you go to class?*
Después la llevé a casa.	*Afterwards I took her home.*
Le di una lección.	*I gave her a lesson.*
¡Saliste con ella!	*You went out with her!*
La invitaste al cine.	*You invited her to the movies.*
Yo los vi a los dos.	*I saw the two of you.*
Pagué su entrada.	*I paid her admission.*

51. Preterit of ser, ir, and dar

ser	*to be*	**ir**	*to go*
fui	*I was*	**fui**	*I went, did go*
fuiste	*you were*	**fuiste**	*you went, did go*
fue	*you were; he, she, it was*	**fue**	*you, he, she, it went, did go*
fuimos	*we were*	**fuimos**	*we went, did go*
fuisteis	*you were*	**fuisteis**	*you went, did go*
fueron	*you, they were*	**fueron**	*you, they went, did go*

dar	*to give*
di	*I gave, did give*
diste	*you gave, did give*
dio	*you, he, she, it gave, did give*
dimos	*we gave, did give*
disteis	*you gave, did give*
dieron	*you, they gave, did give*

a. The preterit tense forms of **ser** and **ir** are the same. The context clarifies the meaning.

b. The preterit endings of **dar** are the same as the endings of all regular **-er** and **-ir** verbs.

EJERCICIOS: El pretérito

D. *Change the sentences according to the subjects in parentheses:*

1. Javier fue al parque con Maribel.
   (yo, nosotros, ellos)
2. Después le dio una lección.
   (nosotros, Uds., tú)
3. Cenó con ella en casa.
   (Ud., yo, tú)
4. Frank no los saludó.
   (nosotros, tú, yo)
5. Javier no perdió el dinero.
   (yo, tú, nosotros)
6. Él gastó ciento sesenta pesos en total.
   (ellos, tú, yo)
7. Frank guardó los apuntes.
   (Uds., nosotros, tú)
8. Javier salió con su novia.
   (él, tú, yo)

***E.** *Answer the following questions according to the example:*

EJEMPLO: ¿Cuándo vas a cenar?
Ya cené.

1. ¿Cuándo vas a salir?
2. ¿Cuándo vas a pagar?
3. ¿Cuándo vas a bailar?
4. ¿Cuándo vas a comer?
5. ¿Cuándo vas a contestar?
6. ¿Cuándo vas a estudiar?

***F.** *Change the following sentences substituting the appropriate form of the verbs in parentheses:*

1. Mis abuelos no entendieron nada. (recordar)
2. Yo estudié la lección. (explicar)
3. Ellos me invitaron al cine. (llevar)
4. Javier me escribió una carta de amor. (dar)
5. Nosotros perdimos los apuntes. (guardar)
6. Tú preparaste una cena muy rica. (servir)
7. ¿Encontraron ellas el dinero? (ver)
8. Javier salió con la novia de Frank. (soñar)
9. ¿Por qué me engañaste anoche? (dejar)
10. Yo examiné la nueva guitarra. (tocar)

G. *Answer the following questions:*

1. ¿Vivieron Uds. mucho tiempo en México?
2. ¿Naciste en Guatemala?
3. ¿Volvió Ud. a casa anoche?
4. ¿Cerraron Uds. los libros?
5. ¿Cambiaste el dinero?
6. ¿Empezó Ud. el nuevo libro?
7. ¿Visitaron Uds. a sus padres?
8. ¿Fuiste al cine anoche?
9. ¿Fuiste en el coche de Javier?
10. ¿Tomaron Uds. apuntes ayer?
11. ¿Dieron Uds. los apuntes a Frank?
12. ¿Viste a tu novia?
13. ¿Hablaste con ella?

52. deber

a. The verb **deber** generally means *to owe*:

Me debes dinero. *You owe me money.*

b. **Deber** can also imply a moral obligation (*must, should, ought to*):

No debes gritar tanto.	*You shouldn't shout so much.*
Debes ir a las tres.	*You must go at three o'clock.*
Ud. debe ser más razonable.	*You ought to be more reasonable.*

c. Sometimes **deber** is used to express probability or a conjecture. In such cases, it may be followed by the preposition **de**:

Debe de ser tarde.	*It must be late.*
¡Debes creer que soy estupidísimo!	*You must think I'm hopelessly stupid!*

d. The preterit of **deber** is expressed in English by *should have* or *must have*:

Debiste saludarnos entonces.	*You should have said hello to us, then.*
Pues debí perderlos.	*Well, I must have lost them.*

53. pero, sino, sino que

a. **Pero** generally means *but* or *nevertheless*. **Sino** also means *but*, or *but rather*; it is used only after a negative statement to express a contrast. The same verb is understood but not expressed in the **sino** clause:

¡No eres nada generoso, sino egoísta y perverso!
You're not at all generous, but egotistic and perverse!

No hablamos de mí, sino de ti.
We're not talking about me, but about you.

b. The English equivalent of **sino** is often not expressed:

No es por eso, sino porque me gusta el cine.
That's not why, it's just that I like the movies.

c. **Sino que**, also meaning *but*, is used when the negative statement is followed by a clause containing a different verb:

No perdiste el dinero, sino que lo gastaste.
You didn't lose the money, you spent it.

54. Absolute Superlative (*El superlativo absoluto*)

a. The absolute superlative is the form of the adjective or adverb that denotes a high degree or amount, without any comparison to other persons or things. It is expressed in English by *very*, *extremely* and similar words. In Spanish it is formed by dropping the final vowel or diphthong from the adjective or adverb, if there is one, and adding the suffix **-ísimo**:

gordo	*fat*	**gordísimo**	*very fat*
feo	*ugly*	**feísimo**	*extremely ugly*
estúpido	*stupid*	**estupidísimo**	*hopelessly stupid*
limpio	*clean*	**limpísimo**	*exceedingly clean*

Me gusta **mucho** el cine.	*I like the movies a lot.*
Me gusta **muchísimo** el cine.	*I'm crazy about the movies.*

b. Adjectives ending in **-co**, **-go**, or **-z** change these letters to **-qu**, **-gu**, and **-c** respectively and add **-ísimo**:

rico	*rich*	**riquísimo**	*extremely rich*
largo	*long*	**larguísimo**	*very long*
feliz	*happy*	**felicísimo**	*blissfully happy*

c. Adjectives ending in **-ble** change this ending to **-bilísimo**:

noble	*noble*	**nobilísimo**	*very noble*
irresponsable	*irresponsible*	**irresponsabilísimo**	*highly irresponsible*
amable	*nice, amiable*	**amabilísimo**	*extremely nice, amiable*

d. The absolute superlative of adverbs ending in **-mente** is formed by adding **-mente** to the feminine singular absolute superlative of the corresponding adjective:

fácilmente	*easily*	**facilísimamente**	*most easily*
lentamente	*slowly*	**lentísimamente**	*extraordinarily slowly*

55. Exclamations (*Exclamaciones*)

a. ¡**Qué** . . .! as an exclamation is used directly before nouns, adjectives, and adverbs:

¡**Qué hombre**!	*What a man!*
¡**Qué músculos**!	*What muscles!*
¡**Qué linda es**!	*How pretty she is!*
¡**Qué bien baila**!	*How well she dances!*

b. In exclamations of this kind, the subject follows the verb:

¡**Qué joven está tu madre esta noche**!
How young your mother looks tonight!

¡**Qué bien hablan los niños**!
How well the children talk!

c. When an adjective follows a noun after ¡**qué . . .**!, the adjective is always preceded by **más** or **tan**:

¡**Qué palabra más larga**! (¡**Qué palabra tan larga**!)
What a long word!

¡**Qué persona más (tan) irresponsable eres**!
What an irresponsible person you are!

EJERCICIOS

***H.** *Answer the following questions according to the example:*

EJEMPLO: ¿A qué hora voy?
Debes ir a las once.

1. ¿A qué hora vuelvo?
2. ¿A qué hora salgo?
3. ¿A qué hora estudio?
4. ¿A qué hora lo hago?
5. ¿A qué hora traigo el café?
6. ¿A qué hora mando las cartas?
7. ¿A qué hora te doy la lección?
8. ¿A qué hora te llevo al cine?

***I.** *Answer the following questions according to the example:*

EJEMPLO: ¿Quieres beber un poco?
No, no debo beber tanto.

1. ¿Quieres comer un poco?
2. ¿Quieres pasear un poco?
3. ¿Quieres bailar un poco?
4. ¿Quieres tocar un poco?
5. ¿Quieres fumar un poco?

***J.** *Compose sentences according to the example:*

EJEMPLO: Tengo sueño. (dormir)
Debiste dormir más, entonces.

1. Tengo hambre. (comer)
2. Tengo sed. (beber)
3. No entiendo nada. (estudiar)
4. Ya no me quedan manzanas. (comprar)
5. No hay bastante jamón. (preparar)

***K.** *Compose sentences according to the example supplying the appropriate antonym:*

EJEMPLO: rico
No es rico, sino pobre.

1. viejo
2. buena
3. tontos
4. fea
5. frío
6. cínicas
7. generoso
8. blancos
9. hipócrita

*L. *Answer the following questions according to the example:*

EJEMPLO: ¿Es difícil la lección?
Sí, es dificilísima.

1. ¿Es linda tu novia?
2. ¿Es muy largo su pelo?
3. ¿Es intolerable la situación?
4. ¿Es rico tu padre?
5. ¿Son gordos tus abuelos?
6. ¿Es grande su casa?
7. ¿Es feliz tu hija?
8. ¿Es malo el niño?
9. ¿Estás cansado hoy?
10. ¿Es inteligente Javier?

*M. *Compose sentences according to the example:*

EJEMPLO: (mujer, linda)
¡Qué mujer! ¡Qué mujer más linda!

1. (hombre, listo)
2. (gatos, sucios)
3. (profesor, loco)
4. (novela, pesimista)
5. (muchacho, cruel)

LECTURAS

¡Desaparece la hija de un famoso neurólogo!

Artículo que apareció en un periódico mexicano

México D. F.—Anoche desapareció la hija del Dr. Irving Goodman, famoso neurólogo norteamericano que reside en la calle González de Cossío. La Srta. Rachel Goodman abandonó su casa entre las once y cuarto de la noche, hora en que el Dr. Goodman volvió del hospital, y las ocho y media de la mañana, hora en que la Sra. Rose Stein de Goodman fue al cuarto de su hija. Desaparecieron también todos los vestidos de la Srta. Goodman, así como unos libros y artículos personales. La ausencia de esos objetos indicó a la policía que la joven abandonó su casa voluntariamente. El inspector de policía examinó con mucho cuidado la casa de la familia Goodman, pero no encontró nada pertinente al caso. Después habló con los padres de la Srta. Goodman, quienes le indicaron que su hija tenía un novio, Salvador, pero que no sabían su apellido.

Para conocer este apellido, el inspector fue a la Universidad de México y habló con los profesores y amigos de los dos jóvenes. El Sr. Ramón Moreno, profesor de filosofía en la Facultad de Filosofía y Letras, observó: «Yo estoy seguro que a la Srta. Goodman no le pasa nada malo, pero si no me da el ensayo de filosofía que me debe, entonces le va a pasar algo malísimo». El Sr. Javier Villafranca, estudiante y amigo de la Srta. Goodman, añadió: «No sé el apellido de ese Salvador, pero yo tengo una cita con Rachel esta noche, y si no vuelve, no voy a salir más con ella». El Sr. Frank Jollimore, estudiante norteamericano y también amigo de la señorita en cuestión, suspiró: «¡Qué suerte tiene Salvador! Rachel es una muchacha lindísima, y creo que van a ser muy felices». La Srta. Elvira Encinas añadió: «Estoy segura que Salvador no raptó a Rachel. ¡Pero posiblemente ella lo raptó a él!»

Parece que los profesores y los amigos de la Srta. Goodman están seguros que ella está bien y en buenas manos, pero sus padres quieren ver a su hija inmediatamente. Si Uds. saben algo del caso, hagan el favor de llamar al editor del periódico o al inspector de policía. El Dr. Goodman indicó esta mañana al inspector que piensa remunerar generosísimamente toda información.

PALABRAS Y MODISMOS NUEVOS

añadir	to add	**periódico** *m*	newspaper
apellido *m*	last name	**premio** *m*	prize
así como	as well as	**raptar**	to kidnap
calle *f*	street	**recibir**	to receive
cuarto *m*	room	**seguro**	sure
desaparecer	to disappear	**varios**	several
durante	during		

PREGUNTAS

1. ¿A qué hora abandonó Rachel su casa?
2. ¿Qué más desapareció con ella?
3. ¿Qué le indicaron al inspector los padres de Rachel?
4. ¿Por qué fue el inspector a la Universidad?
5. ¿Qué opinión general tienen los estudiantes de la situación?
6. ¿Qué indicó el Dr. Goodman al inspector?
7. ¿Dónde cree Ud. que está Rachel?
8. ¿Cree Ud. que su ensayo de filosofía indica donde debe de estar?
9. ¿Qué piensa Ud. de la reacción de sus padres?

Juan Ramón Jiménez (1881–1958)

Como Antonio Machado, Juan Ramón Jiménez nació en Andalucía. Empezó muy

UNITED PRESS INTERNATIONAL

Juan Ramón Jiménez

joven a escribir poesía. En 1917 apareció su famoso libro en prosa, Platero y yo, *donde hay muchas descripciones de la relación idílica entre el poeta y su amigo Platero, un burro. Juan Ramón y su mujer abandonaron España durante la Guerra Civil y vivieron en Puerto Rico, Cuba y los Estados Unidos, donde él enseñó en varias universidades. En 1956 recibió el Premio Nobel de Literatura. Tres días después murió su mujer. Dos años más tarde murió el poeta en Puerto Rico.*

La poesía de Juan Ramón Jiménez es una poesía «desnuda», sin ornamentación, que describe un mundo dulce, musical y melancólico.

Segunda Antolojía[1] Poética

Poesía

Yo no soy yo.
Soy este
que va a mi lado sin yo verlo;
que, a veces, voy a ver,
y que, a veces, olvido.
El que calla, sereno, cuando hablo,
el que perdona, dulce, cuando odio,
el que pasea por donde no estoy,
el que quedará en pie cuando yo muera.[2]

PALABRAS Y MODISMOS NUEVOS

aparecer to appear
desnudo naked
dulce sweet

COGNADOS NUEVOS

antología *f*
artículo *m*
ataque *m*
burro *m*
caso *m*
describir
editor *m*
Facultad *f*
idílico
información *f*
inmediatamente
inspector *m*
músculo *m*
musical
noble
objeto *m*
observar
ornamentación *f*
parque *m*
pertinente
perverso
policía *f*
prosa *f*
reacción *f*
remunerar
residir
sereno
voluntariamente

1. La peculiaridad ortográfica es del poeta. 2. Present subjunctive. Treat as present indicative.

Capítulo 12

CONVERSACIÓN

In: Inspector Ir: Irving Goodman R: Rose Goodman

In: Ahora voy a hacer todo lo posible para encontrar a su hija, pero necesito saber quiénes son sus amigos, y cómo son, y qué ideas tienen, y cosas así.
R: Pues no sabemos quiénes son. Ella nunca los trae a casa.
Ir: Claro, porque tú siempre los criticabas y decías que no valían para nada. ¡Claro que no quería traerlos a casa!
R: ¡Y tenía razón yo! Sus amigos eran siempre muy raros. Gente pobre, gente enferma, gente de la calle y de mala familia . . .
Ir: Es que ella sentía mucha simpatía por ellos.
R: ¿Estás loco? ¡Tú no comprendes nada a tu propia hija!
Ir: ¡A lo mejor la comprendo mejor que tú!
R: ¿Ah, sí? ¿Quién la cuidaba cuando estaba enferma? ¿Y quién le preparaba la cena todas las noches, eh?
Ir: ¡Eso no quiere decir que la comprendías! Quiere decir que la servías, que hacías cosas por ella.
R: Bueno, ¿y tú qué hacías por ella? Tú ibas todos los días a tu querido hospital. O más bien vivías en el hospital, porque nosotras nunca te veíamos en casa.
Ir: Sí, y cuando teníamos el piso estábamos cerca del hospital, pero tú querías vivir en el campo. Decías que no te gustaba la ciudad.
In: Bueno, por favor, yo quiero hablar de lo que pasó anoche.
R: Sí, Irving, deja hablar al inspector.
In: Por favor, doctor, dígame qué hacía su hija anoche cuando Ud. volvió del hospital.
Ir: Pues estaba en su cuarto, en la cama. Me pidió un café.
In: ¿No habló Ud. con ella entonces?
Ir: No. Era tarde, y yo tenía sueño.

In: ¿No notó Ud. nada raro?

Ir: Pues ahora que lo pienso, noté que le temblaba un poco la voz. Cuando terminó el café vi que tenía lágrimas en los ojos, pero creía que era porque el café estaba muy caliente.

R: ¡Por Dios, Irving! ¿Por qué no me llamaste?

Ir: Porque Rachel ya no es una niña.

R: Sus lágrimas te advirtieron que estaba triste, ¡y tú no le preguntaste nada! ¿Estás ciego? ¡Pobre niña! ¡Probablemente no durmió en toda la noche!

Ir: No seas tan melodramática, Rose. ¡Eres ridícula!

R: ¡Nuestra hija desaparece y me dice que soy ridícula! Inspector, ¿soy ridícula?

In: Por favor, señora, no tenga Ud. cuidado, que voy a encontrar a su hija. Creo que sé dónde vive esa gente «rara» que Ud. me describió.

R: ¡Ay, Dios mío! ¡Nuestra hija prefirió vivir con ellos y no con nosotros! ¿Cómo concibió la idea de abandonarnos así?

Ir: No sé qué decirte, Rose.

R: ¡Qué cruel eres! ¡No te importa nada lo que me pasa a mí!

Ir: Mira, tengo que ir al hospital ahora. Después hablamos.

R: A lo mejor después no me encuentras en casa.

In: ¡Señora! ¡Por favor! ¡Déjeme encontrar a su hija antes de desaparecer Ud.!

Palabras y modismos nuevos

antes (de)	before	**notar**	to notice
cama *f*	bed	**piso** *m*	apartment, flat
ciego	blind	**propio**	own
ciudad *f*	city	**querer decir**	to mean
cuidar	to take care of	**raro**	strange, peculiar
lágrima *f*	tear	**sentir (ie, i)**	to feel; to be sorry

Preguntas

1. ¿Por qué no trae Rachel a sus amigos a casa?
2. ¿Cómo describe Rose a los amigos de su hija?
3. ¿Cree Ud. que Rose comprende a su hija?
4. ¿Qué hacía Rachel cuando su padre volvió a casa?
5. ¿Notó Irving algo raro?
6. ¿Por qué cree Ud. que Rachel tenía lágrimas en los ojos?
7. ¿Por qué no llamó Irving a su mujer?
8. ¿Prefiere Ud. vivir con Rose o con los amigos de Rachel? ¿Por qué?
9. ¿Cree Ud. que Irving pasa demasiado tiempo en el hospital?
10. Aunque Rose quiere mucho a su hija, ¿cree Ud. que es demasiado posesiva?

GRAMÁTICA Y EJERCICIOS

56. Preterit of -ir Stem-Changing Verbs (*El pretérito de los verbos con cambios en la raíz*: -ir)

pedir (i, i)	*to ask*	**sentir (ie, i)**	*to feel*
pedí	*I asked, did ask*	sentí	*I felt, did feel*
pediste	*you asked, etc.*	sentiste	*you felt, etc.*
pidió	*you, he, she, it asked*	sintió	*you, he, she, it felt*
pedimos	*we asked*	sentimos	*we felt*
pedisteis	*you asked*	sentisteis	*you felt*
pidieron	*you, they asked*	sintieron	*you, they felt*

dormir (ue, u)	*to sleep*
dormí	*I slept, did sleep*
dormiste	*you slept, etc.*
durmió	*you, he, she, it slept*
dormimos	*we slept*
dormisteis	*you slept*
durmieron	*you, they slept*

a. In the preterit of **-ir** stem-changing verbs, the **e** changes to **i** and the **o** changes to **u** in the third person, singular and plural. Remember that in the present tense **-ir** stem-changing verbs have the stem vowel change **i (pedir), ie (sentir)**, or **ue (dormir)**.

Because there is no way to tell if a verb has a stem vowel change, the present and preterit stem changes are usually given in parentheses in texts and vocabularies:

pedir (i, i) *to ask*
sentir (ie, i) *to feel*
dormir (ue, u) *to sleep*

b. The following **-ir** verbs have stem changes:

advertir (ie, i) *to warn*
mentir (ie, i) *to lie*
preferir (ie, i) *to prefer*
sentir (ie, i) *to feel, to be sorry*
concebir (i, i) *to conceive*
conseguir (i, i) *to accomplish, to manage*
impedir (i, i) *to prevent*
perseguir (i, i) *to persecute*
repetir (i, i) *to repeat*
seguir (i, i) *to follow, to go on*
servir (i, i) *to serve*
morir (ue, u) *to die*

c. There is no change in **-ar** and **-er** stem-changing verbs in the preterit:

pensar	*to think*	**volver**	*to return, come back*
pensé	*I thought, I did think*	**volví**	*I returned, I did return*
pensaste	*you thought, etc.*	**volviste**	*you returned, etc.*
pensó	*you, he, she, it thought*	**volvió**	*you, he, she, it returned*
pensamos	*we thought*	**volvimos**	*we returned*
pensasteis	*you thought*	**volvisteis**	*you returned*
pensaron	*you, they thought*	**volvieron**	*you, they returned*

EJERCICIOS: El pretérito de los verbos con cambios en la raíz

A. *Supply the appropriate forms of the preterit:*

1. seguir: tú, Ud., ellas, nosotros, yo
2. morir: ellos, tú, ella, yo, nosotros
3. mentir: yo, nosotros, Uds., ellos, él
4. repetir: nosotros, yo, tú, Ud., ellas
5. permitir: tú, nosotros, yo, él, Uds.

***B.** *Change the sentences according to the subjects in parentheses:*

1. Me pidió un café.
   (ellos, tú, él)
2. ¿No consiguió Ud. nada?
   (Uds., tú, ellos)
3. Sus lágrimas te advirtieron que estaba triste.
   (su carta, sus amigos, yo)
4. ¡No durmió en toda la noche!
   (yo, nosotros, ellas)
5. ¡Nuestra hija prefirió vivir con ellos!
   (nuestros abuelos, nosotros, yo)
6. ¿Cómo concibió la idea de abandonarnos así?
   (tú, Uds., ellos)

C. *Give the preterit of the following verbs:*

1. impedir
2. perseguir
3. servir
4. decidir
5. existir

57. Imperfect Indicative of Regular Verbs (*El imperfecto de indicativo de los verbos regulares*)

hablar	*to speak*
hablaba	*I was speaking, used to speak, spoke*
hablabas	*you were speaking, used to speak, spoke*
hablaba	*you were speaking, used to speak, spoke*
	he, she, it was speaking, used to speak, spoke
hablábamos	*we were speaking, used to speak, spoke*
hablabais	*you were speaking, used to speak, spoke*
hablaban	*you, they were speaking, used to speak, spoke*
comer	*to eat*
comía	*I was eating, used to eat, ate*
comías	*you were eating, used to eat, ate*
comía	*you were eating, used to eat, ate*
	he, she, it was eating, used to eat, ate
comíamos	*we were eating, used to eat, ate*
comíais	*you were eating, used to eat, ate*
comían	*you, they were eating, used to eat, ate*
vivir	*to live*
vivía	*I was living, used to live, lived*
vivías	*you were living, used to live, lived*
vivía	*you were living, used to live, lived*
	he, she, it were living, used to live, lived
vivíamos	*we were living, used to live, lived*
vivíais	*you were living, used to live, lived*
vivían	*you, they were living, used to live, lived*

a. The imperfect indicative of **-ar** verbs is formed by adding **-aba**, **-abas**, **-aba**, **-ábamos**, **-abais**, **-aban** to the stem of the infinitive. The imperfect indicative of **-er** and **-ir** verbs is formed by adding **-ía**, **-ías**, **-ía**, **-íamos**, **-íais**, **-ían** to the stem of the infinitive.

b. The imperfect is usually expressed in English by *was*, *used to*, *would* (that is, *I was eating*, *I used to eat*, *I would eat*, *I ate*).

58. Imperfect Indicative of Irregular Verbs (*El imperfecto de indicativo de los verbos irregulares*)

Only three verbs are irregular in the imperfect:

ser	*to be*
era	*I was, used to be*
eras	*you were, used to be*
era	*you were, used to be*
	he, she, it was, used to be
éramos	*we were, used to be*
erais	*you were, used to be*
eran	*you, they were, used to be*
ir	*to go*
iba	*I was going, used to go, went*
ibas	*you were going, used to go, went*
iba	*you were going, used to go, went*
	he, she, it was going, used to go, went
íbamos	*we were going, used to go, went*
ibais	*you were going, used to go, went*
iban	*you, they were going, used to go, went*
ver	*to see*
veía	*I was seeing, used to see, saw*
veías	*you were seeing, used to see, saw*
veía	*you were seeing, used to see, saw*
	he, she, it was seeing, used to see, saw
veíamos	*we were seeing, used to see, saw*
veíais	*you were seeing, used to see, saw*
veían	*you, they were seeing, used to see, saw*

EJERCICIOS: El imperfecto

D. *Give the appropriate form of the imperfect of the following verbs:*

1. Uds.: tener, hablar, salir, ser, estudiar
2. nosotros: ver, cerrar, conocer, ir, aprender
3. yo: pensar, volver, empezar, perder, ser
4. ellas: soñar, mover, existir, engañar, escribir
5. tú: mentir, cuidar, pedir, llegar, ir

E. *Give the imperfect of the following verbs:*

1. ver
2. buscar
3. conocer
4. contar
5. repetir

F. *Supply the appropriate forms of the imperfect:*

1. advertir: yo, ellos, Ud., nosotros, tú

2. dejar: nosotros, Uds., ella, yo, él
3. ir: tú, nosotros, yo, ellas, Ud.
4. vivir: ella, tú, nosotros, yo, Uds.
5. ser: nosotros, yo, ellos, Ud., tú

59. Function of the Imperfect (*La función del imperfecto*)

a. The imperfect describes an action in the past without referring to the beginning or the end of the action. It expresses the English *used to* + verb, or *was* + present participle:

¿Tú qué hacías por ella?
What did you used to do for her?

¿Qué hacía su hija cuando Ud. volvió?
What was your daughter doing when you returned?

Noté que le temblaba un poco la voz.
I noticed that her voice was trembling a little.

b. The imperfect is also used to describe past actions that happened repeatedly:

Tú siempre los criticabas.
You always criticized (used to criticize) them.

Decías que no valían nada.
You said (used to say) they were worthless.

¿Quién le preparaba la cena todas las noches?
Who prepared (used to prepare) dinner for her every night?

Tú ibas todos los días al hospital.
You went (used to go) to the hospital every day.

c. The imperfect is used to describe a feeling, mental activity, or physical condition in the past:

¡Claro que no quería traerlos a casa!
Of course she didn't want to bring them home!

¡Y tenía razón yo!
And I was right!

Sus amigos eran siempre muy raros.
Her friends were always very strange.

Era tarde, y yo tenía sueño.
It was late, and I was sleepy.

¡Eso no quiere decir que la comprendías!
That doesn't mean that you understood her!

EJERCICIOS: El imperfecto

***G.** *Change the sentences according to the subjects in parentheses:*

1. Yo siempre la cuidaba.
   (nosotros, tú, Uds.)
2. Hacías muchas cosas por ella.
   (yo, ellos, nosotros)
3. Tú ibas todos los días al hospital.
   (ellas, yo, nosotros)
4. Nunca te veíamos en casa.
   (yo, ella, ellos)
5. Tú querías vivir en el campo.
   (nosotros, Uds., yo)
6. No te gustaba la ciudad.
   (las rosas, el campo, sus amigos)
7. Sus amigos eran muy raros.
   (la casa, las mujeres, el cuarto)
8. Rachel estaba en la cama.
   (yo, ellos, nosotros)

***H.** *Answer the following questions according to the example:*

EJEMPLO: ¿Estudias mucho?
No, pero antes estudiaba muchísimo.

1. ¿Duermes mucho?
2. ¿Vas mucho al cine?
3. ¿Sales mucho?
4. ¿Bebes mucho?
5. ¿Sueñas mucho?
6. ¿Bailas mucho?

I. *Answer the following questions:*

1. Antes de vivir aquí, ¿estudiaban Uds. o no hacían nada?
2. Antes de venir aquí, ¿comían Uds. en casa o iban a un restaurante?
3. Cuando Uds. vivían en México, ¿les gustaba la ciudad o preferían el campo?
4. Cuando Uds. vivían en casa, ¿preparaba la cena su madre o la preparaba Elvira?
5. Cuando Uds. estaban en el hospital, ¿estaban contentos o tenían miedo?

***J.** *Change the following sentences substituting the words or phrases suggested and using the preterit instead of the imperfect:*

1. Anoche Javier y Maribel tocaron la guitarra. (todas las noches)

2. La semana pasada el profesor Moreno me invitó a casa. (todas las semanas)
3. Ayer Frank le escribió a Maribel una carta de amor. (todos los días)
4. Yo soñé una vez con un caballo negro. (muchas veces)
5. Anoche bailamos en el club de los estudiantes. (siempre)
6. Ayer bebí más vino que Javier. (antes)
7. El mes pasado fui a Guatemala. (todos los meses)
8. Anoche cenamos en un restaurante excelente. (todas las noches)

LECTURAS

Cien mil jóvenes en San Miguel

Artículo que apareció en una revista mexicana

Cien mil jóvenes fueron el viernes pasado a San Miguel de Allende para asistir al Congreso Internacional de Estudiantes. La llegada de esta gran multitud de gente fue una sorpresa enorme para la policía, que sólo esperaba unas diez mil personas en total. Para no llegar tarde al Congreso, muchos jóvenes que residían en México salieron para San Miguel el miércoles. Fueron en coche, en autobús, en motocicleta y hasta a caballo. Los caballos presentaron un problema terrible después, pero a los jóvenes no les importaba nada en absoluto. Parecía que nada le molestaba a la simpática congregación, aunque a veces llovió copiosamente y había muchísimo barro.

Todavía llegaba gente el sábado, aunque en todos los caminos que iban a San Miguel el tráfico estaba muy congestionado. Los coches ya no podían avanzar ni un centímetro, así que los jóvenes los dejaron en el camino y fueron a pie al Congreso. Por la tarde aparecieron cinco helicópteros con los líderes estudiantiles, y toda la gente los recibió con mucho entusiasmo. A las siete y media empezaron a hablar, y los congresistas escucharon con gran interés discursos sobre la necesidad de unirse todos los estudiantes y jóvenes del mundo para así tener más influencia política en sus respectivos países. Hablaron de la corrupción política y moral que existía en todas las grandes organizaciones y presentaron sus ideas sobre lo que debían hacer los jóvenes para mejorar la situación. Discutieron la importancia de la solidaridad, de la fuerza que hay en la unión y de la necesidad de infiltrar las organizaciones corruptas. A las nueve menos cuarto, de repente, dejaron de funcionar los altavoces. Puesto que a las once todavía no funcionaban, los jóvenes decidieron formar grupos pequeños para seguir con sus discusiones.

Vi a una muchacha muy joven que parecía estar sola. Le pregunté si estaba desilusionada con el Congreso.

—¡Qué va!—contestó.—Aunque no funcionan los altavoces, no importa. Lo que sí importa es lo que pasa aquí hoy, ¿me comprende Ud.?

CORTESÍA DE AMERICAN AIRLINES

«Cien mil jóvenes fueron el viernes pasado a San Miguel de Allende...»

—¿Y qué es lo que pasa aquí hoy?—le pregunté a la señorita.

—¿Pues no lo sabe Ud.? Aquí estamos todos muy contentos. Aquí hay libertad y amor y todos podemos hacer lo que nos da la gana y nadie nos censura. Hasta la policía es muy simpática hoy y no nos molesta en absoluto. El amor es lo que realmente cuenta en la vida.

La señorita tenía mucha razón, pero en la vida también hay que comer. El lunes todavía estaban todos los coches abandonados en los caminos, y era totalmente imposible salir de San Miguel. Ya no había nada de comer, y la gente empezaba a tener hambre. Los que tenían comida se la dieron voluntariamente a los que no tenían nada, pero no había bastante para todos. Por la tarde llegaron helicópteros con provisiones y también dos médicos y una enfermera para atender a la gente enferma. Distribuyeron algunas medicinas entre unos cincuenta muchachos que tenían problemas intestinales y, en un helicóptero, llevaron a México a un muchacho con apendicitis y a una muchacha con su niño recién nacido.

El miércoles por la noche salieron de San Miguel los últimos muchachos, y volvieron a sus casas cansados y sucios, pero muy felices.

—¡El Congreso fue fantástico!—exclamó uno de ellos.—Voy a dedicar mi vida a la política y a la lucha contra la corrupción. Además, ahora tengo una nueva novia,—añadió con una sonrisa entre diabólica y beatífica.

PALABRAS Y MODISMOS NUEVOS

altavoz *m*	loudspeaker	**lo que le da la gana**	whatever he (she, you) likes
asistir a	to attend	**llegada** *f*	arrival
barro *m*	mud	**llegar**	to arrive
caballo *m*	horse	**llover**	to rain
camino *m*	road	**puesto que**	since
de repente	suddenly	**recibir**	to receive
dejar de	to stop, to leave off	**recién nacido** *m*	newborn
discurso *m*	speech	**señorita** *f*	young lady
distribuir	to distribute	**simpático**	good-natured, nice
escuchar	to listen	**sonrisa** *f*	smile
esperar	to expect	**sorpresa** *f*	surprise
fuerza *f*	power, strength	**unir(se)**	to unite
funcionar	to function		
había	there was, there were		

PREGUNTAS

1. ¿Por qué fue una sorpresa para la policía la llegada de los jóvenes a San Miguel?

2. ¿Cómo llegaron los muchachos?
3. ¿Por qué fueron los últimos jóvenes a pie al Congreso?
4. ¿Por qué no estaba desilusionada con el Congreso la muchacha?
5. ¿Qué piensa Ud. de lo que dice ella?
6. ¿Por qué llegaron helicópteros el lunes?
7. ¿A quiénes llevaron a México? ¿Por qué?
8. ¿Por qué estaba tan contento uno de los muchachos que salieron de San Miguel el miércoles?
9. ¿Cree Ud. que existe necesariamente más amor y menos egoísmo en una congregación de jóvenes que en una congregación de viejos? ¿Por qué?

Pedro Salinas (1891–1951)

Pedro Salinas nació en Madrid en 1891. Después de terminar sus estudios universitarios enseñó en Cambridge y en la Sorbona, y también en las Universidades de Sevilla, Murcia y Madrid. Después de la Guerra Civil fue a los Estados Unidos, donde fue profesor en la Universidad de Johns Hopkins. Además de crítico literario y dramaturgo, Salinas fue un gran poeta. Muchas veces su poesía es filosófica, particularmente cuando explora el problema de la diferencia entre la realidad «verdadera» y la realidad «aparente». Muchos de sus mejores poemas hablan del amor o de una profunda emoción personal. Sus poemas líricos describen la lucha terrible entre la razón y la pasión, el contraste entre el sentimiento y la sensualidad, y el deseo de captar lo intangible.

Pregunta más allá

¿Por qué pregunto dónde estás
si no estoy ciego,
si tú no estás ausente?
Si te veo,
ir y venir,
a ti, a tu cuerpo alto
que se termina en voz,
como en humo la llama,
en el aire, impalpable.
Y te pregunto, sí,
y te pregunto de qué eres,
de quién;
y abres los brazos
y me enseñas
la alta imagen de ti,
y me dices que mía.
Y te pregunto, siempre.

PALABRAS Y MODISMOS NUEVOS

alto	tall, high	**humo** *m*	smoke
ausente	absent	**llama** *f*	flame
captar	to capture	**más allá**	beyond
dramaturgo *m*	playwright		

COGNADOS NUEVOS

aparente
apendicitis *f*
atender
autobús *m*
avanzar
beatífico
censurar
centímetro *m*
congestionado
congregación *f*
congresista *m & f*
congreso *m*
copiosamente
corrupto
crítico *m*
decidir
diabólico
dificultad *f*
discusión *f*
distribuir
entusiasmo *m*
estudiantil
estudio *m*
exclamar
explorar
filosófico
formar
grupo *m*
helicóptero *m*
imagen *f*
impalpable
infiltrar
influencia *f*
intangible
interés *m*
internacional
intestinal
líder *m*
literario
medicina *f*
melodramático
moral
motocicleta *f*
multitud *f*
necesariamente
necesidad *f*
organización *f*
particularmente
pasión *f*
presentar
profundo
provisión *f*
respectivo
sensualidad *f*
sentimiento *m*
simpatía *f*
solidaridad *f*
terminar
total *m*
tráfico *m*
unión *f*
universitario

Capítulo 13

CONVERSACIÓN

Hablan Frank y Maribel.

M: ¡Hola, Frank! ¿Qué estás haciendo solo aquí en el parque?
F: ¡Hombre, Maribel! ¡No esperaba verte aquí! ¡Yo creía que ahora estabas tocando la guitarra con Javier!
M: No, esta mañana no pudimos, así que vine aquí a pasear.
F: ¡Qué bien, Maribel! ¡Hiciste muy bien!
M: Y tú, ¿qué estabas haciendo cuando llegué? ¿Estabas durmiendo?
F: No, ¡qué va! Estaba leyendo esta revista.
M: ¡Ay, Frank! ¡Yo sé muy bien que me estás mintiendo ahora! Cuando te vi tenías la boca abierta y los ojos cerrados.
F: Es que estaba pensando. Allá en casa hay mucho trigo ahora y están segando . . .
M: ¡Qué historia! Sigo creyendo que estabas durmiendo. Oye, ¿por qué no fuiste al concierto anoche?
F: ¡Porque tú me dijiste que no ibas! Después supe por tus padres que estabas allí. Quise ir pero no pude, porque ya era demasiado tarde.
M: ¡Pobre Frank! ¡Cuánto lo siento! ¿Sabes quién estuvo? ¡Mi ídolo! ¡Juanito Romero!
F: Fantástico. ¿Quién es Juanito Romero?
M: ¿No lo sabes? ¡Frank, por Dios! ¡Es uno de los mejores músicos del mundo entero! ¡Es famosísimo!
F: Estoy enfermo.
M: Llevaba un traje magnífico, de todos los colores. Amarillo, rojo, azul, negro . . .
F: Tengo náuseas.
M: Cuando apareció todos gritamos como locos.
F: Tengo hemorragias.

M: Y después, Frank, escucha bien, ¡después lo conocí!
F: Juanito Romero, símbolo sexual del hemisferio occidental. ¡Qué mundo! ¡Qué vida!
M: Oye, ¿trajiste algo de comer? ¡Me estoy muriendo de hambre!
F: Tengo una naranja si quieres, pero nada más.
M: ¿Por qué no me llevas a un restaurante, entonces?
F: ¡Nada de restaurantes! ¡Ni hablar!
M: ¡Ay, Frank, no seas así! Llévame a comer, ¡anda!
F: Maribel, ¡me estás volviendo loco! Además, no estás consiguiendo nada. ¡Te conozco muy bien!
M: Me gustan los hombres que comprenden a las mujeres. Juanito Romero nos comprende también. En una de sus canciones dice que las mujeres somos como el vino porque llenamos de pasión a los hombres.
F: Creo que me voy a morir. ¡Qué vida! Hacemos héroes de los tontos, y los sabios quedan anónimos.

Palabras y modismos nuevos

abierto	open
allá	there (far away)
allí	there, over there
boca *f*	mouth
concierto *m*	concert
conocí	I met (*pret.* **conocer**)
hablar: ¡ni hablar!	certainly not!, no way!
llenar	to fill
lleno	full
músico *m*	musician
naranja *f*	orange
por	by, because of, from
quise	I tried (*pret.* **querer**)
sabio	wise; *m* wise person
segar (ie)	to reap
supe	I found out (*pret.* **saber**)
traje *m*	suit
trigo *m*	wheat
volver loco	to drive crazy

Preguntas

1. ¿Qué estaba haciendo Frank cuando llegó Maribel?
2. ¿Qué estaba pasando en casa en aquel momento?
3. ¿Por qué no fue Frank al concierto?
4. ¿Cómo era Juanito Romero?
5. ¿Qué piensa Frank de él?
6. ¿Qué piensa Ud. de él?
7. ¿Por qué quiere ir Maribel a un restaurante?
8. ¿Qué piensa Ud. de las palabras de la canción de Romero?
9. ¿Cree Ud. que Juanito Romero comprende a las mujeres?
10. ¿Comprende Frank a las mujeres?

GRAMÁTICA Y EJERCICIOS

60. Preterit of Irregular Verbs (*El pretérito de los verbos irregulares*)

decir *to say, tell*	**hacer** *to do, make*	**venir** *to come*
dije	**hice**	**vine**
dijiste	**hiciste**	**viniste**
dijo	**hizo**	**vino**
dijimos	**hicimos**	**vinimos**
dijisteis	**hicisteis**	**vinisteis**
dijeron	**hicieron**	**vinieron**
querer *to want*	**andar** *to walk*	**estar** *to be*
quise	**anduve**	**estuve**
quisiste	**anduviste**	**estuviste**
quiso	**anduvo**	**estuvo**
quisimos	**anduvimos**	**estuvimos**
quisisteis	**anduvisteis**	**estuvisteis**
quisieron	**anduvieron**	**estuvieron**
poder *to be able*	**poner** *to put*	**saber** *to know*
pude	**puse**	**supe**
pudiste	**pusiste**	**supiste**
pudo	**puso**	**supo**
pudimos	**pusimos**	**supimos**
pudisteis	**pusisteis**	**supisteis**
pudieron	**pusieron**	**supieron**
tener *to have*	**traer** *to bring*	
tuve	**traje**	
tuviste	**trajiste**	
tuvo	**trajo**	
tuvimos	**trajimos**	
tuvisteis	**trajisteis**	
tuvieron	**trajeron**	

a. **Decir**, **hacer**, **venir**, **querer** have **i**-stems. **Andar**, **estar**, **poder**, **poner**, **saber**, **tener** have **u**-stems.

b. The first person singular of the preterit of the above verbs ends in an unstressed **e**, and the third person singular ends in an unstressed **o**.

c. The third person singular of **hacer** is **hizo**. The third person plural ending of **decir** and **traer** is **-eron**.

d. Many Spanish verbs are based on **traer** and are conjugated in the same way. Their meanings generally correspond to the English *-tract*: **atraer, contraer, distraer**, etc.

61. Verbs with Special Meanings in the Preterit (*Los verbos con sentido especial en el pretérito*)

The preterit of some Spanish verbs has a meaning different from that generally expressed by the verb:

Yo **quería** hacerlo.	*I wanted to do it.*
Quise hacerlo.	*I tried to do it.*
No **quise** hacerlo.	*I refused to do it.*
Él no **sabía** eso.	*He didn't know that.*
Anoche lo **supo.**	*Last night he found out.*
Me **conocían** bien.	*They knew me well.*
Me **conocieron** en México.	*They met me in Mexico.*
Teníamos un caballo.	*We had a horse.*
Tuvimos una carta.	*We got (received) a letter.*

EJERCICIOS: El pretérito de los verbos irregulares

A. *Supply the appropriate forms of the preterit:*

1. andar: Ud., yo, nosotros, ellos
2. querer: tú, nosotros, yo, ella
3. poner: yo, ellas, Ud. nosotros
4. distraer: nosotros, Uds., él, yo
5. saber: ellos, nosotros, yo, tú

***B.** *Change the sentences according to the subjects indicated:*

1. Esta mañana no pudimos.
   (ellos, yo, ella)
2. Yo vine aquí al parque.
   (nosotros, ellas, él)
3. ¡Hiciste muy bien!
   (Ud., ellos, ella)
4. ¡Tú me dijiste que no ibas!
   (ellas, Ud., él)
5. Estuvo mi ídolo, ¡Juanito Romero!
   (Rachel y Elvira, Javier, Ramón Moreno)
6. Después lo conocí yo.
   (ella, nosotros, ellos)

7. ¿Trajiste algo de comer?
(Ud., ellas, él)

62. Present Participle of Regular Verbs (*El gerundio de los verbos regulares*)

The present participle is generally formed by adding **-ando** to the stem of **-ar** verbs and **-iendo** to the stem of **-er** and **-ir** verbs:

hablar	*to speak*	**hablando**	*speaking*
comer	*to eat*	**comiendo**	*eating*
vivir	*to live*	**viviendo**	*living*

63. Present Participle of Irregular Verbs (*El gerundio de los verbos irregulares*)

a. In the present participle of **-ir** stem-changing verbs, the stem vowel **e** becomes **i** and **o** becomes **u**, as in the preterit:

pedir	*to ask*	pidieron	*they asked*	**pidiendo**	*asking*
morir	*to die*	murieron	*they died*	**muriendo**	*dying*

b. In **-er** and **-ir** verbs, **-iendo** changes to **-yendo** if it is not preceded by a consonant:

ir	*to go*	**yendo**	*going*
caer	*to fall*	**cayendo**	*falling*
creer	*to believe*	**creyendo**	*believing*
distribuir	*to distribute*	**distribuyendo**	*distributing*
leer	*to read*	**leyendo**	*reading*
oír	*to hear*	**oyendo**	*hearing*
traer	*to bring*	**trayendo**	*bringing*

64. Progressive Construction (*Los tiempos progresivos*)

a. The present participle is used with the verb **estar** to form the progressive tenses. These tenses describe an action in progress at a given moment.

(1) Present progressive

¿Qué estás haciendo?
What are you doing? (What are you in the act of doing right now?)

Están segando.
They are reaping (at this moment).

(2) Past progressive

¿Qué estabas haciendo cuando llegué?
What were you doing when I arrived?

Estaba leyendo esta revista.
I was reading this magazine.

b. In the progressive tenses, the object pronoun may either be attached to the present participle or precede the verb **estar**. The indirect object pronoun always precedes the direct object pronoun:

Estoy escuchándote.
Te estoy escuchando.
I'm listening to you.

Estoy muriéndome de hambre.
Me estoy muriendo de hambre.
I'm dying of hunger.

Maribel, ¡estás volviéndome loco!
Maribel, ¡me estás volviendo loco!
Maribel, you're driving me crazy!

Estaba diciéndomelo cuando llegaste.
Me lo estaba diciendo cuando llegaste.
He was telling me (about it) when you arrived.

Notice that the syllable of the present participle which ordinarily receives the stress has a written accent when pronoun objects are attached.

c. The present indicative of **ir** and **venir** is generally used instead of the progressive forms:

Voy a casa.	*I am going home.*
¿Vienes conmigo?	*Are you coming with me?*

65. Present Participle with seguir and continuar (*El gerundio con* seguir *y* continuar)

The present participle may be used with the verbs **seguir** and **continuar**:

Sigue hablando, Frank.	*Go on talking, Frank.*
Sigo creyendo que estabas durmiendo.	*I still think you were sleeping.*
¿Continúo comiendo?	*Shall I keep on eating?*

Continuar in the present indicative has an accent on the **u** except in the first and second persons plural: **continúo, continúas, continúa, continuamos, continuáis, continúan.**

EJERCICIOS: El gerundio

C. *Give the present participle of the following verbs:*

1. buscar
2. empezar
3. volver
4. querer
5. escribir
6. dormir
7. advertir
8. concebir
9. mentir
10. impedir
11. repetir
12. servir
13. seguir
14. ir
15. caer
16. traer
17. leer
18. oír
19. soñar
20. escuchar

D. *Change the sentences according to the subjects indicated:*

1. Yo estaba tocando la guitarra.
   (nosotros, tú, Uds.)
2. Estabas durmiendo.
   (ellos, Ud., ella)
3. Estaba leyendo esta revista.
   (tú, ellas, nosotros)
4. Mis padres están segando ahora.
   (Frank, nosotros, yo)
5. ¿Qué estás diciendo?
   (ellos, Ud., ella)
6. ¿Por qué me estás mirando?
   (Uds., él, ellas)
7. Ya no están haciéndolo.
   (nosotros, yo, tú)

***E.** *Answer the following questions according to the example:*

EJEMPLO: ¿Cuándo vas a comer el jamón?
Ya estoy comiéndolo.

1. ¿Cuándo vas a preparar la cena?
2. ¿Cuándo vas a cuidar a las niñas?
3. ¿Cuándo vas a beber el café?
4. ¿Cuándo vas a tocar la guitarra?
5. ¿Cuándo vas a leer mi poema?

***F.** *Change the following sentences to express an action in progress:*

EJEMPLO: ¿Qué hacen?
¿Qué están haciendo?

1. Ellos consultaban los libros.

2. No molesto a nadie.
3. Los niños imitan al viejo.
4. ¡No fumábamos!
5. No pregunto nada.
6. Javier toca la guitarra.
7. Ellas compraban algo.
8. Yo escribía un ensayo.
9. ¿Qué buscabas?
10. ¿Con qué soñaba Ud.?

66. Ordinal Numbers (*Los números ordinales*)

primero, -a	*first*	**sexto, -a**	*sixth*
segundo, -a	*second*	**séptimo, -a**	*seventh*
tercero, -a	*third*	**octavo, -a**	*eighth*
cuarto, -a	*fourth*	**noveno, -a**	*ninth*
quinto, -a	*fifth*	**décimo, -a**	*tenth*

a. **Primero** and **tercero** drop the **-o** before masculine singular nouns:

en primer lugar *in the first place*
el tercer hombre *the third man*

But: **la primera vez** *the first time*

b. With personal titles and chapters of books, the ordinal number usually follows the noun:

Lección novena *Lesson Nine*
Alfonso décimo *Alphonse the Tenth*

Ordinal numbers are seldom used above **décimo**:

Lección catorce *Lesson Fourteen*
Alfonso trece *Alphonse the Thirteenth*

c. In dates, the only ordinal number used is **primero**:

el primero de mayo *May* 1*st*
el quince de abril *April* 15*th*
el veintitrés de agosto *August* 23*rd*

El may mean *on* when used with dates:

Llega el once de enero. *She arrives on the eleventh of January.*

EJERCICIOS: Los números ordinales

★G. *Supply the appropriate ordinal numbers in Spanish:*

1. 10th
2. 7th
3. 3rd
4. 5th
5. 1st
6. 4th
7. 2nd
8. 8th
9. 6th
10. 9th

★H. *Express the following phrases in Spanish:*

1. the third time
2. the thirteenth of February
3. Alphonse the Twelfth
4. Lesson Six
5. the first of December
6. the third man

LECTURAS

¿Para qué sirve la ensenanza?

Editorial que escribió Elvira para el periódico de la Universidad

Hoy día los estudiantes de todos los países occidentales están preguntando la misma cosa: ¿para qué sirve la enseñanza formal? Casi todos los estudiantes que conozco, y muchos de los que no conozco, están hartos de pasar el tiempo estudiando para exámenes en que nos piden repetir de memoria todo lo que dijo el profesor en clase. Bajo este sistema, los buenos estudiantes son los que tienen buena memoria, y no necesariamente los que son inteligentes. Además, aun aquéllos que reciben buenas notas gracias a la memoria que tienen no aprenden nada, porque todo lo olvidan tres días después del examen. Lo irónico es que bajo este sistema las mujeres somos muchas veces los mejores estudiantes, porque la sociedad nos enseña a ser dóciles y sumisas mientras que a los hombres los enseña a ser agresivos y originales. Pero aun así, si las mujeres aprendemos algo no hacemos nada con ello porque después nunca salimos de casa, y si los hombres aprenden algo, pronto ven que les sirve de muy poco en la vida. En cuanto a los profesores, muchos demuestran muy poco interés en las clases que dan, aunque naturalmente hay excepciones. Por eso si los estudiantes tienen sueño porque el profesor está leyendo apuntes que escribió hace veinte años, el profesor tiene la culpa.

¿Qué hacer? En primer lugar, hay muchos estudiantes que no tienen ganas de estudiar nada porque son demasiado jóvenes y demasiado activos. Bueno, pues si no tienen ganas de estudiar, no deben estar en la universidad perdiendo el tiempo. En mi opinión todos, hombres y mujeres, debemos trabajar antes de ir a la universidad. Así podemos ver un poco el mundo y podemos lograr la experiencia necesaria para comprender mejor lo que queremos hacer en la vida. Si entramos en la universidad a los veinticinco años en vez de a los dieciocho, seguramente podemos apreciar más lo que estudiamos ahí. Y si ganamos dinero para pagar los estudios en vez de gastar el dinero de nuestros padres, tanto mejor. Y en cuanto a las mujeres, nada nos impide tener hijos a los treinta años, si es que los queremos tener.

En segundo lugar, creo que debemos hacer todo lo posible para eliminar la idea de que hay que ir a la universidad para tener éxito en la vida. Nadie puede tener éxito si no le gusta lo que está haciendo, aun si está estudiando en la mejor universidad del mundo. Más vale ser un plomero de primera categoría y ser feliz que no un médico de tercera y ser desgraciado toda la vida. Debe ir menos gente a la universidad, pero los que deciden ir deben saber por qué van y deben querer estudiar.

En tercer lugar, los profesores deben querer enseñar también. Mucha gente que critica el sistema de enseñanza dice que hay que eliminar los exámenes, las notas y las conferencias para eliminar así la falsedad intrínseca del sistema educativo. Muy bien, pero me parece que la falsedad existe más en los hombres que en el sistema. Muchos profesores que enseñan hoy lo hacen porque no saben hacer otra cosa, y muchos estudiantes estudian porque sus padres los obligan a hacerlo. Hoy día todo el mundo quiere tener diplomas para después ganar más dinero en la vida, y claro, ahora hay demasiados estudiantes en las universidades. El sistema educativo no puede funcionar en esas condiciones, y la enseñanza no sirve para nada en absoluto si la gente no está realmente interesada en estudiar. Lo que necesitamos, pues, son profesores dinámicos, estudiantes interesados y un programa de estudios pertinente a los problemas que hoy existen en el mundo.

PALABRAS Y MODISMOS NUEVOS

ahí	there
aun	even
conferencia *f*	lecture
cuanto: en cuanto a	as for
desgraciado	unhappy
ello	it (*neuter object of preposition*)
enseñanza *f*	teaching, education
ganar	to earn
harto: estar harto	to be fed up
lograr	to gain, accomplish
lugar *m*	place
mientras (que)	while, whereas
nota *f*	mark, grade
pasar (el tiempo)	to spend (time)
plomero *m*	plumber
sumiso	submissive
tanto mejor	so much the better
valer: más vale	it is better

PREGUNTAS

1. ¿Cree Ud. que los exámenes y las notas sirven para algo?
2. ¿Es verdad que bajo el sistema educativo que describe Elvira los mejores estudiantes son las mujeres?
3. ¿Tiene Ud. un profesor que lee los apuntes que escribió hace veinte años?
4. ¿Cree Ud. que debemos trabajar antes de ir a la universidad?
5. ¿Cree Ud. que la posibilidad de tener hijos presenta un problema a las mujeres que quieren trabajar o estudiar?
6. ¿Cree Ud. que debe ir menos gente a la universidad?
7. ¿Cree Ud. que la falsedad del sistema educativo reside más en los hombres que en el sistema?
8. ¿Cree Ud. que hay que tener un diploma para tener éxito en la vida?

Federico García Lorca (1898–1936)

Federico García Lorca, el poeta más famoso de la España moderna, nació cerca de Granada. Por el magnetismo de su personalidad y la originalidad de su poesía, pronto llamó la atención de los intelectuales españoles. En 1929 pasó unos meses en Cuba y en Nueva York, ciudad que le parecía fría, impersonal y caótica. En los primeros días de la Guerra Civil en 1936, lo mataron en Granada. Además de ser poeta y dramaturgo, Lorca tenía un gran talento para la pintura y la música.

Canciones

Despedida

Si muero,
dejad el balcón abierto.
El niño come naranjas.
(Desde mi balcón lo veo.)
El segador siega el trigo.
(Desde mi balcón lo siento.)
¡Si muero,
dejad el balcón abierto!

PALABRAS Y MODISMOS NUEVOS

despedida *f* farewell
llamar to call
llamar la atención to attract attention
matar to kill
pintura *f* painting
segador *m* reaper
sentir (ie, i) to sense, to hear

COGNADOS NUEVOS

activo
anónimo
apreciar
balcón *m*
caótico
categoría *f*
condición *f*
consultar
continuar
demostrar (ue)
dócil
editorial *m*
educativo
eliminar
examen *m*
excepción *f*
falsedad *f*
hemisferio *m*
hemorragia *f*
héroe *m*
ídolo *m*
imitar
intrínseco
magnetismo *m*
memoria *f*
náusea *f*
obligar
original
originalidad *f*
personalidad *f*
residencia *f*
sexual
símbolo *m*
sociedad *f*

Capítulo 14

CONVERSACIÓN

Hablan Elena y Guillermo en la cama.

E: Oye, Guillermo, ¿ya te estás durmiendo?

G: ¡Qué pregunta! ¿Cómo crees que me voy a dormir si tú me despiertas cada cinco minutos?

E: Estoy muriéndome de frío.

G: Cúbrete con la manta entonces.

E: No basta.

G: Pues ponte un pijama o algo así.

E: Ya no me quedan pijamas. Todos están sucios.

G: Bueno, pues levántate y dúchate con agua caliente, mujer.

E: Guillermo, ¿por qué no te arrimas un poco a mí?

G: Por favor, Elena, no empieces con eso. Me siento muy cansado ahora y quiero dormir.

E: ¿Por qué te acostaste tan tarde, entonces? Yo tenía ganas de hablar un rato contigo, pero tú siempre te duermes en seguida.

G: Pues no me di cuenta de nada. Mira, quizás mañana después de lavarme y después de afeitarme. Pero ahora estoy cansadísimo.

E: ¿Fijamos una hora?

G: No te pongas tan sarcástica, Elena. Si no se tiene ganas, no se puede hacer nada. Lo siento, pero así es la vida.

E: No decías eso cuando nos casamos.

G: ¡Si nos casamos hace veinte años!

E: ¿Ya no te acuerdas de cómo nos divertíamos? Nos queríamos mucho entonces, pero ahora te aburres conmigo, ¿verdad?

G: No es eso, Elena. Es que cuando se es viejo se cansa uno.

E: ¡Viejo! ¿Te llamas viejo con solamente cuarenta y ocho años?

G: ¿De qué te ríes? ¡Pronto voy a tener cincuenta! ¡Ya no me atrevo a pensar en ello!

E: Me pregunto cómo puedes quejarte de ser viejo cuando estás tan joven y tan atractivo.

G: Cállate, Elena. Sé que te estás riendo de mí.

E: Dicen que cuando los hombres llegan a los cincuenta años, las mujeres se enamoran de ellos más que nunca.

G: Nada, nada. De mí no se enamora nadie.

E: Y entonces esos hombres se dan cuenta de que no son tan viejos como creían. De repente se sienten igual que antes, cuando tenían veinte años. Pero con sus propias mujeres siguen sintiéndose viejos.

G: ¡Fíjate! ¡Qué ideas tienes!

E: En cuanto a mí, yo creo que los hombres son mucho más atractivos cuando tienen cuarenta y ocho años. Y además son más sabios. Tienen más experiencia y saben lo que hacen. Saben hacer el amor a una mujer, mientras que los jóvenes atacan a las mujeres como bestias . . . ¡Ay! ¡Guillermo! ¿Qué estás haciendo?

G: ¡No te asustes! Es que ahora empiezo a tener frío yo también.

E: ¡No te aproveches de mí, Guillermo! Ahora estoy cansadísima y quiero dormir. Quizás mañana después de bañarme . . .

Palabras y modismos nuevos

aburrirse	to be bored
acordarse (ue)	to remember
acostarse (ue)	to go to bed
afeitarse	to shave
aprovecharse de	to take advantage of
arrimarse	to snuggle up
asustarse	to be startled, alarmed
atreverse	to dare
bañarse	to take a bath
bestia *f*	beast
callarse	to keep quiet, to shut up
cansarse	to get tired
casarse	to get married
cubrir	to cover
darse cuenta de	to realize
despertar	to awaken
divertirse (ie, i)	to have a good time
dormirse	to fall asleep
ducharse	to take a shower
enamorarse de	to fall in love with
fijar	to set, fix
¡fíjate!	imagine!
hace	ago
igual	the same, equal
lavarse	to wash oneself
levantarse	to get up
llamarse	to call oneself, to be named
manta *f*	blanket
ponerse	to get, to become; to put on
preguntarse	to wonder
quejarse	to complain
rato *m*	while
reírse (de)	to laugh (at)
sentir (ie, i)	to be sorry
sentirse	to feel
solamente	only

Preguntas

1. ¿Por qué no puede dormir Guillermo?
2. ¿Por qué no puede Elena ponerse un pijama?
3. ¿Cree Ud. que realmente tiene frío?
4. ¿Qué tenía ganas de hacer Elena?
5. ¿Cuándo se casaron Guillermo y Elena?
6. ¿Eran felices entonces?
7. Según Elena, ¿cómo se sienten los viejos cuando se enamoran de las jóvenes?
8. ¿Qué piensa Elena de los hombres que tienen cincuenta años?
9. Según ella, ¿cómo hacen el amor los jóvenes?
10. ¿Cree Ud. que Elena realmente está cansadísma?

GRAMÁTICA Y EJERCICIOS

67. Reflexive Pronouns (*Los pronombres reflexivos*)

A reflexive pronoun is a pronoun that refers to the same person as the subject:

I wash **myself.**
He washes **himself.**
They wash **themselves.**

In Spanish the reflexive pronouns have the same forms as the object pronouns, except for the third persons singular and plural:

REFLEXIVE PRONOUNS			
SINGULAR		PLURAL	
me	*myself*	**nos**	*ourselves*
te	*yourself (fam.)*	**os**	*yourselves (fam.)*
se	*himself, herself, yourself (form.), itself, oneself*	**se**	*themselves, yourselves (form.)*

68. Reflexive Verbs (*Los verbos reflexivos*)

A verb is reflexive when the action is directed back upon the subject. Note that the pronoun **se** is added to the infinitive of reflexive verbs:

lavarse *to wash (oneself)*

me lavo	*I wash (myself)*	**nos lavamos**	*we wash (ourselves)*
te lavas	*you wash (yourself)*	**os laváis**	*you wash (yourselves)*
se lava	*he (etc.) washes (himself)*	**se lavan**	*they (etc.) wash (themselves)*

69. Position of Reflexive Pronouns (*La posición de los pronombres reflexivos*)

The position of reflexive pronouns with respect to verbs is the same as tha of other pronouns.

a. Reflexive pronouns precede the conjugated verb:

¿Por qué **no te arrimas** un poco a mí?
Why don't you snuggle up to me a little?

Me siento muy cansado ahora.
I feel very tired now.

b. Reflexive pronouns are attached to direct affirmative commands:

¡**Fíjate**!	*Imagine!*
Cúbrete con la manta.	*Cover yourself with the blanket.*
But: ¡**No te asustes**!	*Don't be startled!*

c. Reflexive pronouns are generally attached to the end of the infinitive or present participle but may also precede the conjugated verb:

Quizás mañana después de **afeitarme**.
Maybe tomorrow after I shave (myself).

Elena **está bañándose**.
Elena is taking a bath (bathing herself).

Me quiero duchar.
I want to take a shower (shower myself).

Te estás riendo de mí.
You're laughing at me.

EJERCICIOS: Los verbos y los pronombres reflexivos

A. *Supply the appropriate forms of the verb:*

1. callarse: yo, nosotros, él, Uds., tú
2. ducharse: nosotros, ellos, yo, tú, Ud.
3. divertirse: ellas, tú, nosotros, yo, Uds.

4. afeitarse: él, yo, ellos, tú, nosotros
5. dormirse: tú, Uds., nosotros, ella, yo

***B.** *Change the sentences according to the subjects in parentheses:*

1. Estoy muriéndome de frío.
   (ellas, nosotros, Ud.)
2. Me siento muy cansado ahora.
   (tú, ellos, nosotros)
3. Pues no me di cuenta de nada.
   (él, nosotros, Uds.)
4. No dijiste que te casabas.
   (nosotros, ella, yo)
5. Ahora te aburres mucho, ¿verdad?
   (Ud., ellas, él)
6. ¿No te acuerdas de nada?
   (él, ellas, Ud.)
7. Él sigue sintiéndose viejo.
   (nosotros, yo, ellos)

70. Effects of Reflexive Pronouns on Verbs (*Los efectos de los pronombres reflexivos en los verbos*)

a. The reflexive pronoun makes transitive verbs intransitive. A transitive verb may take a direct object (*I love the sea*), whereas an intransitive verb cannot have a direct object (*I fell down*).

acostar (ue) — *to put to bed*
Acosté a los niños. — *I put the children to bed.*

acostarse (ue) — *to go to bed*
Me acuesto a las once. — *I go to bed at eleven.*

afeitar — *to shave (another person)*
Me afeitó. — *He shaved me.*

afeitarse — *to shave (oneself)*
Se afeitó. — *He shaved (himself).*

bañar — *to bathe (another person)*
La bañé. — *I bathed her.*

bañarse — *to bathe (oneself)*
Me bañé. — *I took a bath (bathed myself).*

despertar (ie) — *to wake up (another person)*
Mi marido me despertó. — *My husband woke me up.*

despertarse (ie) — *to wake up (oneself)*
Siempre me despierto a las cinco. — *I always wake up at five.*

levantar — *to raise, lift up*
Levantó la mano. — *He raised his hand.*

levantarse — *to get up*
Se levanta muy temprano. — *He gets up very early.*

b. Some verbs have a different meaning when they are reflexive:

acordar — *to agree on*
Los dos acuerdan una fecha. — *The two agree on a date.*

acordarse (ue) (de) — *to remember*
No me acuerdo de nada. — *I don't remember anything.*

divertir (ie, i) — *to amuse*
Javier me divierte mucho. — *Javier amuses me very much.*

divertirse (ie, i) — *to have a good time*
¡Diviértase! — *Have a good time!*

dormir (ue, u) — *to sleep*
No duermo bien. — *I don't sleep well.*

dormirse (ue, u) — *to fall asleep*
¿A qué hora se durmió? — *What time did he fall asleep?*

fijar — *to fix, fasten*
¿Fijamos una hora? — *Shall we fix a time?*

fijarse (en) — *to notice, imagine*
No me fijé en nada. — *I didn't notice anything.*

llamar — *to call*
Me llamó a las ocho. — *He called me at eight.*

llamarse — *to be named, to call oneself*
¿Cómo te llamas? — *What's your name? (How do you call yourself?)*

preguntar — *to ask*
Le preguntamos la hora. — *We asked him what time it was.*

preguntarse — *to wonder*
Me pregunto qué hora era. — *I wonder what time it was.*

c. Sometimes the meaning of a reflexive verb implies the idea of becoming or getting:

asustar — *to alarm, startle*
El tigre me asustó. — *The tiger alarmed me.*

asustarse — *to become alarmed, to get startled*
Me asusté cuando lo vi. — *I was startled when I saw him.*

cansar	*to tire, bore*
Este libro me cansa.	*This book bores me.*
cansarse	*to get tired, bored*
Se cansa fácilmente.	*She gets tired easily.*
casar	*to marry*
Nos casó un cura.	*A priest married us.*
casarse	*to get married*
Nos casamos en mayo.	*We got married in May.*
enojar	*to anger, annoy*
Ese niño me enoja mucho.	*That child annoys me a lot.*
enojarse	*to get angry*
Me enojé muchísimo.	*I got extremely angry.*
hacer	*to do, make*
Hicimos la cena.	*We made dinner.*
hacerse	*to become*
Se hizo médico.	*He became a doctor.*

d. Some verbs are always reflexive:

atreverse (a)	*to dare*
¿Te atreves a decir la verdad?	*Do you dare tell the truth?*
darse cuenta (de)	*to realize*
No me di cuenta (de) que estabas aquí.	*I didn't realize you were here.*
quejarse (de)	*to complain (about)*
Siempre se queja de los exámenes.	*He's always complaining about the exams.*

71. Reciprocal Reflexive (*El reflexivo recíproco*)

Reciprocity of action among members of a plural subject is expressed with the plural reflexive pronouns. To avoid ambiguity, the phrases **uno al otro** or **unos a otros** may be used after the verb:

Nos queríamos mucho entonces.
We loved each other very much then.

Se veían todos los días **uno al otro**.
They saw each other every day.

Siempre **nos escribíamos una a la otra.**
We always used to write to each other.

No **nos conocíamos unos a otros** entonces.
We didn't know one another then.

72. Impersonal se (*El pronombre impersonal* se)

The reflexive pronoun **se** is used when there is no definite subject. The English equivalent is an impersonal subject, such as *they, you, one*:

Cuando **se es** viejo se cansa uno.
When one is old one gets tired.

¿**Se puede** pasar?
May I (one) come in?

Se cree que él será presidente.
They believe that he will be president.

73. Present and Preterit of reírse (*El presente y el pretérito de* reírse)

reírse *to laugh*

PRESENTE		PRETÉRITO	
me río	*I laugh*	**me reí**	*I laughed*
te ríes	*you laugh*	**te reíste**	*you laughed*
se ríe	*he (etc.) laughs*	**se rió**	*he (etc.) laughed*
nos reímos	*we laugh*	**nos reímos**	*we laughed*
os reís	*you laugh*	**os reísteis**	*you laughed*
se ríen	*they (etc.) laugh*	**se rieron**	*they (etc.) laughed*

EJERCICIOS: Los verbos y los pronombres reflexivos

***C.** *Give the familiar and formal affirmative singular commands:*

EJEMPLO: levantarse
levántate, levántese Ud.

1. acostarse
2. despertarse
3. divertirse
4. dormirse
5. callarse

***D.** *Give the familiar and formal negative singular commands:*

EJEMPLO: enojarse
no te enojes, no se enoje Ud.

1. casarse
2. asustarse

3. quejarse
4. reírse
5. enamorarse

★E. *Answer the following questions:*

1. ¿A qué hora te acuestas?
2. ¿A qué hora te acostaste anoche?
3. ¿A qué hora te despiertas?
4. ¿A qué hora te despertaste esta mañana?
5. ¿A qué hora se duermen Uds.?
6. ¿A qué hora se durmieron los niños?
7. ¿A qué hora se levantó tu madre?
8. ¿A qué hora se bañaron Uds.?
9. ¿Cuántas veces al día se afeita tu padre?
10. ¿Cuántas veces a la semana te afeitas tú?

F. *Express in Spanish:*

1. I didn't realize.
2. I got bored.
3. I didn't notice.
4. Her name is Elvira.
5. I wonder why.
6. We don't remember.
7. She didn't dare.
8. We laughed at him.
9. He laughed at us.
10. They always laugh at me.
11. He took advantage of her.
12. We wondered why.
13. They didn't notice anything.
14. I don't remember anything.

74. ponerse and volver(se)

a. **Ponerse a** means *to start, to get down to the business of*:

Me puse a escribir. *I started writing.*

b. **Ponerse** followed by an adjective means *to get, become*:

Me puse furioso. *I became furious.*
No te pongas tan sarcástica. *Don't get so sarcastic.*

Hacerse is used to introduce nouns and also means *to become*:

Se hizo médico. *He became a doctor.*

c. **Ponerse** with articles of clothing means *to put on*:

Pues ponte un pijama. *Well, put on some pajamas.*
Se pusieron los vestidos. *They put on their dresses.*

d. **Volver(se)** is used with **loco**:

Maribel, me vuelves loco. *Maribel, you drive me crazy.*
El pobre se volvió loco. *The poor thing went crazy.*

EJERCICIOS: ponerse, volverse, reírse

*G. *Change the sentences according to the words in parentheses:*

1. Yo me puse furioso.
(ellos, tú, nosotros)
2. Juan se hizo médico.
(nosotros, yo, ellos)
3. Ellos se pusieron a trabajar.
(yo, Ud., ella)
4. No te pongas sarcástico.
(Ud., Uds.)
5. El pobre se volvió loco.
(mis padres, yo, ellas)

H. *Express in Spanish:*

1. Don't laugh (fam. sing.) at me!
2. They laughed at us.
3. I know that you (form. pl.) are laughing at her.
4. We always laugh in class.
5. I laughed at him.
6. He's laughing at you (fam. sing.).

LECTURAS

¿Para qué sirven los estudios?

Editorial que escribió Ramón Moreno para el periódico de la Universidad

Aunque soy un vejestorio con un pie en la tumba, todavía me quedan dos o tres cosas que decir sobre los problemas de los jóvenes, y creo que el editorial de la

CORTESÍA DE AMERICAN AIRLINES

La Biblioteca de la Universidad de México

Srta. Encinas que apareció ayer merece una contestación. La señorita en cuestión se queja del sistema de enseñanza de hoy, diciendo que los estudiantes tienen que aprender todo de memoria para después repetirlo en los exámenes. Cuando yo era joven me quejaba de la misma cosa, pero con todas mis quejas y con toda mi cólera y con todas mis rebeliones no pude cambiar nada en absoluto. Mis profesores me decían que era un perezoso y que no valía para nada, y me daban malísimas notas. Un buen día decidí dejar los estudios y hacerme escritor para iluminar al mundo con mis ideas profundísimas que no sabían apreciar esos profesores que yo tenía. Me puse a escribir una cantidad enorme de porquerías sobre todos los temas imaginables, y un día se lo llevé todo a un editor. Me dijo el buen señor que no era publicable porque no decía nada nuevo. Yo me puse furioso, claro. Escribí un editorial fulminante sobre los editores estúpidos que no saben apreciar nada, pero nunca se publicó.

Entonces me enamoré de una mujer que me parecía inteligentísima. Me dijo que yo tenía mucho talento y que un día iba a ser famoso. Pero cuando vio lo que escribía me dijo que le gustaban más las obras de Sócrates. Me puse furiosísimo y todo el amor eterno que antes sentía por ella desapareció en tres segundos. Le dije que era una mujer muy tonta que no sabía apreciar nada, y pasé tres noches en una taberna bebiendo vino barato y rabiando contra el mundo. Pero todo el tiempo que estuve en la taberna me preguntaba por qué le gustaban más las obras de Sócrates que las mías. Decidí leerlas, no sólo porque tenía curiosidad, sino también porque sentía los horribles celos que tienen los escritores desconocidos de los escritores famosos. Después de leer muchas páginas, comprendí de repente por qué era tan famoso—el hombre era un genio. Hablaba de todos los temas que a mí me interesaban, pero lo hacía mil veces mejor que yo, y las soluciones que proponía a los problemas humanos estaban mucho mejor pensadas que las mías. Entonces decidí volver a la universidad para leer las obras de todos los otros escritores famosos a ver si también ellos sabían algo que no sabía yo. Pensaba pasar unos cuatro años estudiando sus ideas, pero hoy tengo casi setenta años y me dedico todavía a ello.

Ahora mis estudiantes creen que soy un viejo ignorante que no sabe apreciar nada, y tienen razón. La verdad es que somos todos unos pobres ignorantes, y no hay mucho que apreciar en un mundo de tontos perdidos. Pero de todos modos hay que luchar contra todo eso como luchaba don Quijote contra los molinos, porque si no, estamos todos perdidos. Así que, ¡manos a la obra, mocosos! No se quejen tanto de los exámenes—son detalles que no tienen importancia. Lo importante es aprender lo más posible ahora que tienen tiempo para hacerlo. Acuérdense de que no se puede aprender nada en absoluto si no se cultiva un poco la memoria. Ayer oí a uno de mis estudiantes exclamar con mucho entusiasmo «Ah, Goethe, ¡ese gran filósofo italiano del siglo diecisiete!» No, no, mocosos, así no. Primero hay que aprender dos o tres hechos muy básicos, y después pueden sacar treinta y seis mil conclusiones, si quieren. Y no se olviden de[1] mostrarme esas conclusiones monumentales que sacan, que yo soy un vejestorio muy triste y me gusta reírme de vez en cuando.

1. **Olvidarse de** is used instead of **olvidar** before an infinitive.

PALABRAS Y MODISMOS NUEVOS

barato	cheap
celos *m pl*	jealousy
cólera *f*	anger
contestación *f*	answer
desconocido	unknown
hecho *m*	fact
¡manos a la obra!	get to work!
mejor pensado	better thought out
merecer	to deserve
mismo	same
mocoso *m*	pip-squeak
obra *f*	work
página *f*	page
porquerías *f pl*	garbage
proponer	to propose, to suggest
publicable	publishable
queja *f*	complaint
rablar	to rage
sacar	to take out, to withdraw
sacar una conclusión	to come to a conclusion
segundo *m*	second
siglo *m*	century
tonto perdido *m*	hopeless fool
tratar	to treat, to deal with
vejestorio *m*	old geezer
vez: de vez en cuando	from time to time, once in a while

PREGUNTAS

1. ¿Cree Ud. que el profesor Moreno comprende bien a los jóvenes? ¿Por qué?
2. ¿Por qué desapareció tan rápidamente el amor que sentía por aquella mujer inteligentísima?
3. ¿Por qué decidió leer las obras de Sócrates?
4. ¿Por qué decidió volver a la universidad? ¿Cree Ud. que hizo bien?
5. ¿Cree Ud. que Ramón Moreno es buen profesor? ¿Por qué?
6. ¿Qué dice de su estudiante? ¿Por qué habla de él?

Juan Ramón Jiménez

—No era nadie. El agua. —¿Nadie?
¿Que no es nadie el agua? —No
hay nadie. Es la flor. —¿No hay nadie?
Pero, ¿no es nadie la flor?

—No hay nadie. Era el viento. —¿Nadie?
¿No es el viento nadie? —No
hay nadic. Ilusión. —¿No hay nadie?
¿Y no es nadie la ilusión?

PALABRAS Y MODISMOS NUEVOS

flor *f*	flower
viento *m*	wind

CORTESÍA DE LA OFICINA NACIONAL DE TURISMO ESPAÑOL

La casa de Juan Ramón Jiménez, Moguer, España

COGNADOS NUEVOS

atacar
básico
cantidad *f*
conclusión *f*
considerar
cultivar
curiosidad *f*
detalle *m*
fulminante
furioso
genio *m*
horrible
ignorante
iluminar
ilusión *f*
italiano
monumental
pijama *m*
profundísimo
rebelión *f*
sarcástico
tumba *f*

Capítulo 15

CONVERSACIÓN

Hablan Rachel y Salvador en un camino de México.

R: ¡Oye, Salvador! ¿Viene algún coche?
S: No, todavía no he visto ninguno.
R: Pues yo creí que venía alguien. ¿No has oído nada tú?
S: ¡Te digo que no hay nadie!
R: ¿Y la moto? ¿Puedes hacer algo con ella?
S: ¡Te he dicho mil veces que está rota!
R: ¡Pues vete a un garaje entonces!
S: Mira, Rachel, en primer lugar, nunca he estado aquí antes y no sé muy bien dónde puede haber un garaje. En segundo lugar los garajes no están abiertos a las seis de la mañana.
R: ¡Ay, Dios! No hemos dormido en toda la noche, no hemos comido nada decente en dos días, no he escrito a mis padres, hemos viajado desde el viernes sin llegar a ninguna parte, ¡y ahora estamos perdidos!
S: Bueno, ¿y qué más da? ¡No estamos perdidos para siempre! Tenemos que llegar allí algún día!
R: ¡Pero no vamos a llegar jamás si no comemos algo mientras tanto! ¿Qué has hecho con los chocolates?
S: Los he puesto allí debajo del árbol.
R: ¡Ay, qué horror!
S: ¿Qué te ha pasado?
R: ¡Los chocolates! ¡Están cubiertos de hormigas!
S: ¡Pues quítalas y ya está!
R: ¡Quítalas tú! ¡Yo no quiero tocarlas! ¿Has visto alguna vez hormigas tan grandes como éstas?
S: ¡Qué tonta eres! ¡Te pones a gritar porque ves unas hormigas! ¿Cómo vas a vivir en el campo si te asusta cualquier insecto que pasa?

R: Es que los insectos me vuelven loca.

S: Bueno, cálmate, que ya las he matado.

R: ¡Por Dios, Salvador, eres terrible! ¿Cómo has podido matarlas así con las manos? Algunas se han muerto,[1] pero otras están luchando todavía. Y mira. ¡Han vuelto otras!

S: No te quejes tanto. Así es la vida. Todo es matar y ser matado. Bueno, aquí tienes los chocolates. Abre la boca.

R: ¡Qué desayuno!

S: Pues a mí me parece que tu sueño de vivir en el campo se está convirtiendo en una pesadilla.

R: Mira, te hago una promesa. No me quejo más de los insectos, ¿de acuerdo?

S: Bueno, de acuerdo.

R: ¡Ay, Salvador! ¡Mira la araña! ¡Tiene que ser la araña más grande que he visto en mi vida!

S: Rachel, ¡qué tontísima eres! ¡Ya rompiste tu promesa!

R: ¡Qué va, si no la rompí! Las arañas no son insectos porque tienen ocho patas y los insectos sólo tienen seis.

S: Ustedes las mujeres norteamericanas siempre ganan todas las discusiones. ¿Por qué no te haces abogado?

Palabras y modismos nuevos

abogado *m*	lawyer
acuerdo: de acuerdo	all right, O.K.
alguien	somebody
alguno	some, any
alguna vez	ever
araña *f*	spider
árbol *m*	tree
convertir (ie, i) en	to convert, change into
cualquiera	any, anyone at all
cubierto (de)	covered (with)
debajo (de)	under, underneath
desayuno *m*	breakfast
desde	since, from
dicho	said
escrito	written
está: ya está	that's all
ganar	to win
haber	to have (*auxiliary*); there to be
hecho	done
hormiga *f*	ant
jamás	never
mientras tanto	meanwhile
moto *f* **(motocicleta)**	motorcycle
muerto	died, dead
ninguno	none, not any
ninguna parte	nowhere
pata *f*	paw, foot, legs (of an animal)
pesadilla *f*	nightmare
puesto	put
¿qué más da?	so what?
quitar	to remove, to take away
romper	to break
roto	broken
tocar	to touch
visto	seen
vuelto	returned

1. **Morirse** is almost always reflexive.

Preguntas

1. ¿Por qué no pueden Rachel y Salvador continuar su viaje?
2. ¿Por qué no puede ir Salvador a un garaje?
3. ¿Por qué se queja Rachel?
4. ¿Qué ha hecho Salvador con los chocolates?
5. ¿De qué están cubiertos los chocolates?
6. ¿Qué reacción tiene Rachel?
7. ¿Cree Ud. que Rachel va a poder vivir en el campo si le asustan tanto los insectos?
8. ¿Cree Ud. que Rachel es tontísima? ¿Por qué?

GRAMÁTICA Y EJERCICIOS

75. Past Participle (*El participio pasado*)

a. The past participle of regular verbs is formed by adding **-ado** to the stem of **-ar** verbs and **-ido** to the stem of **-er** and **-ir** verbs:

hablar	*to speak*	**hablado**	*spoken*
comer	*to eat*	**comido**	*eaten*
vivir	*to live*	**vivido**	*lived*

b. A few verbs have irregular past participles:

abrir	*to open*	**abierto**	*open*
cubrir	*to cover*	**cubierto**	*covered*
decir	*to say*	**dicho**	*said*
escribir	*to write*	**escrito**	*written*
hacer	*to do, make*	**hecho**	*done, made*
morir	*to die*	**muerto**	*dead*
poner	*to put*	**puesto**	*put*
romper	*to break*	**roto**	*broken*
ver	*to see*	**visto**	*seen*
volver	*to return*	**vuelto**	*returned*

76. Past Participle As an Adjective (*El participio pasado como adjetivo*)

The past participle may be used as an adjective, agreeing in number and gender with the noun it modifies:

¡Ahora estamos **perdidos**!
Now we're lost!

Los garajes no están **abiertos**.
The garages aren't open.

Los chocolates están **cubiertos** de hormigas.
The chocolates are covered with ants.

La moto está **rota**.
The motorcycle is broken.

EJERCICIOS: El participio pasado

A. *Give the past participle of the following verbs:*

1. mojar	11. abrir
2. volver	12. quitar
3. estar	13. poner
4. divertir	14. hacer
5. romper	15. morir
6. ir	16. llegar
7. ser	17. venir
8. escribir	18. cubrir
9. ver	19. viajar
10. perder	20. decir

***B.** *Substitute the noun in parentheses making any necessary changes:*

1. una niña perdida (gatos)
2. una promesa rota (motos)
3. un garaje abierto (libros)
4. unas hormigas muertas (araña)
5. una palabra escrita (acuerdo)
6. una clase aburrida (profesores)
7. un hombre enamorado (mujer)
8. unas mujeres casadas (hombres)
9. unos muchachos enojados (estudiante)
10. unas ideas exageradas (opinión)

77. Present Indicative of haber (*El presente de indicativo*)

he	**hemos**
has	**habéis**
ha	**han**

a. **Haber** means *to have* but is used only as an auxiliary verb to form the compound (*I have done it*, *I had done it*, *I will have done it*, *I would have done it*, etc.). *To have in* the sense of *to possess* is expressed by **tener**.

b. Do not confuse **haber** as an auxiliary with its impersonal use in the following expressions:

hay	*there is, there are*
había	*there was, there were*
debe haber	*there must be*
puede haber	*there can be*
hay que	*one has to, it is necessary to*
había que	*one had to, it was necessary to*

78. Present Perfect Indicative (*El perfecto de indicativo*)

a. The present perfect indicative is formed by the present indicative of the auxiliary verb **haber** and a past participle:

he hablado	*I have spoken*	**hemos hablado**	*we have spoken*
has hablado	*you have spoken*	**habéis hablado**	*you have spoken*
ha hablado	*he* (*etc.*) *has spoken*	**han hablado**	*they* (*etc.*) *have spoken*

b. All object pronouns precede the auxiliary:

Ya las he matado.	*I have already killed them.*
¡Ya te lo he dicho mil veces!	*I've already told you a thousand times.*

c. When the past participle is used with **haber**, its ending does not change:

¿Qué **has hecho** con los chocolates?	*What have you done with the chocolates?*
No **hemos dormido** en toda la noche.	*We haven't slept all night.*
No **he escrito** las cartas.	*I haven't written the letters.*
But: Las cartas ya **están escritas**.	*The letters are already written.*

EJERCICIOS: El perfecto de indicativo

C. *Supply the appropriate forms of the present perfect indicative:*

1. cubrir: tú, ellas, él, yo, nosotros
2. ir: Uds., yo, nosotros, ella, tú
3. poner: yo, nosotros, ella, tú, ellos
4. volver: Ud., tú, ellos, nosotros, yo
5. ser: tú, nosotros, yo, él, Uds.

***D.** *Change the sentences according to the subjects indicated:*

1. Todavía no he visto ninguno.
   (nosotros, ellos, tú)

2. Nunca he estado aquí antes.
   (Ud., ellas, nosotros)
3. Hemos viajado desde el viernes.
   (yo, él, Uds.)
4. Los he puesto allí.
   (ella, nosotros, ellos)
5. ¿Cómo has podido matarlas así?
   (Ud., él, ellas)
6. Tú siempre has dicho que quieres vivir en el campo.
   (yo, nosotros, él)

***E.** *Change the verbs in the following sentences to the present perfect indicative:*

1. Comemos mucho.
2. No digo nada.
3. Javier toca bien.
4. Llega el profesor.
5. Fumo muy poco.
6. Ellos no ven nada.
7. Maribel no sale esta noche.
8. Las arañas no hacen nada.
9. Los niños corren mucho.
10. Javier es siempre muy cínico.

F. *Express in Spanish:*

1. He has already done it.
2. Who has seen Elvira?
3. They have sent it to her.
4. I have always wanted to travel.
5. We have taken it away.

79. Indefinite Pronouns, Adjectives, Adverbs (*Los pronombres, adjetivos, adverbios indefinidos*)

algo *something*
alguien *someone, somebody*
algún, alguno (-a, -os, -as) *any, some (of a group)*
algún día *some day*
alguna vez *ever, at some time*
alguna parte *somewhere*
cualquiera (*pl.* **cualesquiera**) *any, any at all; anybody, anybody at all*

nada *nothing*
nadie *no one, nobody*
ningún, ninguno (-a, -os, -as) *none, not any (of a group)*
nunca *never*
jamás *never*
ninguna parte *nowhere*

You have already studied the use of some of the above words (section 14). Following are additional observations:

a. Alguno and ninguno

(1) Both **alguno** and **ninguno** single out one or more from a group of persons or things already mentioned, whereas **alguien** and **nadie** have a more general meaning:

Algunas se han muerto, pero otras están luchando.
Some have died, but others are struggling.

¿Viene **alguien**?
Is someone (anyone at all) coming?

No hay **nadie**.
There's nobody (at all).

(2) **Alguno** and **ninguno** drop the final **-o** before a masculine singular noun:

¿Viene **algún coche**?	*Are any cars coming?*
No, no viene **ningún coche.**	*No, no cars are coming.*

(3) **Ninguno** is generally used in the singular:

No viene **ningún coche.**	*No cars are coming.*
No he visto a **ninguna mujer.**	*I haven't seen any women.*

(4) The personal **a** is used before **alguien** and **nadie**, and before **alguno** and **ninguno**, when they are direct objects referring to persons:

Pero yo creí que venía **alguien**.	*But I thought someone was coming.*
Todavía no he visto **a nadie.**	*I still haven't seen anyone.*
¿Busca Ud. **a algunas secretarias**?	*Are you looking for some secretaries?*
No, no busco **a ninguna**.	*No, I'm not looking for any.*

(5) The plural **algunos (-as)** differs from **unos (-as)** in that **algunos** is concerned with a specific number, whereas **unos** is less specific:

Algunas se han muerto, pero otras están luchando.
Some have died, but others are struggling.

¡Te pones a gritar porque ves **unas** hormigas!
You start shouting just because you see some ants!

b. Cualquiera

(1) **Cualquiera** means *any* or *anyone* in the sense of *any at all*, or *anyone in the world:*

Cualquiera puede hacer eso. *Anyone (in the world) can do that.*

(2) **Cualquiera** drops the final **-a** before a noun:

Yo estoy contenta con **cualquier cosa.**
I'm happy with anything.

¿Cómo vas a vivir en el campo si te asusta **cualquier insecto** que pasa?
How are you going to live in the country if you're scared by any insect that comes along?

c. Nunca and **jamás**

Nunca and **jamás** both mean *never*, but **jamás** is more emphatic than **nunca**:

¡**No** vamos a llegar **jamás** si no comemos algo!
We'll never arrive if we don't eat something!

Nunca he estado aquí antes.
I've never been here before.

d. Negatives after comparisons:

In Spanish a negative is used after a comparison, while in English an affirmative is used:

Javier estudia **menos que nunca**.	*Javier studies less than ever.*
Cree que sabe **más que nadie**.	*He thinks he knows more than anybody.*

EJERCICIOS: Los pronombres, adjetivos, adverbios indefinidos

***G.** *Make the following sentences negative:*

1. ¿Vas a decirme algo?
2. Hay alguien en el garaje.
3. He visto a algunos amigos tuyos.
4. Alguna mujer va a ser presidente.
5. Él va a casarse algún día.
6. ¿Has estado en México alguna vez?
7. Vamos a llegar a alguna parte.
8. Hemos visto a alguien.
9. Alguien tiene que decirle algo.
10. Vienen algunos caballos.
11. Cualquiera sabe hacerlo.
12. Eso lo hace cualquiera.

***H.** *Answer the following questions in the negative:*

1. ¿Viene algún coche?
2. ¿Has oído algo?
3. ¿Puedes hacer algo con ella?
4. ¿Has estado aquí alguna vez?

5. ¿Vamos a llegar allí algún día?
6. ¿Has visto alguna vez hormigas tan grandes como éstas?
7. ¿Te asusta cualquier insecto que pasa?
8. ¿Han vuelto algunas?

I. *Express in Spanish:*

1. Now I want it more than ever.
2. He can do it better than anybody.
3. Nobody understands me.
4. Anybody can understand you.
5. Do you want anything?
6. Do you see anybody?
7. There are no women here.
8. Is anybody coming?
9. I don't like any of them.

LECTURAS

Caveat Emptor[1]

Conferencia dada en la reunión mensual del Club Atlético

Los comestibles que Uds. compran todos los días en los supermercados ya no son como antes. Hace cincuenta años, las verduras y las frutas tenían más aroma y más sabor que hoy, el arroz estaba lleno de vitaminas y minerales necesarios para la salud y hasta la carne tenía más proteínas. Hoy en México, como en todos los países modernos, tenemos que dar de comer a muchísima gente y, naturalmente, los comestibles de los supermercados tienen que durar lo más posible. Por eso los hombres de ciencia han añadido productos químicos que muchas veces matan las vitaminas naturales y, lo que es peor, hay quienes tienen severas reacciones alérgicas a esos aditivos.

Esta situación se ha hecho hoy realmente grave. Ya no nos queda ningún comestible puro y natural; todo lo que comemos ha sido víctima de la manipulación de nuestros sabios científicos. El pan, por ejemplo, es más blanco que la nieve, pero no tiene ningún valor nutritivo. Las grandes industrias que nos venden ese pan nos dicen que está «enriquecido» con una cantidad de vitaminas. Lo que callan es el hecho de que han quitado todas las vitaminas naturales y después han añadido algunas vitaminas sintéticas. Nos quedamos con un pan adulterado que tiene quizás veinte veces menos vitaminas que antes. Pero gracias a la propaganda que nos ataca diariamente desde la radio, la televisión, las revistas y los periódicos, el ama de casa que compra ese pan «enriquecido» nunca se da cuenta de que está en realidad empobrecido y que no vale para nada.

1. (*Latin*) Buyer beware!

CORTESÍA DE LA ORGANIZACIÓN DE ESTADOS AMERICANOS

La cosecha de piñas en la América del Sur

CORTESÍA DE AMERICAN AIRLINES

El mercado de Guadalajara, México

Lo mismo se puede decir de casi todo lo que se vende en los supermercados: en la carne que comemos hay hormonas que se dan a los animales para engordarlos, en los pollos hay drogas que se les dan para tranquilizarlos, en la leche hay antibióticos que se les dan a las vacas cuando tienen mastitis y otras infecciones. Casi todo lo que se cultiva en la tierra contiene insecticidas que no se quitan fácilmente y que se quedan en el cuerpo humano para siempre. Los fertilizantes químicos empobrecen la calidad nutritiva de los productos de la tierra, aunque aumentan la cantidad de esos productos.

Y no obstante todos Uds. se sienten probablemente muy bien, a pesar de la adulteración de lo que comen todos los días. Naturalmente es difícil asustarse por lo que les he explicado hoy si Uds. gozan de perfecta salud, aunque no comen nada más que lo que se vende en los supermercados. Pero en general no nos damos cuenta de lo que puede pasarnos hasta que estamos enfermos y es demasiado tarde. No tengo tiempo ahora para hablar de los miles de problemas médicos que muy probablemente proceden de las deficiencias nutritivas que todos tenemos, pero sabemos, por ejemplo, que hoy la gente muere de ataques de corazón más que nunca. Se ha hablado mucho del colesterol como causa de los ataques de corazón, y la gente tiene razón cuando hace lo posible para evitarlo. Lo que no saben es que el hígado humano produce mucho colesterol todos los días, así que lo importante es comer las vitaminas que el cuerpo necesita para deshacer los glóbulos de colesterol. Por desgracia, los médicos no se interesan mucho en la ciencia de la nutrición. Se estudia más la medicina curativa que la medicina preventiva, quizás porque no está muy de moda ahora, o quizás porque los médicos ganan más gloria cuando trasplantan un corazón que cuando la gente goza de tan buena salud que ellos no tienen nada que hacer.

Bueno, ¿y nosotros qué hacemos? Todo depende del consumidor, que tiene más poder de lo que cree. Las grandes industrias quieren ganar todo lo posible, así que van a hacer todo lo necesario para satisfacer al ama de casa. Si ella quiere comprar pan blanco, se lo van a dar. Si ella quiere comprar arroz que se puede preparar en dos minutos, se lo van a dar. Y al contrario, si ella se niega a comprar comestibles adulterados, las industrias van a tener que buscar otras alternativas. Claro que hoy día tenemos que dar de comer a mucha gente, pero los comestibles no tienen que durar para siempre—basta con algunos días. Además, no debemos tener siempre tantísima prisa. Hay tiempo para hacer nuestro propio pan a veces, y hay tiempo para esperar treinta minutos para el arroz. ¡Lo que sí nos faltan son las ganas de hacerlo! Así que ¡manos a la obra, amas de casa! ¡La salud de la nación depende de Uds.!

PALABRAS Y MODISMOS NUEVOS

ama de casa *f*	housewife	**comestibles** *m pl*	food
arroz *m*	rice	**contener**	to contain
carne *f*	meat	**contrario: al contrario**	on the contrary
científico *m*	scientist		

desgracia: por desgracia unfortunately
deshacer to undo, to break down
diariamente daily
durar to last
empobrecer to impoverish
enfermedad *f* sickness
engordar to fatten
enriquecer to enrich
evitar to avoid
fuerte strong
haber de to have to
hígado *m* liver
hoy día nowadays
leche *f* milk
mensual monthly
moda *f* fashion
estar de moda to be in fashion
negarse (ie) a to refuse
nieve *f* snow
obstante: no obstante nevertheless
pan *m* bread
pesar: a pesar de in spite of
poder *m* power
pollo *m* chicken
proceder de to result from
químico chemical
sabor *m* flavor
vaca *f* cow
valor *m* value
verduras *f pl* vegetables, greens

PREGUNTAS

1. ¿Cree Ud. que es realmente necesario añadir productos químicos a los comestibles?
2. ¿Cree Ud. que la persona que da la conferencia exagera cuando dice que los comestibles adulterados no son buenos para la salud?
3. ¿Por qué se queja del pan «enriquecido»?
4. ¿Cree Ud. que todos somos manipulados por la propaganda?
5. ¿Qué más dice de los comestibles que se venden en los supermercados?
6. ¿Qué dice de los productos que se cultivan en la tierra?
7. ¿Cree Ud. que es necesario usar fertilizantes químicos?
8. ¿Por qué no se asusta la gente por lo que les ha explicado?
9. Según Ud., ¿por qué muere tanta gente hoy de ataques de corazón?
10. ¿Por qué no se interesan mucho los médicos en la nutrición?
11. ¿Cree Ud. que es mejor esperar treinta minutos mientras se prepara el arroz que comer arroz instantáneo?

Rubén Darío (1867–1916), Nicaragua

Rubén Darío tenía un alma de vagabundo y viajó por América y Europa, viviendo en Chile, Buenos Aires, Madrid y París. Toda su vida quiso escapar del mundo trivial y vulgar de todos los días, siempre buscando lo bello y lo exótico. Huyendo del mundo prosaico que le rodeaba, Darío encontró refugio en el alcohol y la poesía.

Su gran originalidad se debe a la fusión de lo más tradicional de la poesía

CORTESÍA DE LA ORGANIZACIÓN DE ESTADOS AMERICANOS

Rubén Darío

hispánica con los elementos más vanguardistas de la poesía francesa. Recreó antiguas versificaciones y ritmos métricos, creó nuevos tipos de expresión y enriqueció el lenguaje poético hispánico. Se puede decir que Darío cierra el paréntesis de decadencia en que la poesía hispánica se encontraba.

Mía

Mía: así te llamas.
¿Qué más armonía?
Mía: luz del día;
mía: rosas, llamas.

¡Qué aromas derramas
en el alma mía,
si sé que me amas,
o Mía!, ¡oh Mía!

Tu sexo fundiste
con mi sexo fuerte,
fundiendo dos bronces.

Yo, triste; tú, triste . . .
¿No has de ser, entonces,
Mía hasta la muerte?

PALABRAS Y MODISMOS NUEVOS

amar	to love	**luz** *f*	light
antiguo	ancient, former	**recrear**	to recreate
bello	beautiful	**ritmo** *m*	rhythm
crear	to create	**rodear**	to surround
derramar	to spill	**vanguardista**	avant-guarde
fundir	to merge		

COGNADOS NUEVOS

adulteración *f*	antibiótico *m*	bíblico
adulterado	aroma *m*	bronce *m*
alcohol *m*	atlético	calidad *f*
alérgico	aumentar	calmar
alternativa *f*	aurora *f*	ciencia *f*

colesterol *m*
consumidor *m*
curativo
decadencia *f*
decente
deficiencia *f*
droga *f*
escapar
exótico
expresión *f*
fertilizante *m*
fragmento *m*
fruta *f*
fusión *f*
garaje *m*
glóbulo *m*
gloria *f*
hispánico
hormona *f*
industria *f*
infección *f*
insecto *m*
insecticida *m*
instantáneo
lenguaje *m*
manipulación *f*
manipulado
mastitis *f*
métrico
mineral *m*
nación *f*
natural
nutrición *f*
nutritivo
paréntesis *m*
preventivo
proceder
producto *m*
profano
promesa *f*
propaganda *f*
prosaico
proteína *f*
químico
refugio *m*
reunión *f*
ritmo *m*
robusto
satisfacer
severo
sintético
supermercado *m*
tradicional
tranquilizar
trasplantar
trivial
vagabundo *m*
versificación *f*
vitamina *f*
vulgar

Repaso 3

1. Preterit Indicative of Regular, Irregular, and Stem-Changing Verbs

Review Chapter 11, Sections 49 and 51; Chapter 12, Section 56; Chapter 13, Sections 60 and 61.

Irregular Verbs

ser, ir, dar, decir, hacer, querer, venir, andar, estar, poder, poner, saber, tener, traer

Stem-Changing Verbs

pedir, impedir, seguir, conseguir, perseguir, advertir, concebir, mentir, preferir, repetir, servir, dormir, morir

A. *Give the appropriate form of the preterit:*

1. él: ser, andar, traer, poder, hacer, venir, querer
2. nosotros: ir, tener, dar, saber, decir, poner, estar, ser
3. ellos: traer, saber, poder, andar, querer, decir, ir
4. tú: tener, poner, estar, venir, hacer, dar, ser
5. yo: ir, hacer, andar, poner, traer, ser, decir

B. *Give the appropriate form of the preterit:*

1. tú: pedir, advertir, conseguir, mentir
2. Ud.: preferir, seguir, morir, dormir
3. nosotros: concebir, impedir, perseguir, repetir
4. yo: servir, morir, seguir, preferir
5. Uds.: mentir, dormir, advertir, pedir

C. *Express in Spanish using the preterit:*

1. We brought the money.
2. We gave it to Frank.
3. They went to the movies.
4. They came to my house.
5. They told the truth.
6. I didn't do anything.
7. He asked for the orange.
8. He didn't lie.
9. She didn't sleep well.
10. She preferred to do it.
11. I tried to leave.
12. He refused to go.
13. We found out last night.
14. We met in Acapulco.
15. We got a letter yesterday.
16. They gave me the books.

2. Imperfect Indicative of Regular and Irregular Verbs; Preterit vs. Imperfect

Review Chapter 12, Sections 57, 58, and 59; Chapter 11, Section 50.

Irregular Verbs in Imperfect

ser, ir, ver

Use of Preterit

To indicate an action in the past with a specific beginning and end.

Use of Imperfect

To indicate repeated action, conditions, and description in the past.

D. *Answer the following questions with the second alternative:*

1. Cuando eras niño, ¿eras bueno o eras muy malo?
2. Cuando Uds. vivían en Veracruz, ¿se quedaban todas las noches en casa, o iban muchas veces al cine?
3. Cuando estaba enferma tu mujer, ¿preparabas la cena tú, o la preparaba tu hermana?
4. Antes de venir aquí, ¿vivías en casa o con tus amigos?
5. Antes de venir aquí, ¿salías con Javier o no salías con nadie?

E. *Complete with the preterit or the imperfect as required:*

La semana pasada ______(ir) cien mil jóvenes a San Miguel de Allende para asistir al Congreso Internacional de Estudiantes. La llegada de esta gran multitud de gente ______(ser) una sorpresa enorme para la policía, que solamente ______(esperar) unas diez mil personas en total. Muchos jóvenes ______(empezar) su expedición hacia San Miguel el miércoles para no llegar tarde al Congreso. ______(llegar) como ______(poder): en coche, en autobús, en motocicleta y hasta a caballo. Los caballos ______(presentar) un problema terrible después, pero a los jóvenes no les _____(importar) nada en absoluto. _____(parecer) que nada le _____(molestar) a la simpática congregación, aunque a veces _____(llover) copiosamente y _____(haber) muchísimo barro.

Todavía _____(llegar) gente el sábado, aunque en todos los caminos que _____(ir) a San Miguel el tráfico _____(estar) muy congestionado. Los coches ya no _____(poder) avanzar ni un centímetro, así que los jóvenes los _____(dejar) en el camino y _____(ir) a pie al Congreso. Por la tarde _____(aparecer) cinco helicópteros con los líderes estudiantiles, y toda la gente los _____(recibir) con mucho entusiasmo. _____(empezar) a hablar a las siete y media, y los congresistas _____(escuchar) con gran interés discursos sobre la necesidad de unirse todos los estudiantes y jóvenes del mundo. _____(hablar) de la corrupción política y moral que _____(existir) en todas las grandes organizaciones y _____(presentar) sus ideas sobre lo que _____(deber) hacer los jóvenes para mejorar la situación. _____(discutir) la importancia de la solidaridad, de la fuerza que hay en la unión y de la necesidad de infiltrar las organizaciones corruptas. A las nueve menos cuarto, de repente, _____(dejar) de funcionar los altavoces. Puesto que a las once todavía no _____ (funcionar), los jóvenes _____(decidir) formar grupos pequeños para seguir con sus discusiones.

3. Present Participle of Regular and Irregular Verbs; Progressive Construction

Review Chapter 13, Sections 62, 63, and 64.

Regular Verbs

-ar: stem + **-ando**
-er, -ir: stem + **-iendo**

Irregular Verbs

-ir stem-changing verbs: **e→i, o→u** in stem + **-iendo**
-er and **-ir** irregular verbs: **-iendo→yendo** if not preceded by a consonant

Progressive Construction

estar + present participle

F. *Change the following sentences to express an action in progress:*

EJEMPLOS: Como el jamón. Estoy comiendo el jamón.
Comía el jamón. Estaba comiendo el jamón.

1. Bebo el vino.
2. Leemos el libro.
3. Escribe una carta.
4. Ellos duermen.

5. Javier miente.
6. No escuchas.
7. Me muero de hambre.
8. Mamá sirve la cena.
9. Elvira tocaba la guitarra.
10. Yo miraba la puerta.
11. Decíamos la verdad.
12. Javier bailaba con Elvira.
13. Ellos escuchaban la música.
14. Yo buscaba un libro.
15. Ellos leían un poema.
16. Ella soñaba contigo.

G. *Answer the following questions according to the example:*

EJEMPLO: ¿Piensas hacer el café?
Ya estoy haciéndolo.

1. ¿Piensas hacer la limonada?
2. ¿Piensas preparar la cena?
3. ¿Piensas escribir el ensayo?
4. ¿Piensas escribir la carta?
5. ¿Piensas leer mis poemas?
6. ¿Piensas leer las cartas de tu madre?

4. Reflexives

Review Chapter 14, Sections 67 to 72, and 74.

REFLEXIVE PRONOUNS	
me	**nos**
te	**os**
se	**se**

H. *Answer the following questions according to the example:*

EJEMPLO: ¿A qué hora se acostó Ud. anoche? (11:30)
Me acosté a las once y media.

1. ¿A qué hora se acostaron Uds. anoche? (11:25)
2. ¿A qué hora se acostaron tus padres? (11:45)
3. ¿A qué hora se acostó tu hermano? (1:15)
4. ¿A qué hora te despertaste esta mañana? (6:00)
5. ¿A qué hora te levantaste? (10:30)
6. ¿A qué hora te levantas en general? (8:10)
7. ¿A qué hora se levantaron tus padres? (6:20)
8. ¿A qué hora te bañaste esta mañana? (9:15)
9. ¿A qué hora se afeitó su hermano? (7:00)
10. ¿A qué hora se duchó Ud.? (7:05)

I. *Give the familiar affirmative command form:*

EJEMPLO: levantarse
levántate

1. divertirse	6. acostarse
2. dormirse	7. bañarse
3. callarse	8. ducharse
4. acordarse	9. afeitarse
5. fijarse	10. despertarse

J. *Give the formal negative command form:*

EJEMPLO: lavarse
no se lave Ud.

1. enamorarse	6. dormirse
2. reírse	7. acostarse
3. quejarse	8. enojarse
4. asustarse	9. levantarse
5. casarse	10. afeitarse

K. *Express in Spanish:*

1. Why are you laughing? (fam. sing.)
2. Did you have a good time? (form. sing.)
3. They are shaving. (pres. progressive)
4. I wonder why.
5. What's your name? (fam.)
6. Spanish is spoken here.
7. They laugh at us.
8. He's having a very good time. (pres. progressive)
9. He didn't dare to do it.
10. I didn't remember anything.
11. We didn't realize.
12. She's always complaining. (pres. progressive)
13. We love each other.
14. They see each other every day.

5. Past Participle and Present Perfect Indicative

Review Chapter 15, Sections 75 to 78.

Past Participle of Regular Verbs

-ar verbs: stem + **-ado**
-er and **-ir** verbs: stem + **-ido**

Irregular Past Participles

abierto, cubierto, dicho, escrito, hecho, muerto, puesto, roto, visto, vuelto

Present Perfect Indicative

present indicative of **haber** + past participle

L. *Answer the following questions according to the example:*

EJEMPLO: ¿No quieres preparar la cena?
Ya está preparada.

1. ¿No quieres abrir la ventana?
2. ¿No quieres escribir la carta?
3. ¿No quieres cerrar la puerta?
4. ¿No quieres hacer el café?
5. ¿No quieres preparar el desayuno?

M. *Give the past participle of the following verbs:*

1. romper
2. abrir
3. escribir
4. ver
5. cubrir
6. hacer
7. volver
8. decir
9. morir
10. poner

N. *Answer the following questions according to the example:*

EJEMPLO: ¿Van Uds. a comer el jamón?
Pero ¡si ya lo hemos comido!

1. ¿Van Uds. a beber el vino?
2. ¿Van Uds. a ver la catedral?
3. ¿Vas a dar tu opinión?
4. ¿Vas a decir la verdad?
5. ¿Van Uds. a acostar a los niños?
6. ¿Van Uds. a lavar los platos?

O. *Express in Spanish:*

1. The door is open.
2. The letters are written.
3. The coffee is made.
4. The motorcycle is broken.
5. I have told the truth.
6. My sister has died of love.
7. We have put your guitar over there.
8. Have you ever seen Juanito Romero?
9. Has Javier come back?
10. Have you ever eaten ants covered with chocolate?

Capítulo 16

CONVERSACIÓN

Hablan Frank y Elvira.

F: Ah, Elvira, ¡por fin! ¡Hace casi dos horas que te espero por aquí! ¿Has hablado con Maribel? ¿Te ha preguntado por mí?

E: Frank, ¡por Dios! ¡Cálmate un poco! Fui por ella a las seis, pero ya había salido.

F: ¡Ya había salido! Pero cuando la llamé por teléfono, ¡todavía no se había levantado de la siesta!

E: Pues su madre me dijo que salió con mucha prisa porque le había llamado Javier, y por lo visto se han ido a pasear por el parque.

F: Entonces ¡vámonos al parque nosotros también! ¿Vamos por esta calle? O mejor vamos por la plaza. Bueno, ¡adelante!

E: ¡Un momento, Frank! ¿Por qué no esperas hasta mañana por la tarde o por la noche?

F: ¡Es que no puedo! Y además, ese Javier me pone furioso. Sale con ella por pura vileza, para hacerme rabiar. Y yo, por cobardía, no hago nada.

E: No lo hace por ti, sino por sí mismo. Sale con las mujeres por egoísmo, porque le gusta hacer conquistas. Pero en el noventa y nueve por ciento de los casos no se enamora de ellas.

F: Entonces ¿por qué salen con él?

E: También por egoísmo, digo yo. Quieren cambiarlo de un don Juan en un hombre sumiso y obediente, dedicado sólo a ellas, y cosas por el estilo.

F: ¡Pues yo ya soy sumiso y obediente!

E: Claro, y por eso quitas a las mujeres el gusto de la victoria.

F: ¿Y no quiere cambiar Maribel un don Juan ridículo como Javier por un hombre serio como yo?

E: Algún día quizás, pero por ahora creo que no.

F: Pero, ¿no ibas a hablarle? ¿No ibas a interceder por mí?

E: Por supuesto, pero no sé si puedo lograr mucho.

F: ¡Ay, Elvira! ¿Por qué no se resigna a salir conmigo?

E: A lo mejor te toma por un cobarde porque no la raptas o algo por el estilo.

F: No pienso raptar a Maribel por nada del mundo.

E: ¡Oye, Frank! Si tú me llevas a cenar, yo te invito al cine después y pago por los dos. ¿De acuerdo?

F: Gracias por la invitación, Elvira, pero no puedo. Por desgracia tengo que estudiar.

E: ¡No te preocupes tanto por los estudios, hombre! ¡Déjalos por una vez en tu vida!

F: Bueno, a lo mejor nos topamos con Maribel y me ve contigo y se pone celosa. ¡Y pensar que ella prefiere salir con ese Javier! Él sale con tres muchachas por día, con veintiuna muchachas por semana, con ochenta y cuatro muchachas por mes, ¡y yo tengo suerte si salgo con una por año!

E: Frank, ¡por Dios! ¿Por qué no te haces matemático?

Palabras y modismos nuevos

adelante	forward	**por fin**	at last
calmarse	to calm down	**por lo visto**	apparently
cobarde *m*	coward	**por supuesto**	of course
cobardía *f*	cowardice	**por una vez**	for once
matemático *m*	mathematician	**preguntar**	to ask after
por ahora	for now, for the time being	**preocuparse (por)**	to worry (about)
		tomar (por)	to take (for)
por ciento	per cent	**toparse con**	to bump into
por el estilo	of that kind, along those lines	**vámonos**	let's go
		vileza *f*	spite, meanness

Preguntas

1. ¿Cúanto tiempo hacía que esperaba Frank cuando llegó Elvira?
2. ¿Qué había hecho Maribel cuando fue por ella Elvira?
3. ¿Por qué salió Maribel con mucha prisa?
4. ¿Por qué quiere ir Frank al parque?
5. Según Frank, ¿por qué sale Javier con Maribel? ¿Según Elvira?
6. ¿Por qué salen las mujeres con él?
7. ¿Por qué no tiene éxito Frank con las mujeres?
8. ¿Por qué no sale Maribel con él?
9. Si Frank la lleva a cenar, ¿qué piensa hacer Elvira?
10. ¿Acepta Frank su invitación?
11. Según Frank, ¿con cuántas muchachas sale Javier?

GRAMÁTICA Y EJERCICIOS

80. Past Perfect Indicative (*El pluscuamperfecto de indicativo*)

The past perfect indicative is formed by the imperfect indicative of the auxiliary verb **haber** and a past participle:

había hablado	*I had spoken*
habías hablado	*you had spoken*
había hablado	*he (etc.) had spoken*
habíamos hablado	*we had spoken*
habíais hablado	*you had spoken*
habían hablado	*they (etc.) had spoken*

EJERCICIOS: El pluscuamperfecto de indicativo

A. *Supply the appropriate forms of the past perfect indicative:*

1. romper: tú, Ud., ellas, nosotros, yo
2. abrir: ellos, tú, ella, yo, nosotros
3. cerrar: yo, nosotros, Uds., ellos, él
4. morir: nosotros, yo, tú, Ud., ellas
5. dar: Uds., él, yo, nosotros, tú

B. *Change the sentences according to the subjects in parentheses:*

1. ¡Ya había salido!
   (ellos, tú, ella)
2. Todavía no se había levantado.
   (yo, nosotros, tú)
3. Le había llamado Javier.
   (Elvira y Rachel, Frank y yo, el profesor Moreno)
4. Nunca había estado allí antes.
   (nosotros, ellas, él)
5. Siempre había sido muy feliz.
   (Uds., yo, nosotros)
6. ¿Ya se había acostado?
   (tú, ellos, Ud.)
7. No nos habíamos visto antes.
   (ellas, Uds., ellos)
8. Todavía no me había despertado.
   (nosotros, tú, él)

***C.** *Change the verbs in the following sentences to the past perfect indicative:*

1. Me divierto muchísimo.
2. No se acuerda de ella.
3. No se dieron cuenta de nada.

4. Nos casamos antes.
5. No me atrevo a hacerlo.
6. Fijamos una hora.
7. Me dice que sí.
8. Se pone muy enojado.
9. Los niños no hacen nada.
10. Ya salimos.

D. *Express in Spanish:*

1. We had bumped into them before.
2. I hadn't accomplished much.
3. She had taken me for an idiot.
4. We hadn't resigned ourselves to do it.
5. They had already written to me.
6. He still hadn't shaved.
7. Had you seen it before?

81. Uses of <u>por</u> (*Los usos de* por)

a. Imprecise location—*through, down, around, by way of:*

¿Vamos **por** esta calle?
Shall we go along (down) this street?

O mejor vamos **por** la plaza.
Or perhaps we'd better go by way of (through) the plaza.

Se han ido a pasear **por** el parque.
They have gone to stroll around (through) the park.

b. Expressions of time

Por is used with **mañana** (*morning*), **tarde** (*afternoon*), **noche** (*night*), and **madrugada** (*early morning*), when they are not preceded by a specific hour (see paragraph 20):

Viene mañana **por la noche**.
He's coming tomorrow night.

¿Por qué no esperas hasta mañana **por la tarde**?
Why don't you wait till tomorrow afternoon?

Llegó ayer **por la mañana**.
She arrived yesterday morning.

But: Me acosté a **las dos de la madrugada**.
I went to bed at two in the morning.

c. Exchange—*for, in place of, in behalf of, in exchange for:*

Yo pago **por** los dos.
I'll pay for the two of us.

Gracias **por** la invitación.
Thanks for the invitation.

¿No ibas a interceder **por** mí?
Weren't you going to intercede for me (in my behalf)?

¿Por qué no quiere cambiar un don Juan ridículo como él **por** un hombre serio como yo?
Why doesn't she want to exchange a ridiculous Don Juan like him for a serious man like myself?

No pienso raptar a Maribel **por** nada del mundo.
I don't intend to kidnap Maribel for anything in the world.

d. Cause or motive—*because of, out of, for the sake of, in search of:*

Sale con ella **por** pura vileza.
He goes out with her out of sheer meanness.

Y yo, **por** cobardía, no hago nada.
And I, from (out of) cowardice, do nothing.

Yo no creo que lo hace **por** ti.
I don't think he does it because of you.

Creo que lo hace **por** sí mismo.
I think he does it for his own sake.

Fui **por** ella a las seis.
I went for (in search of) her at six.

e. *Per:*

En el noventa y nueve **por** ciento de los casos . . .
In ninety-nine percent of the cases . . .

Él sale con tres muchachas **por** día.
He goes out with three girls a (per) day.

f. *By:*

Cuando yo la llamé **por** teléfono . . .
When I telephoned her (called her by telephone) . . .

¡A mí me gusta la idea de ser defendida **por** un don Juan!
I like the idea of being defended by a Don Juan!

g. Phrases with **por:**

por ahora *for now, for the time being*

por ciento	*per cent*
por desgracia	*unfortunately*
¡por Dios!	*for God's sake!*
por ejemplo	*for example*
por el estilo	*of that kind, along those lines*
por eso	*for that reason, that's why*
por favor	*please*
por fin	*at last*
por lo general	*in general*
por lo menos	*at least*
por lo visto	*apparently*
¿por qué?	*why?*
porque	*because*
por supuesto	*of course*
por una vez	*for once*

h. Verbs used with **por:**

interesarse por	*to take an interest in*
preguntar por	*to ask after*
preocuparse por	*to worry about*
tomar por	*to take for*

EJERCICIOS: por

***E.** *Answer the following questions:*

1. Imprecise location
   a. ¿Vive Ud. por aquí?
   b. Para llegar a la iglesia, ¿se va por esta calle o por la plaza?
   c. ¿Quiere Ud. pasear por el parque conmigo?
   d. ¿Entramos por la puerta o por la ventana?
   e. ¿Ha viajado Ud. por Hispanoamérica?

2. Expressions of time. Choose the first alternative:
   a. ¿Trabaja Ud. por la mañana o por la tarde?
   b. ¿Estudian Uds. por la tarde o por la noche?
   c. ¿Llegan sus abuelos mañana por la mañana o por la tarde?
   d. ¿Sale Ud. con Javier mañana por la tarde o por la noche?
   e. ¿Llegaron sus padres ayer por la noche o por la mañana?

3. Exchange
   a. ¿Cuánto pagó Ud. por la carne?
   b. ¿Cuánto me da por el coche?
   c. ¿Quiere Ud. darme veinte pollos por una vaca?
   d. ¿Puede Ud. escribir una carta por mí?
   e. ¿Quiere hacerlo por mí?

4. Cause or motive. Choose the first alternative:
   a. ¿Sale Javier con Maribel por pura vileza o por egoísmo?
   b. ¿Estudia Ud. por sus padres o por sí mismo?
   c. ¿A qué hora quiere Ud. ir por Elvira?
   d. ¿Cuándo piensa Ud. pasar por mí?
   e. Cuando estuvieron enfermos los niños, ¿mandó Ud. por el médico?
5. *Per*
   a. ¿Cuántos viajes hace Ud. por año?
   b. ¿Cuántos autobuses vienen aquí por hora?
   c. ¿Cuántas clases tiene Ud. por semana?
6. *By*
   a. ¿Por quién fue escrito el poema?
   b. ¿Por quién fue mandada esta carta?
   c. ¿Por quién fueron pintados los coches?

F. *Express in Spanish:*

1. At least he is here now.
2. Please don't break it.
3. For once we didn't arrive late.
4. Apparently she got angry.
5. At last he understands me.
6. That's why he said it.
7. He likes big cars, for example, and things of that sort.
8. For the time being I prefer to keep quiet.
9. Unfortunately it's too late.
10. Did he ask after me?
11. Whom do you take me for?
12. Don't worry about anything.

82. Reflexive Object Pronouns of the Preposition (*Los pronombres preposicionales*)

a. The reflexive object pronouns of a preposition are the same as the non-reflexive ones (paragraph 15), except in the third person singular and plural:

	SINGULAR		PLURAL	
1	para **mí**	*for myself*	para **nosotros**	*for ourselves*
2	para **ti**	*for yourself*	para **vosotros**	*for yourselves*
3	para **sí**	*for himself* *for herself,* *for itself,* *for yourself*	para **sí**	*for themselves* *for yourselves*

¿Lo compraste **para ti**? *Did you buy it for yourself?*
Lo hace **por sí**. *He does it for himself.*

b. The preposition **con** combines with **sí**, forming the irregular object **consigo:**

Siempre lo tiene **consigo**. *He always has it with him.*

83. mismo

When **mismo** precedes the word it modifies, it means *the same:*

el **mismo** parque *the same park*

When **mismo** follows the word it modifies, it means *myself, yourself, himself,* etc. It is often used after reflexive object pronouns of the preposition and subject pronouns to intensify their meaning:

Lo hace por **sí mismo**. *He does it for himself.*
Siempre piensa en **sí misma**. *She always thinks of herself.*
Hablan **consigo mismos**. *They talk to themselves.*
¡**Yo misma** lo vi! *I saw him myself!*

Mismo may also follow nouns and adverbs:

Vi al **presidente mismo**. *I saw the president himself.*
Vamos **ahora mismo**. *We're going right now.*
Él viene **hoy mismo**. *He is coming this very day.*

84. Time Expressions with hacer (Hacer *en expresiones temporales*)

a. **Hace**+*period of time*+**que**, followed by a verb in the present, states the length of time an action has been (and still is) going on:

Hace cuatro años que estudio español.
I have been studying Spanish for four years.

Hace una hora que te esperan.
They have been waiting for you for an hour.

Hace una semana que no lo veo.
I haven't seen him for a week.

Hace mucho tiempo que no hacemos nada.
We haven't done anything for a long time.

b. **Hacía** + *period of time* + **que**, followed by a verb in the imperfect, states the length of time an action had been (and still was) going on when something else happened:

Hacía tres meses que la conocía cuando nos casamos.
I had known her for three months when we got married.

Hacía un año que trabajaba cuando la conocí.
I had been working for a year when I met her.

EJERCICIOS: mismo; hacer en expresiones temporales

*G. *Change the following sentences, using* mismo *to intensify the words in italics:*

1. Tengo que salir *ahora.*
2. Javier está enamorado de *sí.*
3. ¡No te preocupes tanto por *ti*!
4. A veces el *emperador* hace errores.
5. Fuimos *nosotros* a hablar con ella.
6. Ellos sueñan *consigo.*
7. Quiero ir *hoy.*
8. Ellas siempre se ríen de *sí.*

H. *Express in Spanish:*

1. This very week.
2. I bought it for myself.
3. He thinks of himself.
4. We are very worried about ourselves.
5. They themselves went.

*I. *Answer the following questions:*

1. ¿Cuánto tiempo hace que Ud. estudia español?
2. ¿Cuánto tiempo hace que Ud. vive en México?
3. ¿Cuánto tiempo hace que Ud. me espera?
4. ¿Cuánto tiempo hace que Ud. no trabaja?
5. ¿Cuánto tiempo hace que Ud. no estudia?
6. ¿Cuánto tiempo hace que Ud. no baila?
7. ¿Cuánto tiempo hacía que Ud. dormía cuando le llamé?
8. ¿Cuánto tiempo hacía que Ud. comía cuando entré?
9. ¿Cuánto tiempo hacía que Ud. le escuchaba cuando se durmió?
10. ¿Cuánto tiempo hacía que Ud. vivía aquí cuando lo conocí?
11. ¿Cuánto tiempo hacía que Ud. no trabajaba cuando se casó?
12. ¿Cuánto tiempo hacía que Ud. me esperaba cuando se enojó?

CORTESÍA DE LAS NACIONES UNIDAS

«Pasé mucho tiempo hablando con los campesinos...»
Una granja en Guambia, Colombia

LECTURAS

Latinoamérica por cien pesos al día

Conferencia que dio Frank sobre un viaje que había hecho por Latinoamérica

Si Uds. quieren gastar muy poco dinero en un viaje por Latinoamérica, entonces no vayan Uds. a ninguna agencia de viajes. Por lo general las agencias no conocen los hoteles baratos y los pequeños restaurantes donde se puede comer una comida magnífica por dos pesos, así que lo que Uds. tienen que hacer si no quieren gastar dinero es no hacer planes de antemano. El verano pasado yo fui desde México hasta Santiago de Chile sin saber dónde iba a dormir ni cómo iba a viajar, pero no pasé ni una noche en el parque y siempre había sitio para mí en los autobuses y en los aviones. Sin embargo hay que tomar siempre la precaución de no llegar muy tarde, porque es mucho más difícil encontrar hoteles a las diez de la noche que a las once de la mañana. Pero si se empieza bastante temprano a buscar un sitio donde dormir, casi siempre se tiene éxito. Yo, por ejemplo, siempre preguntaba a la azafata del avión si conocía algún sitio limpio y barato, y ella muchas veces podía darme buenos consejos. Cuando yo estaba en una ciudad grande, me iba en seguida a la universidad, donde siempre podían ayudarme. Mis padres casi se murieron cuando les dije que no tenía planes fijos. Las agencias de viajes les habían dicho que era muy difícil encontrar sitio en los hoteles, y creían que yo estaba loco porque no sabía adónde iba. Pero aun cuando los hoteles para turistas ricos están llenos, hay muchos sitios para estudiantes pobres. Hay que preguntar mucho, y a veces hay que andar mucho también, pero siempre se encuentra algo.

Tampoco es muy difícil encontrar transporte barato. Los autobuses para turistas son muy caros, pero si se toman los autobuses públicos se ahorra muchísimo dinero. Por lo general los autobuses son más cómodos que los trenes, y tardan menos en llegar. Mucha gente viaja en camión, sobre todo en Bolivia y en el Perú. Aunque los camiones son más baratos que los autobuses, tienen el inconveniente de ser también más lentos. El precio del viaje varía de un camión a otro; hay que regatear con el camionero antes de subir. Hay otro modo de transporte barato en Latinoamérica que se llama *el colectivo*, pero su definición cambia un poco de país en país. En La Paz, el colectivo es la misma cosa que el taxi, pero en Lima los colectivos tienen rutas fijas, y el conductor indica con la mano el número de sitios libres. En el Ecuador y en el Perú hay coches y minibuses que ofrecen servicio de colectivo en las ciudades, y también van de una ciudad a otra.

Si Uds. realmente quieren ahorrar dinero, vayan a vivir en el campo, o por lo menos pasen Uds. el mayor tiempo posible fuera de las ciudades. Yo pasé dos semanas en Colombia, y allí aprendí que la gente del campo que no ha visto muchos turistas es mucho más simpática que la gente de las ciudades que ya está harta de los turistas, sobre todo de los turistas norteamericanos. Pasé mucho tiempo hablando con los campesinos, y me enseñaron cómo trabajaban y lo que hacían todos los días. Estaba enormemente impresionado con todo lo que me decían porque, aunque tenían poquísimo dinero, sabían vivir muy bien. Todo lo hacían ellos mismos, sin depender de nadie, y sin pedir ayuda a nadie. Los pobres de las ciudades tienen que depender de los ricos, pero los campesinos pobres dependen sólo de la tierra y del tiempo. Yo sentí que tenía mucho en común con ellos, y cuando llegó el momento de volver a la universidad, me puse realmente muy triste.

Bueno, no tengo tiempo para decirles más ahora mismo, pero si tienen preguntas o si tienen ganas de hablar un poco más, los invito a tomar un café conmigo en la cafetería. Pero si quieren hacer un viaje absolutamente fantástico por Latinoamérica, y si quieren aprender algo y conocer a gente excelente, entonces ¡no lleven mucho dinero consigo!

PALABRAS Y MODISMOS NUEVOS

ahorrar	to save
andar	to walk
antemano: de antemano	beforehand
avión *m*	airplane
ayuda *f*	help
ayudar	to help
azafata *f*	stewardess
camión *m*	truck
camionero *m*	truck driver
campesino *m*	peasant
caro	expensive
cómodo	comfortable
consejos *m pl*	advice
consigo	with you (yourself)
fijo	fixed, set
fuera	outside
general: por lo general	in general
impresionar	to impress
irse	to go (**ir** *is often reflexive*)
lento	slow
libre	free
limpio	clean
número *m*	number
ofrecer (-zco)	to offer
precio *m*	price
regatear	to bargain
seguida: en seguida	right away
sitio *m*	place, room
sobre todo	above all, especially
subir	to go up, to climb in
tardar en	to take a long time to
transporte *m*	transportation
variar	to vary
verano *m*	summer
viaje *m*	trip
hacer un viaje	to take a trip

PREGUNTAS

1. ¿Por qué dice Frank que no se debe ir a las agencias de viajes?
2. ¿Qué precaución debe Ud. tomar si no hace planes de antemano?
3. ¿Cómo encontraba Frank hoteles baratos?

4. ¿Cómo son los autobuses?
5. ¿Cómo son los camiones?
6. ¿Qué es un colectivo?
7. Según Frank, ¿cómo son los campesinos?
8. ¿Cree Ud. que los idealiza un poco?

Enrique José Varona (1849–1933)

Enrique José Varona nació en Camagüey, Cuba y allí estudió en el Colegio de los Escolapios. Aunque recibió un doctorado de la Universidad de la Habana, puede decirse que fue un autodidacta ya que, por su cuenta, se dedicó a estudiar historia, psicología, filosofía y literatura. Además de reformar la enseñanza y escribir poesía, fue profesor universitario, filósofo, ensayista y crítico literario. Por su gran cultura, enorme producción y gran personalidad fue considerado como uno de los líderes intelectuales de Hispanoamérica.

Debemos ir siempre adelante; pero volviendo con frecuencia la cabeza hacia atrás. Ésta es la noción que tengo del progreso humano. (1874)

Cuando pienso en las profundas disquisiciones de los metafísicos . . . resuena dentro de mí, con insistencia, este impertinente vocablo: palabrería. Pero en seguida rectifico, y añado tranquilo: palabrería sublime.

¿De qué se hace un tirano? De la vileza de muchos y de la cobardía de todos.

Aspiramos a la eternidad; no queremos cambiar; y el cambio es lo único eterno. (1918)

¿Igual? ¿Pretendes ser igual a otro? De ayer a hoy, de hoy a mañana ¿eres igual a ti mismo? (1919)

Todas las pruebas de la inmortalidad del alma se reducen a esta sola: No me quiero morir.

La sociedad: compañía universal de engaño mutuo.

¿Qué buscas en mi libro? ¿Lo que yo pienso? No; lo que tú piensas o te han hecho pensar.

PALABRAS Y MODISMOS NUEVOS

atrás back
  hacia atrás backwards

autodidacta *m & f* self-taught man or woman

cuenta: por su cuenta	on his own	**palabrería** *f*	wordiness
engaño *m*	deception	**prueba** *f*	test, proof
eslabón *m*	link (of a chain)	**resonar (ue)**	to resound
frecuencia: con frecuencia	frequently	**único: lo único**	the only thing
		vocablo *m*	word
		ya que	since

COGNADOS NUEVOS

agencia *f*
aspirar
colectivo *m*
compañía *f*
común
conductor *m*
conquista *f*
considerado
definición *f*
disquisición *f*
doctorado *m*
egoísmo *m*
ensayista *m* & *f*
eternidad *f*
frecuencia *f*
hotel *m*
impertinente
inconveniente *m*
inmortalidad *f*
insistencia *f*
interceder
invitación *f*
metafísico *m*
minibús *m*
mutuo
noción *f*
obediente
plan *m*
plaza *f*
precaución *f*
pretender
producción *f*
progreso *m*
psicología *f*
público
rectificar
reducirse
reformar
relativamente
resignarse
ruta *f*
serio
servicio *m*
siesta *f*
sublime
taxi *m*
teléfono *m*
tirano *m*
tranquilo
tren *m*
turista *m* & *f*
universal
victoria *f*

Capítulo 17

CONVERSACIÓN

Hablan Ramón Moreno y Elvira.

E: ¡Hola, profesor Moreno! ¿Cómo está Ud. hoy?

R: Estoy muriéndome.

E: ¡Siempre me dice que se está muriendo cuando le pregunto cómo está! ¡Ya hace tres años que está muriéndose!

R: Corrección: ya hace sesenta y siete años que me estoy muriendo. Empecé a morirme desde el día en que nací.

E: Pues para un hombre que ha pasado una vida entera muriéndose, ¡Ud. parece muchísimo más vivo que muerto!

R: Y para una niña tan estudiosa como tú, eres muy coqueta. Dame un besito, anda. ¿No tienes un besito para un viejo muy triste?

E: Ahora no. Los estoy guardando para otro día.

R: Tú no me quieres nada. Tú no me querrás nunca. ¿Vendrás a llorarme en mi lecho de muerte?

E: ¿Para cuándo piensa Ud. morirse?

R: Me moriré el día de tu boda.

E: Ya le he dicho muchas veces que no me casaré nunca.

R: Sí, pero un día tendrás miedo de estar sola y saldrás con un tonto perdido que no sabrá apreciarte como te aprecio yo. Te pondrás muy ilusionada con él aunque no valdrá para nada, y te hará muy desgraciada. ¡Y todo para no estar sola!

E: Pues ya sabe que voy a estudiar para médico. Para ser un médico realmente bueno, hay que dedicarse totalmente a la carrera, así que no tendré tiempo para sentirme sola.

R: Hay que tener mucho valor para vivir solo. Además, vendrá el momento en que querrás tener hijos, y te dirás que para ser una mujer completa tendrás que casarte. Entonces tu buena cabecita se echará a perder. ¡Pobrecita niña mía!

E: Hoy día hay otras alternativas para las mujeres.

R: La naturaleza humana no cambiará jamás. Habrá muchos hombres en tu vida, nena, y eso está bien. Pero no te cases con el primero, ¡cásate con el último!

E: No llegará nunca el último.

R: Si te casas con el tercero, o el cuarto, o el quinto, en vez de casarte con el último, yo no te hablaré más en mi vida.

E: Pero, ¿por qué no?

R: Porque yo nunca hablo con las niñas que se estropean la vida. Si te casas no serás nunca médico. Si te casas no leerás ni un libro en toda tu vida, no escribirás nada importante, no harás nada memorable, no tendrás tiempo para nada.

E: Me parece que Ud. está exagerando un poco.

R: Pero si no te casas, yo te enseñaré todo lo que sé. Te haré muy sabia, y un día serás famosa. ¿Adónde vas?

E: Tengo que estar en casa para las seis. Tenemos invitados.

R: ¿No te quedarás conmigo un poquito más? Quién sabe, ¡a lo mejor hoy será el último día de mi vida!

E: Hoy no es el último día de su vida, ¡hoy es el primer día del resto de su vida!

R: Para una niña tan jovencita, juegas muy bien con las palabras. ¿Por qué no te haces filósofo?

Palabras y modismos nuevos

boda *f*	wedding	**jugar (ue)**	to play
carrera *f*	career	**lecho** *m*	bed
echar	to throw	**llorar**	to cry
echar(se) a perder	to ruin	**naturaleza** *f*	nature
estropear(se)	to spoil	**nena** *f*	little girl
filósofo *m*	philosopher	**quedarse**	to stay
invitado *m*	guest	**vivo**	alive

Preguntas

1. ¿Cuánto tiempo hace que está muriéndose el profesor Moreno?
2. ¿Qué piensa Ramón Moreno de Elvira?
3. Según don Ramón, ¿qué le pasará un día a Elvira?
4. ¿Por qué dice Elvira que no se casará nunca?
5. ¿Por qué le dice don Ramón que su buena cabecita se echará a perder?
6. Según él, ¿con quién debe casarse Elvira?
7. ¿Por qué le dice que no le hablará más en su vida?
8. ¿Qué le dice que le pasará si se casa?

9. Si no se casa, ¿qué piensa hacer con ella?
10. ¿Por qué tiene Elvira que estar en casa para las seis?
11. ¿Por qué le dice don Ramón que debe hacerse filósofa?

GRAMÁTICA Y EJERCICIOS

85. Future Indicative of Regular Verbs (*El futuro de indicativo de los verbos regulares*)

hablar	*to speak*
habla**ré**	*I will speak*
habla**rás**	*you will speak*
habla**rá**	*he, she, it, you will speak*
habla**remos**	*we will speak*
habla**réis**	*you will speak*
habla**rán**	*they, you will speak*
comer	*to eat*
come**ré**	*I will eat*
come**rás**	*you will eat*
come**rá**	*he, she, it, you will eat*
come**remos**	*we will eat*
come**réis**	*you will eat*
come**rán**	*they, you will eat*
vivir	*to live*
vivi**ré**	*I will live*
vivi**rás**	*you will live*
vivi**rá**	*he, she, it, you will live*
vivi**remos**	*we will live*
vivi**réis**	*you will live*
vivi**rán**	*they, you will live*

a. The future is usually expressed in English by *will* or *shall*: *I shall eat*, *you will live*, etc.

b. The future endings in Spanish are added to the infinitive and are the same for all three conjugations.

86. Future Indicative of Irregular Verbs (*El futuro de indicativo de los verbos irregulares*)

A few common verbs have irregular stems in the future tense, but their endings are regular:

decir:	**diré,** *etc.*	**saber:**	**sabré**
haber:	**habré**	**salir:**	**saldré**
hacer:	**haré**	**tener:**	**tendré**
poder:	**podré**	**valer:**	**valdré**
poner:	**pondré**	**venir:**	**vendré**
querer:	**querré**		

EJERCICIOS: El futuro de indicativo

A. *Give the appropriate form of the future of the following verbs:*

1. nosotros: casarse, salir, morirse, ser, saber
2. ellos: ir, ver, hacer, venir, estropear
3. yo: tener, parar, poner, callarse, quitar
4. Ud.: quejarse, valer, quedarse, decir, poder
5. tú: querer, reírse, saber, divertirse, venir

B. *Conjugate the following verbs in the future:*

1. hacer
2. venir
3. querer
4. poder
5. poner

C. *Change the sentences according to the subjects in parentheses:*

1. Tú no me querrás nunca.
   (él, Uds., ella)
2. ¿Vendrás a verme mañana?
   (Ud., ellas, él)
3. No me casaré nunca.
   (nosotros, tú, ella)
4. Un día tendrás miedo de estar sola.
   (yo, ellos, nosotros)
5. Saldrás con un tonto perdido.
   (Ud., ella, yo)
6. Pero no sabrá apreciarte.
   (nosotros, yo, ellos)
7. Te hará desgraciada.
   (yo, nosotros, ellas)
8. Te pondrás muy ilusionada con él.
   (nosotros, ella, yo)
9. Dejarás para siempre los estudios.
   (él, Uds., nosotros)
10. No serás nunca médico.
    (yo, ellos, Ud.)

***D.** *Change the verbs in the following sentences to the future. What do the future endings have in common with the present perfect?*

1. He hablado con el profesor.
2. ¿Has salido con Elvira?
3. Ha llegado el momento.
4. No hemos tenido tiempo.
5. Ellos no han escrito nada importante.

87. Uses of para (*Los usos de* para)

a. Objective—*for, in order to, so that*:

¡Y todo **para** no estar sola!
And all that so as not to be alone!

Para ser un médico realmente bueno . . .
In order to be a really good doctor . . .

Voy a estudiar **para** médico.
I'm going to study (in order) to be a doctor.

¡No tendré tiempo **para** sentirme sola!
I won't have time (in order) to feel lonely!

Para ser una mujer completa tendrás que casarte.
(In order) To be a complete woman you'll have to get married.

b. Destination—*for*:

¿No tienes un besito **para** un viejo muy triste?
Don't you have a little kiss for a very sad old man?

Los estoy guardando todos **para** otro día.
I'm keeping them all for another day.

Salgo **para** México mañana.
I leave for Mexico tomorrow.

Hoy día hay otras alternativas **para** las mujeres.
Nowadays there are other alternatives for women.

c. Deadline—*for, by*:

¿**Para** cuándo piensa Ud. morirse?
By when do you plan to die?

Tengo que estar en casa **para** las seis.
I have to be home by six o'clock.

Tenemos que escribir un ensayo **para** el martes.
We have to write an essay for (by) Tuesday.

d. Comparison—*for, considering*:

Para un hombre que ha pasado una vida entera muriéndose . . .
For a man who has spent an entire life dying . . .

Para una niña tan estudiosa como tú, eres muy coqueta.
For a girl as studious as you, you're very flirtatious.

Para una niña tan jovencita, juegas muy bien con las palabras.
For such a young girl, you play very well with words.

EJERCICIOS: para

***E.** *Answer the following questions:*

1. Objective
   a. ¿Para qué estudia Ud.?
   b. ¿Hay que casarse para ser una mujer completa?
   c. Para llegar a su casa, ¿voy por la plaza o por el río?
   d. ¿Tiene Ud. tiempo para salir conmigo esta noche?
   e. ¿Hay que tener mucho dinero para hacer un viaje por Latinoamérica?
2. Destination
   a. ¿Sale Ud. para México o para Guatemala mañana?
   b. ¿Tiene Ud. planes para las vacaciones?
   c. ¿Para quién son los libros?
   d. ¿Ha comprado algo para mí o para sí mismo?
   e. ¿Hay una comida caliente para los niños?
3. Deadline
   a. ¿Para cuándo es el ensayo, para el viernes o para el lunes?
   b. ¿Para qué hora tienes que estar en casa?
   c. ¿Qué tiene Ud. que hacer para mañana?
   d. ¿Estará Ud. en Colombia para el día trece de marzo?
   e. ¿Para cuándo tienes que escribir este ejercicio?
4. Comparison
   a. ¿Cree Ud. que Elvira es muy ambiciosa para una mujer?
   b. ¿Cree Ud. que sabe mucho para una estudiante?
   c. ¿Cree Ud. que Frank es muy sentimental para un hombre?
   d. ¿Cree Ud. que para un profesor Ramón Moreno es demasiado atrevido con sus estudiantes?

F. *Complete the sentences with* **por** *or* **para**, *as required:*

1. Tengo que escribir el ensayo _____ mañana _____ la mañana.

2. ¿Vamos _____ esta calle _____ ir al cine?
3. ¿Estudia Ud. _____ médico o _____ abogado?
4. ¿Tiene Ud. muchos planes _____ el verano?
5. ¿Cuánto pagaste _____ el coche?
6. ¿Vienes _____ mí a las seis o a las siete?
7. Tenemos que darnos prisa _____ no llegar tarde.
8. Yo trabajo tres horas _____ día _____ ganar más dinero.
9. Este libro fue escrito _____ un autor famosísimo.
10. Anda muy rápidamente _____ un viejo; yo lo tomé _____ un hombre muy joven.
11. _____ fin podemos prepararnos _____ acostarnos.
12. ¿_____ qué sirven los amigos?
13. Gracias _____ los consejos, pero no tengo tiempo _____ hacerlo.
14. Aquella mujer se casó sólo _____ dinero.
15. _____ un muchacho tan rico, parece muy pobre.

G. *Express in Spanish:*

1. Go for the doctor!
2. Will you come back by four?
3. Do you live around here?
4. I always travel by plane.
5. Fifty pesos for a chicken?
6. Whom is it for?
7. He bought something for his car.
8. When do you leave for Mexico?
9. They won't do it for anyone.
10. She will arrive tomorrow night.
11. I took him for a coward.
12. We manage to do it once a year.
13. He did it out of fear.
14. I have to buy something for the cat.

88. Diminutives (*Los diminutivos*)

a. The most common diminutive endings are **-ito (-ita)** and **-illo (-illa)**. The final vowel of a word is dropped before adding these endings:

casa	*house*	**casita**	*little house*
hijo	*son*	**hijillo**	*little son*

b. C changes to **qu**, **z** changes to **c**, and **g** changes to **gu** before **-ito** and **-illo**:

Paco	*Frank*	**Paquito**	*Frankie*
chico	*boy*	**chiquito (chiquillo)**	*little boy*

chica	*girl*	**chiquita**	*little girl*
un poco	*a little*	**un poquito**	*a tiny bit*
cabeza	*head*	**cabecita**	*little head*
hormiga	*ant*	**hormiguita**	*little ant*

c. The diminutives of some words end in **-cito, (-cita), -ecito (-ecita),** and **-cillo (-cilla), -ecillo (-ecilla)**:

joven	*young*	**jovencito (jovencillo)**	*youngster*
mujer	*woman*	**mujercita (mujercilla)**	*little woman*
flor	*flower*	**florecita (florecilla)**	*little flower*
amor	*love*	**amorcito (amorcillo)**	*dearest*
pueblo	*town*	**pueblecito (pueblecillo)**	*little town*

d. Diminutive endings may give not only an impression of size, but also a favorable or unfavorable meaning, depending on the intention of the speaker:

viejo	*old man*	**viejecito**	*nice little old man*
pobre	*poor*	**pobrecito**	*poor little thing*
rey	*king*	**reyecillo**	*puppet king*
mamá	*mom*	**mamacita**	*sweet little mom*
papá	*dad*	**papacito**	*daddy*
hombre	*man*	**hombrecito**	*petty little man*

89. Augmentatives (*Los aumentativos*)

a. The most common augmentative ending is **-ón, -ona**:

hombre	*man*	**hombrón**	*big man*
casa	*house*	**caserón**	*huge house*

b. Augmentative endings may also imply a favorable or unfavorable meaning. The ending **-ote, -ota** is usually pejorative:

mujer	*woman*	**mujerona**	*large woman*
libro	*book*	**librote**	*huge, boring book*
palabra	*word*	**palabrota**	*bad word*

EJERCICIOS: Los diminutivos y los aumentativos

***H.** *Attach diminutive endings to the appropriate words:*

1. Dame un beso, anda.
2. Eres una niña muy joven.

3. Tu buena cabeza se echará a perder.
4. ¡Pobre niña!
5. ¿No te quedarás conmigo un poco más?
6. Javier, mi amor.
7. Vivimos en una casa pequeña.
8. Espera un momento.
9. Mi hijo Juan.
10. ¿No tienes una cosa para mí?

I. *Express in Spanish:*

1. a large girl
2. a little airplane
3. a tiny spider
4. a huge ant
5. a little boy
6. a tiny bit

LECTURAS

Carta que escribió Rachel a sus padres

Queridos papá y mamá:

Salvador y yo acabamos de leer los artículos que aparecen sobre nosotros en los periódicos, y ¡casi no podemos creer lo que vemos! ¿Por qué tienen Uds. que exagerar tanto? Yo me he ido, simplemente, a buscar una vida nueva, quizás una vida mejor, y ¡Uds. creen que es una crisis mundial! No me ha raptado nadie, y yo no he raptado a nadie. Para nosotros dos el concepto de la violencia ha muerto para siempre. Desde ahora pensamos vivir una vida tranquila con nuestros amigos en el campo. Si tenemos suerte, quizás tendremos hijos también. Salvador conoce a un muchacho que tiene una casa vieja en una granja, y nos ha invitado a vivir allí con él y con otras siete personas. Vamos a vivir juntos, a trabajar juntos, y repartiremos todo lo que tenemos. Seremos una familia de trece personas (hay también tres niños pequeñitos). Vamos a vivir sin pedir ayuda a nadie, si es posible. Todos aprenderemos a hacer el trabajo de cada uno, así que si alguien se pone enfermo o algo por el estilo, otro de nosotros podrá continuar con su trabajo sin ningún problema. Dice Salvador que en México la tierra es tan fértil que las cosas se cultivan solas. Por lo menos, ¡no moriremos de hambre!

Yo estoy muy contenta porque, para mí, nuestra granja representa una alternativa política y moral a una civilización corrupta. He dejado de ser revolucionaria porque veo que no puedo lograr nada en absoluto, pues el mundo continúa siendo igual que siempre. Nadie quiere cambiar sus ideas ni su modo de vivir, y como no me gusta la violencia, lo único que puedo hacer es abandonar una vida que no me gusta y empezar una nueva vida. Ya sé que Uds. no comprenderán lo que les estoy diciendo, pero en el fondo no importa porque no me interesa convertir a la gente. Uds. viven la vida que han escogido, y si les gusta, pues muy bien.

Mamá, no puedo decirte dónde está la granja, porque te conozco muy bien y sé que vendrás corriendo para llevarme otra vez a casa. Tienes que comprender que no quiero volver ni a casa ni a la Universidad, donde no estoy aprendiendo nada útil en mis clases. Gracias por todo lo que has hecho para mí hasta ahora, pero ha llegado el momento de vivir mi propia vida. Y por favor, no mandes la policía a buscarme. Si en un par de meses no ha venido nadie a molestarnos, entonces te diré dónde estamos, porque por supuesto tengo ganas de verte y de hablarte de vez en cuando.

Si te preguntan por mí los amigos, diles que por fin he hecho lo que siempre he querido hacer. Diles que estaba cansada de jugar con las palabras y que ahora quiero vivir según los ideales que he tenido por muchísimo tiempo. Ellos comprenderán. Y si ves a Elvira o a sus padres, diles que sigo creyendo que la familia es un concepto que no vale para nada hoy día, y que el matrimonio está destinado a morir. Elvira y sus padres me comprendieron mejor que nadie—ellos porque eran desgraciados y tenían el valor de preguntarse por qué, y ella porque es una muchacha muy lista y bastante fuerte para no tener que depender de un hombre. No sé si algún día conocerás a un profesor mío que se llama Moreno, pero si lo ves puedes decirle que he llegado a esta decisión gracias en parte a sus conferencias. Siempre nos decía que la vida que se deja sin examinar es una vida que no merece ser vivida. Y si ves a Frank dile que también se puede ser independiente en las granjas, y no sólo en los barcos.

Bueno, mamá, tengo que irme ahora porque me está llamando Salvador. Ya hace casi cinco días que estamos en camino porque la moto se ha roto por lo menos diez veces, pero Salvador es buen mecánico y siempre sabe arreglarla. Papá, trata de calmar un poco a mamá, que siempre se pone muy nerviosa cuando le pasan las cosas más insignificantes. Mamá, escucha a papá, y no lo dejes enojarse con Salvador porque no ha hecho nada malo. Les mando a los dos muchos besos y mil abrazos.

Rachel

PALABRAS Y MODISMOS NUEVOS

acabar de	to have just	**junto**	together
arreglar	to mend, to arrange	**mundial**	world
correr	to run	**par** *m*	couple, pair
escoger	to choose	**repartir**	to share
fondo: en el fondo	underneath it all	**sentido** *m*	meaning
granja *f*	farm	**tratar de**	to try
irse	to go away, to leave	**útil**	useful

PREGUNTAS

1. ¿Qué piensan Rachel y Salvador de los artículos sobre ellos?
2. ¿Qué piensan hacer los dos jóvenes?
3. ¿Cómo es la granja del amigo de Salvador?
4. ¿Qué representa la granja para Rachel?
5. ¿Por qué ha dejado de ser revolucionaria?
6. ¿Por qué no le dice a su madre dónde está la granja?
7. ¿Por qué no quiere volver a la Universidad?
8. ¿Qué tiene que decir Rose a los amigos de Elvira si preguntan por ella?
9. ¿A Elvira y sus padres?
10. ¿Al profesor Moreno?
11. ¿A Frank?
12. ¿Qué piensa Ud. de los planes de Rachel?

Alfonsina Storni (1892–1938)

Alfonsina Storni nació en Suiza, pero desde muy niña vivió en la Argentina. En Buenos Aires, donde se hizo maestra y periodista, se sentía perdida en lo que ella llamaba «la pobreza espiritual del siglo». En sus versos nos ha dejado descripciones memorables de la ciudad, pero más que nada su poesía nos habla de las profundas frustraciones que sentía, sobre todo en su vida amorosa. Sus últimos poemas están escritos en un estilo intelectual y torturado, donde se nota un tono de gran tristeza, hasta de desesperación. Los versos parecen decirnos que la vida no merece ser vivida. Triste, sola, abandonada, escribió un último soneto, «Voy a dormir», y se echó al mar.

Hombre pequeñito . . .

Hombre pequeñito, hombre pequeñito,
suelta a tu canario que quiere volar . . .
yo soy el canario, hombre pequeñito,
déjame saltar.
Estuve en tu jaula, hombre pequeñito,
hombre pequeñito que jaula me das.
Digo pequeñito porque no me entiendes,
ni me entenderás.
Tampoco te entiendo, pero mientras tanto
ábreme la jaula, que quiero escapar;
hombre pequeñito, te amé media hora,
no me pidas más.

(De *Irremediablemente*, 1919)

PALABRAS Y MODISMOS NUEVOS

desde muy niña	from early childhood	**soltar (ue)**	to let go
jaula *f*	cage	**Suiza** *f*	Switzerland
maestra *f*	schoolteacher	**tristeza** *f*	sadness
periodista *m & f*	journalist	**vida amorosa** *f*	love life
pobreza *f*	poverty	**volar (ue)**	to fly
saltar	to jump, to hop		

COGNADOS NUEVOS

canario *m*
completo
concepto *m*
coqueta
corrección *f*
crisis *f*
decisión *f*
desesperación *f*
destinado
espiritual
estilo *m*
estudioso
fértil
insignificante
mecánico *m*
memorable
nervioso
revolucionario *m*
soneto *m*
tono *m*
torturado
verso *m*
violencia *f*

Capítulo 18

CONVERSACIÓN

Hablan Rose y Irving.

R: Pero, ¿dónde estaría cuando escribió la carta?
I: No tengo la más mínima idea. Estaría por ahí, en algún camino.
R: ¿Qué habrá comido en los últimos cinco días? ¿Dónde habrá dormido?
I: Habrá dormido en los brazos de su querido Salvador.
R: Pues a mí me gustaría saber a quién habrá salvado ese salvador.
I: Pensará que va a salvar el mundo, empezando por nuestra hija.
R: ¡No faltaba más! ¿Por qué no se enamora Rachel de un muchacho serio por una vez en su vida? ¿De qué te ríes?
I: ¡Eso sería pedir demasiado! Hoy día los jóvenes hacen todo lo posible para no dar gusto a sus padres.
R: Los jóvenes siempre habrán sido así. Por eso me casé contigo, porque como eras muy pobre mi madre creía que nunca te harías médico.
I: ¿Ah? Y, ¿de otra manera no te habrías casado conmigo?
R: ¡Qué va! ¡Yo no diría eso!
I: Te habrás casado conmigo por pura vileza, para hacer rabiar a tu madre.
R: ¡Por favor, Irving! ¿No podrías gritar un poquito menos? ¡Me duele la cabeza!
I: ¡No estoy gritando! Te estoy hablando clara y francamente, en voz muy baja y con mucha lógica.
R: ¡Pues por eso me duele la cabeza! Siempre me hablas así, lenta y enfáticamente, pero mientras tanto estoy muriéndome de angustia.
I: Rose, me prometiste anoche que no te morirías de angustia.
R: Sí, pero eso era antes de recibir la carta. Ahora estoy muy deprimida. Mi propia hija me dijo que yo no la podría comprender, y dijo que ya no vendría a casa y que tendría hijos un día con ese Salvador!
I: Pues con alguien tendrá que tenerlos . . .

R: ¡Por Dios, Irving! Para un hombre tan inteligente como tú, ¡pareces tontísimo! ¿No ves que ella se va a estropear la vida? ¿Podrías explicarme qué va a lograr viviendo en una granja? Aquí en casa por lo menos habría comidas calientes para ella todos los días, y saldríamos juntas de vez en cuando ¡y mi vida valdría para algo!

I: Pues desde el punto de vista de un médico, la vida en una granja es muy sana. Rachel hará mucho ejercicio y respirará aire fresco.

R: Pero desde mi punto de vista es una idea ridícula. ¿No te acuerdas de cómo nos sentíamos cuando nació? Pensábamos que un día se casaría con un abogado o con un médico, ¡y mira lo que nos ha hecho!

I: ¿Crees que te habrías sentido más feliz en ese caso?

R: ¡Por supuesto! Habríamos tenido un yerno simpático, habríamos vivido con ellos y a veces habríamos salido con los nietos.

I: Y Rachel se habría vuelto loca, porque a nadie le gusta vivir para siempre con sus padres. Suéltala de la jaula, Rose, que quiere volar. No te preocupes tanto por ella.

R: ¡Ay, Irving! ¡Tú no te preocupas por nadie! ¡Es imposible hablar contigo!

Palabras y modismos nuevos

angustia *f* — anxiety, anguish
bajo — low
deprimido — depressed
faltar: ¡no faltaba más! — that's all I needed!
manera: de otra manera — otherwise
nieto *m* — grandson, grandchild
punto *m* — point
rabiar: hacer rabiar (a alguien) — to make (somebody) furious
respirar — to breathe
salvador *m* — savior
salvar — to save
sano — healthy
vista *f* — view
yerno *m* — son-in-law

Preguntas

1. ¿Por qué se casó Rose con Irving?
2. Según Irving, ¿cómo está hablando?
3. ¿Por qué está muy deprimida Rose?
4. Según Rose, ¿cómo sería la vida para Rachel en casa?
5. ¿Por qué dice Irving que es muy sana la nueva vida de su hija?
6. ¿Cómo se sentían los Goodman cuando nació Rachel?
7. En el caso de casarse Rachel con un abogado, ¿qué habría hecho su madre?
8. ¿Cómo se habría sentido Rachel?

GRAMÁTICA Y EJERCICIOS

90. Conditional of Regular Verbs (*El potencial de los verbos regulares*)

a. The conditional is expressed in English by *would* or *should* and a verb. The endings are added to the infinitive and are the same for all three conjugations:

hablar	*to speak*
hablar**ía**	*I would (should) speak*
hablar**ías**	*you would speak*
hablar**ía**	*he, she, it, you would speak*
hablar**íamos**	*we would speak*
hablar**íais**	*you would speak*
hablar**ían**	*they, you would speak*
comer	*to eat*
comer**ía**	*I would eat*
comer**ías**	*you would eat*
comer**ía**	*he, she, it, you would eat*
comer**íamos**	*we would eat*
comer**íais**	*you would eat*
comer**ían**	*they, you would eat*
vivir	*to live*
vivir**ía**	*I would live*
vivir**ías**	*you would live*
vivir**ía**	*he, she, it, you would live*
vivir**íamos**	*we would live*
vivir**íais**	*you would live*
vivir**ían**	*they, you would live*

91. Conditional of Irregular Verbs (*El potencial de los verbos irregulares*)

The stems of verbs that are irregular in the conditional are the same as those that are irregular in the future. The endings, however, are regular:

decir:	**diría,** *etc.*	saber:	**sabría**
haber:	**habría**	salir:	**saldría**
hacer:	**haría**	tener:	**tendría**
poder:	**podría**	valer:	**valdría**
poner:	**pondría**	venir:	**vendría**
querer:	**querría**		

EJERCICIOS: El potencial

A. *Give the appropriate form of the conditional of the following verbs:*

1. yo: querer, quejarse, tener, ir, casarse
2. ellas: reírse, valer, parar, ver, salir
3. nosotros: saber, quedarse, poner, venir, morirse
4. tú: divertirse, decir, callarse, hacer, ser
5. Ud.: poder, quitar, estropear, saber, haber

B. *Conjugate the following verbs in the conditional:*

1. poner
2. querer
3. hacer
4. poder
5. venir

***C.** *Change the sentences according to the subjects in parentheses:*

1. ¡Yo no diría eso!
   (nosotros, tú, ellos)
2. Ella creía que nunca serías médico.
   (yo, nosotros, ellos)
3. ¿No podrías gritar un poquito menos?
   (ellas, Ud., él)
4. Me prometiste que no te morirías de angustia.
   (Uds., él, ellas)
5. Ella me dijo que ya no vendría a casa.
   (tú, ellos, Ud.)
6. Saldríamos juntas de vez en cuando.
   (ellos, Uds., ellas)
7. ¿Te casarías con un abogado?
   (Ud., ella, Uds.)

***D.** *Change the verbs in the following sentences to the conditional. What do the conditional endings have in common with the imperfect endings?*

1. Yo veía al profesor.
2. ¿Salías con Javier?
3. Ella no tenía tiempo.
4. Les escribíamos mucho.
5. No me decían la verdad.

92. Future and Conditional Perfect (*El futuro y el potencial perfectos*)

a. The future perfect consists of the future of **haber** and a past participle. It tells what will have happened by a certain future time:

habré hablado — *I will have spoken*
habrás hablado — *you will have spoken*
habrá hablado — *he, she, it, you will have spoken*
habremos hablado — *we will have spoken*
habréis hablado — *you will have spoken*
habrán hablado — *they, you will have spoken*

Lo **habré hecho** para el jueves.
I will have done it by Thursday.

Los Goodman **habrán vuelto** para mayo.
The Goodmans will have come back by May.

Se habrá levantado para las siete y media.
He will have gotten up by seven thirty.

Si llegas a las siete, ya **habré comido.**
If you get here at seven, I will have already eaten.

b. The conditional perfect consists of the conditional of **haber** and a past participle. It tells what would have happened (if . . .):

habría hablado — *I would have spoken*
habrías hablado — *you would have spoken*
habría hablado — *he, she, it, you would have spoken*
habríamos hablado — *we would have spoken*
habríais hablado — *you would have spoken*
habrían hablado — *they, you would have spoken*

¿De otra manera no **te habrías casado** conmigo?
Otherwise you wouldn't have married me?

¿Crees que **te habrías sentido** más feliz en ese caso?
Do you think you would have felt happier in that case?

Habríamos tenido un yerno simpático.
We would have had a nice son-in-law.

Rachel **se habría vuelto** loca.
Rachel would have gone crazy.

93. Future and Conditional of Probability and Conjecture (*El futuro y potencial de probabilidad y conjetura*)

a. The future tense may express probability in present time or conjecture about a present action or state:

Pensará que va a salvar el mundo.
He probably thinks he's going to save the world.

Por eso **tendrá** barba y pelo largo.
That must be why he has a beard and long hair.

¿Qué hora **será**?
I wonder what time it is.

¿Qué **pensarán**?
I wonder what they are thinking.

b. The future perfect may express what probably has happened:

Siempre **habrán sido** así los jóvenes.
Young people have probably always been that way.

¿A quién **habrá salvado** ese salvador?
I wonder whom that savior has saved.

¿Dónde está Javier? —Ya **habrá salido.**
Where is Javier? —He must have gone out already.
(He has probably gone out already.)

c. The conditional may express probability in past time or conjecture about a past action or state:

¿Dónde **estaría** cuando escribió la carta?
I wonder where she was when she wrote the letter.

Estaría por ahí, en algún camino.
She was probably on some road somewhere.

Y ¿dónde **dormiría**?
And where do you suppose she slept?

Dormiría en los brazos de su querido Salvador.
She probably slept in the arms of her beloved Salvador.

d. The conditional perfect may express what probably had happened:

Ya **habría salido** cuando llamé.
She had probably already gone out when I called.

¿Lo **habría conocido** antes?
I wonder if she had known him before.

EJERCICIOS: El futuro y el potencial perfectos y de probabilidad

E. *Supply the appropriate forms of the future perfect:*

1. dar: yo, nosotros, Uds., ellos, él
2. morir: ellos, tú, ella, yo, nosotros
3. abrir: tú, Ud., ellas, nosotros, yo
4. romper: nosotros, yo, tú, Ud., ellas

F. *Supply the appropriate form of the conditional perfect:*

1. nosotros: cubrir, saltar, escribir, hacer, cerrar
2. yo: decir, poner, ver, ir, venir
3. Uds.: volver, enamorarse, reír, respirar, creer
4. tú: salir, soltar, llegar, casarse, pensar

G. *Change the sentences according to the subjects in parentheses:*

1. ¿A quién habrá salvado ese salvador?
(canallas, mujerona, viejecito)
2. Los jóvenes siempre habrán sido así.
(tu madre, nosotros, tú)
3. Ya habrá llegado a la granja.
(ellos, Ud., nosotros)
4. ¿Habrá sido tan cínico antes de casarse?
(ella, nosotros, Uds.)
5. Habré escrito el ensayo para el miércoles.
(nosotros, ellas, tú)
6. ¿De otra manera no te habrías casado conmigo?
(ella, Elvira, Ud.)
7. ¿Te habrías sentido más feliz en ese caso?
(nosotros, él, ellas)
8. Habríamos vivido con ellos.
(yo, Ud., tú)
9. A veces habríamos salido con los nietos.
(Uds., ellas, yo)
10. Rachel se habría vuelto loca.
(nosotros, tú, ellas)

H. *Express in Spanish:*

1. She probably hates him.
2. That must be why he drinks.
3. I wonder why he does it.
4. He has probably always done it.
5. They must have known it.
6. I wonder where he has been.
7. We were probably lost.
8. Do you suppose she already knew him?
9. I wonder what time it was.
10. She had probably seen it before.
11. Do you suppose they had already eaten?
12. I wonder what she had done before.

94. Formation of Adverbs (*La formación de los adverbios*)

a. Most adverbs are formed by adding **-mente** to the feminine singular of an adjective:

Las vacas comen **tranquilamente**.	*The cows eat quietly.*
Aquí se vive **decentemente**.	*Here one lives decently.*

b. An adverb retains a written accent if one is present on the adjective from from which it is formed:

Murió **instantáneamente.**	*He died instantly.*
Esto se hace **fácilmente**.	*This is done easily.*

c. When two or more adverbs ending in **-mente** are used in succession, only the last adverb keeps the **-mente**:

Te estoy hablando **clara y francamente**.
I'm speaking to you clearly and frankly.

Siempre me hablas así, **lenta y enfáticamente**.
You always speak to me that way, slowly and emphatically.

d. Adverbial ideas may also be expressed by **con** and a noun:

lógicamente	**con lógica**
fácilmente	**con facilidad**
difícilmente	**con dificultad**
tranquilamente	**con tranquilidad**

95. Comparison of Adverbs (*Los comparativos adverbiales*)

a. Adverbs are compared in the same way as adjectives. In regular comparisons, **más . . . que, menos . . . que**, or **tan . . . como** are used:

Sus niños duermen **más tranquilamente que** los míos.
Her children sleep more quietly than mine.

Tú hablas **tan rápidamente como** yo.
You speak as fast as I do.

Comparisons with **con** plus a noun are formed by **con más . . . que, con menos . . . que**, or **con tanto (-a, -os, -as) . . . como**:

Ella escribe **con menos dificultad que** él.
She writes with less difficulty than he does.

Ellos hablan **con tanta facilidad como** tú.
They speak with as much ease (as easily) as you do.

b. The comparative and superlative forms of adverbs are the same:

Ella habla **más rápidamente que** yo.	*She speaks faster than I do.*
Ella es la que habla **más rápidamente de** todos.	*She speaks the fastest of all.*

c. The following adverbs have irregular comparisons:

mucho	*a great deal*	**más**	*more,*	*most*
poco	*little*	**menos**	*less,*	*least*
bien	*well*	**mejor**	*better,*	*best*
mal	*badly*	**peor**	*worse,*	*worst*

Tú hablas **mal**, pero yo hablo **peor**.
You speak badly, but I speak worse.

Ellos te comprenden **bien**, pero tú te comprendes **mejor**.
They understand you well, but you understand yourself better.

EJERCICIOS: Los adverbios

***I.** *Complete the following sentences according to the example:*

EJEMPLO: Ella habla mucho, pero mi mujer habla más.

1. Yo bailo poco, pero ella ____________________.
2. Él entiende mal, pero esos mocosos ___________.
3. Mi madre se queja mucho, pero la tuya ________.
4. Tú regateas bien, pero la viejecita _____________.
5. Yo bebo poco, pero ella ____________________.

***J.** *Change the following adjectives to adverbs:*

1. cínico
2. sincero
3. lento
4. trágico
5. fácil
6. horrible
7. dogmático
8. práctico
9. perfecto
10. terrible

LECTURAS

Carta que escribió Irving Goodman a Ramón Moreno

Estimado profesor Moreno:

Le escribo esta carta desde las Antillas, donde estoy participando en una serie de conferencias sobre unos nuevos descubrimientos en el campo de la neurología. Ud. estará preguntándose por qué le escribo, puesto que apenas nos conocemos y nunca le he escrito antes. En las dos o tres horas que he pasado con Ud., creo haberlo conocido suficientemente bien para estar seguro de que Ud. es uno de los pocos hombres con quien se puede hablar franca y abiertamente.

Para no irritarlo con preámbulos demasiado largos, le diré que ha llegado del laboratorio una carta anunciándome lo que temí desde el principio: Ud. tiene un tumor cerebral. Siento muchísmo tener que darle estas malas noticias en una carta en vez de decírselas en persona, pero Ud. tiene que llegar a una decisión lo más pronto posible: tendrá que decirme si quiere una operación o no. Le diré con franqueza que aun si lo opero, el pronóstico no es muy bueno, pero de otra manera Ud. no podrá vivir más de dos o tres meses. Sé muy bien que estas palabras son terribles, pero Ud. tiene que saber la verdad si quiere llegar a una decisión racional. Se la digo ahora, en una carta, para darle el mayor tiempo posible para pensar muy bien lo que Ud. quiere hacer. Ya sé que Ud. no tiene familia, y por eso a lo mejor debe pensar en hacer testamento, si no lo tiene hecho ya. No quiero asustarlo a Ud., pero si quiere una operación, tendré que hacerla en seguida para no perder más tiempo. Yo diría que a su edad, y dado el tamaño y el lugar del tumor, Ud. tiene quizás una posibilidad en diez de salir bien de la operación.

Estaré en México para el día trece, y espero verlo a Ud. en mi oficina ese mismo día. Entonces le explicaré con más detalle las alternativas que le quedan. Por ejemplo, si Ud. quiere, puede consultar a otros médicos para pedirles su opinión del caso; con mucho gusto yo le daría los nombres de neurólogos de excelente reputación. Pero hágame el favor de tener confianza en mí, si no como médico, por lo menos como un amigo muy sincero.

Irving Goodman

PALABRAS Y MODISMOS NUEVOS

apenas	hardly	**oficina** *f*	office
campo *m*	field	**tamaño** *m*	size
confianza *f*	confidence	**temer**	to fear
descubrimiento *m*	discovery	**testamento** *m*	will

PREGUNTAS

1. ¿Qué anuncia la carta del laboratorio?
2. ¿Por qué le escribe el Dr. Goodman al profesor Moreno las malas noticias en una carta en vez de decírselas en persona?
3. ¿Qué tiene que decidir el profesor Moreno?
4. ¿Qué decidiría Ud. hacer en su lugar?
5. ¿Por qué tiene que pensar en hacer testamento?
6. ¿Cree Ud. que el Dr. Goodman hace bien en decirle la verdad?
7. ¿Cree Ud. que los médicos deben siempre decir la verdad a sus pacientes?

UNITED PRESS INTERNATIONAL

Nicolás Guillén

Nicolás Guillén (n. 1904)

Entre los mejores poetas de la llamada «poesía negra» se encuentra el cubano Nicolás Guillén. Este movimiento poético basa los efectos musicales en el ritmo, con ayuda de la onomatopeya, la aliteración y el paralelismo. Los sonidos y las repeticiones recuerdan los tambores y los bailes africanos, mientras que el vocabulario refleja el habla de los negros. Guillén no se preocupa sólo por lo externo, ni tampoco escribe poemas exclusivamente sobre temas negros. En sus últimos libros expresa un conocimiento profundo del alma humana, y habla de la solidaridad de los hombres, y de la semejanza que hay entre los hombres de todas las razas y de todas las naciones.

Sensemayá[1]

(Canto para matar a una culebra)

¡Mayombe-bombe-mayombé![1]
¡Mayombe-bombe-mayombé!
¡Mayombe-bombe-mayombé!
La culebra tiene los ojos de vidrio;
la culebra viene, y se enreda en un palo;
con sus ojos de vidrio en un palo,
con sus ojos de vidrio.
La culebra camina sin patas;
la culebra se esconde en la yerba,
caminando sin patas!
¡Mayombe-bombe-mayombé!
¡Mayombe-bombe-mayombé!
¡Mayombe-bombe-mayombé!
Tú le das con el hacha, y se muere:
¡dale ya!
¡No le des con el pie, que te muerde,
no le des con el pie, que se va!
Sensemayá, la culebra,
sensemayá.
Sensemayá, con sus ojos,
sensemayá.
Sensemayá con su lengua,
sensemayá.
Sensemayá con su boca,
sensemayá!
La culebra muerta no puede comer;
la culebra muerta no puede silbar:

1. Rhythmic words with no meaning.

no puede caminar,
no puede correr!
La culebra muerta no puede mirar;
la culebra muerta no puede beber,
no puede respirar,
no puede morder!
¡Mayombe-bombe-mayombé!
Sensemayá, la culebra . . .
¡Mayombe-bombe-mayombé!
Sensemayá, no se mueve . . .
¡Mayombe-bombe-mayombé!
Sensemayá, la culebra . . .
¡Mayombe-bombe-mayombé!
¡Sensemayá, se murió!

(De *Sóngoro cosongo*, 1931)

PALABRAS Y MODISMOS NUEVOS

baile *m* dance
caminar to walk
conocimiento *m* knowledge
culebra *f* snake
dar to hit
enredar(se) to twine (oneself) around
esconder to hide
habla *f* speech
hacha *f* axe
lengua *f* tongue
llamado so-called
morder (ue) to bite
palo *m* stick
raza *f* race
recordar (ue) to bring to mind
reflejar to reflect
semejanza *f* similarity
silbar to whistle, hiss
sonido *m* sound
tambor *m* drum
vidrio *m* glass
yerba (hierba) *f* grass

COGNADOS NUEVOS

africano
aliteración *f*
anunciar
basar
canto *m*
cerebral
claro
cubano
dogmático
efecto *m*
exclusivamente
expresar
externo
facilidad *f*
franco
irritar
laboratorio *m*
lógica *f*
mínimo
neurología *f*
onomatopeya *f*
operación *f*
operar
paralelismo *m*
participar
práctico
preámbulo *m*
pronóstico *m*
repetición *f*
reputación *f*
serie *f*
suficientemente
trágico
tumor *m*
vocabulario *m*

Capítulo 19

CONVERSACIÓN

Hablan Maribel y Javier.

M: Pero yo quiero que me lleves al cine el sábado.
J: No insistas en que lo haga, Maribel, porque no puedo y ya está. Ya te he dicho mil veces que viene mi tía a visitarme.
M: Pues escríbele que no venga.
J: ¿Estás loca? ¿Qué quieres que le diga? ¿Que no puedo verla este fin de semana porque tengo una cita con una muchacha?
M: No soy una muchacha, soy tu novia. Y dile a tu tía que se quede en Chihuahua.
J: Maribel, te pido por favor que me dejes en paz.
M: Y yo te ruego que me lleves al cine. ¡Que se vaya al infierno tu tía!
J: ¡Vete tú al infierno! Y te aconsejo que no me hables así porque ya estoy harto, ¿entiendes?
M: Pues, ¿por qué no puedes decirle a tu tía que salga con un viejo de su edad? Con mi padre, por ejemplo, o con alguien por el estilo.
J: Mira, Maribel, quiero que sepas una cosita. Mi tía sólo tiene treinta y cuatro años, y es una mujer muy elegante y muy linda.
M: Pues, ¡tanto peor! En ese caso yo simplemente no permito que estés con ella este fin de semana.
J: No me permites estar con ella, ¿eh? ¡Con mi propia tía! Pues yo no permito que te pongas así conmigo, ni que me des órdenes, ni que me digas lo que tengo que hacer. ¿Está claro?
M: Bueno, bueno, de acuerdo, no discutamos más. Besémonos entonces, y hagamos las paces, ¿quieres?
J: Prefiero que me prepares la cena.
M: Hagámosla juntos.
J: Que la hagas tú, digo.

M: ¡Que te la haga tu tía!
J: Bueno, ya está. ¡Fuera de aquí! ¡Sal de mi casa ahora mismo!
M: No es tuya, es de la señora. ¡No puedes prohibirme que me quede!
J: Maribel, ¡te mando salir de aquí!
M: Y yo te digo que no puedes obligarme a que salga.
J: ¿Quieres que te pegue?
M: No. Quiero que me trates bien y que me lleves a bailar de vez en cuando y que no salgas con otras mujeres, ¡ni tías, ni primas, ni sobrinas, ni cuñadas, ni abuelas, ni nadie!
J: Si quieres ir al cine, ¡que te lleve Frank! Él te adora.
M: ¿Por qué tienes que ser tan cruel?
J: Porque es la única manera de hacerte comprender que no dejo que me manden las mujeres.
M: Muy bien. No salgamos más. Ya me voy. Que te diviertas con tu tía. En cuanto a mí, desde ahora en adelante voy a salir con Gustavo.
J: ¿Gustavo? ¿Quién es Gustavo?
M: Es un muchacho riquísimo que vive en la Colonia del Valle. Su padre es un abogado muy famoso.
J: Oye, Maribel, a lo mejor he sido un poco abrupto contigo. Seamos amigos, ¿de acuerdo? Tienes razón, ¡que se vaya mi tía al infierno! ¿Dices que el padre de Gustavo es abogado? Su familia debe de ser muy rica, claro. Dime, ¿cuándo me presentas a ese Gustavo? ¡Me gustaría conocerlo!

Palabras y modismos nuevos

aconsejar	to advise	**paz** *f*	peace
ahora: desde ahora en adelante	from now on	**hacer las paces**	to make peace, to make up
besar	to kiss	**pegar**	to hit
cuñada *f*	sister-in-law	**presentar**	to introduce
discutir	to argue, to discuss	**prima** *f*	cousin
fin *m*	end	**primo** *m*	cousin
fin de semana	weekend	**rogar (ue)**	to beg
¡fuera!	get out!	**sobrina** *f*	niece
mandar	to order (around), to boss	**sobrino** *m*	nephew
		¡tanto peor!	so much the worse!
manera *f*	way	**tía** *f*	aunt
órden *f*	order	**tío** *m*	uncle

Preguntas

1. ¿Por qué no puede Javier llevar a Maribel al cine?
2. ¿Qué quiere Maribel que haga Javier?

3. ¿Qué quiere Maribel que le diga a su tía?
4. ¿Qué quiere Javier que sepa Maribel?
5. ¿Qué no le permite a Maribel que haga?
6. ¿Qué le sugiere Maribel que hagan?
7. ¿Por qué le dice Javier que salga de su casa?
8. ¿Quiere Maribel que le pegue Javier? Entonces, ¿qué quiere?
9. ¿Por qué quiere Javier conocer a Gustavo?

GRAMÁTICA Y EJERCICIOS

96. General View of the Subjunctive (*Comentarios generales sobre el subjuntivo*)

a. Subjunctive in English

In English most subjunctive forms have disappeared from everyday language. Careful speakers, however, still use the subjunctive in three basic situations:

(1) Implied or indirect commands:

I suggest that she **do** it. (Let her **do** it.)
She insisted that he **call** her.
He prefers that we **be** on time.

(2) Verbs of emotion expressing hope, fear, etc.:

I wish Frank **were** less studious.
May the gods **be** kind to you.

(3) Situations that involve unreality or uncertainty, that is, situations that are inconclusive, contrary to fact, or indefinite:

If I **were** you (but I'm not), I would tell him the truth.
It is impossible that he **be** anything but cruel.

b. Subjunctive in Spanish

There are four moods in Spanish: indicative, imperative (commands), conditional, and subjunctive. Each mood reflects a different basic attitude of the speaker. Like the indicative, the subjunctive mood is comprised of several tenses: present, imperfect, present perfect, and past perfect. In Spanish the subjunctive is always used in the three basic situations stated above: (1) after implied or indirect commands, (2) after verbs of emotion, (3) in situations that involve unreality or uncertainty.

97. Verbs Regular in the Present Subjunctive (*Verbos regulares en el presente de subjuntivo*)

a. The present subjunctive of most verbs is formed by dropping the **-o** of the first person of the present indicative and adding **-e**, **-es**, **-e**, **-emos**, **-éis**, **-en** for **-ar** verbs, and **-a**, **-as**, **-a**, **-amos**, **-áis**, **-an** for **-er** and **-ir** verbs.

b. The formal commands **(hable Ud., hablen Uds.; coma Ud., coman Uds.; viva Ud., vivan Uds.)** come from the present subjunctive and are already familiar to you.

c.

hablar	*to speak*	**comer**	*to eat*
habl**e**	*(that) I speak*	com**a**	*(that) I eat*
habl**es**	*(that) you speak*	com**as**	*(that) you eat*
habl**e**	*(that) he, she, it, you speak*	com**a**	*(that) he, she, it, you eat*
habl**emos**	*(that) we speak*	com**amos**	*(that) we eat*
habl**éis**	*(that) you speak*	com**áis**	*(that) you eat*
habl**en**	*(that) they, you speak*	com**an**	*(that) they, you eat*

vivir *to live*		**poner** *to put*	
viv**a**	*(that) I live*	pong**a**	*(that) I put*
viv**as**	*(that) you live*	pong**as**	*(that) you put*
viv**a**	*(that) he, she, it, you live*	pong**a**	*(that) he, she, it, you put*
viv**amos**	*(that) we live*	pong**amos**	*(that) we put*
viv**áis**	*(that) you live*	pong**áis**	*(that) you put*
viv**an**	*(that) they, you live*	pong**an**	*(that) they, you put*

decir *to say*		**oír** *to hear*	
dig**a**	*(that) I say*	oig**a**	*(that) I hear*
dig**as**	*(that) you say*	oig**as**	*(that) you hear*
dig**a**	*(that) he, she, it, you say*	oig**a**	*(that) he, she, it, you hear*
dig**amos**	*(that) we say*	oig**amos**	*(that) we hear*
dig**áis**	*(that) you say*	oig**áis**	*(that) you hear*
dig**an**	*(that) they, you say*	oig**an**	*(that) they, you hear*

d. Remember that **c** and **g** are hard only before **a**, **o**, and **u**. To retain the hard sound before **i** or **e**, **c** is changed to **qu** and **g** is changed to **gu**. Also before **a**, **o**, and **u**, **z** and **j** are changed to **c** and **g** respectively:

buscar	*to look for*	**pagar**	*to pay for*
bus**que**	*(that) I look for*	pa**gue**	*(that) I pay for*
bus**ques**	*(that) you look for*	pa**gues**	*(that) you pay for*
bus**que**	*(that) he, she, it, you look for*	pa**gue**	*(that) he, she, it, you pay for*
bus**quemos**	*(that) we look for*	pa**guemos**	*(that) we pay for*
bus**quéis**	*(that) you look for*	pa**guéis**	*(that) you pay for*
bus**quen**	*(that) they, you look for*	pa**guen**	*(that) they, you pay for*

empezar	*to begin*	**escoger**	*to choose*
empie**ce**	*(that) I begin*	esco**ja**	*(that) I choose*
empie**ces**	*(that) you begin*	esco**jas**	*(that) you choose*
empie**ce**	*(that) he, she, it, you begin*	esco**ja**	*(that) he, she, it, you choose*
empe**cemos**	*(that) we begin*	esco**jamos**	*(that) we choose*
empe**céis**	*(that) you begin*	esco**jáis**	*(that) you choose*
empie**cen**	*(that) they, you begin*	esco**jan**	*(that) they, you choose*

98. Verbs Irregular in the Present Subjunctive (*Los verbos irregulares en el presente de subjuntivo*)

Some verbs are irregular in the present subjunctive. The formal commands of these verbs are also taken from the subjunctive and are familiar to you:

dar	*to give*	**ser**	*to be*
dé	*(that) I give*	**sea**	*(that) I be*
des	*(that) you give*	**seas**	*(that) you be*
dé	*(that) he, she, it, you give*	**sea**	*(that) he, she, it, you be*
demos	*(that) we give*	**seamos**	*(that) we be*
deis	*(that) you give*	**seáis**	*(that) you be*
den	*(that) they, you give*	**sean**	*(that) they, you be*
ir	*to go*	**saber**	*to know*
vaya	*(that) I go*	**sepa**	*(that) I know*
vayas	*(that) you go*	**sepas**	*(that) you know*
vaya	*(that) he, she, it, you go*	**sepa**	*(that) he, she, it, you know*
vayamos	*(that) we go*	**sepamos**	*(that) we know*
vayáis	*(that) you go*	**sepáis**	*(that) you know*
vayan	*(that) they, you go*	**sepan**	*(that) they, you know*
estar	*to be*	**ver**	*to see*
esté	*(that) I be*	**vea**	*(that) I see*
estés	*(that) you be*	**veas**	*(that) you see*
esté	*(that) he, she, it, you be*	**vea**	*(that) he, she, it, you see*
estemos	*(that) we be*	**veamos**	*(that) we see*
estéis	*(that) you be*	**veáis**	*(that) you see*
estén	*(that) they, you be*	**vean**	*(that) they, you see*

99. Stem-Changing Verbs in the Present Subjunctive (*Los verbos con cambios en la raíz en el presente de subjuntivo*)

a. **-Ar** and **-er** stem-changing verbs keep the same pattern of stem changes as in the present indicative, changing only their endings in the present subjunctive. Remember that there is no stem change in the first and second persons plural, because the stem is not stressed:

cerrar (ie)	*to close*	**querer (ie)**	*to want, love*
cierr**e**	*(that) I close*	quier**a**	*(that) I want*
cierr**es**	*(that) you close*	quier**as**	*(that) you want*
cierr**e**	*(that) he, she, it, you close*	quier**a**	*(that) he, she, it, you want*
cerr**emos**	*(that) we close*	quer**amos**	*(that) we want*
cerr**éis**	*(that) you close*	quer**áis**	*(that) you want*
cierr**en**	*(that) they, you close*	quier**an**	*(that) they, you want*

mostrar (ue)	*to show*	**volver (ue)**	*to come back, return*
muestr**e**	*(that) I show*	vuelv**a**	*(that) I come back*
muestr**es**	*(that) you show*	vuelv**as**	*(that) you come back*
muestr**e**	*(that) he, she, it, you show*	vuelv**a**	*(that) he, she, it, you come back*
mostr**emos**	*(that) we show*	volv**amos**	*(that) we come back*
mostr**éis**	*(that) you show*	volv**áis**	*(that) you come back*
muestr**en**	*(that) they, you show*	vuelv**an**	*(that) they, you come back*

b. In addition to the usual stem changes of **-ir** stem-changing verbs, the stem vowel **e** changes to **i**, and the stem vowel **o** changes to **u** in the first and second persons plural of the subjunctive. The negative **vosotros** command form of these verbs **(no habléis, no comáis, no viváis)** are also taken from the subjunctive and are familiar to you:

mentir (ie, i)	*to lie*	**pedir (i, i)**	*to ask for*
mient**a**	*(that) I lie*	pid**a**	*(that) I ask for*
mient**as**	*(that) you lie*	pid**as**	*(that) you ask for*
mient**a**	*(that) he, she, it, you lie*	pid**a**	*(that) he, she, it, ask for*
mintamos	*(that) we lie*	**pidamos**	*(that) we ask for*
mintáis	*(that) you lie*	**pidáis**	*(that) you ask for*
mient**an**	*(that) they, you lie*	pid**an**	*(that) they, you ask for*

morir (ue, u)	*to die*
muer**a**	*(that) I die*
muer**as**	*(that) you die*
muer**a**	*(that) he, she, it, you die*
muramos	*(that) we die*
muráis	*(that) you die*
muer**an**	*(that) they, you die*

EJERCICIOS: El presente de subjuntivo

A. *Supply the appropriate forms of the present subjunctive:*

1. empezar: Uds., él, yo, nosotros, tú

2. pagar: ellas, Ud., tú, yo, nosotros
3. venir: él, ellos, Uds., nosotros, yo
4. tener: nosotros, yo, ella, tú, ellos
5. buscar: yo, nosotros, ellas, Ud., tú

B. *Conjugate the following verbs in the present subjunctive:*

1. traer
2. creer
3. pensar
4. explicar
5. dormir
6. pegar

C. *Give the present subjunctive of the following verbs according to the subject:*

1. Ud.: conocer, encontrar, ser, cerrar, ir
2. ellas: pagar, saber, volver, entender, dar
3. yo: escoger, mostrar, defender, estar, pedir
4. nosotros: recordar, dormir, seguir, cubrir, ver
5. tú: seguir, empezar, morder, saltar, callarse

100. Subjunctive in Implied Commands (*El subjuntivo en los mandatos implícitos*)

a. An implied command, as opposed to a direct command, indicates that the speaker wishes to get another person to do something without directly telling him to do so. In Spanish, as in English, the subjunctive is used in a dependent clause whenever the verb in the main clause suggests or implies a command:

Sugiero que me lleves al cine.
I suggest that you take me to the movies.
(Direct command: *Take me to the movies.*)

Prefiero que me prepares la cena.
I prefer that you prepare dinner for me.
(Direct command: *Prepare dinner for me.*)

Insisto en que lo hagas ahora mismo.
I insist that you do it right now.
(Direct command: *Do it right now.*)

b. Other verbs which may imply commands are **querer**, **decir**, **escribir**, **pedir**, **rogar (ue)**, and the like. Sentences using these verbs do not have word-for-word English equivalents as do sentences with **sugerir (ie, i)**, **preferir (ie, i)**, and **insistir en**:

¿Qué quieres que le diga?
What do you want me to tell her?

Dile a tu tía que se quede en Chihuahua.
Tell your aunt to stay in Chihuahua.

Escríbele que no venga.
Write to her not to come.

Te pido por favor que me dejes en paz.
I'm asking you please to leave me in peace.

Te ruego que me lleves al cine.
I beg you to take me to the movies.

c. **Decir** and **escribir** take the subjunctive only when they express an implied command. When they are simply transmitting information, the indicative is used:

Dile a tu tía que me quedo en Chihuahua.
Tell your aunt that I'm staying in Chihuahua.

Escríbele que no vengo.
Write her that I'm not coming.

d. The subjunctive is used in dependent clauses only when the main verb and the dependent verb have different subjects. If there is no change in subject, the infinitive is used instead of the subjunctive:

Quiero llevarte al cine.
I want to take you to the movies.

Prefiero prepararte la cena.
I prefer to prepare dinner for you.

No insistas en hacerlo.
Don't insist on doing it.

e. The verbs **aconsejar**, **dejar**, **hacer**, **permitir**, **obligar**, **mandar**, and **prohibir** may take either the subjunctive or the infinitive construction, even when the main verb and the dependent verb have different subjects:

Te aconsejo que no me hables así.
Te aconsejo no hablarme así.
I advise you not to talk to me that way.

Yo no permito que estés con ella.
Yo no te permito estar con ella.
I won't permit you to be with her.

No puedes obligarme a que salga.
No puedes obligarme a salir.
You can't force me to leave.

¡Te mando que salgas de aquí!
¡Te mando salir de aquí!
I order you to leave here!

EJERCICIOS: El subjuntivo en los mandatos implícitos

***D.** *Change the sentences according to the new subjects of the dependent clause in parentheses:*

1. Quiero que sepas una cosita.
   (él, Uds., ella)
2. Dile a tu tía que se vaya al infierno.
   (tus abuelos, tu novio, tus hermanas)
3. No permito que me des órdenes.
   (ellos, Ud., ellas)
4. Quiero que me lleves a bailar.
   (Ud., ellos, él)
5. Sugiero que te calles.
   (él, nosotros, Uds.)
6. Él prefiere que yo le diga la verdad.
   (nosotros, Ud., ellos)

***E.** *Answer the following questions according to the example:*

EJEMPLO: ¿Quieres preparar la cena?
No, prefiero que la prepares tú.

1. ¿Quieres salir?
2. ¿Quieres hacerlo?
3. ¿Quieres callarte?
4. ¿Quieres divertirte?
5. ¿Quieres acostarte?
6. ¿Quieres bailar la rumba?
7. ¿Quieres ser famoso?
8. ¿Quieres estar con él?
9. ¿Quieres ir al cine?

***F.** *Change the following sentences using the subjunctive in a dependent clause:*

1. Te aconsejo olvidarlo.
2. Déjalo ir.
3. No me permite decírselo.
4. Me manda hacerlo.
5. ¡No me prohibes buscarlo!
6. No puedes obligarme a mentir.

G. *Express in Spanish:*

1. Tell your cousin to go to hell.
2. Tell your nephew that I'm leaving.
3. Tell your brother-in-law to keep quiet.

4. Tell your niece that I'm here.
5. Tell your sister-in-law to come.

101. Subjunctive in Indirect Commands (*El subjuntivo en los mandatos indirectos*)

Sometimes *Let* . . . is used in English not in the sense of *to allow*, but rather as an indirect command. Although the main clause is missing, the implication is that somebody wants or wills the action to be done. This construc- is also used in Spanish:

(Quiero) Que vaya al infierno tu tía.	*Let your aunt go to hell.*
(Quiero) Que la hagas tú, digo.	*You do it, I say.*
(Quiero) ¡Que te la haga tu tía!	*Let your aunt do it for you!*

102. First Person Plural Commands (*Los mandatos en primera persona del plural*)

a. *Let's* (*eat, drink, be merry*) is a direct command to "us" and is expressed in Spanish with the first person plural of the present subjunctive:

No **discutamos** más.	*Let's not argue anymore.*
Hagamos las paces.	*Let's make up* (*make peace*).

b. The only irregular form is the affirmative of **ir**:

Vamos.	*Let's go.*
But: **No vayamos.**	*Let's not go.*

c. As usual, object pronouns are attached to an affirmative command and precede a negative command:

Hagámosla juntos.	*Let's do it together.*
No la hagamos.	*Let's not do it.*

d. When **se** or the reflexive **nos** is attached, the final **-s** of the verb ending is omitted, and a written accent is added to the syllable normally stressed:

Besémonos entonces.	*Let's kiss each other then.*
Vámonos.	*Let's go.*
Digámoselo.	*Let's tell him* (*tell it to him*).

e. An alternate way of expressing a first person plural affirmative command is to use **vamos a** + the infinitive:

Vamos a bailar.	*Let's dance.*
Vamos a beber.	*Let's drink.*
Vamos a divertirnos.	*Let's have a good time.*

EJERCICIOS: El subjuntivo en los mandatos indirectos y en primera persona del plural

***H.** *Create the appropriate indirect commands according to the example:*

EJEMPLO: No quiero hacerlo. (él)
¡Que lo haga él!

1. No quiero traerlo. (tú)
2. No quiero pedirlo. (ellos)
3. No quiero sacarlo. (ella)
4. No quiero empezarlo. (Ud.)
5. No quiero decírselo. (él)

***I.** *Express the following in an alternate way:*

1. Vamos a comer.
2. Vamos a buscarlo.
3. Vamos a empezar.
4. Vamos a tomar un café.
5. Vamos a decírselo.
6. Vamos a pensarlo.
7. Vamos a pedírselo.
8. Vamos a leer juntos.

LECTURAS

Carta que escribió Rose a su hija

Querida Rachel:

Te agradezco mucho haberme dejado saber dónde estás. Tengo que confesar que no me gustaba mucho recibir cartas tuyas sin saber dónde estabas, pero por lo menos me gustaba más recibirlas que no recibirlas, y poco a poco me acostumbré a la idea de haberte perdido. Eso es lo que realmente me preocupaba más que nada, aunque también me volvía loca la idea de que te ibas a casar y empezar a tener hijos en seguida. Menos mal que te preocupas tanto por el problema de la superpoblación del mundo. Eso de casarse muy joven y tener veinte hijos es la cosa más peligrosa que hay, porque a tu edad no puedes saber lo que estás haciendo. Pero te prometí no hacerte sermones, así que me callo ahora mismo porque quiero que sepas que ya no voy a mandarte como antes lo hacía. Acepto tu declaración de independencia, pero, ¡no hagas nada que yo no haría! Bueno, no digo más. Ya te oigo en mi imaginación diciendo:—Ay, mamá, por Dios, ¡no digas tonterías!

Pero sí tengo algo que decirte que sé que te interesará, y es que desde que te fuiste me sentía tan sola que decidí ir al Club Atlético para tener algo que hacer, y allí estaban dando unas conferencias muy interesantes sobre la nutrición. Ahora estoy completamente convencida de que la comida que se compra en los supermercados no vale nada en absoluto. Hiciste muy bien en irte a vivir en una granja donde puedes comer cosas frescas que coges directamente de la tierra. Yo creo que al fin y al cabo todos vamos a morir por habernos vuelto demasiado civilizados, porque nos estamos envenenando todos los días con los aditivos que se añaden a nuestra comida y con la contaminación del aire y del agua en las ciudades. Los pobres que viven en el campo y que comen lo que cultivan en la tierra son precisamente los que van a sobrevivir, y eso sería un ejemplo perfecto de la justicia divina. Los humildes heredarán la tierra, ¿verdad? Y la merecerán, porque son los únicos que le tienen respeto. Esas conferencias sobre la nutrición me ayudaron a comprenderte mejor, porque empiezo a ver que el «progreso» no es siempre progreso en la mejor dirección. Uds. los jóvenes tienen mucha razón en quejarse del mundo que ha creado la gente de mi generación, pero no sé si les queda a Uds. tiempo para cambiarlo.

Otra cosa que te quería decir es que todo va muchísmo mejor entre tu padre y yo. Ahora que estoy tan ocupada con mi nuevo interés en la nutrición y, por extensión, en el mundo que nos rodea, tu padre me encuentra más interesante, o por lo menos eso me dice. Ahora (y no me vas a creer), ¡ahora tenemos largas conversaciones que duran hasta las dos o las tres de la mañana! ¡Tu padre, a quien yo antes llamaba «El Taciturno», se ha puesto a hablar! Yo no sé, la vida me parece llena de ironías. Cuando dedicaba todo mi tiempo a tu padre las cosas no andaban nada bien, y ahora que ya no tengo tiempo ni para prepararle la cena, ¡me dice que a lo mejor no soy una bruja después de todo! Y tengo que confesar que él también me parece otro hombre. Acabamos de volver de las Antillas, adonde fuimos en una especie de segunda luna de miel mientras él participaba en unas conferencias sobre neurología, y creo que la vida ha empezado de nuevo para nosotros. Me parece que hemos vuelto a nacer juntos, y quizás nunca he sido tan feliz en mi vida. ¡Y pensar que hace dos meses creí que tu padre me había dejado de querer para siempre!

Gracias por haberme invitado a visitarte en la granja. Te aseguro que iré a verte lo más pronto posible, pero antes tengo que acabar un artículo que estoy escribiendo para una revista que se dedica a los problemas de la nutrición. Tengo muchas ganas de comer una comida tuya, porque ¡será la primera comida que me habrás preparado en toda tu vida! Para mí tendrá un sabor muy especial. Te quiero.

Mamá

PALABRAS Y MODISMOS NUEVOS

acostumbrarse a	to get used to	**bruja** *f*	witch
agradecer	to thank	**coger**	to pick up, grab
andar	to go	**convencer**	to convince
asegurar	to assure	**envenenar**	to poison

especie *f*	sort, kind	**menos mal**	thank heavens
fin: al fin y al cabo	in the long run	**miel** *f*	honey
heredar	to inherit	**sobrevivir**	to survive
humilde	meek, humble	**superpoblación** *f*	overpopulation
luna *f*	moon	**tontería** *f*	foolish nonsense
luna de miel	honeymoon	**volver a** + *inf*	to do . . . again

PREGUNTAS

1. ¿Por qué estaba preocupada Rose cuando su hija se fue?
2. ¿Qué descubrió Rose en el Club Atlético?
3. ¿Qué piensa de la comida que se compra en los supermercados?
4. ¿Por qué comprende mejor ahora Rose a su hija?
5. ¿Ha cambiado también la relación entre Rose y su marido?
6. ¿Cuándo irá Rose a visitar a su hija?

Pablo Neruda (1904-1973), Chile

Pablo Neruda es uno de los grandes poetas de Hispanoamérica. Su obra ha sido traducida a muchas lenguas y en 1971 ganó el Premio Nobel de Literatura.

Veinte poemas de amor y una canción desesperada (1924), *uno de sus primeros libros, revela una poesía sencilla, directa y sincera. Su tono poético cambia en* Residencia en la tierra, *escrita entre* 1925 *y* 1935, *donde el lenguaje es mucho más imaginativo y hermético. El espectáculo de injusticia, sufrimiento y muerte que observa en España durante la Guerra Civil aviva en Neruda una fuerte conciencia social y política y, a partir de* 1937, *hay más oratoria y menos lirismo en sus poemas que antes. Su última etapa poética, que empieza con* Odas elementales (1954), *se caracteriza por una gran sencillez.*

Poema 20

(Fragmento)

Puedo escribir los versos más tristes esta noche.
Y la quise, y a veces ella también me quiso.

En las noches como ésta la tuve entre mis brazos.
La besé tantas veces bajo el cielo infinito.

Ella me quiso, a veces yo también la quería.
¡Cómo no haber amado sus grandes ojos fijos!

UNITED PRESS INTERNATIONAL

Pablo Neruda

Puedo escribir los versos más tristes esta noche.
Pensar que no la tengo. Sentir que la he perdido.

Oír la noche inmensa, más inmensa sin ella.
Y el verso cae al alma como al pasto el rocío.

(*De Veinte poemas de amor y una canción desesperada*)

PALABRAS Y MODISMOS NUEVOS

avivar to awaken
bajo under
cielo *m* sky, heaven
desesperado desperate
etapa *f* stage
lengua *f* language
partir:
a partir de . . . from . . . on
pasto *m* pasture, grass
revelar to reveal
rocío *m* dew
sencillez *f* simplicity
sencillo simple
traducir to translate

COGNADOS NUEVOS

abrupto
aceptar
admitir
caracterizar
civilizar
club *m*
conciencia *f*
confesar
declaración *f*
dedicar
dirección *f*
directamente
divino
elegante
elemental
espectáculo *m*
extensión *f*
hermético
imaginación *f*
imaginativo
independencia *f*
infinito
injusticia *f*
inmenso
justicia *f*
lirismo *m*
oda *f*
oratoria *f*
preciso
preocupar
prohibir
sermón *m*
social

Capítulo 20

CONVERSACIÓN

Hablan Ramón Moreno y Elvira.

E: ¡Hola, profesor Moreno! ¿Cómo se encuentra Ud. hoy?

R: Nunca me he encontrado mejor en toda mi vida.

E: ¡Vaya! Me alegro de que ya no se esté muriendo.

R: ¿Sí? ¡A que te sorprende que yo no me haya muerto hace mucho!

E: ¡Qué va! Al contrario, temo que Ud. nos sobreviva a todos.

R: ¿Por qué mientes, nena? ¡No me gusta nada que me mientas!

E: Pues siento que Ud. me haya tomado tan en serio.

R: Siempre me molesta que se me repitan fórmulas viejas. Esas fórmulas ya han sido repetidas miles de veces.

E: Pero es muy difícil contarle cosas nuevas y originales. Temo que Ud. ya haya oído todo lo que se ha dicho en el mundo entero.

R: ¡Claro, claro! Tú crees que soy un vejestorio con un pie en la tumba. Pero lo que no sabes es que me han permitido enseñar aquí otro año más, así que siento tener que desengañarte, pero no me voy a morir mañana.

E: ¡Ni pasado mañana tampoco!

R: Además, he sido nombrado miembro de la Academia, y me han dicho que seré invitado por Harvard para dar una serie de conferencias el año que viene.

E: Me alegro de que Ud. haya sido honrado por tanta gente.

R: ¡Qué falso me suena eso! ¿No notas el buen color que tengo? ¿No ves lo robusto que estoy? ¡Ojalá te sientas tan joven como yo a los sesenta y siete años!

E: ¡Ojalá que llegue a los sesenta y siete años!

R: Ojalá llegues, ¿eh? Tú crees que soy más viejo que el diablo, ¿verdad? Pues espero que tengas la energía que tengo yo ahora. El año pasado fueron publicados tres artículos míos, y también aceptaron un libro sobre Descartes que fue escrito por mí. Te aburro, ¿verdad?

E: ¡Qué va! Ud. no me aburre en absoluto.

R: ¡Otra mentira! ¡Lástima que no seas capaz de decirme la verdad! ¡Es realmente una lástima que nunca hayas sido capaz de quererme lo suficiente para decirme la verdad!

E: ¡Si lo quiero mucho, le juro que lo quiero muchísimo!

R: Tú me quieres como se quiere a un padre, o más bien a un abuelo, mientras que yo te quiero como se quiere a una mujer. Pero tú no puedes quitarte de la cabeza la idea de que soy demasiado viejo para ti. No quiero morirme sabiendo que nunca has podido aceptarme como hombre.

E: ¡Pero si Ud. no va a morirse! ¡Me lo ha dicho ahora mismo!

R: No voy a vivir para siempre, nena. Anda, dame un besito, que soy un vejestorio que se está muriendo.

E: ¡Menos mal que se está muriendo otra vez, como de costumbre! Cuando me decía que ya no se estaba muriendo, ¡creí que Ud. estaba enfermo de verdad! ¡Me tenía preocupadísima!

R: ¿No vas a darme un besito?

E: No. No quiero.

R: Bueno, pues por lo menos me moriré sabiendo que me has dicho la verdad una vez en tu vida.

E: ¡Ande! ¡Ud. nos sobrevivirá a todos!

Palabras y modismos nuevos

alegrarse de	to be glad
capaz	capable
contar (ue)	to tell, to relate
costumbre *f*	custom
como de costumbre	as usual
desengañar	to disillusion
encontrarse	to feel
hace mucho	a long time ago
jurar	to swear
lástima *f*	pity, shame
es (una) lástima que	it's a pity that
¡qué lástima!	what a shame!
mentira *f*	lie
miembro *m*	member
mientras que	whereas
nombrar	to elect, to name
¡ojalá!	here's hoping, I hope (would to Allah that)
pasado mañana	the day after tomorrow
que: a que	I'll bet
sobrevivir	to outlive
sonar (ue)	to sound, to ring
sorprender	to surprise
tomar en serio	to take seriously
¡vaya!	well!

Preguntas

1. ¿Por qué cree Ud. que el profesor Moreno dice que nunca se ha sentido mejor en toda su vida?

2. ¿Por qué se siente obligada Elvira a decirle que les sobrevivirá a todos?
3. ¿Por qué le molesta que Elvira le mienta?
4. ¿Por qué cree don Ramón que no se va a morir mañana?
5. ¿Cree Ud. que don Ramón acepta la idea de morir?
6. ¿Puede Ud. encontrar algunas ironías en este diálogo?

GRAMÁTICA Y EJERCICIOS

103. Present Perfect Subjunctive (*El perfecto de subjuntivo*)

The present perfect subjunctive consists of the present subjunctive of **haber** and a past participle. It is used in dependent clauses and is usually equivalent to an English past or present perfect:

hablar *to speak*

haya hablado
hayas hablado
haya hablado
hayamos hablado
hayáis hablado
hayan hablado

¡A que te sorprende que yo no **me haya muerto**!
I'll bet you're surprised that I haven't died!

Siento que Ud. me **haya tomado** tan en serio.
I'm sorry that you have taken me so seriously.

EJERCICIOS: El perfecto de subjuntivo

A. *Supply the appropriate forms of the present perfect subjunctive:*

1. abrir: yo, nosotros, tú, ellos, Ud.
2. romper: ella, Uds., nosotros, yo, él
3. escribir: nosotros, ellas, yo, Ud., tú
4. decir: tú, ellos, yo, él, nosotros
5. ver: Uds., tú, ella, nosotros, yo

***B.** *Change the sentences according to the new subjects of the dependent clause in parentheses:*

1. ¡A que te sorprende que yo no me haya muerto!
   (nosotros, ellos, Javier)
2. Siento que Ud. me haya tomado tan en serio.
   (ella, Uds., tú)

3. Me alegro de que Ud. haya sido honrado.
   (ellos, ella, tú)
4. Es lástima que tú nunca hayas sido capaz de quererme.
   (Uds., él, ellas)
5. Temo que ella no me haya comprendido bien.
   (Ud., tú, ellos)
6. ¡Ojalá que no hayamos olvidado nada!
   (tú, yo, él)
7. Don Ramón espera que le hayamos dicho la verdad.
   (Uds., Elvira, tú)

104. Subjunctive after Verbs of Emotion (*El subjuntivo después de los verbos de emoción*)

a. The subjunctive is used in a dependent clause when the verb in the main clause expresses an emotion such as fear, happiness, sorrow, surprise, hope, irritation, and the like:

Temo que no esté aquí Elvira.
I'm afraid Elvira is not here.

¡Me alegro de que ya no se esté muriendo!
I'm glad you're not dying any more!

Sentimos que no se encuentre bien.
We're sorry you don't feel well.

Les sorprende que hayamos venido.
They are surprised that we have come.

Espero que no lo haya olvidado.
I hope he hasn't forgotten it.

¿Te molesta que te diga la verdad?
Does it bother you to have me tell (that I tell) you the truth?

b. An infinitive is used instead of the subjunctive when there is a single subject in the sentence or when the subject of the main clause and dependent clause would be the same:

Siento tener que desengañarte.
I'm sorry I have to disillusion you.

¿Te molesta decir la verdad?
Does it bother you to tell the truth?

Se alegraron de volver a verlo.
They were glad to see him again.

105. Present Subjunctive with Future Meaning (*El presente de subjuntivo con sentido de futuro*)

After verbs of emotion the present subjunctive may express futurity:

Temo que Ud. nos sobreviva a todos.
I'm afraid that you will outlive us all.

¡Ojalá (que) llegue a los sesenta y siete años!
I hope I will reach sixty-seven!

Espero que tengas la energía que tengo yo ahora.
I hope you will have the energy that I have now.

¡Lástima que no venga esta noche!
What a shame he won't come tonight!

EJERCICIOS: El subjuntivo después de los verbos de emoción

C. *Change the sentences according to the new subjects of the dependent clause in parentheses:*

1. Temo que Ud. nos sobreviva a todos.
   (él, Uds., tú)
2. ¡Me alegro de que ya no se esté muriendo!
   (ellas, tú, él)
3. No me gusta nada que me mientas.
   (Uds., ellos, ella)
4. Nos sorprende que Uds. tengan que callar la verdad.
   (tú, él, ellas)
5. Siento que no puedas venir esta noche.
   (Uds., ella, él)
6. ¡Ojalá venga mañana!
   (ellos, él, tú)

***D.** *Substitute the verbs in parentheses in the dependent clause:*

1. ¡Espero que me lo digas pronto!
   (mandar, escribir, enseñar)
2. Me molesta que no quieras hacerlo.
   (saber, poder, preferir)
3. ¡Ojalá que ellos lo hagan!
   (traer, creer, recordar)
4. Ella se alegra de que yo no fume.
   (beber, venir, bailar)
5. Ellos sienten que no te encuentres bien.
   (explicarse, acordarse, dormir)

6. ¡Qué lástima que ellos no se atrevan!
   (quejarse, divertirse, casarse)
7. Tememos que él nos moleste.
   (odiar, matar, despertar)

***E.** *Answer the following questions:*

1. ¿Le sorprende a Ud. que yo siempre tenga razón?
2. ¿Se alegra Ud. de que discutamos mucho en clase?
3. ¿Le molesta a Ud. que siempre nos equivoquemos?
4. ¿Siente Ud. que hayamos llegado tarde?
5. ¿Espera Ud. que el profesor termine pronto?
6. ¿Le gusta a Ud. que vayamos al cine?
7. ¿Quiere Ud. que salgamos?
8. ¿Le importa a Ud. que le presente a mi sobrino?
9. ¿Teme Ud. que mi primo le pegue?
10. ¿Espera Ud. salir esta noche?

106. Passive Voice (*La voz pasiva*)

a. There are two voices in Spanish and in English: the active and the passive. In the active voice, the subject performs the action of the verb:

Los niños comieron las manzanas.
The children ate the apples.

El profesor Moreno escribirá ese artículo.
Professor Moreno will write that article.

In the passive voice, the subject receives the action of the verb:

Las manzanas fueron comidas por los niños.
The apples were eaten by the children.

Ese artículo será escrito por el profesor Moreno.
That article will be written by Professor Moreno.

b. The passive voice in Spanish and in English has parallel constructions:

to be + past participle + *by*
ser + past participle + **por**

In Spanish the past participle agrees with the subject in gender and number:

Seré invitado por la Universidad de Harvard.
I will be invited by Harvard University.

La novela fue escrita por mí.
The novel was written by me.

¡Me alegro de que haya sido honrado por tanta gente!
I'm glad that you have been honored by so many people!

Esas fórmulas han sido repetidas miles de veces.
Those formulas have been repeated thousands of times.

He sido nombrado presidente.
I have been named president.

Fueron publicados tres artículos míos.
Three articles of mine were published.

Note: As in English, the person or thing which carries out the action (the agent) need not be expressed in a passive construction in Spanish.

107. Substitute Constructions for the Passive (*Otras construcciones que expresan la voz pasiva*)

Unlike English, Spanish uses substitute constructions to express the passive more frequently than it uses the passive construction itself.

a. Reflexive to Express the Passive

1. When no definite subject is stated, the reflexive pronoun **se** plus the third person singular form of the verb may be used to express a passive idea (paragraph 72):

   Se dice que los viejos saben lo que hacen.
   It is said that old men know what they are doing.

2. When the subject is not a person and the agent is not mentioned, a reflexive construction may be used to express the passive. The verb agrees in number with the subject, as if it were doing the action to itself:

   Se ven muchos casos en que no es verdad.
   Many cases are seen in which it is not true.

   Me molesta que **se me repitan fórmulas viejas.**
   It bothers me to have old formulas repeated to me.
   (*It bothers me that old formulas are repeated to me.*)

   Se cierran las puertas a las ocho.
   The doors are closed at eight.

3. When the subject is a person and the agent is not mentioned, **se** may be used with the third person singular of the verb. The subject in English becomes the object in Spanish:

   Se me ha permitido enseñar aquí otro año más.
   I have been permitted (one has permitted me) to teach here another year.

In this construction only **le** or **les** is used for a third person masculine direct or indirect object:

Se le ha permitido enseñar.
He has been permitted to teach.

Se les ha permitido enseñar.
They have been permitted to teach.

Tú me quieres como **se le quiere a un padre**.
You love me as a father is loved (as one loves a father).

4. When a past participle is used as an adjective describing a condition, the sentence is not in the passive voice. *To be* is expressed by **estar**:

La puerta estaba abierta.
The door was open.

But: **La puerta fue abierta por la secretaria.**
The door was opened by the secretary.

b. Impersonal Third Person Plural to Express Passive Voice

Both Spanish and English use the impersonal third person plural (**ellos**, *they*) to express the passive voice when the agent is not mentioned:

Me han dicho que Paco viene.
I have been told that Frank is coming.
(They have told me that Frank is coming.)

También **aceptaron** un libro sobre Descartes.
A book on Descartes has also been accepted.
(They have also accepted a book on Descartes.)

Me han permitido enseñar otro año.
I have been permitted to teach another year.
(They have permitted me to teach another year.)

EJERCICIOS: La voz pasiva

F. *Change the following sentences according to the words in parentheses:*

1. El libro fue escrito por mí.
   (artículos, ensayo, editoriales)
2. Esas fórmulas han sido repetidas miles de veces.
   (poema, diálogos, programa)
3. Yo he sido nombrado presidente.
   (ella, tú, Uds.)

4. El problema fue mencionado por mi tío.
   (ideas, situación, programas)

G. *Complete the following sentences in Spanish:*

1. Estos vestidos (were washed) por mi cuñada.
2. La nueva versificación (was imitated) por muchos poetas.
3. Creo que los criminales (will be pardoned).
4. Nuestra clase (will be represented) por Elvira Encinas.
5. Unas contribuciones (have been solicited) por el Club Atlético.
6. Todas las preguntas (have been answered).
7. Nadie (was consulted) por el presidente.
8. Las dos casas (will be painted) por mi marido.
9. El perrito (was killed) por un coche.
10. Nosotros (will be awakened) por mis sobrinos.
11. El nene (was bathed) por su madre.

***H.** *Change the following according to the words in parentheses:*

1. Desde aquí se ven muchos árboles.
   (una casa blanca, millones de hormigas, el mar)
2. Las puertas se abren a las diez.
   (el banco, los restaurantes, el cine)
3. Siempre se repiten las mismas fórmulas.
   (sermón, cosas, palabras)
4. Se notan muchas palabras nuevas en su poesía.
   (vocabulario, versos, ideas)
5. El banco se cerró a las cinco.
   (puertas, cine, café)
6. ¿Se rompió el vaso?
   (coches, camión, motor)

***I.** *Change the sentences according to the example:*

EJEMPLO: Le han dicho que es tarde.
Se le ha dicho que es tarde.

1. ¿Les han mandado el dinero?
2. Les dejarán una fortuna.
3. Les explicarán por qué.
4. Ya le dieron el libro.
5. ¿Le mandaron los chocolates?
6. Lo odian (al profesor).
7. Lo permitieron hacerlo.
8. La llevaron al hospital.
9. Los mataron durante la guerra.
10. Las quieren muchísimo.

LECTURAS

Carta que escribió Frank a Maribel

Querida Maribel:

Te escribo esta carta porque quiero invitarte a acompañarme a dar la vuelta al mundo en un barco que he comprado, pero no me atrevo a decírtelo personalmente porque no quiero oírte decirme que no. Si no quieres ir conmigo, prefiero que no me digas nada. Así que si no me contestas sabré que no quieres ir conmigo, pero por lo menos así no tendré que escuchar tus excusas, tus infinitas excusas. Ya sé que te gusta Javier y no sé quién más, pero ya te he dicho y sigo diciéndote que esos muchachos con quienes sales no valen para nada. Tú vales mil veces más que ellos, y no debes perder el tiempo con ellos. Decídete ya de una vez a pasar la vida con el que te quiere de verdad, y no pierdas más tiempo con esos idiotas que sólo quieren jugar un poco contigo, y después adiós. Un día tendrás que pensar en casarte, y si te casas con uno de ellos te hará la vida imposible. Es fácil imaginar lo que haría Javier, por ejemplo—Javier que no respeta a las mujeres en absoluto. Él te dejaría en casa con los niños, se iría de juerga y diría que tiene derecho a eso por ser hombre. ¿Por qué tienes que salir con hombres que te tratan así? Si crees en la libertad y en la democracia, entonces hay que empezar primero con las relaciones entre los hombres y las mujeres. Si vienes conmigo, Maribel, te juro que no tendrás remordimientos. Iremos juntos a ver el mundo, y nuestro destino estará en manos de Dios y el mar. Podemos salir mañana, si queremos, porque como ya te he dicho, ¡he comprado por fin «el barco»! Es barato, pequeño y bastante viejo (fue construido hace cincuenta años), pero yo creo que es sólido y fácil de manejar. No tiene radio ni los instrumentos son muy sofisticados, pero he estudiado la navegación astronómica, y podemos llegar fácilmente a cualquier parte del mundo. ¡Ven conmigo, Maribel! ¡Te ofrezco la oportunidad de conocer el mundo, de tener aventuras, de ver cosas! Y ellos, esos otros muchachos, ¿qué te ofrecen ellos?

La mayoría de los hombres quiere vivir en los suburbios con dos coches enormes, una mujer linda y dos niños muy limpios. Sólo la minoría de los hombres sueña con una vida diferente, pero créeme, Maribel, esos sueños casi nunca se realizan. Esos hombres que una vez tenían tantos sueños acaban viviendo en los suburbios también, aunque no les gustan los coches ni la casa ni la familia que tienen porque pasan el tiempo pensando en los sueños pasados. Un soñador que nunca realiza sus sueños es peor que un hombre que nunca ha soñado. He soñado con un barco, Maribel, y ahora tengo el barco. Quiero que vengas conmigo a ver el mundo, pero si no vienes, salgo sin ti. Ven conmigo, porque te quiero.

Frank

PALABRAS Y MODISMOS NUEVOS

acabar to finish, to end up
construir to construct, to build
cualquier parte anywhere
decidirse a to make up one's mind
juerga *f* spree, binge
  irse de juerga to go on a binge
manejar to handle
soñador *m* dreamer
realizarse to come true
remordimiento *m* regret
  tener remordimientos to regret
vez: ya de una vez once and for all
vuelta: dar la vuelta to go around

PREGUNTAS

1. ¿Por qué no se atreve Frank a hablar con Maribel de sus planes?
2. Según Frank, ¿qué tipo de marido sería Javier?
3. ¿Cómo es el barco que ha comprado Frank?
4. ¿Cómo va a navegar Frank sin radio y sin instrumentos sofisticados?
5. Según Frank, ¿cómo quiere vivir la mayoría de los hombres? ¿Cree Ud. que tiene razón?
6. ¿Por qué dice Frank que un soñador que nunca realiza sus sueños es peor que un hombre que nunca ha soñado?
7. ¿Qué piensa Ud. de los planes de Frank?

Pío Baroja (1872–1956)

Pío Baroja nació en San Sebastián, España. Después de hacer su bachillerato se puso a estudiar medicina. Se hizo médico a pesar de su poco entusiasmo, pero pronto abandonó la carrera y se dedicó a escribir artículos y cuentos para los periódicos y las revistas literarias. Era un hombre melancólico a quien la vida le parecía corrupta y desagradable. Vivía más o menos aislado del mundo escribiendo novelas que reflejaban el pesimismo que sentía hacia una vida indiferente y cruel. Nunca se casó.

Muchos de los personajes de las novelas de Baroja expresan el pesimismo del autor. Aunque algunos quieren hacer algo para mejorar la sociedad, muchos otros se sienten maniatados por una falta de energía vital y de voluntad necesarias para llevar a cabo sus ideas.

De estudiante

Como estudiante, yo he sido siempre medianillo, más bien tirando a malo que

HISPANIC SOCIETY OF AMERICA

por Joaquín Sorolla y Bastida

a otra cosa. No tenía gran afición a estudiar; verdad que no comprendía bien lo que estudiaba.

Yo, por ejemplo, no he sabido lo que quería decir pretérito hasta años después de acabar la carrera; así he repetido varias veces que el pretérito perfecto era así y el imperfecto de este otro modo, sin comprender que aquella palabra pretérito quería decir pasado, muy pasado en un caso y menos pasado en otros.

Atravesar por dos años de gramática latina, dos de francesa y uno de alemana, sin enterarse de lo que significa pretérito, tiene que indicar dos cosas: o una gran estupidez o un sistema de instrucción deplorable. Claro que yo me inclino a esta segunda solución.

En el Doctorado, estudiando Análisis químico, oí a un alumno, ya médico, decir que el cinc era un metal que contenía mucho hidrógeno. Cuando el profesor quiso sacarle del aprieto, se vio que el futuro doctor no tenía idea de lo que es un cuerpo simple. Este compañero, que sin duda sentía tan poca afición por la química como yo por la gramática, no había podido coger en su carrera el concepto de un cuerpo simple, como yo no había llegado a saber lo que era pretérito.

Respecto a mí, y creo que a todos les pasará lo mismo, nunca he podido aprender aquellas cosas por las cuales no he tenido afición . . . Es probable también que yo haya sido hombre de un desarrollo espiritual lento.

Como memoria, he tenido siempre poca. Afición al estudio, ninguna; la Historia Sagrada y las demás historias, el latín, el francés, la retórica y la Historia Natural no me gustaron nada. Únicamente me gustaron un poco la geometría y la física.

El bachillerato me dejó dos o tres ideas en la cabeza, y me lancé a estudiar una carrera como quien toma una pócima amarga.

(De *Juventud, egolatría*)

PALABRAS Y MODISMOS NUEVOS

afición *f* — dedication
aislado — isolated
alumno *m* — pupil
amargo — bitter
aprieto *m* — trouble, tight squeeze
  sacar del aprieto — to come to the rescue
atravesar — to cross over, to go through
bachillerato *m* — high-school diploma
coger — to grasp
compañero *m* — companion
cuento *m* — short story
démas *m & f pl* — others
desagradable — disagreeable
desarrollo *m* — development
enterarse de — to find out about
falta *f* — lack
Historia Sagrada *f* — theology, study of religion
lanzar — to throw
llevar a cabo — to carry out
maniatado — handcuffed, tied down
personaje *m* — character
pócima *f* — potion
respecto a — as for
tirar a — to lean
voluntad *f* — will power

COGNADOS NUEVOS

Academia *f*
acompañar
análisis *m*
astronómico
aventura *f*
banco *m*
cinc *m*
contrario
contribución *f*
criminal *m*
democracia *f*
deplorable
destino *m*
estupidez *f*
excusa *f*
falso
física *f*
fórmula *f*
geometría *f*
hidrógeno *m*
honrar
imaginar
inclinar(se)
indiferente
instrucción *f*
instrumento *m*
latín *m*
mayoría *f*
minoría *f*
motor *m*
navegación *f*
navegar
oportunidad *f*
pesimismo *m*
presidente *m*
retórica *f*
robusto
significar
sofisticado
sólido
suburbios *m pl*
vital

Repaso 4

1. Por and para

Review Chapter 16, Sections 81-83; Chapter 17, Section 86.

Uses of **por**

To indicate imprecise location, duration, exchange, cause or motive, *per*, *by*.

Verbs Used with **por**

interesarse, preguntar, preocuparse, tomar

Uses of **para**

To indicate objective, destination, deadline, comparison.

A. *Answer the following questions according to the example:*

EJEMPLO: ¿Ha comprado Ud. los libros para su hermano?
No, los he comprado para mí mismo.

1. ¿Ha comprado Ud. el vino para su hermano?
2. ¿Han comprado Uds. los libros para sus padres?
3. ¿Han preparado Uds. la cena para sus amigos?
4. ¿Has preparado el café para Elvira?
5. ¿Ha preparado Javier el café para ti?

B. *Answer the following questions choosing the second alternative:*

1. ¿Mintió Ud. por cobardía o por vileza?
2. ¿Fue Ud. por Elvira a las seis o a las siete?
3. ¿Vamos por la plaza o por el parque?
4. ¿Piensas ir mañana por la mañana o por la tarde?

5. ¿Pagas por mí o sólo por los niños?
6. ¿Tienes que pagar por día o por semana?

C. *Complete the following sentences with* **por** *or* **para**:

1. Hablas muy bien nuestro idioma _____ un norteamericano.
2. Te doy mil pesos _____ tu coche.
3. Tengo que estar en casa _____ las once y media.
4. Tienes que pasar _____ el parque _____ llegar a mi casa.
5. Gracias _____ el dinero, pero no necesito tanto _____ comprar una cama.
6. Este poema fue escrito _____ un amigo mío.
7. El noventa y cinco _____ ciento de los estudiantes quieren más vacaciones.
8. ¿Cuántas horas estudia Ud. _____ día?
9. No sé si ella estudia _____ médico o _____ abogado.
10. ¿A qué hora vas _____ Javier?
11. Esos libros son _____ los hijos de Elena.
12. Prefiero viajar _____ avión.
13. Ella va a estar aquí mañana _____ la mañana.
14. Salgo _____ Guatemala _____ la tarde.
15. Tengo que estar allí _____ las siete y media.

D. *Express in Spanish:*

1. Keep quiet, for once!
2. Apparently she already left.
3. At least tell me the truth.
4. At last we did it!
5. That's why I'm here.
6. Unfortunately it's too late.
7. She took an interest in him.
8. Did they ask after me?
9. Don't worry about her.
10. Whom do you take me for?

2. Future Indicative and Conditional

Review Chapter 17, Sections 84 and 85; Chapter 18, Sections 89 and 90.

Irregular Verbs

decir, haber, hacer, poder, poner, querer, saber, salir, tener, valer, venir

E. *Give the future indicative:*

1. nosotros: ver, decir, venir, hacer

2. yo: valer, haber, tener, poder
3. ella: salir, querer, poner, saber

F. *Give the conditional:*

1. tú: poner, tener, venir, decir
2. Uds.: saber, poder, hacer, ver
3. nosotros: querer, haber, salir, valer

G. *Answer the following questions according to the example:*

EJEMPLO: ¿Has hablado con el médico?
No, pero mañana le hablaré.

1. ¿Has hablado con tus padres?
2. ¿Has preparado la lección?
3. ¿Has escrito las cartas?
4. ¿Has comprado el jamón?
5. ¿Has visto al dentista?

H. *Answer the following questions according to the example:*

EJEMPLO: ¿Ya vino Elvira?
No, pero dijo que vendría pronto.

1. ¿Ya vinieron tus amigos?
2. ¿Ya lo hizo Javier?
3. ¿Ya lo hicieron tus padres?
4. ¿Ya salió Guillermo?
5. ¿Ya salieron los niños?

3. Compound Tenses

Review Chapter 16, Section 80; Chapter 18, Sections 91 and 92.

Past Perfect Indicative

imperfect of **haber** + past participle

Future Perfect Indicative

future of **haber** + past participle

Conditional Perfect

conditional of **haber** + past participle

I. *Give the past perfect indicative:*

1. hacer: yo, nosotros, ellos, tú, Ud.
2. ver: ella, tú, Uds., nosotros, yo

J. *Give the future perfect indicative:*

1. escribir: nosotros, tú, yo, ellos, Ud.
2. volver: tú, nosotros, ella, Uds., yo

K. *Give the conditional perfect:*

1. decir: tú, ellos, nosotros, yo, Ud.
2. romper: nosotros, Uds., tú, ella, yo

L. *Change the following sentences to express probability or conjecture:*

1. *Viene* mi hermano.
2. *Ha salido* Javier.
3. *Eran* las cuatro cuando llamó.
4. Ya *se había ido* cuando llegaste.
5. *Piensa* que no tiene que trabajar.
6. *Han hecho* todo.
7. *Estaban* perdidos.
8. Ya lo *había visto* antes.

4. Present Subjunctive; First Person Plural Commands

Review Chapter 19, Sections 95-100.

Irregular Verbs

dar, ser, ir, saber, ver, estar

Uses of Subjunctive

Implied and indirect commands

First Person Plural Commands

nosotros form of present subjunctive or **vamos a** + infinitive

M. *Supply the appropriate form of the present subjunctive:*

1. que tú: saber, buscar, pagar, tener
2. que Uds.: ir, traer, explicar, creer
3. que yo: pensar, conocer, ser, volver
4. que nosotros: dar, empezar, venir, seguir

N. *Answer the following questions according to the example:*

EJEMPLO: ¿Callarme? ¿Yo?
Sí, quiero que te calles.

1. ¿Decirte la verdad? ¿Yo?

2. ¿Acostarse? ¿Los niños?
3. ¿Dejarte en paz? ¿Ella?
4. ¿Levantarnos? ¿Nosotros?
5. ¿Llevarte al cine? ¿Yo?

O. *Supply the appropriate statement according to the example:*

EJEMPLO: Mi tía viene mañana.
Pues dile que no venga.

1. Mis hermanos van al cine esta noche.
2. Mi madre sale a las tres y media.
3. Elvira prepara la cena esta vez.
4. Tu padre trae los libros a casa.
5. Tus padres vienen a las ocho.

P. *Answer the following questions according to the example:*

EJEMPLO: ¿Vas a hacer el café?
Yo no. ¡Que lo haga otro!

1. ¿Vas a hablar a mi madre?
2. ¿Vas a escribir la carta?
3. ¿Vas a llevarme al cine?
4. ¿Vas a matar las hormigas?
5. ¿Vas a buscar los libros?

Q. *Answer the following questions according to the example:*

EJEMPLO: ¿Comemos los chocolates?
Sí, comámoslos.

1. ¿Bebemos el vino?
2. ¿Nos vamos?
3. ¿Hacemos la comida?
4. ¿Nos besamos?
5. ¿Se lo decimos?

5. Present Perfect Subjunctive; Use of Subjunctive

Review Chapter 20, Sections 101-103.

Present Perfect Subjunctive

present subjunctive of **haber** + past participle

Further Use of Subjunctive

after verbs of emotion

R. *Supply the appropriate form of the present perfect subjunctive:*

1. decir: tú, Ud., yo, ellas, nosotros
2. volver: él, yo, nosotros, Uds., tú
3. ver: Ud., ellos, tú, nosotros, yo
4. abrir: nosotros, ella, yo, Uds., tú

S. *Give the appropriate statement according to the example:*

EJEMPLO: Ha sido honrado. (me alegro que)
Me alegro que haya sido honrado.

1. No se ha muerto. (me sorprende que)
2. Hemos estado enfermos. (ella siente que)
3. No has podido leer el libro. (es una pena que)
4. Yo no he sido la víctima. (¡ojalá que!)
5. Ha llegado a tiempo. (espero que)

T. *Express in Spanish:*

1. He's afraid I will tell her.
2. They hope you will come.
3. I hope he will take me to the movies.
4. They're afraid he will not do it.
5. I'm sorry he will not be here tomorrow.

6. Passive Voice

Review Chapter 20, Sections 104-107.

Passive

ser + past participle + **por** + agent

Reflexive Substitute—non-person as subject

se + 3rd person singular or plural

Reflexive Substitute—person as object

se + object + 3rd person singular

U. *Complete the following sentences in Spanish:*

1. La cena (was prepared) por mi sobrina.
2. Estos libros (were written) por un autor famosísimo.
3. Nuestra casa (will be painted) por mi marido.
4. Las puertas (have been opened) por la secretaria.

5. Esas fórmulas (have been repeated) muchas veces.
6. Ramón Moreno (was nominated) presidente.
7. Diez artículos suyos (will be published) pronto.

V. *Express in Spanish:*

1. Spanish is spoken here.
2. The doors are opened at 9:30.
3. He has been told that we will be there.
4. It is said that young men don't know how to make love.
5. Many cases are seen in which this is not true.

Capítulo 21

CONVERSACIÓN

Hablan Rachel y Salvador.

R: Pues a pesar de que me lo has explicado diez veces, y aunque me lo expliques mil veces más, no puedo comprender por qué me abandonas tan de repente.

S: ¡Si no te abandono, Rachel! Vendré a verte tan pronto como pueda, ¡ya verás!

R: Sí, con tal que te deje tu futura esposa. ¿Y qué vas a hacer en caso de que ella no quiera conocerme?

S: Pues haré lo que pueda para que ella venga conmigo. Pero si no quiere, más vale que no nos veamos más.

R: Salvador, ¡parece mentira que me estés hablando tan tranquilamente de tu esposa, sin que se te haya ocurrido que me siento herida!

S: ¡No me vengas a mí con celos ahora, Rachel! Tú siempre me has dicho que eras una mujer liberada y que no pensabas casarte nunca.

R: No niego que te he dicho eso. Pero sí niego que te haya dicho que como mujer liberada quería vivir sola, sin compañía. Necesito un hombre que me comprenda y que me quiera. ¡Y creía que ese hombre eras tú!

S: ¡Si yo te comprendo y te quiero, Rachel! Y creo que siempre seremos amigos, a menos que tú te pongas furiosa por el mero hecho de que me caso.

R: ¿Por el mero hecho de que te casas? ¿Es posible que tú creas que tu matrimonio no me va a afectar en absoluto? ¿Tú crees de verdad que cuando te cases podremos seguir siendo amigos?

S: ¿Y por qué no? ¿A tí qué te importa que me case? Ya que no quieres casarte tú, ¿por qué quieres impedir que me case yo?

R: Pues porque yo creía que tú me querías a mí, pero ¡ahora dudo que me hayas querido ni un día! Hasta diría que es probable que tú nunca hayas sido revolucionario en ningún sentido de la palabra.

S: ¿Que yo no soy revolucionario?
R: ¡Claro que no! Sólo quieres casarte con la novia que has tenido toda la vida. En el fondo eres muy burgués.
S: Bueno, ¿y tú? No estoy muy seguro de que seas tan revolucionaria tú misma. Tú eres muy burguesa también, porque aunque dices que no quieres casarte, lo que quieres hacer es vivir con un hombre como una mujer casada pero sin la bendición de la Iglesia, o sin documentos legales, si prefieres.
R: ¡Claro! ¿Para qué se necesitan bendiciones y documentos?
S: Tú te opones a todo, pero no sabes lo que quieres.
R: ¡No es cierto que no sepa lo que quiero!
S: Pues entonces, ¿qué buscas en un hombre? ¡Explícamelo tú!
R: Busco un hombre que no se deje influir por una sociedad estúpida, un hombre que sea realmente independiente y que sepa llegar a sus propias conclusiones sin que los demás le impongan sus ideas.
S: Todo eso es muy bonito, pero no conozco ningún hombre que sea así. Todos nos dejamos influir por la sociedad que nos rodea, ¡a no ser que hayamos nacido en una isla desierta!
R: ¡Ya no te conozco, Salvador! ¡Vivimos en dos mundos completamente distintos! ¡Y yo creía que estábamos tan unidos este verano!
S: ¿Qué quieres, Rachel? ¡Yo soy hombre, y tú eres mujer! ¡Así es la vida!

Palabras y modismos nuevos

bendición *f*	blessing
bonito	pretty; fine and dandy
burgués	bourgeois
caso: en caso de que	in case
cierto	true, certain
compañía *f*	companionship
con tal que	provided that
distinto	different
dudar	to doubt
esposa *f*	wife
herir (ie)	to wound
iglesia *f*	church
influir	to influence
isla *f*	island
isla desierta *f*	desert island
menos: a menos que	unless
mero	mere
negar (ie)	to deny
oponerse a	to oppose
para que	so, so that
parece mentira	it seems incredible
pesar: a pesar de que	in spite of the fact that
pronto: tan pronto como	as soon as
ser: a no ser que	unless
unido	close

Preguntas

1. ¿Por qué abandona Salvador a Rachel?
2. ¿Por qué no quiere casarse con ella?

3. ¿Por qué se siente herida Rachel?
4. ¿Por qué duda que Salvador la haya querido?
5. ¿Por qué le dice a Salvador que nunca ha sido revolucionario?
6. ¿Qué busca Rachel en un hombre?
7. ¿Cree Ud. que Rachel es una mujer liberada?
8. ¿Qué piensa Ud. de Salvador?
9. ¿Cree Ud. que Rachel es hipócrita? ¿Por qué?
10. ¿Cree Ud. que Salvador es hipócrita? ¿Por qué?
11. ¿Cree Ud. que Salvador es muy burgués? ¿O Rachel? ¿O los dos?

GRAMÁTICA Y EJERCICIOS

108. Subjunctive after Expressions of Doubt, Uncertainty, or Disbelief (*El subjuntivo después de expresiones de duda*)

a. The subjunctive is used in a dependent clause when the main clause suggests some doubt or uncertainty about the thought or action expressed in the dependent clause:

¡Dudo que me hayas querido ni un día!
I doubt that you loved me even for one day!

No estoy muy seguro de que seas tan revolucionaria.
I'm not very sure that you're so revolutionary.

¿Es posible que tú creas que eso no importa?
It is possible that you think that doesn't matter?

Es probable que tú nunca hayas sido revolucionario.
You were probably never a revolutionary.
(*It's probable that you never were a revolutionary.*)

¡Parece mentira que me estés hablando así!
I can hardly believe (it seems a lie) that you're talking to me this way!

Más vale que no nos veamos más.
We'd better not see each other any more.
(*It's better that we not see each other any more.*)

b. If no doubt or uncertainty is expressed in the main clause, the indicative is used in the dependent clause:

No dudo que me has querido.
I don't doubt that you loved me.

Estoy seguro de que un día te casarás.
I'm sure you'll get married one day.

c. When **creer** is used in an affirmative statement, it introduces the indicative in the dependent clause. In questions or negative statements, however, **creer** may introduce either the indicative or the subjunctive, depending on the degree of doubt that exists in the mind of the speaker:

Creo que está aquí.	*I think he's here.*
Creo que es verdad.	*I think it's true.*
¿Cree Ud. que viene?	*Do you think he's coming?* (*I am expressing no opinion.*)
¿Cree Ud. que venga?	*Do you think he's coming?* (*I don't.*)
No creo que lo hará.	*I don't think he'll do it.* (*There's no doubt in my mind.*)
No creo que lo haga.	*I don't think he'll do it.* (*But I'm not really sure.*)

109. Subjunctive after Expressions of Denial (*El subjuntivo después de expresiones de negación*)

a. The subjunctive is used in a dependent clause when the main clause denies the truth of the thought or action expressed in the dependent clause:

¡No es cierto que te cases!
It's not true that you're getting married!

Niego que él te haya dicho eso.
I deny that he told you that.

¡No es verdad que no sepa lo que quiero!
It's not true that I don't know what I want!

b. If no denial exists, the indicative is used in the dependent clause:

No niego que él te ha dicho eso.
I don't deny that he told you that.

¡Es verdad que no sé lo que quiero!
It's true that I don't know what I want!

EJERCICIOS: El subjunctivo después de expresiones de duda y negación

A. *Change the sentences according to the subjects of the dependent clause:*

1. Salvador duda que Rachel sepa lo que quiere.
   (yo, nosotros, ellos)

2. Es probable que venga mi madre mañana.
   (tus padres, su abuela, los niños)
3. ¡Parece mentira que no quieras salir conmigo!
   (Rachel, ellos, Javier)
4. No es verdad que ellos vayan al cine esta noche.
   (nosotros, tú, Elvira)
5. ¿Te importa que haga la cena ahora?
   (ellos, nosotros, Frank)
6. Más vale que me calle.
   (tú, ella, nosotros)
7. No estoy seguro de que hayan dicho la verdad.
   (Javier, tú, Elvira y Rachel)

***B.** *Change the sentences adding the expressions in parentheses:*

1. Javier siempre tiene razón.
   (Dudo que, No estoy seguro de que, No niego que)
2. Elvira conoce al profesor.
   (No es verdad que, Es probable que, No me importa que)
3. Tu novio te pega.
   (Parece mentira que, No dudo que, Más vale que)
4. Frank no ha escrito el libro.
   (Es posible que, Es verdad que, Estoy seguro de que)
5. Estamos estudiando ahora.
   (Dudan que, Parece mentira que, No están seguros de que)

***C.** *Answer the following questions:*

1. ¿Es posible que el profesor se equivoque a veces?
2. ¿Es verdad que Ud. es absolutamente perfecto?
3. ¿Está Ud. seguro de que lloverá mañana?
4. ¿Duda Ud. que coma en casa esta noche?
5. ¿Le importa a Ud. que hablemos español?
6. ¿Es probable que venga su cuñado mañana?

110. Subjunctive after Conjunctions (*El subjuntivo después de conjunciones*)

a. The subjunctive is used in dependent clauses following conjunctions which indicate purpose, negative result, exception, proviso, and supposition. After these conjunctions, the dependent clause expresses a hypothetical situation and often implies uncertainty about the resulting action.

(1) Purpose

para que *so that, in order that*

Lo haré **para que ella venga** conmigo.
I'll do it so that she'll come with me.

(2) Negative result

sin que *without*

Lo haces **sin que se te haya ocurrido** que me siento herida.
You do it without it ever occurring to you that I feel hurt.

(3) Exception

a menos que } *unless*
a no ser que }

Me voy **a menos que tú te pongas** furiosa.
I'm going unless you get furious.

Nos dejamos influir por la sociedad **a no ser que hayamos nacido** en una isla desierta.
We let ourselves be influenced by society unless we are born on a desert island.

(4) Proviso

con tal que *provided that*

Sí, **con tal que te deje** tu futura esposa.
Yes, provided that your future wife lets you.

(5) Supposition

en caso de que *in case*

¿Qué vas a hacer **en caso de que ella no quiera** conocerme?
What are you going to do in case she doesn't want to meet me?

b. The subjunctive is used after the following conjunctions only if the dependent clause refers to a hypothetical situation. The indicative is used if the clause refers to a fact or event that has happened.

(1) **aunque** *although, even though, even if*

Aunque me lo expliques mil veces más, no lo entenderé.
Even though you (may) explain it to me a thousand times more, I won't understand.

Aunque me lo has explicado mil veces, todavía no lo entiendo.
Even though you have explained it to me a thousand times, I still don't understand.

Aunque dices que no quieres casarte, no te creo.
Although you say you don't want to get married, I don't believe you.

(2) **a pesar de que** *in spite of the fact that*

A pesar de que no quieras estudiar, tendrás que hacerlo.
In spite of the fact that you don't (may not) want to study, you'll have to do it.

A pesar de que has escrito el mejor poema, no quiero leerlo.
In spite of the fact that you've written the best poem, I don't want to read it.

c. The subjunctive is used after temporal conjunctions only when they refer to future time. When referring to past time, the indicative is used.

(1) **cuando** *when*

Cuando te cases, ¿podemos seguir siendo amigos?
When you get married, can we go on being friends?

Cuando se casó, sus padres se pusieron furiosos.
When he got married, his parents became furious.

(2) **tan pronto como**, **en cuanto**, **así que**, **luego que** — *as soon as*

Volveré aquí **tan pronto como pueda.**
I'll come back here as soon as I can.

Volví **tan pronto como pude.**
I came back as soon as I could.

(3) **hasta que** *until*

Estaré aquí **hasta que vengas.**
I'll be here until you come.

Estuve aquí **hasta que vino.**
I was here until he came.

(4) **mientras (que)** *while*

Mientras estés lavando los platos, él vendrá.
While you're washing the dishes, he'll come.

Entró el viejo **mientras estaba lavando** los platos.
The old man came in while I was washing the dishes.

(5) **después (de) que** *after*

Después que tengas hijos, serás feliz.
After you have children, you'll be happy.

Después que tuve hijos, fue feliz.
After I had children, I was happy.

Note: The subjunctive is always used after **antes (de) que,** *before:*

Lo haré **antes de que lo olvide.**
I'll do it before I forget.

EJERCICIOS: El subjuntivo después de conjunciones

*D. *Change the sentences according to the conjunctions:*

1. Haré lo posible para ir contigo.
   Haré lo posible para que ella _____.
2. No quieren salir sin saber dónde están los niños.
   No quieren salir sin que tú _____.
3. ¿Vas a comer antes de volver?
   ¿Vas a comer antes de que Javier _____.
4. Trabajemos ahora para poder salir temprano.
   Trabajemos ahora para que ellos _____.
5. No pueden entrar sin abrir la puerta.
   No pueden entrar sin que yo _____.
6. Llámeme antes de acostarse.
   Llámeme antes de que los niños _____ .

E. *Substitute the correct form of the verb in parentheses:*

1. Yo no quiero hacerlo, a menos que tú me (ayudar).
2. Ellos irán al cine con nosotras, con tal que nosotras (pagar).
3. ¿Qué vas a comer, en caso de que ellos no (tener) carne?
4. Es imposible comprarlo, a no ser que ellos nos (dar) más dinero.
5. Quiero darte estos chocolates, antes de que lo (olvidar).

*F. *Change the sentences according to the indications:*

1. Fui a casa de Frank, aunque no quería verme.
   Voy a _________.
2. Fuimos a la conferencia, a pesar de que era muy tarde.
   Vamos a _________.
3. Lo compré cuando lo vi.
   Lo voy a comprar _________.
4. Prepararon la cena tan pronto como pudieron.
   Van a preparar _________.
5. No dijo nada hasta que llegó su esposa.
   No va a decir _________.
6. Él escribió la carta mientras que yo dormía.
   Él va a escribir _________.
7. Lo comprendí mejor después que leí su libro.
   Voy a comprenderlo _________.

111. Subjunctive after Indefinite Antecedents (*El subjuntivo después de antecedentes indefinidos*)

a. The subjunctive is used in a dependent clause which refers back to a person or thing that is indefinite, hypothetical, or nonexistent. The personal **a** is often omitted when the antecedent is indefinite or unknown:

Yo necesito **un hombre que me comprenda**.
I need a man who understands me. (But I haven't found him yet.)

Busco **un hombre que sea** realmente independiente.
I'm looking for a man who is really independent.

No conozco **ningún hombre que sea** así.
I don't know any man who is like that.

Haré **lo que pueda** para que ella venga conmigo.
I'll do what I can to get her to come with me.
(Indefinite: I haven't done anything yet.)

b. If the dependent clause refers back to a person or thing that is definite or known to exist, the indicative is used:

Conozco a **un hombre que es** realmente independiente.
I know a man who is really independent.

Hice **lo que pude**.
I did what I could.

Siempre hago **lo que puedo**.
I always do what I can.

112. Idiomatic Expressions Using the Subjunctive (*El subjuntivo en modismos*)

Sea lo que sea . . .	*Be that as it may . . .*
Venga lo que venga . . .	*Come what may . . .*
Digas lo que digas . . .	*No matter what you say . . .*
Haga lo que haga . . .	*No matter what he does . . .*

EJERCICIOS: El subjuntivo con antecedentes indefinidos y en modismos

***G.** *Change the sentences according to the indications:*

1. Busco a la secretaria que habla inglés.
   Busco una secretaria ________.
2. Necesito al plomero que entiende estos problemas.
   Necesito un plomero ________.

3. Quiero comprar aquel gato que no es muy gordo.
   Quiero comprar un gato _________.
4. Vamos al restaurante donde sirven cerveza.
   Vamos a un restaurante _________.
5. Queremos conocer al hombre que sabe preparar una cena.
   Queremos conocer un hombre _________.
6. Hay muchas cosas que me gustan aquí en la Universidad.
   No hay nada _________.
7. Hay alguien aquí que quiere lavar los platos.
   No hay nadie _________.
8. Hay algo que podemos hacer.
   No hay nada _________.

*H. *Answer the following questions in the negative:*

1. ¿Conoce Ud. un hombre que sea independiente?
2. ¿Conoce Ud. alguien que trabaje doce horas al día?
3. ¿Conoce Ud. una mujer que tenga más de cuatro hijos?
4. ¿Conoce Ud. alguien que quiera ser presidente?
5. ¿Hay alguien aquí que hable español?
6. ¿Hay alguien aquí que diga siempre la verdad?
7. ¿Hay alguien aquí que sea revolucionario?
8. ¿Hay alguien aquí que quiera comprar un barco?

I. *Express in Spanish:*

1. No matter what they think . . .
2. No matter when he comes . . .
3. No matter who he is . . .
4. No matter what I do . . .
5. No matter when she gets back . . .
6. No matter where she goes . . .
7. No matter how they talk . . .
8. No matter what you write . . .
9. No matter what happens . . .
10. Come what may . . .

LECTURAS

Carta de Rachel a Elvira

Querida Elvira:

Se acabó todo. Salvador me ha dicho que se va a casar con una novia que ha tenido por no sé cuántos años. Una muchacha mexicana de su pueblo, claro. Las dos familias se conocen muy bien y todo el mundo está contentísimo, menos yo.

No me ha hablado mucho de ella, pero me imagino perfectamente cómo será. Sin duda es una muchacha que no ha tenido una idea original en toda su vida, y seguramente lo único que querrá hacer será quedarse en casa y ser la esclava de su marido. ¡Imagínate! ¡Todavía existe ese tipo de mujer! ¡Aún a fines del siglo veinte! Y lo que es peor, resulta que Salvador es el tipo de hombre que se dedica a explotar a esas pobres tontas. ¡Qué engañada estaba yo! Él siempre me decía que me quería y que me admiraba precisamente porque no era como ellas, porque quería hacer algo en la vida, contribuir algo al mundo. Me decía que yo le gustaba porque era «diferente», y ahora se casa con otra y a mí me deja plantada. Ya te digo, quien comprenda a los hombres, que los compre.

No sé exactamente lo que voy a hacer ahora. Ya no tengo muchas ganas de quedarme aquí en la granja sin Salvador, aunque son muy buena gente todos los amigos que viven aquí. En el fondo me gustaría volver a casa por una temporada, pero sé muy bien lo que me va a decir mamá, y ahora no tengo ganas de escuchar sermones. Me dirá que los hombres nunca se casan con sus queridas, y que respetan más a las mujeres que no viven con ellos. Me dirá que la naturaleza humana nunca cambia, y que los hombres prefieren casarse con las mujeres que no tienen experiencia sexual. Y me dirá que nunca me casaré a no ser que me haga la tonta cuando esté con hombres, porque si no, se asustan y se van con otras. ¡Pues que se vayan con otras, entonces! No quiero casarme con un hombre que sea así. Siempre me ha dicho mamá que debo dejar que los hombres me manden. Claro, ella dice eso, pero no deja que mi padre la mande, ¡ni mucho menos! Ella se ha pasado toda la vida intentando mandar a mi padre, y sin éxito, desde luego. Siempre ha sido muy desgraciada, pero ahora que ya no tiene tiempo para meterse con él, porque se dedica a la nutrición, por primera vez están realmente contentos los dos. Nadie manda a nadie y, como consecuencia, los dos tienen tiempo para desarrollar sus talentos y sus intereses, y ¡hasta están aprendiendo mucho uno de otro! Así debe ser el matrimonio ideal, ¿no te parece?

De todos modos, es verdad que Salvador me ha tratado muy mal, pero no porque viví con él todo el verano, sino porque él mismo es un hombre superficial y egoísta. Explota a sus queridas porque por lo visto las usa como objetos sexuales para satisfacer sus propios deseos. También va a explotar a su mujer y ella acabará siendo su criada y nada más. Me hace pensar un poco en Javier, que tiene esa misma actitud hacia las mujeres en general, pero que por lo menos no es hipócrita. Todos sabemos cómo piensa Javier, y no lo tomamos muy en serio. Él está muy orgulloso de que nunca se ha enamorado de nadie. Pues muy bien, si necesita sentirse invulnerable, allá él. Tendrá sus problemas, pero no intenta engañar a los demás. En fin, ya no quiero hablar más de Salvador. Es incapaz de querer a nadie más que a sí mismo.

Oye, ¿qué te parece la idea de compartir un piso conmigo? A lo mejor vuelvo a México. Escríbeme cuando puedas, y dime lo que piensas de ese plan.

Abrazos,
Rachel

PALABRAS Y MODISMOS NUEVOS

compartir	to share	**fin: en fin**	anyway
criada *f*	servant	**intentar**	to try
dejar plantado	to leave in the lurch	**menos: ¡ni mucho menos!**	quite the contrary!
desarrollar	to develop	**orgulloso**	proud
desgraciado	unhappy	**temporada** *f*	a while
explotar	exploit		

PREGUNTAS

1. ¿Cómo es la novia de Salvador, según Rachel?
2. ¿Por qué decía Salvador que quería a Rachel?
3. ¿Cree Ud. que Salvador explota a las mujeres?
4. Si Rachel vuelve a casa, ¿qué dirá su mamá?
5. ¿Qué piensa Ud. de las ideas de su mamá?
6. ¿Por qué es feliz ahora su matrimonio?
7. ¿Cree Ud. que tiene un matrimonio ideal? ¿Por qué?
8. ¿Quién le gusta más a Ud., Salvador o Javier? ¿Por qué?
9. Compare Ud. la reacción de Rachel con la de Elena cuando se dio cuenta de que su marido se iba con otra. (Cap. 9)

Pío Baroja

La novela El amor, el dandysmo y la intriga *pertenece a la numerosa serie de* Las memorias de un hombre de acción. *Como en muchas obras de Baroja, la acción parece ser una excusa para que haga el autor comentarios sobre la vida y para que exprese opiniones personales sobre las ideas que le interesan. En el episodio siguiente Baroja habla de don Juan:*

—Es decir—añadió Stratford—, hoy todos los tipos de don Juan son bajos e insignificantes. Para mí don Juan no ha tenido valor más que allí donde ha habido creencias religiosas fuertes, donde la mujer se guardaba ansiosamente por temor al pecado y al infierno.

—En España.

—Claro, en la España de los Austrias[1], donde el amor tenía que luchar con enormes dificultades. En otras partes es una tontería. El don Juan de Molière me parece un contrasentido y hasta una ridiculez. ¡Un señor rico de Francia que seduce muchachas aldeanas! ¡En un país en donde las chicas están deseando dejarse seducir!

1. Se habla del reinado de la dinastía austríaca de los Habsburgos en España (siglos XVI y XVII).

—Sí, ¡la verdad es que no es un gran mérito!

—Ninguno. El don Juan no tiene valor más que en la España católica y fanática del siglo XVI y XVII, con un fondo de miedo al infierno, de terror místico, de misterio. Fuera de esa época y de España, es un personaje ridículo.

—¿Y todos esos franceses, ingleses y alemanes que han trasplantado a su país el tipo de don Juan?—le pregunté yo.

—Pues son unos petulantes majaderos. Los de más talento no lo han podido rejuvenecer y trasplantar. Lord Byron no lo ha conseguido. Respecto a Lovelace, es un canalla insignificante. Don Juan en el amor es lo que el hereje en la Teología. Se necesita un dogma activo, eficiente, con un brazo secular poderoso para que haya un hereje; si no lo hay, el hombre que piense atrevidamente será un original, un libre-pensador, pero no un hereje. Lo mismo pasa en el amor; ¿no hay peligro, no hay misterio? Pues don Juan no puede ser un héroe malo y demoníaco, sino un señor vulgar. ¿Qué es el don Juan de este tiempo? Joven, es el calavera corriente; entrado en años, es el *vieux marcheur,* que se ve en París, rojo, pesado, delante de un escaparate tratando de seducir con su dinero a una aprendiza de quince a dieciséis años. En ninguna de estas edades creo que se le pueda ocurrir a nadie el tener a este tipo de don Juan como un ornamento de la humanidad.

—Y el dandysmo, ¿no es algo así como una variedad del donjuanismo? —le pregunté yo.

—No. El *dandy* es un tipo más en consonancia con nuestro tiempo. Hoy se puede ser un *dandy* verdadero: en cambio, no se puede ser más que un don Juan falsificado.

PALABRAS Y MODISMOS NUEVOS

aldea *f* small town
aldeano *m* inhabitant of a small town
ansioso anxious
aprendiza *f* shop girl
atrevido daring
calavera *m* womanizer
cambio: en cambio on the other hand
canalla *m* scoundrel
contrasentido *m* nonsense
corriente usual, common
creencia *f* belief
dandy *m* stylish young man; lady's man
delante de in front of
escaparate *m* shop window
fondo *m* background
guardarse to protect oneself
hereje *m* heretic
incapaz incapable
majadero *m* fool
memoria *f* memoir
pecado *m* sin
pertenecer to belong
poderoso powerful
querida *f* mistress, loved one
ridiculez *f* ridiculous thing, downright ridiculous
ser: o sea that is
siguiente following
temor *m* fear
vieux marcheur *m* (*French*) lecherous old man

PREGUNTAS

1. ¿Por qué dice Stratford que don Juan sólo ha tenido valor en la España de los Austrias?
2. ¿Por qué piensa que el don Juan de Molière es un contrasentido?
3. ¿Por qué compara a don Juan con un hereje?
4. Según Stratford, ¿cómo es el don Juan de su tiempo?
5. ¿Cómo es el dandy?
6. ¿Cree Ud. que Javier es un dandy o un don Juan?

COGNADOS NUEVOS

acción *f*
actitud *f*
admirar
afectar
comentario *m*
consecuencia *f*
consonancia *f*
contribuir
demoníaco
documento *m*
dogma *m*
eficiente
episodio *m*
exactamente
explotar
falsificar
fanático
humanidad *f*
intriga *f*
invulnerable
legal
liberado
mérito *m*
misterio *m*
místico
numeroso
ocurrir
ornamento *m*
petulante
plato *m*
rejuvenecer
religioso
respetar
secular
seducir
superficial
teología *f*
terror *m*

Capítulo 22

CONVERSACIÓN

Hablan Elena y Elvira.

Elv: Si yo estuviera en tu lugar, le diría a papá que dejara de salir con su secretaria de una vez para siempre.

Ele: Te agradezco el consejo, hija, pero no debieras preocuparte tanto por mí. Además, si yo le dijera eso, no me haría ningún caso de todos modos.

Elv: Pues entonces, ¿por qué no te divorcias de papá?

Ele: ¿Divorciarme de papá? ¡Nunca se me hubiera ocurrido tal idea en mil años!

Elv: Pero, ¿por qué no? ¡Te trata como si fueras una criada!

Ele: ¡Por Dios, Elvira! ¡Yo no diría tanto!

Elv: ¿Cómo que no? ¿No le pediste anoche que te llevara a un restaurante, y no te dijo que te callaras la boca? Y la semana pasada, ¿no te acuerdas que te aconsejó que hicieras siempre lo que él te mandara? Él, en cambio, siempre hace lo que a él le da la gana.

Ele: Bueno, eso es típico.

Elv: Pues quisiera que me dijeras cómo puedes seguir queriéndolo.

Ele: No sé. Lo quiero a pesar de todo, aunque no se lo merezca.

Elv: ¡Yo no te entiendo en absoluto, mamá! Todo eso me parece un poco masoquista.

Ele: Pues pienses lo que pienses, todavía quiero a tu padre, y espero que un día se canse de todas esas aventuras infantiles.

Elv: ¡Mamá! ¿No ves lo que estás haciendo? Te has convencido de que lo quieres porque tienes miedo de quedarte sola.

Ele: ¿Tú qué sabes?

Elv: ¡Y temes que te rechace la sociedad por ser una mujer divorciada!

Ele: Cuando tengas mi edad, Elvira, quizás me comprenderás mejor.

Elv: ¡Me das pena, mamá! Se ve que la sociedad te ha hecho pensar que debes aceptar tu destino de mujer, sin intentar cambiarlo. ¡Te has acostumbrado a tus cadenas! ¿Cómo puedes perdonar a papá después de que te ha hecho sufrir tanto?

Ele: Pues hay días en que no lo perdono, pero en otros momentos veo que yo también necesito el perdón de mucha gente, y entonces me siento un poco más caritativa.

Elv: ¡Pero papá te está insultando cuando sale con otras mujeres!

Ele: Mira, hace años hubiera estado de acuerdo contigo. Pero ya no tomo las cosas tan personalmente. Ahora veo que en el fondo es un hombre que tiene miedo de la vejez.

Elv: Pues no me convences. Creo que te engañas. Sigo creyendo que habría sido mejor que no te hubieras casado con él.

Ele: Y tú no me convences tampoco. ¡Se diría que no quieres nada a tu padre!

Elv: ¡Ya sabes que lo quiero! Pero no me gusta que te haga daño. Mira, no quiero ser injusta con papá, pero ¿no hubieras sido más feliz con otro?

Ele: ¿Quién sabe? Después de todo, el matrimonio es una especie de lotería. Pero el hecho es que estoy casada con Guillermo, y pase lo que pase, pienso quedarme a su lado. ¡Donde hay vida, hay esperanza!

Elv: ¡Ay, mamá! ¡Eres absolutamente imposible!

Palabras y modismos nuevos

cadena *f*	chain	**soledad** *f*	solitude, loneliness
caritativo	charitable	**tal** + *noun*	such a + *noun*
dar: me das pena	I feel sorry for you	**vejez** *f*	old age
hacer daño (a alguien)	to hurt (someone)	**vez: de una vez para siempre**	once and for all
rechazar	to reject		

Preguntas

1. ¿Por qué no quiere Elena divorciarse?
2. ¿Cree Ud. que las razones que da Elena son sinceras?
3. ¿Por qué dice Elvira que su padre trata a su madre como si fuera una criada?
4. ¿Qué le pasaría a Elena si se divorciara?
5. ¿Cree Ud. que Elena es una víctima de la sociedad en que vive?
6. ¿Cree Ud. que el matrimonio es una especie de lotería?
7. ¿Cree Ud. que Elena hace bien en no impedir a su marido que salga con otras mujeres?
8. ¿Cree Ud. que Elena está perdiendo el tiempo con Guillermo?

GRAMÁTICA Y EJERCICIOS

113. Imperfect Subjunctive (*El imperfecto de subjuntivo*)

a. The imperfect subjunctive has two sets of endings (**-ra** or **-se**) which are generally interchangeable, although the **-ra** ending is more commonly used.

b. The imperfect subjunctive of all verbs is formed by dropping the **-ron** of the third person plural of the preterit and adding the appropriate endings:

hablar	*to speak*	**comer**	*to eat*
habl**ara**	habl**ase**	com**iera**	com**iese**
habl**aras**	habl**ases**	com**ieras**	com**ieses**
habl**ara**	habl**ase**	com**iera**	com**iese**
habl**áramos**	habl**ásemos**	com**iéramos**	com**iésemos**
habl**arais**	habl**aseis**	com**ierais**	com**ieseis**
habl**aran**	habl**asen**	com**ieran**	com**iesen**

vivir	*to live*
viv**iera**	viv**iese**
viv**ieras**	viv**ieses**
viv**iera**	viv**iese**
viv**iéramos**	viv**iésemos**
viv**ierais**	viv**ieseis**
viv**ieran**	viv**iesen**

tener	*to have*	**pedir**	*to ask (for)*
tuv**iera**	tuv**iese**	pid**iera**	pid**iese**
tuv**ieras**	tuv**ieses**	pid**ieras**	pid**ieses**
tuv**iera**	tuv**iese**	pid**iera**	pid**iese**
tuv**iéramos**	tuv**iésemos**	pid**iéramos**	pid**iésemos**
tuv**ierais**	tuv**ieseis**	pid**ierais**	pid**ieseis**
tuv**ieran**	tuv**iesen**	pid**ieran**	pid**iesen**

114. Past Perfect Subjunctive (*El pluscuamperfecto de subjuntivo*)

The past perfect subjunctive is formed with the imperfect subjunctive of **haber** (**hubiera** or **hubiese**, etc.) and a past participle:

hubiera hablado	**hubiese comido**
hubieras hablado	**hubieses comido**
hubiera hablado	**hubiese comido**
hubiéramos hablado	**hubiésemos comido**
hubierais hablado	**hubieseis comido**
hubieran hablado	**hubiesen comido**

EJERCICIOS: El imperfecto y el pluscuamperfecto de subjuntivo

A. *Give both the* **-ra** *and* **-se** *forms of the imperfect subjunctive:*

1. nosotros: estar, dar, querer, tener
2. Ud.: ver, morir, seguir, dormir
3. ellas: traer, pedir, sentir, romper
4. tú: ser, hacer, decir, poder
5. yo: venir, saber, irse, poner

B. *Give both the* **-ra** *and* **-se** *forms of the past perfect subjunctive:*

1. volver: tú, Ud., ellas, nosotros, yo
2. irse: ellos, tú, ella, yo, nosotros
3. decir: yo, nosotros, Uds., ellos, él
4. abrir: nosotros, yo, tú, Ud., ellas
5. callarse: tú, nosotros, yo, él, Uds.

C. *Change the sentences according to the subjects of the dependent clause in parentheses:*

1. Le pedí que me llevara a un restaurante.
   (tú, ellos, ella)
2. Dijo que me callara la boca.
   (ellas, tú, él)
3. ¡Te trata como si fueras una criada!
   (nosotras, yo, ellas)
4. Te aconsejó que lo hicieras.
   (yo, nosotros, Ud.)
5. ¡Me mira como si estuviera loca!
   (tú, Uds., nosotros)

D. *Change the sentences according to the subjects in parentheses:*

1. Si yo estuviera en tu lugar, se lo diría.
   (ellos, ella, nosotros)
2. Si yo le dijera eso, no me haría ningún caso.
   (nosotras, tú, ellas)
3. ¿Pudiera preguntarte una cosa?
   (ellos, nosotros, él)
4. No debieras preocuparte tanto por mí.
   (ella, Uds., Javier)
5. Quisiera que me lo dijeras.
   (ellos, nosotros, ella)

115. Sequence of Tenses (*La correlación de tiempos*)

a. When the verb in the main clause is in the present or the future indicative or is a command, the verb in the dependent clause is usually in the present subjunctive or the present perfect subjunctive:

Sugiero que te calles.
I suggest that you keep quiet.

Le pediremos que venga.
We'll ask him to come.

Dígale que no lo haga.
Tell him not to do it.

Siento que Ud. me haya tomado tan en serio.
I'm sorry that you took me so seriously.

b. When the verb in the main clause is in the present perfect indicative, either the present or imperfect subjunctive is used in the dependent clause:

Le he dicho que venga (viniera).
I've told him to come.

c. All other verb tenses in the main clause introduce the imperfect subjunctive or the past perfect subjunctive in the dependent clause:

Sugerí que te callaras.
I suggested that you keep quiet.

Queríamos que viniera.
We wanted him to come.

Les gustaría que lo hiciéramos.
They would like us to do it.

Yo temí que ella no lo hubiera visto.
I was afraid that she hadn't seen it.

Sentían que él hubiera estado enfermo.
They were sorry that he had been sick.

EJERCICIOS: La correlación de tiempos

***E.** *Change the sentences substituting the verb in parentheses:*

1. Quiero que Ud. lo haga. (quería)
2. Dígale que venga. (dije)
3. Le diré que no salga. (diría)
4. Siento que todavía no haya venido. (sentí)

5. Dudo que haya sido posible. (dudaba)
6. Sentimos que él haya estado enfermo. (sentimos, *preterit*)
7. Se alegra de que hayamos vuelto. (se alegraba)
8. Temo que no me conozca. (temía)
9. Será necesario que vaya. (fue)
10. No me pidas que me quede. (pidió)

F. *Express in Spanish:*

1. We'll tell them to leave.
2. I was afraid he would do it.
3. I denied that he had said it.
4. Ask him to give it to her.
5. We were sorry that he was sick.
6. I'm glad you told me the truth.
7. We've told them to keep quiet.

116. Subjunctive in If-Clauses (*El subjuntivo en condiciones contrarias a la realidad*)

a. When an if-clause is in the imperfect subjunctive, the result clause is in the conditional. When an if-clause is in the past perfect subjunctive, the result clause is in the conditional perfect:

Si tuviera dinero, compraría una granja.
If I had money, I would buy a farm.

Lo veríamos si fuéramos en seguida.
We would see him if we went right away.

¿Qué harías si te lo diera?
What would you do if I gave it to you?

Si lo hubiera sabido, no se lo habría dicho.
If I had known, I wouldn't have told him.

b. When an if-clause does not express a hypothetical condition, the indicative is used in the result clause:

Si tengo tiempo, iré contigo.
If I have time, I'll go with you.

Lo veremos si vamos en seguida.
We'll see him if we go right away.

Si tenía el dinero, lo perdió.
If he had the money, he lost it.

Si ha estado allí, lo habrá visto.
If he's been there, he must have seen it.

117. Imperfect Subjunctive after como si (*El imperfecto de subjuntivo después de* como si)

Hypothetical situations are often introduced by **como si**, which is followed by the imperfect subjunctive:

Me mira **como si estuviera** loca.
He looks at me as though I were crazy.

Le habla **como si no fuera** capaz de comprender.
She talks to him as if he were incapable of understanding.

118. Softened Requests and Criticisms (*Ruegos y censuras en tono suave*)

Both the conditional and the imperfect subjunctive are used for toning down a request or a criticism. The imperfect subjunctive is more polite than the conditional (sometimes almost to the point of being apologetic) and is generally used only with **deber**, **poder**, **querer**:

¿**Podría (pudiera)** prestarme dinero?
Could you lend me some money?

Querría (quisiera) decirte lo que pienso.
I'd like to tell you what I think.

No **deberías (debieras)** ponerte furioso.
You shouldn't get furious.

b. **Hubiera** is often substituted for **habría** in the compound tenses:

Hubiera sido mejor no decir nada.
It would have been better not to say anything.

Si hubiera tenido dinero, **hubiera comprado** el coche.
If I had had money, I would have bought the car.

EJERCICIOS: El imperfecto y el pluscuamperfecto de subjuntivo

G. *Complete the following sentences:*

1. (If I had known) que estabas aquí,
   (I would have come) más temprano.
2. (If he told you) que yo era loca,
   (would you believe him?)
3. (If you had gone out) con Javier anoche,
   (you wouldn't have bought) esa carne.

4. (If they gave you) el libro, (would you read it) para mañana?
5. (If I had known) que él iría al cine, (I would have told you) que fueras.
6. (If you had) muchísimo dinero, (would you give me) un coche?

***H.** *Answer the following questions:*

1. ¿Qué harías si tuvieras un millón de dólares?
2. ¿Qué pensarías si yo te dijera que te quería?
3. ¿Adónde irías si tuvieras que salir de tu país?
4. ¿Qué pensarías si tu hermana se casara con un don Juan?
5. ¿Qué harías si supieras que ibas a morir mañana?
6. ¿Con quién te gustaría hablar si pudieras hablar con un personaje histórico?
7. ¿Qué harías si estuvieras perdido en México?
8. ¿Qué harías si no tuvieras nada que hacer?

***I.** *Give both the polite and the extremely polite forms of the following questions and statements:*

1. ¿Puede Ud. hacerme un gran favor?
2. Quiero decirle a Ud. la verdad.
3. No debe Ud. tomar las cosas tan en serio.
4. ¿Puede Ud. esperar un poco más?
5. Queremos irnos ahora.
6. Uds. deben estudiar mucho más.

J. *Express in Spanish:*

1. He treats me as if I were a child.
2. They looked at us as if we were crazy.
3. She spoke as though she were very tired.
4. His parents treat him as if he were sick.
5. I looked at them as though they were human beings.

LECTURAS

Carta que escribió Elvira a Rachel

Querida Rachel:

Muchísimas gracias por tu carta. Lo que me cuentas de Salvador me deja asombrada. ¡Qué canalla! Lo malo es que por desgracia hay muchos hombres como él en este mundo, y no me extraña que te haya tratado así. Siento mucho que te haya pasado eso, porque creía que ibas a estar muy contenta en la granja. Debes estar muy deprimida, y comprendo por qué tienes ganas de irte de la granja. Pero Rachel, por favor, ¡no pienses en volver a la ciudad! ¿Qué vas a hacer en un piso, por Dios? Hiciste muy bien cuando te fuiste a la granja, y creo que todavía puedes encontrar verdadera satisfacción allí. ¿Qué vas a hacer si vuelves aquí? ¿Trabajar como secretaria para alguna compañía? Serás solamente una pequeña parte anónima de un mecanismo enorme y absurdo. Además, el trabajo en una ciudad es siempre muy limitado. Harás siempre la misma cosa, todos los días, mientras que en la granja podrías hacer de todo. Es más sano vivir en contacto con la tierra, tú misma lo decías, ¿no te acuerdas? Oye, si te sientes sola y triste ahora, tengo una idea que a lo mejor te gusta. ¿Te importaría mucho que yo fuera a vivir contigo en la granja? Tengo muchas ganas de vivir en el campo. Me gustaría muchísimo pasar una temporada allí contigo, pero claro, todo depende de ti y del muchacho que es dueño de la granja. Escríbeme pronto y dime lo que piensas de ese plan, ¿de acuerdo? Eso de vivir contigo viene en un momento muy propicio, porque ahora mis padres están casi siempre de mal humor. Aunque viven juntos, cada uno se siente muy solo. «La soledad de dos en compañía», como ha dicho algún escritor cuyo nombre no recuerdo. Me dan mucha pena.

Aquí han pasado muchas cosas desde que te fuiste. La más triste de todas es que se ha muerto el profesor Moreno. Por lo visto tenía un tumor cerebral, y aunque lo sabía por dos o tres meses, no quiso dejar que tu padre lo operara. No sé si tu padre te lo habrá contado, pero fuimos todos a su funeral. Estaban casi todos sus estudiantes y muchos colegas suyos también. Fue un golpe terrible para todos, porque ni siquiera sabíamos que estaba enfermo. Tu padre era el único que lo sabía, y me contó después lo mucho que había sufrido Moreno. Al principio, cuando le dijo tu padre que se moriría si no se dejaba operar, no quiso admitir que la muerte existía para él. Luego, cuando comprendió que iba a morir, se puso furioso, como si quisiera luchar contra la muerte. Pero cuando la sintió acercarse a pesar de todo y vio que la cosa era irremediable, se deprimió mucho y no quiso hablar con nadie, ni siquiera con tu padre. Ya no daba sus clases, pero todos creíamos que era porque tenía gripe. En los últimos días supe que estaba en el hospital, y fui a visitarlo. Cuando lo vi, me di cuenta en seguida de que se estaba muriendo y me puse a llorar. Me dijo que si iba a llorar que saliera de su cuarto, que no le gustaban las lágrimas de mujer, sobre todo cuando eran falsas, como las mías. ¡Falsas! Ya ves, no había cambiado en el fondo. Hasta el último momento siguió acusándome de no sentir nada por él, de no quererlo en absoluto. Intenté hablarle, pero ya no tenía el más mínimo interés en saber nada de nada. Se diría que estaba ya completamente desinteresado en las cosas del mundo. Cerró los ojos, como si no quisiera escucharme más. Le di un beso y me fui. El único consuelo que tenía yo era el pensar que la muerte era más fácil para él justamente porque ya no tenía el menor interés en vivir. Lo irónico es que siempre solía decirme que yo lo quería tan poco que ni siquiera iría a llorarle en su lecho de muerte. Yo siempre le contestaba que sí iría. A lo mejor no quería creerme, pero no sé por qué. Lo echo de menos terriblemente, ¿sabes? Lo quería bien y él lo sabía, aunque jamás quería confesarlo.

Bueno, ésas son las noticias, y no tengo más que contarte. Yo sigo igual, pero tengo ganas de verte. No les he dicho nada a mis padres de lo de la granja, porque sé muy bien que se preocuparían mucho si supieran que allí viven muchachos y muchachas juntos. Pero si les digo que voy a vivir contigo, estoy segura de que estarán muy contentos. ¡Ya era hora! Creo que en México las muchachas vivimos demasiado tiempo con los padres. Escríbeme muy pronto.

Mil abrazos de
Elvira

PALABRAS Y MODISMOS NUEVOS

acercarse	to draw near	**extrañar**	to surprise
asombrar	to amaze	**golpe** *m*	blow, shock
consuelo *m*	consolation	**hora: ¡ya era hora!**	it was about time!
deprimirse	to get depressed	**justamente porque**	for the very reason that
dueño *m*	owner	**principio: al principio**	at first
echar de menos	to miss	**siquiera: ni siquiera**	not even

PREGUNTAS

1. ¿Qué piensa Elvira de Salvador?
2. ¿Por qué no quiere que Rachel vuelva a la ciudad?
3. ¿Por qué le dan lástima sus padres?
4. ¿Cómo reaccionó el profesor Moreno ante la muerte?
5. ¿Qué reacción tuvo cuando Elvira apareció en el hospital? ¿Por qué?

Pedro Antonio de Alarcón (1833–1891)

Pedro Antonio de Alarcón nació en Andalucía. Estudió para abogado y luego se hizo soldado, político y periodista. De joven era muy revolucionario, pero su vida cambió completamente el día en que un enemigo suyo le perdonó la vida en un duelo.

Sus novelas ya no son tan populares como eran en el siglo diecinueve. Son muy sentimentales y hasta melodramáticas, aunque en ellas encontramos también excelentes retratos psicológicos y momentos realmente conmovedores. Sus cuentos, sin embargo, aún se aprecian hoy. Se consideran como superiores a las novelas por su realismo y por no tener un contenido didáctico.

Pedro Antonio de Alarcón

Sinfonía: Conjugación del verbo amar

Coro de adolescentes: Yo amo, tú amas, aquél ama; nosotros amamos, vosotros amáis, ¡todos aman!

Coro de niñas (a media voz): Yo amaré, tú amarás, aquélla amará; ¡nosotras amaremos!, ¡vosotras amaréis!, ¡todas amarán!

Una fea y una monja (a dúo): ¡Nosotras hubiéramos, habríamos, y hubiésemos amado!

Una coqueta: ¡Ama tú! ¡Ame usted! ¡Amen ustedes!

Un romántico (desaliñándose el cabello): ¡Yo amaba!

Un anciano (indiferentemente): Yo amé.

Una bailarina (trenzando delante de un banquero): Yo amara, amaría . . . y amase.

Dos esposos (en la menguante de la luna de miel): Nosotros habíamos amado.

Una mujer hermosísma (al tiempo de morir): ¿Habré yo amado?

Un pollo: Es imposible que yo ame, aunque me amen.

El mismo pollo (de rodillas ante una titiritera): ¡Mujer amada, sea usted amable, y permítame ser su amante!

Un necio: ¡Yo soy amado!
Un rico: ¡Yo seré amado!
Un pobre: ¡Yo sería amado!
Un solterón (al hacer testamento): ¿Habré yo sido amado?
Una lectora de novelas: ¡Si yo fuese amada de este modo!
Una pecadora (en el hospital): ¡Yo hubiera sido amada!
El autor (pensativo): ¡Amar! ¡Ser amado!

PALABRAS Y MODISMOS NUEVOS

amable	nice, pleasant
amante *m*	lover
anciano *m*	very old man
banquero *m*	banker
cabello *m*	hair
conmovedor	moving
contenido *m*	content
coro *m*	chorus
desaliñar	to disarrange, mess up
duelo *m*	duel
dúo: a dúo	in a duet
esposos *m pl*	husband and wife
hermoso	beautiful
lectora *f*	reader
menguante *f*	waning
monja *f*	nun
necio *m*	fool
pecadora *f*	prostitute (*lit.* sinner)
pollo *m*	young smart aleck
retrato *m*	portrait
rodilla *f*	knee
de rodillas	on bended knee
soldado *m*	soldier
solterón *m*	old bachelor
titiritera *f*	puppeteer
trenzar	to prance around
voz: a media voz	in a whisper

COGNADOS NUEVOS

absurdo
acusar
adolescente
autor *m*
bailarina *f*
colega *m & f*
conjugación *f*
contacto *m*
desinteresado
didáctico
divorciarse
funeral *m*
gripe *f*
infantil
injusto
insultar
irremediable
limitar
lotería *f*
mecanismo *m*
político *m*
propicio
psicológico
realismo *m*
satisfacción *f*
sinfonía *f*

Capítulo 23

CONVERSACIÓN

Hablan Frank y Javier.

J: ¡Parece mentira que tengas un barco! ¿De dónde sacaste el dinero? ¡No es posible que lo hayas comprado tú solo!

F: ¡Que sí, hombre! Hace cinco años que ahorro dinero como un loco, ¡y sólo para eso!

J: ¿Tú piensas dar la vuelta al mundo en un barco tan viejo y tan pequeñito?

F: No importa que sea pequeño. Pero es verdad que es un poco viejo. Será necesario que lo arregle antes de embarcarme.

J: Siempre he pensado que eras un poco raro, pero ahora creo que no hay la más mínima duda de que te has vuelto loco de remate.

F: Digas lo que digas, me voy de todos modos.

J: Bueno, pero vamos a ver . . . ¿No es importante que lleves algo de comer? ¿Y no sería bueno que tuvieras unas cartas de navegar? ¿Qué piensas hacer en caso de que te pierdas?

F: ¡Es evidente que tú no sabes nada de nada! Lo único que necesito es el sol a mediodía y la luna o las estrellas al amanecer y al anochecer.

J: ¡No me vas a decir ahora que sabes de navegación astronómica!

F: No te voy a decir nada, porque es muy dudoso que me comprendas.

J: ¡Oye! No es justo que me digas eso. ¡Yo soy muy conocedor de la naturaleza humana! Tú, por ejemplo, estás viviendo en un mundo de sueños. Todo lo que haces es pura literatura.

F: ¿Cómo que literatura? ¿Qué quieres decir con eso?

J: No eres más que un pobre don Quijote.

F: ¿Yo un don Quijote? ¿Has leído el Quijote?

J: No, pero de todos modos sé cómo es.

F: ¿Ah, sí? ¿Y cómo es? ¡Dímelo!

J: Pues ya sabes, es un loco, nada más. Todo el mundo lo sabe.

F: Es una pena que desprecies a un hombre que sintió tanto, que comprendió tanto, en fin, un hombre tan noble que . . .

J: Hablas de él como si fuera un amigo tuyo. ¿Ves cómo mezclas la literatura con la vida? Ya te digo, te has vuelto loco. Pero quién sabe, quizás te cure el viaje, porque después de pasar tres días y tres noches al timón durante una tormenta, volverás corriendo y olvidarás para siempre tu sueño.

F: ¡No voy a volver nunca!

J: ¿Nunca? ¿No te veré nunca más en la vida?

F: Qué tragedia, ¿eh?

J: ¡Ya lo creo! ¿A quién le voy a robar las novias si no estás tú?

F: Tendrás que buscarte otra víctima.

J: ¡Qué cruel eres! ¡Ojalá te ahogues!

F: ¿Sí? Pues, ¡ojalá te pegue un tiro algún amante celoso!

Palabras y modismos nuevos

ahogar(se) to drown
amanecer *m* dawn
anochecer *m* dusk
bueno: es bueno que it's a good thing that
carta de navegar *f* navigational chart
conocedor *m* connoisseur
despreciar to scorn
embarcarse to set sail
estrella *f* star
loco de remate stark raving mad
mezclar to mix
pegar un tiro to shoot (and hit)
pena: es una pena que it's a pity that
sol *m* sun
timón *m* helm
tormenta *f* storm

Preguntas

1. ¿De dónde sacó Frank el dinero para su barco?
2. ¿Cómo es su barco?
3. ¿Qué necesita Frank en caso de que se pierda?
4. ¿Por qué le dice Javier que está viviendo en un mundo de sueños?
5. ¿Por qué piensa Javier que le curará el viaje?
6. ¿Cree Ud. que los dos muchachos se quieren bien?

GRAMÁTICA Y EJERCICIOS

119. Subjunctive with Impersonal Expressions (*El subjuntivo con expresiones impersonales*)

a. An impersonal expression is generally composed of **ser** plus an appropriate adjective. It is followed by an infinitive when a subject is not mentioned in the sentence:

Es necesario hacerlo ahora mismo.
It's necessary to do it right now.

No era posible decir la verdad.
It wasn't possible to tell the truth.

b. When a subject is mentioned, however, an impersonal expression introduces a dependent clause. The verb in the dependent clause is in the subjunctive if the impersonal expression falls within the three basic concepts that govern the subjunctive.

(1) Implied or Indirect Commands

es bueno (que)	*it is a good thing (that)*
es importante (que)	*it is important (that)*
es justo (que)	*it is fair (that)*
es mejor (que)	*it is better (that)*
es necesario (que)	*it is necessary (that)*
más vale (que)	*it is better (that)*

Será necesario que lo arregle antes de embarcarme.
It will be necessary for me to fix it up before setting sail.

¿No era importante que llevaras algo de comer?
Wasn't it important for you to take along something to eat?

¡No es justo que me digas eso!
It's not fair that you tell me that!

Será mejor que no salgamos.
It will be better for us not to go out.

(2) Emotion

es de esperar (que)	*it is to be hoped (that)*
es lástima (que)	*it is a shame (that)*
es una pena (que)	*it is a shame (that)*
ojalá (que)	*it is to be hoped (that)*

¡Ojalá (que) te ahogues!
I hope you drown!

Es una pena que lo desprecies.
It's a shame that you scorn him.

Fue una lástima que no pudiéramos ir.
It was a shame that we couldn't go.

Es de esperar que nos lo digan.
It is to be hoped that they tell us.

(3) Doubt, Uncertainty, Disbelief, and Denial

es dudoso (que)	*it is doubtful (that)*
es posible (que)	*it is possible (that)*
es probable (que)	*it is probable (that)*
parece mentira (que)	*it seems incredible (that)*

Es probable que se hayan equivocado.
It's probable that they were mistaken.

Era dudoso que estuvieran juntos.
It was doubtful that they were together.

¡Parece mentira que tengas un barco!
It seems incredible that you have a boat!

¿Será posible que no nos hayan visto?
Could it be possible that they haven't seen us?

¡No es posible que lo hayas comprado tú solo!
It isn't possible that you bought it all alone!

c. Impersonal expressions of certainty introduce the indicative:

es cierto (que)	*it is certain (that)*
es evidente (que)	*it is evident (that)*
es seguro (que)	*it is sure (that)*
es verdad (que)	*it is true (that)*
no hay duda (que)	*there is no doubt (that)*

Es verdad que está sola.
It's true that she is alone.

Es evidente que tú no sabes nada de nada.
It's evident that you don't know anything about anything.

Es cierto que vamos a hacerlo.
It's certain that we're going to do it.

No hay la más mínima duda de que te has vuelto loco.
There isn't the slightest doubt that you've gone crazy.

EJERCICIOS: El subjuntivo con expresiones impersonales

A. *Change the sentences according to the subjects in parentheses:*

1. Es necesario que lo hagan ahora mismo.
   (tú, nosotros, yo)
2. Era importante que fuéramos a verlo.
   (ellos, Ud., tú)
3. No es justo que se lo hayas dicho.
   (Uds., ella, nosotros)

4. ¡Ojalá venga pronto!
   (ellas, tú, él)
5. ¡Parece mentira que puedas pensar eso!
   (Ud., ellos, ella)
6. Es imposible que tenga cuarenta años.
   (nosotros, Uds., tú)
7. No hay duda de que la quiere mucho.
   (tú, ellos, nosotros)

*B. *Change the sentences according to the example:*

EJEMPLO: No es necesario hacerlo ahora. (Ud.)
No es necesario que Ud. lo haga ahora.

1. Es importante salir lo más pronto posible. (ellos)
2. Era mejor no decir nada. (tú)
3. No es posible cambiar los planes. (nosotros)
4. No fue justo dejar plantada a esa muchacha. (él)
5. Será necesario volver mañana. (yo)

*C. *Change the sentences according to the example using the subjunctive or indicative as needed:*

EJEMPLO: Ellos no vienen mañana. (Es una pena que)
Es una pena que ellos no vengan mañana.

1. Podremos visitarlos en febrero. (Ojalá)
2. Ya se lo han dicho. (Es de esperar que)
3. Lo hizo a pesar de todo. (Era necesario que)
4. Han preparado la cena. (No es justo que)
5. Fuimos a la reunión ayer. (Era importante que)
6. Quiero hacerlo. (No hay duda de que)
7. Ella se equivoca. (¿Será posible que?)
8. Salió con Javier anoche. (Es verdad que)
9. Lo verá mañana. (Es importante que)
10. Estaremos listos para las cinco. (Es probable que)

120. Uses of the Present Participle (*Los usos del gerundio*)

In addition to its use in the formation of the progressive tenses (paragraphs 62 to 65), the present participle may also be used:

a. To express *by* (*doing something*):

Viviendo y **leyendo** se aprende a comprender.
By living and reading one learns to understand.

b. To express *while* or *since*, when introducing a clause that refers to a continuing action:

Estando en el café, vio a Javier.
While he was in the café, he saw Javier.

Viviendo en el mismo pueblo, se conocían muy bien.
Since they lived in the same town, they knew each other well.

EJERCICIOS: Los usos del gerundio

***D.** *Substitute the present participles of the verbs in parentheses:*

1. Estudiando se aprende mucho.
   (viajar, vivir, escuchar)
2. Trabajando demasiado, se pusieron enfermos.
   (comer, estudiar, beber)
3. Hablando contigo, te comprendo mejor.
   (vivir, trabajar, viajar)

E. *Complete the following sentences using your own words:*

1. Saliendo de la reunión, . . .
2. Viviendo en México, . . .
3. Estando enfermo, . . .
4. Hablando con el profesor, . . .
5. Volviendo a casa, . . .
6. Estando en el cine, . . .

121. y and o

a. **Y** (*and*) becomes **e** before a word beginning with **i** or **hi**, but not before the diphthong **hie**:

Hablo español **e inglés.**	*I speak Spanish and English.*
Encinas **e Hijos**	*Encinas and Sons*
But: Hay mucha nieve **y hielo.**	*There's a lot of snow and ice.*

b. **O** (*or*) becomes **u** before a word beginning with **o** or **ho**:

Tiene siete **u ocho** hermanos.
He has seven or eight brothers and sisters.

No sé si es mujer **u hombre.**
I don't know if it's a woman or a man.

EJERCICIOS: y y o

*F. *Change the following according to the example:*

EJEMPLO: Habla inglés y español.
Habla español e inglés.

1. Escribe un libro sobre sus ideas y planes.
2. Llegaron muchos invitados y amigos.
3. La ciudad tiene varias iglesias y hospitales.
4. Tengo impresiones y recuerdos muy agradables.
5. Estoy estudiando historia y filosofía.
6. Había hielo y nieve en el camino.
7. No sé si ha escrito obras de teatro o novelas.
8. Creo que viene en octubre o septiembre.
9. ¿Son hombres o muchachos?

G. *Express in Spanish:*

1. mother and daughter
2. minutes or hours
3. to love or to hate
4. preterit and imperfect
5. to come and to go

LECTURA

Lope de Vega (1562–1635), España

Lope de Vega es uno de los escritores más prolíficos de la historia de la literatura mundial. No se sabe con exactitud cuántas obras de teatro escribió, pero es probable que haya escrito quinientas más o menos, todas ellas en verso. Escribió también mucha poesía, una novela dialogada, cuatro cuentos y miles de cartas. Mientras tanto se dedicó también a las mujeres. Se casó dos veces y tuvo seis hijos legítimos y diez hijos ilegítimos con doce mujeres diferentes, casi todas ellas ya casadas. Era un hombre celoso, violento y apasionado. Después de separarse de su primera querida, con quien había vivido durante seis años, escribió unos versos en que la insultaba y los circuló por todo Madrid. Como consecuencia fue desterrado de la capital por ocho años, aunque volvía a menudo a pesar de su sentencia. Hombre de acción, se dedicó también a la guerra. Fue a las Azores a luchar contra los rebeldes, y probablemente tomó parte en la expedición de la Armada Invencible.

Lope era también un hombre muy religioso, y de vez en cuando le remordía tanto la conciencia que decidía renunciar a las mujeres. Nunca tenía exito, sin embargo, y vaciló toda su vida entre la pasión y el remordimiento. Tal era su fervor religioso

HISPANIC SOCIETY OF AMERICA

que se hizo sacerdote, pero a pesar de todas sus promesas a la Iglesia y a sí mismo, seguía enamorándose.

Cuando tenía cincuenta y seis años, conoció a la mujer que más amor le inspiró: Marta de Nevares. Estaba casada con un hombre a quien no quería, y cuando conoció a Lope se enamoró profundamente de él. Tenía alrededor de veinticinco años y era muy hermosa, inteligente y sensible. Tenía también mucho talento para el verso y la música. Murió el marido de Marta después del nacimiento de una hija que ella tuvo con Lope y, poco tiempo después, ella se fue a vivir con él. Los dos vivían felices con la pequeña y con dos de los hijos que había tenido Lope con otras mujeres. Pronto se acabó la felicidad porque Marta se quedó ciega y, después de una temporada de gran sufrimiento, murió loca. Lope nunca más se recobró del golpe. Murió también el último hijo varón que le quedaba. Además, Lope sufrió terriblemente cuando un joven don Juan raptó a la hija que había tenido con Marta. Nunca la volvió a ver. Se quedó completamente solo al final de su vida cuando la única hija que le quedaba se hizo monja. Por fin murió Lope mismo, triste y viejo, pero llorado por toda España.

Las obras de teatro de Lope eran enormemente populares. Gozaban de tanto éxito que el público no quería ver representaciones de nadie más que de él, y los otros dramaturgos ponían el nombre de Lope a sus propias obras para que fueran representadas también. Su comedia abarcaba innumerables temas: temas históricos, mitológicos, folklóricos, literarios. Generalmente sus obras no eran muy profundas, puesto que fueron escritas muy de prisa y para dar gusto a un público que buscaba más que nada el entretenimiento. Pero Lope dio vida a la comedia española, o mejor dicho, nació la comedia española con el advenimiento de Lope.

El soneto que sigue nos da una idea del gran genio poético de Lope. Al mismo tiempo podemos ver el remordimiento que muchas veces sentía.

Rimas Sacras

XVIII

¿Qué tengo yo que mi amistad procuras?
¿Qué interés se te sigue, Jesús mío,
que a mi puerta, cubierto de rocío
pasas las noches del invierno oscuras?
¡Oh, cuánto fueron mis entrañas duras
pues no te abrí! ¡Qué extraño desvarío
si de mi ingratitud el hielo frío
secó las llagas de tus plantas puras!
¡Cuántas veces el ángel me decía:
«¡Alma, asómate ahora a la ventana,
verás con cuánto amor llamar porfía!»
¡Y cuántas, hermosura soberana:
«Mañana le abriremos»—respondía—,
para lo mismo responder mañana!

PALABRAS Y MODISMOS NUEVOS

abarcar to comprise, include
advenimiento *m* coming, advent
alrededor de about
amistad *f* friendship
asomarse to lean out
comedia *f* corpus of plays
desterrar (ie) to exile
desvarío *m* delusion
duro hard
entrañas *f pl* heart (*lit.* bowels)
entretenimiento *m* entertainment
extraño strange
hermosura *f* beauty
llaga *f* wound
menudo: a menudo often
nacimiento *m* birth
oscuro dark
planta *f* sole (of the foot)
porfiar to keep trying (*archaic*)
prisa: de prisa quickly
recobrarse to recover
remorder to cause remorse
sacerdote *m* priest
secar to dry
sensible sensitive
soberano sovereign
tal such
varón *m* male

PREGUNTAS

1. ¿Más o menos cuántas obras de teatro escribió Lope?
2. ¿Cómo era Lope?
3. ¿Por qué fue desterrado de Madrid?
4. Describa Ud. su conflicto interior.
5. ¿Cómo era Marta de Nevares?
6. ¿Por qué sufrió tanto Lope hacia el final de su vida?
7. ¿Cómo eran sus obras de teatro?
8. Explique Ud. con sus propias palabras el contenido del soneto.

COGNADOS NUEVOS

apasionado
circular
curar
descendiente *m*
evidente
exactitud *f*
expedición *f*
fervor *m*
folklórico
histórico
ilegítimo
ingratitud *f*
invencible
legítimo
mitológico
procurar
prolífico
rebelde *m*
renunciar
representación *f*
rima *f*
robar
sacro
sentencia *f*
separar
tragedia *f*
vacilar
violento

Capítulo 24

CONVERSACIÓN

Hablan Guillermo y Irving.

G: No sé, pero me parece que cuando echamos una mirada hacia atrás y contemplamos nuestra vida, la mayoría de los hombres tenemos que admitir que todo ha sido una gran pérdida de tiempo.

I: ¡Hombre! ¿Por qué tanto pesimismo esta mañana, Guillermo?

G: Anda, quitémonos la máscara. Tú ya sabes muy bien que la vida de un hombre de negocios como yo es ridícula.

I: No te sigo. ¿Cómo que ridícula?

G: Mira, yo voy a la oficina y me paso el día entero haciendo cálculos abstractos por los cuales me pagan un buen sueldo. O bien me paso horas y horas hablando con señores con quienes no tengo nada en común y en quienes no tengo el más mínimo interés. Y todo eso, ¿para qué?

I: Pues a veces me hago la misma pregunta.

G: Pero por lo menos tú haces algo importante. Ayudas a la gente, lo cual no es poca cosa.

I: Sí, pero ¿qué pasa cuando no puedo ayudar? ¡Eso me pasa con mucha frecuencia!

G: Bueno, todos deben comprender que no puedes hacer milagros.

I: ¡Qué va, al contrario! Cuando se está muriendo alguien, la familia espera que yo le salve la vida, pase lo que pase. Y cuando se muere, me echan la culpa y me calumnian.

G: Pues, ¡allá ellos! Tienen que darse cuenta de que la gente no puede vivir para siempre.

I: Sí, pero no es tan fácil. Todos tenemos miedo de la muerte.

G: Pero Uds. los médicos están acostumbrados a todo eso, ¿no?

I: Hasta cierto punto, quizás. O quizás no. Depende. No sé. De todos modos es una responsabilidad tremenda. Ya te digo, los que sólo manejan dinero son más afortunados que los que tenemos que jugar todos los días con la vida y la muerte.

G: Pero por lo menos eres independiente. Yo, en cambio, tengo que hacer lo que me mande mi jefe, lo cual tiene sus inconvenientes.

I: Y él, tu jefe, tiene que hacer lo que le pidan los clientes, cuyos deseos son absurdos la mayor parte de las veces.

G: Tienes razón.

I: En cuanto a eso de ser independiente, me parece que los médicos somos los menos independientes de todos. Tengo que dedicar el noventa y nueve por ciento de mi tiempo a mi profesión, y casi nunca tengo tiempo para leer nada que no sea un libro o un artículo profesional.

G: ¡Ni yo tampoco! No hago más que trabajar e ir de juerga de vez en cuando para no volverme loco. ¡Qué vida! ¡Si sólo tuviera tiempo para leer un poco! Pero cuando vuelvo a casa no tengo ganas de hacer nada.

I: Los únicos que tienen tiempo para leer son los estudiantes, pero hoy día los jóvenes no leen nada. Mi hija Rachel no ha leído un libro en seis meses.

G: ¿Qué se le va a hacer? Cuando ellos lleguen a mi edad y echen una mirada hacia atrás, la mayoría de ellos va a creer que todo ha sido una gran pérdida de tiempo.

Palabras y modismos nuevos

¡allá ellos!	too bad for them	**jefe** *m*	boss
calumniar	to slander	**máscara** *f*	mask
echar la culpa	to blame	**milagro** *m*	miracle
estar acostumbrado a	to be used to	**mirada** *f*	look, glance
hacer: ¿qué se le va a hacer?	what can you do?	**echar una mirada hacia atrás**	to look back
hombre de negocios *m*	businessman	**pérdida (de tiempo)** *f*	waste (of time)
inconveniente: tener sus inconvenientes	to have its inconvenient side	**sueldo** *m*	salary

Preguntas

1. ¿Cree Ud. que la vida de un hombre de negocios es necesariamente ridícula?
2. ¿Cree Ud. que la vida de un médico es mejor?
3. ¿Cree Ud. que hay profesiones que no son indispensables? ¿Son indispensables los poetas? ¿Los políticos?
4. ¿Le gustaría ser médico? ¿Hombre de negocios? ¿Actor? ¿Granjero?
5. ¿Cree Ud. que hay hombres independientes? ¿Qué hacen y cómo son?
6. Cuando Ud. llegue a los cincuenta años, ¿va a creer que su vida ha sido una gran pérdida de tiempo? ¿Qué tendrá que hacer para no acabar creyendo eso?

GRAMÁTICA Y EJERCICIOS

122. quien

In addition to its use as an interrogative pronoun, **quien(es)** may be used as the object of a preposition:

Paso horas hablando con señores **con quienes** no tengo nada en común, y **en quienes** no tengo el más mínimo interés.
I spend hours talking to men with whom I have nothing in common, and in whom I haven't the slightest interest.

123. ¿de quién?, cuyo

a. The interrogative pronoun *whose* is expressed by **¿de quién(es)?**:

¿De quién son estos platos?
Whose dishes are these?

¿De quiénes son esos libros?
Whose books are those? (*The speaker assumes there is more than one owner.*)

b. The relative pronoun *whose* is expressed by **cuyo**, which agrees in gender and number with the noun it modifies:

la niña **cuyos zapatos** estás llevando . . .
the little girl whose shoes you are wearing . . .

En un lugar de la Mancha, de **cuyo nombre** no quiero acordarme . . .[1]
In a village of La Mancha, whose name I don't wish to remember . . .

Éste es el muchacho **cuyas hermanas** viven conmigo.
This is the boy whose sisters live with me.

Busco a los muchachos **cuya casa** está cerca del hospital.
I'm looking for the boys whose house is near the hospital.

EJERCICIOS: quien, ¿de quién(es)?, cuyo

★A. *Substitute the words in parentheses:*

1. El hombre con quien salí anoche es muy tolerante. (los hombres)
2. Las muchachas a quienes viste son amigas mías. (el muchacho)
3. La mujer para quien trabajo vive cerca de aquí. (las mujeres)
4. Es un niño en quien tengo mucha confianza. (niños)
5. Allí están los viejos de quienes te hablé ayer. (el viejo)

1. First line of the *Quijote*.

B. *Express in Spanish:*

1. Whose house is that?
2. Whose hat is this?
3. Whose stories are you reading?
4. Whose dish got broken?
5. Whose book got lost?

***C.** *Substitute the words in parentheses after* **cuyo**:

1. Mis abuelos, cuya casa está aquí . . .
   (libros, coches, amigas)
2. El autor, cuyos cuentos estoy leyendo . . .
   (novelas, libros, obras)
3. Los clientes, cuyos deseos son absurdos . . .
   (ideas, planes, entusiasmo)
4. El muchacho, cuya madre se murió . . .
   (hermanas, padre, abuelos)

124. ¿qué?, ¿cuál?

a. The interrogative pronoun **¿qué**? (*what?*) asks for a definition or an explanation, whereas **¿cuál(es)**? (*what? which one?*) asks for a choice from several possibilities:

¿Qué es la vida?	*What is life?*
¿Qué son esas cosas?	*What are those things?*
¿Cuál te gusta más?	*Which do you like best?*
¿Cuáles son tus planes?	*What (of the possible plans) are your plans?*

b. **¿Qué**? as an interrogative adjective means *what?* or *which?* and usually precedes a noun:

¿Qué libro quieres?	*What book do you want?*
¿Qué libros compraste?	*Which books did you buy?*

125. Quien, que, el cual compared

a. **Quien** or **que** is used as a relative pronoun when there is no doubt about whom or what it refers to:

PERSONS: Frank es **un muchacho que** vale mucho.
Frank is a boy who is worth a good deal.

Mi padre, quien trabaja mucho, gana poco.
My father, who works a lot, earns very little.

THINGS: Éste es **el libro que** compré.
This is the book (that) I bought.

b. The relative pronoun **el cual (la cual, los cuales, las cuales)** may be used in place of **quien** or **que** when there is doubt about whom or what it refers to:

Las amigas de mis padres, **las cuales** viven en Puebla . . .
My parents' friends, who live in Puebla . . .

No sé si está en la oficina o en **el garaje, el cual** no está lejos de tu hotel.
I don't know if he is in the office or the garage, which isn't far from your hotel.

c. El cual is also used to express *which* or *whom* after **por, sin**, and prepositions of two or more syllables:

Es una persona **por la cual** sentimos mucho respeto.
He's a person for whom we feel a great deal of respect.

Es un hombre **sin el cual** no podría vivir.
He's a man without whom I couldn't live.

Allí está la casa **delante de la cual** hubo un accidente.
There's the house in front of which there was an accident.

126. lo cual and lo que

The pronouns **lo cual** and **lo que** (*which*) refer to a previously mentioned idea:

Ayudas a la gente, **lo cual (lo que)** no es poca cosa.
You help people, which is no small thing.

Tengo que hacer lo que me mande mi jefe, **lo cual** tiene sus inconvenientes.
I have to do what my boss says, which has its inconveniences.

EJERCICIOS: ¿qué?, ¿cuál?, el cual, lo cual, lo que

D. *Express in Spanish:*

1. What is love?
2. What is the problem?
3. What is a rebellion?
4. What is Truth?
5. What is her idea?
6. What is their excuse?
7. What is marriage?
8. What is their religion?

9. What is a lottery?
10. What is the conflict?

***E.** *Substitute the words in parentheses:*

1. Es una mujer por la cual siento gran amor. (hombre)
2. Es un libro sin el cual no podría comprender el álgebra. (libros)
3. La casa detrás de la cual está el teatro es nueva. (casas)
4. Los coches delante de los cuales están jugando son míos. (coche)
5. Los árboles entre los cuales se ven esos niños no están lejos. (casas)

***F.** *Substitute the subjects in parentheses:*

1. Los padres de Elvira, los cuales me invitaron a la fiesta . . .
   (El hermano, la madre, las hermanas)
2. Las amigas de Javier, las cuales viven en Cuernavaca . . .
   (Los sobrinos, la cuñada, el primo)
3. El hijo de mi amiga, el cual es un genio . . .
   (Los hijos, la hermana, los nietos)

G. *Complete the following sentences using your own words:*

1. Es muy rico, lo cual . . .
2. Es muy linda, lo cual . . .
3. Son muy gordos, lo cual . . .
4. No soy muy inteligente, lo cual . . .

127. el que

a. **El que (la que, los que, las que)** can be used in the same way as **el cual**:

Las amigas de mis padres, **las cuales** viven en Puebla . . .
Las amigas de mis padres, **las que** viven en Puebla . . .
My parents' friends, who live in Puebla . . .

b. When **el que** begins a sentence, however, it means *the one who, he who,* etc. **El cual** may be not used in this situation.

El que más sabe es **el que** menos habla.
He who knows most is the one who talks least.

Los que viven en casas de vidrio . . .
Those who live in glass houses . . .

c. *He who* may also be expressed by **quien**, especially in proverbs:

Quien mucho duerme, poco aprende.
He who sleeps much, learns little.

128. ello

The neuter pronoun **ello** (*it*) refers to an idea and is most often used as the object of a preposition:

No estoy muy convencido de **ello.**
I'm not very convinced about it.

No se dio cuenta de **ello.**
She didn't realize it.

129. Subject and Object Pronouns Amplified by Nouns (*Los sujetos y complementos pronominales amplificados por nombres*)

In Spanish, the meaning of subject and object pronouns may be amplified by nouns. The subject or object pronoun may be omitted if the noun is emphasized. The person of the verb is determined by the pronoun, whether expressed or understood:

Nosotros los médicos somos los menos independientes.
We doctors are the least independent.

Uds. los médicos están acostumbrados a todo eso.
You doctors are accustomed to all that.

Las mujeres vivimos como prisioneras.
We women live like prisoners.

La mayoría de **los hombres tenemos** que admitirlo.
The majority of us men have to admit it.

EJERCICIOS: el que, ello, los sujetos y objetos pronominales

***H.** *Substitute the pronouns in parentheses:*

1. El que más come es el que más duerme después. (los que)
2. Los que manejan sólo dinero son más afortunados. (el que)
3. Las que entraron temprano salieron a las nueve. (la que)
4. La que está hablando con Javier es mi amiga. (las que)

I. *Express in Spanish:*

1. I didn't realize it.
2. What do you think of it?
3. He's accustomed to it.
4. They insisted upon it.
5. She doesn't want to think about it.

J. *Express in Spanish:*

1. Those who know him, respect him.
2. The one who saw it left early.
3. Many of us women have to wash dishes.
4. We students are very revolutionary.

LECTURA

Miguel de Cervantes (1547–1616)

Miguel de Cervantes nació en 1547 en Alcalá de Henares. Su padre era cirujano, pero como no ganaba mucho dinero, la familia hacía viajes frecuentes por España buscando trabajo. Así el joven Cervantes tuvo la oportunidad de estudiar de cerca las varias clases sociales en todas las regiones de España. En 1571 luchó en la famosa batalla de Lepanto, donde recibió dos heridas, una de ellas en la mano. Después de embarcarse para España, la galera en que iba fue apresada por unos piratas moros y, como consecuencia, Cervantes pasó cinco años de cautiverio en Argel. Por fin le rescataron unos frailes y regresó a su patria.

Había pasado doce años fuera de España. Al volver se sentía algo perdido, y se encontró con que muchas cosas habían cambiado. Nadie mostraba demasiado interés en los sacrificios que había hecho por su país; ya no se hablaba mucho de la batalla de Lepanto. Debido a los graves problemas económicos que existían entonces, tuvo mucha dificultad en encontrar trabajo. Se dedicó a escribir poesía, pero no tuvo mucho éxito. También escribió algunas obras de teatro, y aunque no eran malas, el público prefería las obras de Lope de Vega, el dramaturgo más popular de España.

En 1584 se casó y aumentaron sus dificultades económicas, porque dependían de él su esposa, su sobrina, sus hermanas y una hija ilegítima que había tenido con otra mujer. Por fin encontró trabajo como comisario de provisiones para la Armada Invencible. Pasó diez años en Sevilla y otros lugares de Andalucía, y en 1597 fue encarcelado a consecuencia de la quiebra de un banquero a quien había confiado dineros públicos. Pasó los últimos años de su vida en Madrid escribiendo varias obras en prosa, y murió en 1616.

Apareció la primera parte de El ingenioso hidalgo don Quijote de la Mancha *en 1605 (la segunda parte apareció en 1615), y por primera vez en su vida Cervantes gozó de un éxito fenomenal, casi sin precedentes. Siempre se quejaba, sin embargo, de que su libro no le ganó la estimación de los compañeros de letras. Sea como sea, el* Quijote *es sin duda alguna la novela más leída del mundo, y es la obra maestra de la literatura española. Cuando empezó a escribir la obra, Cervantes pensaba hacer una parodia de los libros de caballerías que eran tan populares entonces. Así fue creado don Quijote, hidalgo viejo y flaco, que había leído tantos libros de caballerías que se había vuelto loco. Se creía caballero andante y salió al campo en un rocín tan viejo y flaco como él, con unas armas que él había arreglado y que no*

HISPANIC SOCIETY OF AMERICA

Miguel de Cervantes Saavedra

CORTESÍA DE LA OFICINA NACIONAL DE TURISMO ESPAÑOL

Los molinos de viento de la Mancha

Don Quijote con sus libros

servían para mucho. Iba en busca de aventuras, porque creía que el mundo estaba poblado de dragones y de gigantes, como los que existían en los libros de caballerías. Quería ayudar a todos los que sufrían en el mundo: huérfanos, viudas, pobres, enfermos y quizás alguna princesa encarcelada en un castillo contra su voluntad. Poco a poco el lector se da cuenta de que Cervantes se estaba riendo sólo de los aspectos ridículos y exagerados de los libros de caballerías, pero no del espíritu de lo caballeresco. Tenía mucho respeto por el idealismo, el valor personal, la lealtad y la dedicación a nobles causas que mostraban los caballeros de las mejores novelas del género.

Como buen caballero andante, don Quijote necesitaba tener una dama de sus pensamientos a quien dedicar sus hazañas heroicas. Así escogió a una aldeana fea y hombruna que vivía en un pueblo cerca del suyo. Se llamaba Aldonza Lorenzo, pero don Quijote le puso el nombre de Dulcinea, porque le parecía un nombre musical y significativo. Creía que esa mujer vulgar era la dama más bella y más virtuosa del mundo. Otra vez parece evidente que Cervantes se reía de los caballeros que exageraban las cualidades de sus amadas, pero tomó en serio el espíritu del amor caballeresco que incita a los enamorados a ser verdaderos héroes y a realizar grandes hazañas.

Después de una salida malograda, don Quijote volvió a su pueblo y convenció a un labrador vecino suyo que fuera su escudero y le acompañara a buscar nuevas aventuras. El vecino, que se llamaba Sancho Panza, decidió ir, en parte porque don Quijote prometió hacerle gobernador de una ínsula si le acompañaba.

Al principio la visión que tenía Sancho de la realidad estaba de acuerdo con la visión general de la gente que había conocido. Cuando veía un molino le parecía un molino. Pero a don Quijote un molino le parecía un gigante y en seguida lo atacaba. Así el caballero transformó criadas en princesas, venteros en señores nobles, criminales en víctimas inocentes, la bacía de un barbero en el yelmo de Mambrino. Si Sancho intentaba explicarle sus errores, don Quijote creía simplemente que su escudero se equivocaba, o bien que unos encantadores malintencionados lo habían transformado todo para burlarse de él. Se ha dicho que Sancho tenía una visión realista del mundo, mientras que don Quijote era idealista. Pero aunque hay este contraste entre los dos personajes al principio de la novela, amo y escudero cambian poco a poco mientras va progresando la obra. Don Quijote aprende a dudar de su visión del mundo, y Sancho cree cada vez más en el heroísmo de su amo, hasta tal punto que al final de la novela le ruega que se levante de su lecho de muerte y que le acompañe a buscar nuevas aventuras.

Aparecen muchos temas literarios y problemas filosóficos en el libro, pero quizá uno de los más importantes de ellos sea el problema de la realidad. Cervantes intenta mostrarnos que la realidad es una cosa distinta para cada uno de nosotros. La verdad es relativa, y todos tenemos que buscarla nosotros mismos, sin aceptar a ciegas la idea que otros tienen de ella. Aunque don Quijote nos parece loco al principio porque su visión del mundo no estaba de acuerdo con la de los personajes que le rodeaban, pronto vemos que su verdad y su realidad son superiores a las de los otros personajes. Poco a poco nos damos cuenta de que ellos están más locos que don Quijote.

PALABRAS Y MODISMOS NUEVOS

amado *m*	loved-one	**hazaña** *f*	deed
amo *m*	master	**hidalgo** *m*	country gentleman
apresar	to capture	**hombruna**	masculine, mannish
bacía *f*	basin	**huérfano** *m*	orphan
batalla *f*	battle	**ínsula** *f*	island (*archaic*)
burlarse de	to make fun of	**labrador** *m*	peasant
busca: en busca de	in search of	**lealtad** *f*	loyalty
caballeresco	chivalrous	**libro de caballerías** *m*	novel of chivalry
caballero *m*	knight	**malintencionado**	malevolent
caballero andante	knight errant	**malogrado**	unsuccessful
castillo *m*	castle	**moro**	Moorish
cautiverio *m*	captivity	**obra maestra** *f*	masterpiece
cerca: de cerca	closely	**patria** *f*	country
ciego: a ciegas	blindly	**pensamiento** *m*	thought
cirujano *m*	surgeon	**poblar**	to populate
comisario de provisiones *m*	purchasing agent	**quiebra** *f*	bankruptcy
compañero de letras *m*	literary companion	**realizar**	to cause to come true
confiar	to entrust	**regresar**	to turn back
dama *f*	lady (*archaic*)	**rescatar**	to ransom
distinto	different	**rocín** *m*	old horse, nag
encarcelar	to jail	**salida** *f*	sally
escudero *m*	(knight's) squire	**sufrir**	to suffer
flaco	thin	**vecino** *m*	neighbor
fraile *m*	friar	**ventero** *m*	innkeeper
galera *f*	galleon	**vez: cada vez más**	more and more
género *m*	literary genre	**viuda** *f*	widow
gigante *m*	giant	**yelmo** *m*	helmet

PREGUNTAS

1. ¿Por qué tuvo Cervantes la oportunidad de estudiar de cerca las varias clases sociales de España? ¿Qué significación tiene esto?
2. ¿Qué hizo para ganar dinero después de volver a España?
3. Describa Ud. a don Quijote.
4. ¿Por qué se había vuelto loco?
5. ¿Qué pensaba Cervantes de los libros de caballerías?
6. ¿Qué diferencia había entre Aldonza Lorenzo y Dulcinea?
7. ¿Qué visión de la realidad tenía Sancho Panza al principio del libro? ¿Qué visión tenía don Quijote?
8. ¿Qué intenta enseñarnos Cervantes sobre el tema de la realidad?

COGNADOS NUEVOS

accidente *m*
afortunado
álgebra *f*
aspecto *m*
barbero *m*
cálculo *m*
cliente *m*
contemplar
cualidad *f*
dedicación *f*
dragón *m*
económico
error *m*
espíritu *m*
estimación *f*
frecuente
gobernador *m*
heroico
incitar
indispensable
ingenioso
parodia *f*
pirata *m*
precedente
princesa *f*
profesional
progresar
región *f*
responsabilidad *f*
sacrificio *m*
significación *f*
significativo
tolerante
transformar
tremendo
valiente
virtuoso
visión *f*

Repaso 5

1. Subjunctive with Expressions of Doubt and Denial

Review Chapter 21, Sections 108 and 109.

A. *Respond according to the example:*

EJEMPLO: Lo ha querido mucho. (dudo que)
Dudo que lo haya querido mucho.

1. Saldremos mañana. (más vale que)
2. ¿No vas a casa esta noche? (es posible que)
3. Podemos hacerlo bien. (estoy seguro de que)
4. Elvira está preparando la cena. (parece mentira que)
5. Javier siempre tiene razón. (no dudo que)
6. Vienen a las tres. (es probable que)
7. Sé hacerlo. (ella no está segura de que)
8. Es posible hablar español. (dudamos que)
9. Ella quiere ser presidente. (es verdad que)
10. Será mejor olvidarlo. (estamos seguros de que)

B. *Answer the following questions in the negative:*

1. ¿Es posible que yo siempre tenga razón?
2. ¿Duda Ud. que yo le haya dicho la verdad?
3. ¿Le importa a Ud. que comamos ahora?
4. ¿Es verdad que sabes tocar la guitarra?
5. ¿Niega Ud. que haya bebido demasiado?
6. ¿Dudan Uds. que yo sea una persona decente?
7. ¿Es probable que venga tu tía mañana?
8. ¿Les molesta a Uds. que yo les hable francamente?

2. Subjunctive with Conjunctions and Indefinite Antecedents

Review Chapter 21, Sections 110 and 111.

C. *Change the sentences substituting the phrases in parentheses:*

1. Haré todo lo posible *para hacerlo* bien. (para que ella)
2. Pienso hablar con él *antes de* salir. (antes de que él)
3. No voy a salir *sin* preguntárselo. (sin que ella)
4. Vendremos *antes de* cenar. (antes de que los niños)
5. Hablo mucho *para* no tener sueño. (para que tú)

D. *Substitute the appropriate form of the verb in parentheses:*

1. ¿Qué piensas hacer en caso de que él no (querer) ir?
2. Te daré los apuntes con tal que tú me (ayudar) con el español.
3. No te ayudaré con el español a menos que tú me (explicar) por qué saliste con mi novia.
4. No te explicaré por qué salí con ella sin que tú (prometer) no matarme.
5. No prometo no matarte a no ser que tú me (decir) que no hiciste nada con ella.

E. *Change the sentences substituting the verbs in parentheses:*

1. *Salimos* cuando se durmieron los niños. (saldremos)
2. *Fuimos* al cine después que llegaron nuestros amigos. (iremos)
3. *Él leyó* el periódico mientras que yo preparaba la cena. (él siempre lee)
4. *No pude* escribir nada hasta que encontré el libro. (no puedo)
5. *Me puse* los zapatos de todos modos, aunque no eran míos. (voy a ponerme)

F. *Change the sentences substituting the words in parentheses:*

1. *Hay algo* que podemos leer. (no hay nada)
2. *Hay alguien* que sabe hacerlo. (no hay nadie)
3. ¿Conoces a *la secretaria* que sabe hablar español? (una secretaria)
4. Busco a *la muchacha* que entiende ruso. (una muchacha)
5. Vamos *al café* donde sirven limonada bien fría. (un café)

3. Imperfect and Past Perfect Subjunctive; Softened Requests

Review Chapter 22, Sections 113, 114, 117, and 118.

G. *Give both the* **-ra** *and* **-se** *forms of the imperfect subjunctive:*

1. tú: poner, irse, saber, venir

2. él: poder, decir, hacer, ser
3. nosotros: romper, sentir, pedir, traer
4. Uds.: dormir, seguir, morir, ver
5. yo: oír, querer, dar, estar

H. *Give both the* **-ra** *and* **-se** *forms of the past perfect subjunctive:*

1. ver: yo, él, Uds., nosotros, tú
2. morirse: ellas, Ud., tú, yo, nosotros
3. romper: Uds., yo, ellos, nosotros, él
4. callarse: nosotros, ella, yo, tú, ellos
5. abrir: yo, ellas, nosotros, Ud., tú

I. *Give both the polite and very polite forms of the conjugated verbs:*

1. ¿Quiere Ud. ayudarme?
2. ¿Puede Ud. volver a las cuatro?
3. Ud. debe aceptar la invitación.
4. Quiero mandarle una carta.
5. Uds. deben pensarlo mejor.

J. *Express in Spanish:*

1. She treats him as though he were sick.
2. He looked at me as though I were crazy.
3. They spoke as though they knew everything.

4. Sequence of Tenses and If-Clauses

Review Chapter 22, Sections 115 and 116.

Sequence of Tenses

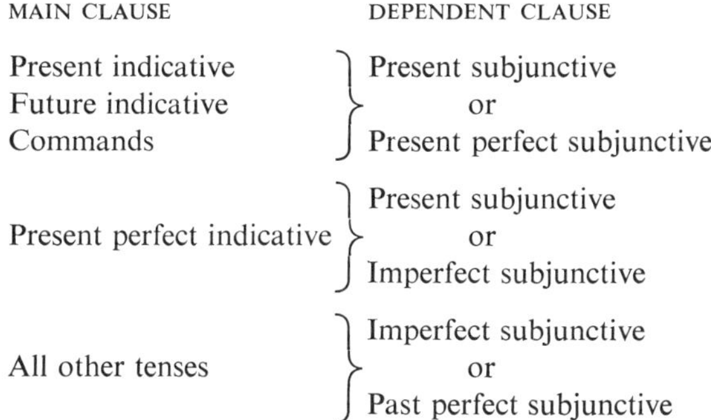

MAIN CLAUSE	DEPENDENT CLAUSE
Present indicative Future indicative Commands	Present subjunctive or Present perfect subjunctive
Present perfect indicative	Present subjunctive or Imperfect subjunctive
All other tenses	Imperfect subjunctive or Past perfect subjunctive

K. *Change the sentences substituting the verb in parentheses:*

1. *Quiero* que Ud. lo haga. (quisiera)
2. *Teme* que no haya tiempo. (temía)
3. *Nos alegramos* de que venga. (nos alegrábamos)
4. *Siento* que hayas perdido el libro. (sentí)
5. Javier *duda* que podamos ir con él. (dudaba)
6. *Me dirá* que me vaya en seguida. (me dijo)
7. *Será imposible* que se quede aquí. (era imposible)
8. ¿*Quieres* que te diga la verdad? (querías)
9. ¿*Te alegras* de que estemos aquí? (te alegrabas)

L. *Express in Spanish:*

1. If I had money, I would go to Mexico.
2. I would tell it to you, if I knew it.
3. If we had time, we would do it now.
4. We would take you to the movies, if we had a car.
5. If he had the books, he must have lost them.

5. Panorama of Pronouns

Review Chapter 24, Sections 122-128.

M. *Change the sentences substituting the words in parentheses:*

1. *El hombre* con quien habla tu hermano me vendió el coche. (los hombres)
2. Allí van *las muchachas* de quienes te hablé. (la muchacha)
3. *La mujer* para quien hiciste la comida es amiga mía. (las mujeres)
4. Es *un niño* por el cual siento gran cariño. (una niña)
5. Allí está *el teatro* detrás del cual viven *los viejos* de quienes te hablé. (la casa, el viejo)

N. *Express in Spanish:*

1. Whose car is that?
2. What is life?
3. What is the problem?
4. Which do you like best?
5. I didn't realize it.
6. He who talks the most is often the one who knows the least.

Apéndice 1

CONVERSACIONES

Chapter 1

Frank and Javier are talking.

F: Good morning, Javier. How goes it?
J: So-so. What's that?
F: It's a poem about the ideal woman.
J: The ideal woman? And what's the ideal woman like?
F: Well, she's intelligent, and sincere, and generous . . .
J: No! That woman isn't ideal. She's hypocritical and bad.
F: But why?
J: Because women aren't sincere. They're opportunistic. And they're not generous. They're egocentric, like cats.
F: Many women are like that, but not all.
J: All, all! Spanish women, English women, German women, Canadian women, they're all like that!
F: Oh, really? And men, what are men like?
J: Men are the victims, the eternal victims.

Chapter 2

Elvira and Rachel are talking in a restaurant.

E: Hi Rachel! What are you drinking?
R: I'm drinking some wine with a bit of water, and I'm eating a good English ham, too. And you, what are you eating?

E: Me? Well, I'm eating some American soup with additives and artificial color.
R: Hurrah! Long live modern civilization! And what are you studying with so many books? How many are there?
E: Six or seven. I'm studying history, music, literature, philosophy . . .
R: Philosophy? With whom are you studying philosophy?
E: With Professor Moreno. Why?
R: He lives near us, in an enormous house. I talk with him often.
E: Oh, really? What's he like?
R: He's an important and very intelligent man. But according to a friend of Javier's brother, he's a lecherous old man too.
E: A lecherous old man? Professor Moreno? Impossible!
R: No, it's very possible. Well, thanks a lot, Elvira.
E: You're welcome. Thanks? Why?
R: Because you're paying, aren't you?

Chapter 3

Frank and Javier are talking in a cafeteria.

J: I'm in a hurry, Frank. I'll put the ham and the wine here, all right?
F: Thanks, but I'm not hungry, or thirsty, or anything.
J: Fantastic! Then it's all for me. It's very cold out now, isn't it?
F: Yes.
J: Are you sleepy, or what?
F: No.
J: Silence, eh? Don't you talk to anyone any more? Well, what have you got against me?
F: Nothing. It's just that I never talk when I eat.
J: But now you're not eating anything!
F: You're right. It's just that it's very hot out. That's why I'm not hungry.
J: You feel hot now? Impossible!
F: Oh, I'm not worth anything, Javier. I'm not lucky, and I don't feel like living any more.
J: Why do you exaggerate, man? Is it a question of life or death?
F: It's all because of Maribel. She's to blame. She no longer speaks to me!
J: But isn't she very young for you? How old is she?
F: She's sixteen.
J: She's a child!
F: You don't understand anything.
J: I understand a lot! Besides, I have great success with women.
F: Why? What do you do?

J: I never pay any attention to women, and I'm never afraid of them, either. That way I always have phenomenal success.
F: I don't feel like fighting in that eternal war.
J: Then you have to live alone! That's life!

Chapter 4

Elvira's parents are talking at home.

E: Guillermo! What are you doing? Guillermo! Don't you hear? Why don't you say anything?
G: I have to go out with my friends.
E: With your friends? But, why don't you go out with me?
G: Because you have to prepare dinner.
E: Then why don't you and I go out after dinner?
G: Because Rachel's parents are coming here.
E: Magnificent! And you don't say anything till the last minute!
G: Why do you have to shout?
E: Because I don't have anything in the house! There's only a bottle of wine, and it's the worst wine in the world! What do I do?
G: That has no importance. They drink very little.
E: Oh, really? And the oldest daughter? She drinks more than a fish, and her younger brother drinks as much as she does.
G: Why do you have to speak so badly about them?
E: It's just that they live very well and they always have good wine in the house. Of course, they're richer than we are, and their house is not as small as ours, and their car is newer and bigger than ours.
G: All right, that's enough, Elena! Our house is not as old as theirs, and our car is less ridiculous than theirs. Besides, Elvira is the best daughter in the world. We're very lucky.
E: You're right, Guillermo. I won't shout any more!

Chapter 5

At Javier's house. Frank is talking with him.

F: Hi Javier, it's me! How goes it?
J: For God's sake, Frank! What are you doing here today?
F: Well, aren't I your best friend?
J: Look, Frank, I'm in a big hurry now. What time is it?
F: It's seven thirty. Why?

J: Seven thirty! It's already very late!
F: Nonsense! It's still early.
J: It's just that I have to go out with Rachel at a quarter to eight.
F: With Rachel? But aren't you going out with Elvira tonight?
J: No, I'm going out with her tomorrow at noon, and with Maribel at midnight. Afterwards, at two in the morning, I'm going out with someone else.
F: How ridiculous you are!
J: This week I'm going out with four girls, and next month with ten.
F: Yes, and next year with thirty-nine!
J: That's right!
F: Rachel probably doesn't exist. Who is she? Where is she from?
J: She's from New York.
F: Oh, really? And what's she like?
J: Well, her family is Jewish, but she's a Buddhist and a pacifist, too. She's very pretty, but she's too fat.
F: Well, why do you go out with her?
J: Because her father is a very famous doctor and he teaches at the University. Her family is very rich.
F: You're a Don Juan, and you're very cynical.
J: That's why women adore me.
F: How egotistic you are!
J: I am what I am.

Chapter 6

Elena and Rose (Rachel's mother) are talking. They are at Rose's house.

R: Shall I put more ice in your lemonade, Elena?
E: No, thanks. It's still very cold.
R: Is the apple too unripe?
E: No, no, it's all right, thanks very much. It's very delicious.
R: Why are you so sad, woman? Are the children sick?
E: No, at least the children are all right. But that idiot Guillermo is going out with his secretary almost every night. He says he goes out with his friends, but he goes out with her.
R: Your husband is going out with his secretary? It's the oldest story in the world! Why does Guillermo have to be so conventional?
E: Well, because I'm like all mothers who have a lot of children. I'm fat and old.
R: Elena, are you crazy? Why do you talk like that?
E: I'm telling the truth. He goes out with his secretary because he's tired of living with me.
R: But what's the famous secretary like?

E: Guillermo says she's very smart and she has lots of talent, but I say she's stupid and very ugly.
R: Aha, Elena! You're jealous, right?
E: No, I'm not jealous. I'm angry. Guillermo is very tiresome. But of course, I'm too old for him now.
R: What nonsense, Elena! You still look very young!
E: I look very young, eh? Then I'm old, right? What a friend! You're worse than Guillermo!

Chapter 7

Frank and Maribel are talking.

F: Maribel! Where are you going? Why do you always run away from me?
M: It's not that I'm running away from you; now I'm in a big hurry.
F: Why? What do you have to do?
M: I'm going to Javier's house now. He's going to teach me to play the guitar.
F: You're going to learn to play the guitar?
M: Yes, and he tells me I have lots of talent too.
F: He tells you that?
M: Of course. I think Javier is a boy who is worth a great deal.
F: Look, Maribel, don't you see that he's giving you those lessons because he feels like being with you? Afterwards he'll probably invite you to dinner, or maybe he'll take you dancing, or something like that.
M: Really? Do you believe that?
F: I think so. Absolutely!
M: Then I'm going home right now.
F: But aren't you going to Javier's?
M: Yes, of course, but if he's going to invite me to dinner tonight, I have to wear a new dress.
F: Maribel! Are you crazy? You and I have a date tonight, isn't that true? We're going to the movies, aren't we?
M: Oh, Frank! Why don't we go tomorrow?
F: Maribel, for God's sake! Don't you understand that Javier is a Don Juan?
M: No, I don't understand that, and I don't believe you, either. I like being with him very much, and you're jealous of him and me and everyone.
F: All right, now I'm angry, do you hear? If you like Javier so much, then I won't say any more. And good-bye. I'm going to look for another girl for tonight.
M: Aren't you coming to visit me tomorrow?
F: No. Well, maybe . . . All right, I'll see you tomorrow, but I don't like the idea.
M: I like you very much when you're angry.

Chapter 8

Ramón Moreno is talking with Elvira, a student of his.

R: You don't love me at all, even though I adore you.
E: Nonsense! I do love you very much, Mr. Moreno.
R: You think I'm very old, older than your grandfather. Older than the devil, right?
E: No, I don't think that. You're very young!
R: Why do you lie, my child? You know very well that I'm sixty-seven years old. The devil knows more because he is old than because he is the devil. So you must always tell me the truth, and nothing but the truth.
E: Well I'm telling you the truth. You're not at all old.
R: Enough, child! You don't deceive me that way! You don't like old men. You like the young ones. I see you lots of times with Javier, a boy who's worth absolutely nothing at all. What do you think of him? Do you know him well?
E: He's a friend of mine, that's all.
R: No more and no less, eh? Well I warn you that that fool isn't going to be the least bit successful in life. He doesn't understand even a word of philosophy, and the essays he writes for my classes are hopeless. I think Frank sells them to him.
E: That's a pretty serious accusation!
R: Aha! You're defending him, eh? You defend that idiot? Now I'm beginning to lose my patience.
E: But why are you losing your patience?
R: Because you love him, and not me. You think he's a very attractive boy, don't you? Well, if you close your eyes, I'm a veritable Adonis.
E: But I don't love Javier.
R: If you want love letters, I'll write them to you. And if you want chocolates, I'll send them to you. And if you want a rose, I'll buy it for you right now.
E: But I don't want those things.
R: And if you want to hear a love poem, I'll read it to you.
E: I don't want anything!
R: And besides, I do all those things a hundred times better than Javier.
E: Mr. Moreno! Sometimes I think you don't hear me when I talk to you.
R: I hear you, I see you, and I adore you, child. But you don't love me at all.

Chapter 9

E: Nurse R: Ramón Moreno I: Irving Goodman (neurologist and Rachel's father)

E: Excuse me, Dr. Goodman, here is Professor Moreno.

I: Come in, Sir. Good afternoon.
R: Good afternoon. I'm very pleased to meet you.
E: May I leave, Doctor?
I: Yes, all right, leave now. But come back in ten or fifteen minutes, please. And bring me a thermometer, would you? Don't forget it, eh?
E: Very well, Doctor. (The nurse goes out.)
R: How lucky you are! Where do you find these pretty, young nurses that you have?
I: They seem young to us because we're old. All right, come here, Mr. Moreno, and let me examine you. What's the matter? Does something hurt?
R: Well, my head aches and my eyes ache. Even my feet hurt sometimes. And don't talk to me about aspirins, because they're absolutely worthless.
I: Show me your hands, please.
R: My hands? Why?
I: Show them to me, please. They're trembling a little, aren't they?
R: It's just that I drink and smoke a lot.
I: Well, don't drink so much, and don't smoke either. Believe me, those excesses are very bad for the body.
R: But they're very good for the soul.
I: All right, now do me the favor of looking towards the window. Don't move your head! And now, look towards the door. Very good.
R: I have lots of talent for that. That's how I look at women. With just my eyes, and without moving my head.
I: Good. Now tell me something. Do you sleep well?
R: Do I sleep well? Of course I don't sleep well! I always remember my family, and I dream about the war. I have terrible memories. And don't give me sleeping pills, because I don't want any.
I: Don't worry. I don't intend to give you any.
R: Then what's the matter with me? What do I have?
I: I don't know. I haven't formed an opinion yet.
R: You don't know what I have? But how long do I have to wait? Maybe I don't have much time left here on earth.
I: What nonsense! You still have many years of life left.
R: But I lack the health to enjoy them.
I: Well don't go to taverns so much! I'm counting on you!
R: Listen! Don't put me in an intolerable situation!
I: Mr. Moreno! Don't you care at all about your health? Be reasonable, at least! It doesn't cost you anything to be reasonable.
R: Reasonable? Me? But one shouldn't be reasonable in life! Don't fall into that trap! Reasonable men don't know how to live. See, if I have to die, I prefer to die of pleasure in the arms of a woman.

Chapter 10

Rose is talking with her daughter Rachel.

Ro: Come here Rachel; I want to see you a moment.
Ra: Right now? I have a date with Salvador.
Ro: Who is Salvador? Do I know him?
Ra: No, you don't know him. Why do you ask?
Ro: Because I like to know whom you're going out with.
Ra: But why? I'm not a child any more. And besides, I don't ask you anything.
Ro: Don't talk to me that way Rachel; I'm your mother. And tell me who Salvador is.
Ra: Well, I don't know.
Ro: What do you mean, you don't know? Tell me right now; I'm not going to ask you twice.
Ra: All right, if you want a superficial description, he's a pacifist and a Buddhist and he has a beard and long hair and he smokes marijuana. Shall I go on or is that enough?
Ro: Very well, go out with that idiot if you like, but afterwards don't tell me that you need the car and more money because he doesn't have anything at all.
Ra: I'm not asking you for anything! Salvador and I aren't materialists. We don't need things like that.
Ro: I can't conceive of how you can be so ridiculous! Don't you know that money counts a lot in this life?
Ra: Why do you insist so much, Mom? I'm telling you, money isn't good for anything!
Ro: And I repeat to you that it does count, and for a lot! Who pays for your University, eh? And who pays for your dresses and for your food? Answer!
Ra: Oh, Mom, for God's sake! You don't get anywhere when you talk to me that way! You prevent me from having a good conversation with you.
Ro: Be careful; I'm angry now, eh?
Ra: Look, Mom. I don't want to have anything, but I do want to be something. Don't you see the difference between being and having? It's the difference between you and me!
Ro: Oh, really? Give me an example then.
Ra: Well, you and Dad, for example. You have two cars and an enormous house, but you're not happy. Besides, you're nobody! You're the wife of a neurologist, but who are you?
Ro: And you? Who are you? Do me the favor of explaining it to me!
Ra: Well, I am who I am. I'm a pacifist, like Salvador. I have friends who are like me, and we all fight to improve the world. We don't have anything, but we're happier than rich people.
Ro: Oh, of course, because the rich people feed you. You're all irresponsible

and lazy. The most important thing is to have a profession, to have a diploma, to have ambitions!

Ra: Nonsense! That's why there are wars, because everyone wants to have things, things, and more things!

Ro: Well, go see your beloved Salvador, and be a little less arrogant, if you can.

Ra: Oh, Mom! It's impossible to talk to you!

Chapter 11

Frank and Javier are talking.

J: Hey, Frank! Did you take notes yesterday in the philosophy class?

F: Yes, but they're not very good. I didn't understand anything.

J: Oh, that doesn't matter. I never understand anything Professor Moreno says.

F: Why didn't you go to class yesterday?

J: Because I went with Maribel to the park to take a stroll. Afterwards I took her home and I gave her a lesson.

F: A lesson about what?

J: Well, a lesson about love, of course.

F: Shut up, Javier! Don't talk about Maribel that way; I don't like it at all!

J: OK, OK! You shouldn't shout so much; you're going to have a heart attack. You know very well that I give her guitar lessons.

F: Guitar lessons, eh? I know that you went out with her last night! You had dinner with her and afterwards you invited her to the movies. I saw the two of you.

J: Oh, really? You should have said hello to us, then.

F: You go out with Maribel because you know perfectly well that I love her.

J: No, it's not because of that, but because I like the movies a lot, and since I'm a very generous man besides, I paid her admission.

F: You're not in the least bit generous; you're egotistic and perverse! You always go out with the girlfriends of your friends! What an irresponsible person you are! You're super-irresponsible!

J: My God! What a long word! And you? You think you're incredibly noble, right?

F: We're not talking about me, but you.

J: OK, if you're so noble, give me a hundred pesos.

F: A hundred pesos! But I gave you sixty pesos last week! And another twenty last month!

J: Oh, really? Well, I must have lost them.

F: You didn't lose the money; you spent it. You must think I'm hopelessly stupid!

J: OK, give me the notes from the philosophy class; it must be late now, and I'm in a hurry.

F: I'm not giving you anything! Neither notes, nor money, nor anything!
J: What a friend! How generous you are! It doesn't cost you anything to give me the notes, come on!
F: You must be crazy! You go out with my girl friend, you owe me money, and now you're asking me favors!
J: Oh, come on, for heaven's sake! Don't exaggerate so much! Aren't I your best friend? Friends always ask favors!
F: Well, with friends like you, I don't need enemies!

Chapter 12

In: Inspector Ir: Irving Goodman R: Rose Goodman

In: Now, I'm going to do everything possible to find your daughter, but I need to know who her friends are, and what they're like, and what ideas they have, and things like that.
R: Well, we don't know who they are. She never brings them home.
Ir: Of course, because you always used to criticize them and you used to say they were totally worthless. Of course she didn't want to bring them home!
R: And I was right! Her friends were always very strange. Poor people, sick people, people from the streets and from bad families . . .
Ir: It's just that she felt a lot of sympathy for them.
R: Are you crazy? You don't understand your own daughter!
Ir: Maybe I understand her better than you!
R: Oh, really? Who used to take care of her when she was sick? And who would prepare dinner for her every night, eh?
Ir: That doesn't mean that you understood her! It means that you served her, that you did things for her.
R: OK, and what did you do for her? You used to go to your beloved hospital every day. Or rather, you lived in the hospital, because we never saw you at home.
Ir: Yes, and when we had the apartment we lived near the hospital, but you wanted to live in the country. You said that you didn't like the city.
In: All right, please, I want to talk about what happened last night.
R: Yes, Irving, let the Inspector speak.
In: Please, Doctor, tell me what your daughter was doing last night when you came back from the hospital.
Ir: Well, she was in her room, in bed. She asked me for some coffee.
In: You didn't speak with her then?
Ir: No. It was late, and I was sleepy.
In: Didn't you notice anything strange?
Ir: Well, now that I think of it, I noticed that her voice was trembling a bit. When she finished her coffee I saw that she had tears in her eyes, but I thought it was because the coffee was very hot.

R: For God's sake, Irving! Why didn't you call me?

Ir: Because Rachel isn't a child any more.

R: Her tears warned you that she was sad, and you didn't ask her anything! Are you blind? Poor little girl! She probably didn't sleep all night!

Ir: Don't be so melodramatic, Rose. You're (being) ridiculous!

R: Our daughter disappears and he tells me I'm ridiculous! Inspector, am I ridiculous?

In: Please, Madam, don't worry; I'm going to find your daughter. I think I know where those "strange" people you describe to me live.

R: Oh, my God! Our daughter preferred to live with them and not with us! How did she conceive of the idea of abandoning us that way?

Ir: I don't know what to tell you, Rose.

R: How cruel you are! You don't care at all what happens to me!

Ir: Look, I have to go to the hospital now. We'll talk later.

R: Maybe later you won't find me at home.

In: Madam! Let me find your daughter before you disappear!

Chapter 13

Frank and Maribel are talking.

M: Hi, Frank! What are you doing here alone in the park?

F: Heavens, Maribel! I didn't expect to see you here! I thought that you were playing the guitar with Javier now!

M: No, this morning we couldn't, so I came here to take a stroll.

F: What a good thing, Maribel! You did the right thing!

M: And you, what were you doing when I arrived? Were you sleeping?

F: No, what nonsense! I was reading this magazine.

M: Oh, Frank! I know very well that you're lying to me now! When I saw you, you had your mouth open and your eyes closed.

F: It's just that I was thinking. Back home there's a lot of wheat now, and they're reaping...

M: What a story! I still think you were asleep. Listen, why didn't you go to the concert last night?

F: Because you told me that you weren't going! Afterwards I found out from your parents that you were there. I wanted to go but I couldn't, because it was already toó late.

M: Poor Frank! I'm so sorry! Do you know who was there? My idol! Juanito Romero!

F: Fantastic. Who's Juanito Romero?

M: Don't you know? Frank, for God's sake! He's one of the best musicians in the whole world! He's extremely famous!

F: I'm sick.

M: He had on a magnificent suit, in all colors. Yellow, red, blue, black . . .

F: I feel nauseated.

M: When he appeared, we all screamed like crazy.

F: I'm hemorrhaging.

M: And afterwards, Frank, listen to this, afterwards I met him!

F: Juanito Romero, sex symbol of the Western hemisphere. What a world! What a life!

M: Hey, did you bring something to eat? I'm dying of hunger!

F: I have an orange, if you like, but that's all.

M: Why don't you take me to a restaurant, then?

F: No restaurants! No way!

M: Oh, Frank, don't be like that! Take me out to eat, come on!

F: Maribel, you're driving me crazy! Besides, you're not accomplishing anything (getting anywhere). I know you very well!

M: I like men who understand women. Juanito Romero understands us too. In one of his songs he says that we women are like wine because we fill men with passion.

F: I think I'm going to die. What a life! We make heroes out of fools, and wise people remain anonymous.

Chapter 14

Elena and Guillermo are talking in bed.

E: Hey, Guillermo, are you asleep already?

G: What a question! How do you expect me to go to sleep if you keep waking me up every five minutes?

E: I'm dying of cold.

G: Cover yourself with the blanket, then.

E: It's not enough.

G: Well, put on some pajamas, or something.

E: I don't have any pajamas left. They're all dirty.

G: All right, then get up and take a hot shower, woman.

E: Guillermo, why don't you snuggle up to me a little?

G: Please, Elena, don't start that. I feel very tired now and I want to sleep.

E: Why did you go to bed so late, then? I felt like talking with you for a while, but you always fall asleep right away.

G: Well, I didn't realize that at all. Look, maybe tomorrow, after I get washed and after I shave. But right now I'm exhausted.

E: Shall we set a time?

G: Don't get so sarcastic, Elena. If one doesn't feel like it, one can't do anything. I'm sorry, but that's life.

E: You didn't say that when we got married!

G: But we got married twenty years ago!

E: Don't you remember what good times we used to have? We used to love each other very much then, but now you're bored with me, aren't you?

G: It's not that, Elena. It's just that when one's old one gets tired.

E: Old! You call yourself old when you're only forty-eight?

G: What are you laughing about? I'm soon going to be fifty! I don't even dare think about it any more!

E: I wonder how you can complain about being old when you're so young and so attractive.

G: Shut up, Elena. I know you're laughing at me.

E: They say that when men get to be fifty, women fall in love with them more than ever.

G: Come on, now! Nobody is falling in love with me.

E: And then those men realize that they aren't as old as they thought. Suddenly they feel the same as before, when they were twenty. But with their own wives they keep on feeling old.

G: Imagine! What ideas you have!

E: As for me, I think men are much more attractive when they're forty-eight. And besides, they're wiser. They have more experience and they know what they're doing. They know how to make love to a woman, whereas young men attack women like beasts . . . Oh! Guillermo! What are you doing?

G: Don't be startled! It's just that now I'm beginning to feel cold, too.

E: Don't take advantage of me, Guillermo! I'm dead tired now and I want to sleep. Maybe tomorrow, after I take a bath . . .

Chapter 15

Rachel and Salvador are talking on a Mexican road.

R: Hey, Salvador! Are there any cars coming?

S: No, I haven't seen any yet.

R: Well, I thought someone was coming. Didn't you hear anything?

S: I'm telling you, there's nobody!

R: And the motorcycle? Can you do something with it?

S: I've told you a thousand times that it's broken!

R: Well, go to a garage, then!

S: Look, Rachel, in the first place, I've never been here before and I don't know very well where there can be a garage. In the second place garages aren't open at six in the morining.

R: Oh, God! We haven't slept all night, we haven't eaten anything decent in two days, I haven't written to my parents, we've traveled since Friday without getting anywhere, and now we're lost!

S: OK, and so what? We're not lost forever! We have to get there some day!

R: But we'll never get there if we don't eat something meanwhile! What have you done with the chocolates?

S: I put them there under the tree.

R: Oh, horrors!

S: What happened?

R: The chocolates! They're covered with ants!

S: Well, get rid of them, that's all!

R: Take them off yourself! I don't want to touch them! Have you ever seen ants as big as these?

S: How silly you are! You start screaming because you see a few ants! How are you going to live in the country if any insect that comes along scares you?

R: It's just that insects drive me crazy.

S: All right, calm down, I've already killed them.

R: For God's sake, Salvador, you're terrible! How could you (bring yourself to) kill them that way with your (bare) hands? Some of them have died, but others are still struggling. And look, some have come back!

S: Don't complain so much! That's life! It's all kill and be killed. OK, here are the chocolates. Open your mouth.

R: What a breakfast!

S: Well, it seems to me that your dream about living in the country is turning into a nightmare.

R: Look, I'll make you a promise. I won't complain any more about insects, agreed?

S: OK, agreed.

R: Oh, Salvador! Look at the spider! It must be the biggest spider I've (ever) seen in my life!

S: Rachel, how incredibly silly you are! You've already broken your promise!

R: Nonsense, I didn't break it! Spiders aren't insects because they have eight legs and insects only have six.

S: You American women always win all the arguments. Why don't you become a lawyer?

Chapter 16

Frank and Elvira are talking.

F: Ah, Elvira, at last! I've been waiting for you around here for almost two hours! Have you spoken to Maribel? Did she ask after me?

E: Frank, for heaven's sake! Calm down a little! I went for her at six, but she had already gone out.

F: She had already gone out! But when I phoned her, she still hadn't gotten up up from her nap!

E: Well, her mother told me that she left in a big hurry because Javier had called her, and apparently they've gone to take a stroll around the park.

F: Then let's go to the park too! Shall we go along this street? Or better yet, let's go by way of the plaza. OK, let's go!

E: One moment, Frank! Why don't you wait until tomorrow afternoon or tomorrow night?

F: I simply can't! And besides, that Javier makes me furious. He goes out with her out of sheer spite, (just) to make me mad. And I, out of cowardice, don't do anything.

E: He doesn't do it because of you, but for his own sake. He goes out with women out of egotism, because he likes to make conquests. But in ninety-nine percent of the cases he doesn't fall in love with them.

F: Then why do they go out with him?

E: Out of egotism too, I say. They want to change him from a Don Juan into a submissive and obedient man, dedicated only to them, and things like that.

F: Well, I'm already submissive and obedient!

E: Of course, and that's why you take away from women the pleasure of victory.

F: And doesn't Maribel want to exchange a ridiculous Don Juan like Javier for a serious man like myself?

E: Someday, maybe, but for now, I think not.

F: But, weren't you going to talk to her? Weren't you going to intercede for me?

E: Of course, but I don't know if I can accomplish much.

F: Oh, Elvira! Why doesn't she resign herself to going out with me?

E: Maybe she takes you for a coward because you don't kidnap her or something like that.

F: I don't intend to kidnap Maribel for anything in the world.

E: Listen, Frank! If you take me to dinner I'll invite you to the movies afterwards, and I'll pay for the two of us. OK?

F: Thanks for the invitation, Elvira, but I can't. Unfortunately I have to study.

E: Don't worry so much about your studies, man! Leave them, for once in your life!

F: OK, maybe we'll bump into Maribel and she'll see me with you and she'll get jealous. And to think that she prefers to go out with that Javier! He goes out with three girls a day, with twenty-one girls a week, with eighty-four girls a month, and I'm lucky if I go out with one a year!

E: Frank, for God's sake! Why don't you become a mathematician?

Chapter 17

Ramón Moreno and Elvira are talking.

E: Hi, Professor Moreno! How are you today?

R: I'm dying.

E: You always tell me you're dying when I ask you how you are! You've been dying now for three years!

R: Correction: I've been dying for sixty-seven years. I began to die the day I was born.

E: Well, for a man who has spent his whole life dying, you seem a lot more alive than dead!

R: And for a child as studious as you are, you're very flirtatious. Give me a little kiss, come on. Don't you have a little kiss for a very sad, old man?

E: Not now. I'm keeping them for another day.

R: You don't love me at all. You'll never love me. Will you come to weep for me at my deathbed?

E: When do you plan to die?

R: I'll die on your wedding day.

E: I've already told you many times that I'll never get married.

R: Yes, but one day you'll be afraid of being alone and you'll go out with a hopeless fool who won't know how to appreciate you as I appreciate you. You'll be very taken with him even though he won't be worth a damn, and he'll make you very unhappy. And all just so that you won't be alone!

E: Well, you know that I'm going to study to be a doctor. To be a really good doctor you have to dedicate yourself totally to your career, so I won't have time to feel lonely!

R: You have to have a lot of courage to live alone. Besides, the time will come when you'll want to have children, and you'll say to yourself that to be a complete woman you'll have to get married. Then your good little head will be ruined. Poor little girl of mine!

E: Nowadays there are other alternatives for women.

R: Human nature will never change. There will be many men in your life, child, and that's a good thing. But don't marry the first one, marry the last one!

E: The last one will never get here.

R: If you marry the third, or the fourth, or the fifth, instead of marrying the last one, I'll never speak to you again in (all) my life.

E: But why not?

R: Because I never speak to little girls who ruin their lives. If you get married, you'll never be a doctor. If you get married, you won't read even one book in all your life, you won't write anything important, you won't do anything memorable, you won't have time for anything.

E: It seems to me that you're exaggerating a bit.

R: But if you don't get married, I'll teach you everything I know. I'll make you very wise, and one day you'll be famous. Where are you going?

E: I have to be home by six. We have guests.

R: Won't you stay with me a little longer? Who knows, maybe today will be the last day of my life!

E: Today isn't the last day of your life; today is the first day of the rest of your life!

R: For such a young child, you play very well with words. Why don't you become a philosopher?

Chapter 18

Rose and Irving are talking.

R: But where do you think she was when she wrote the letter?

I: I don't have the slightest idea. She was probably on some road somewhere.

R: What could she have eaten in the last five days? Where could she have slept?

I: She must have slept in the arms of her beloved Salvador.

R: Well I'd like to know who that savior could have saved.

I: He probably thinks he's going to save the world, beginning with our daughter.

R: That's all we needed! Why doesn't Rachel fall in love with a serious young man for once in her life? What are you laughing at?

I: That would be asking too much! Nowadays young people do everything possible not to please their parents.

R: Young people must have always been that way. That's why I married you, because since you were very poor my mother thought that you would never be a doctor.

I: Oh? And otherwise you wouldn't have married me?

R: Nonsense! I wouldn't say that!

I: You must have married me out of sheer spite, to make your mother mad.

R: Please, Irving! Couldn't you shout a little less? I have a headache!

I: I'm not shouting! I'm talking to you clearly and frankly, in a very low voice and very logically.

R: Well, that's why I have a headache! You always talk to me that way, slowly and emphatically, but meanwhile I'm dying of anguish!

I: Rose, you promised me last night that you wouldn't die of anguish.

R: Yes, but that was before I received the letter. Now I'm very depressed. My own daughter told me that I couldn't understand her, and she said that she wouldn't come home any more and that she would have children one day with that Salvador!

I: Well, she'll have to have them with someone . . .

R: For God's sake, Irving! For a man as intelligent as you are, you seem incredibly stupid! Don't you see that she's going to ruin her life? Could you explain to me what she's going to accomplish living on a farm? Here at home at least there would be hot meals for her every day, and we would go out together from time to time, and my life would be worth something!

I: Well, from the medical point of view, life on a farm is very healthy. Rachel will get a lot of exercise and she'll breathe fresh air.

R: But from my point of view it's a ridiculous idea. Don't you remember how we felt when she was born? We thought that one day she would marry a lawyer or a doctor, and look what she's done to us!

I: Do you think that you would have felt happier in that case?

R: Of course! We would have had a nice son-in-law, we would have lived with them, and sometimes we would have gone out with our grandchildren.

I: And Rachel would have gone crazy, because nobody likes to live with his parents forever. Let her out of the cage, Rose; she wants to fly. Don't worry so much about her.

R: Oh, Irving! You don't worry about anybody! It's impossible to talk to you!

Chapter 19

Maribel and Javier are talking.

M: But I want you to take me to the movies on Saturday.

J: Don't insist that I do it, Maribel, because I can't and that's that. I've already told you a thousand times that my aunt is coming to visit me.

M: Well, write to her not to come.

J: Are you crazy? What do you want me to tell her? That I can't see her this weekend because I have a date with a girl?

M: I'm not a girl, I'm your fiancée. And tell your aunt to stay in Chihuahua.

J: Maribel, I'm asking you please to leave me alone.

M: And I'm begging you to take me to the movies. Let your aunt go to hell!

J: You go to hell! And I advise you not to talk to me that way because I'm fed up already, do you understand?

M: Well why can't you tell your aunt to go out with an old man her own age? With my father, for example, or with somebody like that.

J: Look, Maribel, I want you to know something. My aunt is only thirty-four, and she's a very elegant and pretty woman.

M: Well so much the worse! In that case I simply won't permit you to be with her this weekend.

J: You won't permit me to be with her, eh? With my own aunt! Well I won't permit you to be that way with me, nor to give me orders, nor to tell me what I have to do. Is that clear?

M: OK, OK, agreed. Let's not argue any more. Then let's kiss and make up, do you want to?

J: I prefer that you make dinner for me.

M: Let's make it together.

J: Make it yourself, I say.

M: Let your aunt make it!

J: All right, that's it. Get out of here! Get out of my house right now!

M: It's not yours, it's the landlady's. You can't stop me from staying!

J: Maribel, I order you to get out of here!

M: And I'm telling you that you can't force me to leave.
J: Do you want me to hit you?
M: No. I want you to treat me well and to take me out dancing once in a while and not to go out with other women, not aunts or cousins, or nieces, or sisters-in-law, or grandmothers, or anyone!
J: If you want to go to the movies, let Frank take you! He adores you.
M: Why do you have to be so cruel?
J: Because it's the only way to make you understand that I don't allow women to order me around.
M: Very well. Let's not go out any more. I'm leaving now. Have a good time with your aunt. As for me, from now on I'm going to go out with Gustavo.
J: Gustavo? Who's Gustavo?
M: He's a very rich boy who lives in the Colonia del Valle. His father is a very famous lawyer.
J: Look, Maribel, maybe I've been a little abrupt with you. Let's be friends, OK? You're right, let my aunt go to hell! You say that Gustavo's father is a lawyer? His family must be very rich, of course. Tell me, when will you introduce me to this Gustavo? I'd like to meet him!

Chapter 20

Ramón Moreno and Elvira are talking.

E: Hi, Professor Moreno! How do you feel today?
R: I've never felt better in all my life.
E: Well! I'm glad that you're not dying any more.
R: Yes? I'll bet you're surprised that I didn't die a long time ago!
E: What nonsense! On the contrary, I'm afraid you'll outlive us all.
R: Why do you lie, child? I don't at all like you to lie to me!
E: Well, I'm sorry you took me so seriously.
R: It always bothers me to have old formulas repeated to me. Those formulas have already been repeated thousands of times.
E: But it's very difficult to tell you new and original things. I'm afraid you've already heard everything that's (ever) been said in the entire world.
R: Sure, sure! You think I'm an old geezer with one foot in the grave. But what you don't know is that they've allowed me to teach here for another year, so I'm sorry to have to disillusion you, but I'm not going to die tomorrow.
E: Or the day after tomorrow, either!
R: Besides, I've been elected a member of the Academy, and I've been told that I'll be invited by Harvard to give a series of lectures next year.
E: I'm glad that you've been honored by so many people.
R: How false that sounds to me! Don't you notice what good color I have?

Don't you see how robust I am? I hope you feel as young as I do when you're sixty-seven!

E: I (only) hope I get to be sixty-seven!

R: You hope you get there, eh? You think I'm older than the devil, don't you? Well, I hope you have the energy that I have now. Last year three articles of mine were published, and they also accepted a book on Descartes that was written by me. I'm boring you, aren't I?

E: Not at all! You don't bore me one bit.

R: Another lie! It's a shame you're not capable of telling me the truth! It's really a pity that you've never been capable of loving me enough to tell me the truth!

E: But I love you a lot, I swear to you that I love you very much!

R: You love me as one loves a father, or rather a grandfather, whereas I love you as one loves a woman. But you can't get rid of the notion that I'm too old for you. I don't want to die knowing that you've never been able to accept me as a man.

E: But you're not going to die! You told me so just now!

R: I'm not going to live forever, child. Come on, give me a little kiss, I'm an old man who's dying.

E: Thank heavens you're dying again, as usual! When you told me you weren't dying, I thought you were really sick! You had me really worried!

R: Aren't you going to give me a little kiss?

E: No. I don't want to.

R: Good, then at least I'll die knowing that you've told me the truth (for) once in your life.

E: Come on! You'll outlive us all!

Chapter 21

Rachel and Salvador are talking.

R: Well, in spite of the fact that you've explained it to me ten times, and even if you explain it to me a thousand times more, I can't understand why you're abandoning me so suddenly.

S: But I'm not abandoning you, Rachel! I'll come and see you as soon as I can, you'll see!

R: Yes, provided your future wife lets you. And what are you going to do in the event that she doesn't want to meet me?

S: Well, I'll do what I can to get her to come with me. But if she doesn't want to, we'd better not see each other any more.

R: Salvador, it seems incredible that you're talking to me so calmly about your wife, without its ever having occurred to you that I feel hurt!

S: Don't come to me jealous now, Rachel! You've always told me that you were a liberated woman and that you never intended to get married.

R: I don't deny that I told you that. But I do deny telling you that as a liberated woman I wanted to live alone, without companionship. I need a man who understands me and who loves me. And I thought that man was you!

S: But I understand you and I love you, Rachel! And I think that we'll always be friends, unless you get furious because of the mere fact that I'm getting married.

R: Because of the mere fact that you're getting married? Is it possible that you think your marriage isn't going to affect me at all? Do you really think that when you get married we'll be able to go on being friends?

S: And why not? Why does it matter to you if I get married? Since you don't want to get married youself, why do you want to stop me from getting married?

R: Well, because I thought you loved me, but now I doubt you ever loved me even for a day! I would even say it's probable that you've never been a revolutionary in any sense of the word.

S: I'm not a revolutionary?

R: Of course not! You only want to marry the girl friend you've had all your life. Underneath it all you're very bourgeois.

S: OK, and (what about) you? I'm not very sure that you're so revolutionary yourself. You're very bourgeois too, because although you say you don't want to get married, what you want to do is live with a man as a married woman but without the blessing of the Church, or without legal documents, if you prefer.

R: Of course! Why does one need blessings and documents?

S: You're opposed to everything, but you don't know what you want.

R: It's not true that I don't know what I want!

S: Well then, what are you looking for in a man? You explain it to me!

R: I'm looking for a man who doesn't let himself be influenced by a stupid society, a man who's really independent and who knows how to come to his own conclusions without others imposing their ideas on him.

S: That's all very fine, but I don't know any man who's like that. We all allow ourselves to be influenced by the society that surrounds us, unless we were born on a desert island!

R: I (just) don't know you any more, Salvador! We live in two completely different worlds! And I thought we were so close this summer!

S: What can you expect, Rachel? I'm a man, and you're a woman! That's life!

Chapter 22

Elena and Elvira are talking.

Elv: If I were in your place, I'd tell Dad to stop going out with his secretary once and for all.

Ele: Thanks for the advice, dear, but you shouldn't worry so much about me.

Besides, if I told him that, he wouldn't pay any attention to me anyway.

Elv: Well then, why don't you divorce Dad?

Ele: Divorce Dad? Such an idea would never have occurred to me in a thousand years!

Elv: But why not? He treats you as though you were a servant!

Ele: For heaven's sake, Elvira! I wouldn't go that far!

Elv: What do you mean? Didn't you ask him to take you to a restaurant last night, and didn't he tell you to shut up? And last week, don't you remember he advised you to always do what he said? He, on the other hand, always does exactly as he pleases.

Ele: Well, that's typical.

Elv: Well I'd like you to tell me how you can go on loving him.

Ele: I don't know. I love him in spite of everything, even though he doesn't deserve it.

Elv: I don't understand you at all, Mom! All this seems to me to be a bit masochistic.

Ele: Well, whatever you may think, I still love your father, and I hope one day he'll get tired of all those infantile adventures.

Elv: Mom! Don't you see what you're doing? You've convinced yourself that you love him because you're afraid to end up alone.

Ele. What do you know about it?

Elv: And you're afraid that society will reject you for being a divorced woman!

Ele: When you're my age, Elvira, maybe you'll understand me better.

Elv: I feel sorry for you, Mom! One can see that society has made you think that you have to accept your destiny as a woman, without trying to change it. You've grown accustomed to your chains! How can you forgive Dad after he's made you suffer so much?

Ele: Well, there are days when I don't forgive him, but at other moments I see that I also need the forgiveness of a lot of people, and then I feel a bit more charitable.

Elv: But Dad is insulting you when he goes out with other women!

Ele: Look, years ago I would have agreed with you. But I no longer take things personally. Now I see that underneath it all he's a man who's afraid of old age.

Elv: Well, you don't convince me. I think you're deceiving yourself. I still think it would have been better if you hadn't married him.

Ele: And you don't convince me either. One would think you don't love your father at all!

Elv: You know I love him! But I don't like him to hurt you. Look, I don't want to be unfair to Dad, but wouldn't you have been happier with someone else?

Ele: Who knows? After all, marriage is a sort of lottery. But the fact is that I am married to Guillermo, and no matter what happens, I intend to stay by him. Where there's life, there's hope!

Elv: Oh, Mom! You're absolutely impossible!

Chapter 23

Frank and Javier are talking.

J: It seems incredible that you have a boat! Where did you get the money! It isn't possible that you bought it all by yourself!

F: Yes I did! I've been saving money like mad for five years, and just for this!

J: But you intend to go around the world in such an old and tiny boat?

F: It doesn't matter if it's small. But it's true that it's a little old. It'll be necessary to fix it up before I set sail.

J: I've always thought you were a bit strange, but now I think there isn't the slightest doubt that you've gone stark, raving mad.

F: No matter what you say, I'm going anyway.

J: All right, but let's see . . . Isn't it important for you to take along something to eat? And wouldn't it be a good thing for you to have some navigation charts? What do you plan to do in case you get lost?

F: It's evident that you don't know anything about anything! The only thing I need is the sun at noon and the moon or the stars at dawn and at dusk.

J: You're not going to tell me now that you know celestial navigation!

F: I'm not going to tell you anything, because it's very doubtful that you'll understand me.

J: Hey! It isn't fair for you to say that. I'm a great connoisseur of human nature! You, for example, are living in a world of dreams. Everything you do is pure literature.

F: What do you mean, literature? What do you mean by that?

J: You're no more than a poor Don Quixote.

F: Me, a Don Quixote? Have you read the *Quixote*?

J: No, but anyway I know what he's like.

F: Oh, really? And what is he like? Tell me!

J: Well, you know, he's a madman, that's all. Everyone knows it.

F: It's a shame that you look down on a man who felt so much, who understood so much, in short, so noble a man who . . .

J: You talk about him as if he were a friend of yours. Do you see how you mix up literature with life? I'm telling you, you've gone crazy. But who knows, maybe the trip will cure you, because after spending three days and three nights at the helm during a storm, you'll come running back and you'll forget your dream forever.

F: I'm never coming back!

J: Never? Won't I ever see you again in all my life?

F: What a tragedy, right?

J: I should think so! Whose girl friends am I going to steal if you're not around?

F: You'll have to find yourself another victim.

J: How cruel you are! I hope you drown!

F: You do? Well, I hope some jealous lover shoots you!

Chapter 24 *Guillermo and Irving are talking.*

G: I don't know, but it seems to me that when we look back and contemplate our lives, the majority of us men have to admit that it's all been a big waste of time.

I: Well, well! Why so much pessimism this morning, Guillermo?

G: Come on, let's take off our masks. You know very well that the life of a businessman like me is ridiculous.

I: I don't follow you. What do you mean, ridiculous?

G: Look, I go to the office and I spend the entire day doing abstract calculations for which they pay me a good salary. Or else I spend hours and hours talking with men with whom I have nothing in common and in whom I haven't the slightest interest. And all that, for what?

I: Well, sometimes I ask myself the same thing.

G: But at least you do something important. You help people, which is no small thing.

I: Yes, but what happens when I can't help? That happens to me very often!

G: Well, everyone has to understand that you can't perform miracles.

I: No, on the contrary! When someone's dying, the family expects me to save his life, no matter what. And when he dies, they blame me and slander me.

G: Well, so much the worse for them! They have to realize that people can't live forever.

I: Yes, but it's not so simple. We're all afraid of death.

G: But you doctors are accustomed to all that, aren't you?

I: Up to a certain point, perhaps. Or maybe not. It depends. I don't know. At any rate, it's a tremendous responsibility. I'm telling you, those (people) who only handle money are better off than those of us who have to play every day with life and death.

G: But at least you're independent. I, on the other hand, have to do what my boss tells me, which has its inconvenient side.

I: And your boss, he has to do what his clients want, and their wishes are absurd the majority of the time.

G: You're right.

I: As far as being independent is concerned, it seems to me that we doctors are the least independent of all. I have to dedicate ninety-nine per cent of my time to my profession, and I almost never have time to read anything that isn't a book or a professional article.

G: Me neither! I don't do anything but work and go on a binge once in a while so as not to go crazy. What a life! If only I had the time to read a bit! But when I come home, I don't feel like doing anything.

I: The only ones who have time to read are the students, but nowadays young people don't read anything. My daughter Rachel hasn't read a book in six months.

G: What can you do? When they get to be my age and they look back, the majority of them is going to think that it's all been a big waste of time.

Apéndice 2

TABLA DE VERBOS

REGULAR VERBS (VERBOS REGULARES)

I **-ar**	II **-er**	III **-ir**
INFINITIVE (INFINITIVO)		
tomar *to take*	**comer** *to eat*	**vivir** *to live*
PRESENT PARTICIPLE (GERUNDIO)		
tomando *taking*	**comiendo** *eating*	**viviendo** *living*
PAST PARTICIPLE (PARTICIPIO PASADO)		
tomado *taken*	**comido** *eaten*	**vivido** *lived*

SIMPLE TENSES (TIEMPOS SIMPLES)

INDICATIVE MOOD (MODO INDICATIVO)

PRESENT (PRESENTE)

I take, do take, am taking	*I eat, do eat, am eating*	*I live, do live, am living*
tom**o**	com**o**	viv**o**
tom**as**	com**es**	viv**es**
tom**a**	com**e**	viv**e**
tom**amos**	com**emos**	viv**imos**
tom**áis**	com**éis**	viv**ís**
tom**an**	com**en**	viv**en**

IMPERFECT (IMPERFECTO)

I was taking, used to take, took	*I was eating, used to eat, ate*	*I was living, used to live, lived*
tom**aba**	com**ía**	viv**ía**
tom**abas**	com**ías**	viv**ías**
tom**aba**	com**ía**	viv**ía**
tom**ábamos**	com**íamos**	viv**íamos**
tom**abais**	com**íais**	viv**íais**
tom**aban**	com**ían**	viv**ían**

PRETERIT (PRETÉRITO)

I took, did take	*I ate, did eat*	*I lived, did live*
tom**é**	com**í**	viv**í**
tom**aste**	com**iste**	viv**iste**
tom**ó**	com**ió**	viv**ió**
tom**amos**	com**imos**	viv**imos**
tom**asteis**	com**isteis**	viv**isteis**
tom**aron**	com**ieron**	viv**ieron**

FUTURE (FUTURO)

I will take	*I will eat*	*I will live*
tomar**é**	comer**é**	vivir**é**
tomar**ás**	comer**ás**	vivir**ás**
tomar**á**	comer**á**	vivir**á**
tomar**emos**	comer**emos**	vivir**emos**
tomar**éis**	comer**éis**	vivir**éis**
tomar**án**	comer**án**	vivir**án**

CONDITIONAL (POTENCIAL)

I would take	*I would eat*	*I would live*
tomar**ía**	comer**ía**	vivir**ía**
tomar**ías**	comer**ías**	vivir**ías**
tomar**ía**	comer**ía**	vivir**ía**
tomar**íamos**	comer**íamos**	vivir**íamos**
tomar**íais**	comer**íais**	vivir**íais**
tomar**ían**	comer**ían**	vivir**ían**

COMMANDS (MANDATOS)

take	*eat*	*live*
tom**a**	com**e**	viv**e**
tom**ad**	com**ed**	viv**id**

SUBJUNCTIVE MOOD (MODO SUBJUNTIVO)

PRESENT (PRESENTE)

(that) I may take	*(that) I may eat*	*(that) I may live*
tom**e**	com**a**	viv**a**
tom**es**	com**as**	viv**as**
tom**e**	com**a**	viv**a**
tom**emos**	com**amos**	viv**amos**
tom**éis**	com**áis**	viv**áis**
tom**en**	com**an**	viv**an**

IMPERFECT, S FORM (IMPERFECTO, FORMA EN **s**)

(that) I might (would) take	*(that) I might (would) eat*	*(that) I might (would) live*
tom**ase**	com**iese**	viv**iese**
tom**ases**	com**ieses**	viv**ieses**
tom**ase**	com**iese**	viv**iese**
tom**ásemos**	com**iésemos**	viv**iésemos**
tom**aseis**	com**ieseis**	viv**ieseis**
tom**asen**	com**iesen**	viv**iesen**

r FORM (FORMA EN **r**)

(that) I might (would) take	*(that) I might (would) eat*	*(that) I might (would) live*
tom**ara**	com**iera**	viv**iera**
tom**aras**	com**ieras**	viv**ieras**
tom**ara**	com**iera**	viv**iera**
tom**áramos**	com**iéramos**	viv**iéramos**
tom**arais**	com**ierais**	viv**ierais**
tom**aran**	com**ieran**	viv**ieran**

COMPOUND TENSES (TIEMPOS COMPUESTOS)

INDICATIVE MOOD (MODO INDICATIVO)

PRESENT PERFECT (PERFECTO)

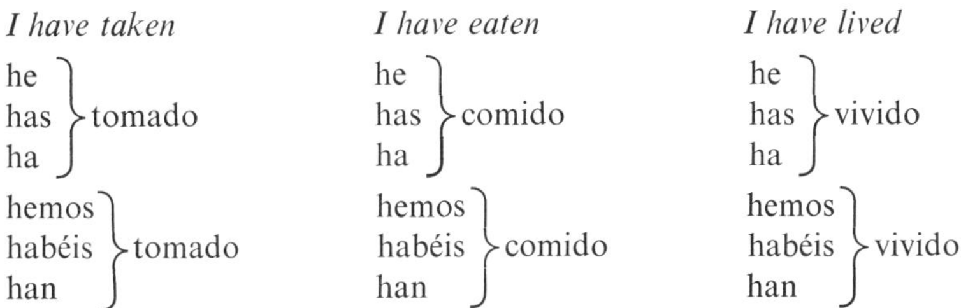

I have taken	*I have eaten*	*I have lived*
he, has, ha } tomado	he, has, ha } comido	he, has, ha } vivido
hemos, habéis, han } tomado	hemos, habéis, han } comido	hemos, habéis, han } vivido

PAST PERFECT (PLUSCUAMPERFECTO)

I had taken	*I had eaten*	*I had lived*
había, habías, había } tomado	había, habías, había } comido	había, habías, había } vivido
habíamos, habíais, habían } tomado	habíamos, habíais, habían } comido	habíamos, habíais, habían } vivido

FUTURE PERFECT (FUTURO PERFECTO)

I will have taken	*I will have eaten*	*I will have lived*
habré, habrás, habrá } tomado	habré, habrás, habrá } comido	habré, habrás, habrá } vivido
habremos, habréis, habrán } tomado	habremos, habréis, habrán } comido	habremos, habréis, habrán } vivido

CONDITIONAL PERFECT (CONDICIONAL PERFECTO)

I would have taken	*I would have eaten*	*I would have lived*
habría, habrías, habría } tomado	habría, habrías, habría } comido	habría, habrías, habría } vivido
habríamos, habríais, habrían } tomado	habríamos, habríais, habrían } comido	habríamos, habríais, habrían } vivido

SUBJUNCTIVE MOOD (MODO SUBJUNTIVO)

PERFECT (PERFECTO)

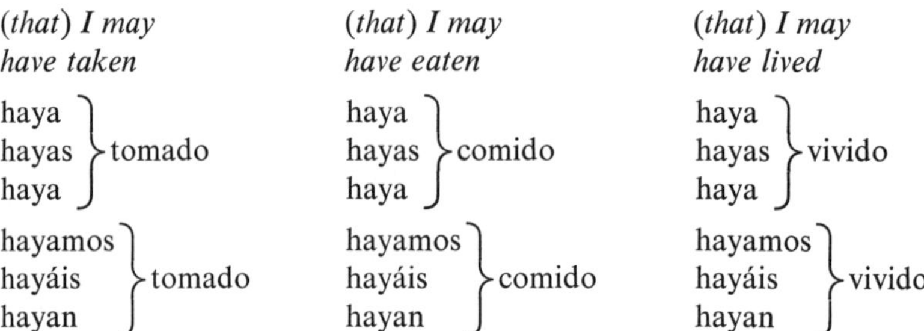

(that) I may have taken	*(that) I may have eaten*	*(that) I may have lived*
haya, hayas, haya } tomado	haya, hayas, haya } comido	haya, hayas, haya } vivido
hayamos, hayáis, hayan } tomado	hayamos, hayáis, hayan } comido	hayamos, hayáis, hayan } vivido

PAST PERFECT, **s** FORM (PLUSCUAMPERFECTO, FORMA EN **s**)

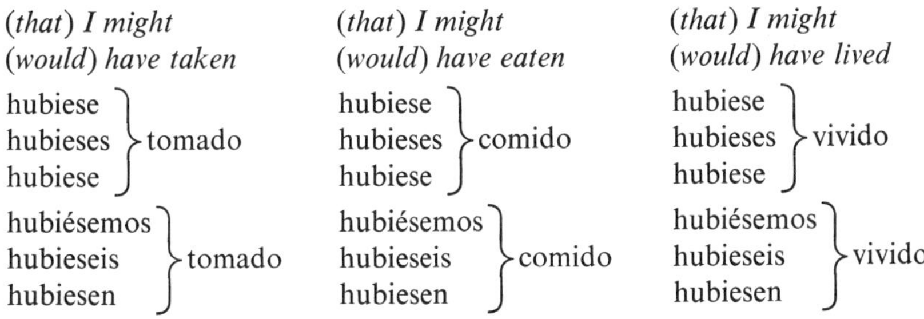

(that) I might (would) have taken	*(that) I might (would) have eaten*	*(that) I might (would) have lived*
hubiese, hubieses, hubiese } tomado	hubiese, hubieses, hubiese } comido	hubiese, hubieses, hubiese } vivido
hubiésemos, hubieseis, hubiesen } tomado	hubiésemos, hubieseis, hubiesen } comido	hubiésemos, hubieseis, hubiesen } vivido

r FORM (FORMA EN **r**)

hubiera, hubieras, hubiera } tomado	hubiera, hubieras, hubiera } comido	hubiera, hubieras, hubiera } vivido
hubiéramos, hubierais, hubieran } tomado	hubiéramos, hubierais, hubieran } comido	hubiéramos, hubierais, hubieran } vivido

RADICAL-CHANGING VERBS (VERBOS CON CAMBIOS EN LA RAÍZ)

CLASS I (I^{a} CLASE)

Verbs of the first and second conjugations only; **e** becomes **ie** and **o** becomes **ue** throughout the singular and in the third person plural of all present tenses.

pensar *to think*

Pres. Ind.	**pienso, piensas, piensa,** pensamos, pensáis, **piensan**
Pres. Subj.	**piense, pienses, piense,** pensemos, penséis, **piensen**
Com.	**piensa,** pensad

volver *to return, turn*

Pres. Ind.	**vuelvo, vuelves, vuelve,** volvemos, volvéis, **vuelven**
Pres. Subj.	**vuelva, vuelvas, vuelva,** volvamos, volváis, **vuelvan**
Com.	**vuelve,** volved

CLASS II (II^{a} CLASE)

Verbs of the third conjugation only; **e** becomes **ie, o** becomes **ue,** as in Class I; **e** becomes **i, o** becomes **u** in the third person singular and plural of the preterit indicative, in the first and second persons plural of the present subjunctive, throughout the imperfect subjunctive, and in the present participle.

sentir *to feel, to regret*

Pres. Ind.	**siento, sientes, siente,** sentimos, sentís, **sienten**
Pret. Ind.	sentí, sentiste, **sintió,** sentimos, sentisteis, **sintieron**
Pres. Subj.	**sienta, sientas, sienta, sintamos, sintáis, sientan**
Imperf. Subj.	(**s** form) **sintiese,** etc. (**r** form) **sintiera,** etc.
Com.	**siente,** sentid
Pres. Part.	**sintiendo**

dormir *to sleep*

Pres. Ind.	**duermo, duermes, duerme,** dormimos, dormís, **duermen**
Pret. Ind.	dormí, dormiste, **durmió,** dormimos, dormisteis, **durmieron**
Pres. Subj.	**duerma, duermas, duerma, durmamos, durmáis, duerman**
Imperf. Subj.	(**s** form) **durmiese,** etc. (**r** form) **durmiera,** etc.
Com.	**duerme,** dormid
Pres. Part.	**durmiendo**

CLASS III (IIIª CLASE)

Verbs of the third conjugation only; **e** becomes **i** (there are no **o** verbs) in all forms that had any radical change in Class II.

pedir *to ask (for)*

Pres. Ind.	**pido, pides, pide,** pedimos, pedís, **piden**
Pret. Ind.	pedí, pediste, **pidió,** pedimos, pedisteis, **pidieron**
Pres. Subj.	**pida, pidas, pida, pidamos, pidáis, pidan**
Imperf. Subj.	(**s** form) **pidiese,** etc. (**r** form) **pidiera,** etc.
Com.	**pide,** pedid
Pres. Part.	**pidiendo**

ORTHOGRAPHIC-CHANGING VERBS (VERBOS CON CAMBIO ORTOGRÁFICO)

Verbs of the first conjugation ending in **car, gar,** and **zar** have the following changes before **e** (that is, in the first person singular preterit indicative and throughout the present subjunctive):

c to **qu**	**sacar** *to take out* **saqué,** sacaste, etc. **saque, saques,** etc.

g to **gu** | **pagar** *to pay for*
pagué, pagaste, etc.
pague, pagues, etc.

z to **c** | **empezar** *to begin*
empecé, empezaste, etc.
empiece, empieces, etc.

Verbs of the second conjugation ending in **cer** and **ger** have the following changes before **o** and **a** (that is, in the first person singular present indicative and throughout the present subjunctive):

c to **zc** (if the ending **cer** is preceded by a vowel)
conocer *to know*
conozco, conoces, etc.
conozca, conozcas, etc.

g to **j** | **coger** *to catch*
cojo, coges, etc.
coja, cojas, etc.

Verbs whose stem ends in a vowel change the unaccented **i** between two vowels to **y** (that is, in the third person singular and plural preterit indicative, throughout the imperfect subjunctive, and in the present participle):

leer *to read* | leí, leíste, **leyó,** leímos, leísteis, **leyeron**
leyese, etc.
leyera, etc.
leyendo

Verbs ending in **uir** in which the **u** is sounded insert **y** before all vowels except **i** throughout all present tenses:

influir *to influence* | **influyo, influyes, influye,** influimos, influís, **influyen**
influya, etc.

Some verbs ending in **uar** bear the written accent on the **u** throughout the singular and third person plural of all present tenses:

continuar *to continue* | **continúo, continúas,** etc.
continúe, continúes, etc.
continúa (*com.*)

Verbs ending in **eír,** in changing the stem **e** to **i,** drop the **i** of endings beginning with **ie** or **io:**

reír *to laugh** — **río, ríes,** etc.
reí, reíste, **rió,** etc.
riese, etc.
riera, etc.
riendo

Irregular preterits with stems ending in **j** drop the **i** of endings beginning with **ie** and **io:**

decir *to say* — **dijeron**
dijese, etc.
dijera, etc.

traer *to bring* — **trajeron**
trajera, etc.
trajese, etc.

Some verbs are both radical-changing and orthographic-changing:

empezar *to begin* — **empiezo**
empiece

IRREGULAR VERBS (VERBOS IRREGULARES)

Only those moods and tenses that have irregularities are given here.

Verbs that are irregular in the past participle only are: **abrir** (*to open*) **abierto; cubrir** (*to cover*) **cubierto; escribir** (*to write*) **escrito;** and **romper** (*to break*) **roto.**

andar *to go, walk*

Pret. **anduve, anduviste, anduvo, anduvimos, anduvisteis, anduvieron**
Imperf. Subj. (s form) **anduviese,** etc.
(**r** form) **anduviera,** etc.

caer *to fall*

Pres. Ind. **caigo, caes, cae, caemos, caéis, caen**
Pret. Ind. **caí, caíste, cayó, caímos, caísteis, cayeron**
Pres. Subj. **caiga, caigas,** etc.
Imperf. Subj. (s form) **cayese,** etc.
(**r** form) **cayera,** etc.

dar *to give*

Pres. Ind. **doy, das, da, damos, dais, dan**
Pret. Ind. **di, diste, dio, dimos, disteis, dieron**

Pres. Subj.	**dé, des, dé, demos, deis, den**
Imperf. Subj.	(s form) **diese,** etc. (r form) **diera,** etc.

decir *to say, to tell*

Pres. Ind.	**digo, dices, dice, decimos, decís, dicen**
Pret. Ind.	**dije, dijiste, dijo, dijimos, dijisteis, dijeron**
Fut. Ind.	**diré, dirás, dirá, diremos, diréis, dirán**
Cond.	**diría, dirías, diría, diríamos, diríais, dirían**
Pres. Subj.	**diga, digas, diga, digamos, digáis, digan**
Imperf. Subj.	(s form) **dijese,** etc. (r form) **dijera,** etc.
Com.	**di, decid**
Past Part.	**dicho**
Pres. Part.	**diciendo**

estar *to be*

Pres. Ind.	**estoy, estás, está, estamos, estáis, están**
Pret. Ind.	**estuve, estuviste, estuvo, estuvimos, estuvisteis, estuvieron**
Pres. Subj.	**esté, estés, esté, estemos, estéis, estén**
Imperf. Subj.	(s form) **estuviese,** etc. (r form) **estuviera,** etc.
Imperative	**está, estad**

haber *to have* (*impers., to be*)

Pres. Ind.	**he, has, ha,** (impers., **hay), hemos, habéis, han**
Pret. Ind.	**hube, hubiste, hubo, hubimos, hubisteis, hubieron**
Fut. Ind.	**habré, habrás, habrá, habremos, habréis, habrán**
Cond.	**habría, habrías, habría, habríamos, habríais, habrían**
Pres. Subj.	**haya, hayas, haya, hayamos, hayáis, hayan**
Imperf. Subj.	(s form) **hubiese,** etc. (r form) **hubiera,** etc.

hacer *to do, to make*

Pres. Ind.	**hago, haces, hace, hacemos, hacéis, hacen**
Pret. Ind.	**hice, hiciste, hizo, hicimos, hicisteis, hicieron**
Fut. Ind.	**haré, harás, hará, haremos, haréis, harán**
Cond.	**haría, harías, haría, haríamos, haríais, harían**
Pres. Subj.	**haga, hagas, haga, hagamos, hagáis, hagan**
Imperf. Subj.	(s form) **hiciese,** etc. (r form) **hiciera,** etc.
Com.	**haz, haced**
Past Part.	**hecho**

ir *to go*

Pres. Ind.	**voy, vas, va, vamos, vais, van**
Imperf. Ind.	**iba, ibas, iba, íbamos, ibais, iban**
Pret. Ind.	**fui, fuiste, fue, fuimos, fuisteis, fueron**
Pres. Subj.	**vaya, vayas, vaya, vayamos, vayáis, vayan**
Imperf. Subj.	(s form) **fuese,** etc. (r form) **fuera,** etc.
Com.	**ve, id**
Pres. Part.	**yendo**

jugar *to play*

Pres. Ind.	**juego, juegas, juega, jugamos, jugáis, juegan**
Pret. Ind.	**jugué, jugaste, jugó, jugamos, jugasteis, jugaron**
Pres. Subj.	**juegue, juegues, juegue, juguemos, juguéis, jueguen**
Com.	**juega, jugad**

oír *to hear*

Pres. Ind.	**oigo, oyes, oye, oímos, oís, oyen**
Pret. Ind.	**oí, oíste, oyó, oímos, oísteis, oyeron**
Pres. Subj.	**oiga, oigas, oiga, oigamos, oigáis, oigan**
Imperf. Subj.	(s form) **oyese,** etc. (r form) **oyera,** etc.
Com.	**oye, oíd**
Past Part.	**oído**

poder *to be able*

Pres. Ind.	**puedo, puedes, puede, podemos, podéis, pueden**
Pret. Ind.	**pude, pudiste, pudo, pudimos, pudisteis, pudieron**
Fut. Ind.	**podré, podrás, podrá, podremos, podréis, podrán**
Cond.	**podría, podrías, podría, podríamos, podríais, podrían**
Pres. Subj.	**pueda, puedas, pueda, podamos, podáis, puedan**
Imperf. Subj.	(s form) **pudiese,** etc. (r form) **pudiera,** etc.
Pres. Part.	**pudiendo**

poner *to put, to place*

Pres. Ind.	**pongo, pones, pone, ponemos, ponéis, ponen**
Pret. Ind.	**puse, pusiste, puso, pusimos, pusisteis, pusieron**
Fut. Ind.	**pondré, pondrás, pondrá, pondremos, pondréis, pondrán**
Cond.	**pondría, pondrías, pondría, pondríamos, pondríais, pondrían**
Pres. Subj.	**ponga, pongas, ponga, pongamos, pongáis, pongan**
Imperf. Subj.	(s form) **pusiese,** etc. (r form) **pusiera,** etc.

Com.	**pon, poned**
Past Part.	**puesto**

querer *to wish*

Pres. Ind.	**quiero, quieres, quiere, queremos, queréis, quieren**
Pret. Ind.	**quise, quisiste, quiso, quisimos, quisisteis, quisieron**
Fut. Ind.	**querré,** etc.
Cond.	**querría,** etc.
Pres. Subj.	**quiera, quieras, quiera, queramos, queráis, quieran**
Imperf. Subj.	(s form) **quisiese,** etc. (r form) **quisiera,** etc.
Com.	**quiere, quered**

saber *to know*

Pres. Ind.	**sé, sabes, sabe, sabemos, sabéis, saben**
Pret. Ind.	**supe, supiste, supo, supimos, supisteis, supieron**
Fut. Ind.	**sabré,** etc.
Cond.	**sabría,** etc.
Pres. Subj.	**sepa, sepas,** etc.
Imperf. Subj.	(s form) **supiese,** etc. (r form) **supiera,** etc.

salir *to go out*

Pres. Ind.	**salgo, sales, sale, salimos, salís, salen**
Fut. Ind.	**saldré,** etc.
Cond.	**saldría,** etc.
Pres. Subj.	**salga, salgas, salga, salgamos, salgáis, salgan**
Com.	**sal, salid**

ser *to be*

Pres. Ind.	**soy, eres, es, somos, sois, son**
Imperf. Ind.	**era, eras, era, éramos, erais, eran**
Pret. Ind.	**fui, fuiste, fue, fuimos, fuisteis, fueron**
Pres. Subj.	**sea, seas, sea, seamos, seáis, sean**
Imperf. Subj.	(s form) **fuese,** etc. (r form) **fuera,** etc.
Com.	**sé, sed**

tener *to have*

Pres. Ind.	**tengo, tienes, tiene, tenemos, tenéis, tienen**
Pret. Ind.	**tuve, tuviste, tuvo, tuvimos, tuvisteis, tuvieron**
Fut. Ind.	**tendré,** etc.
Cond.	**tendría,** etc.

Pres. Subj.	**tenga, tengas, tenga, tengamos, tengáis, tengan**
Imperf. Subj.	(s form) **tuviese,** etc. (r form) **tuviera,** etc.
Com.	**ten, tened**

traer *to bring*

Pres. Ind.	**traigo, traes, trae, traemos, traéis, traen**
Pret. Ind.	**traje, trajiste, trajo, trajimos, trajisteis, trajeron**
Pres. Subj.	**traiga, traigas, traiga, traigamos, traigáis, traigan**
Imperf. Subj.	(s form) **trajese,** etc. (r form) **trajera,** etc.

valer *to be worth*

Pres. Ind.	**valgo, vales, vale, valemos, valéis, valen**
Fut. Ind.	**valdré,** etc.
Cond.	**valdría,** etc.
Pres. Subj.	**valga, valgas,** etc.
Com.	**val, valed**

venir *to come*

Pres. Ind.	**vengo, vienes, viene, venimos, venís, vienen**
Pret. Ind.	**vine, viniste, vino, vinimos, vinisteis, vinieron**
Fut. Ind.	**vendré,** etc.
Cond.	**vendría,** etc.
Pres. Subj.	**venga, vengas,** etc.
Imperf. Subj.	(s form) **viniese,** etc. (r form) **viniera,** etc.
Com.	**ven, venid**
Pres. Part.	**viniendo**

ver *to see*

Pres. Ind.	**veo, ves, ve, vemos, veis, ven**
Imperf. Ind.	**veía, veías, veía, veíamos, veíais, veían**
Pres. Subj.	**vea, veas,** etc.
Past Part.	**visto**

Vocabularios

Abreviaturas

abbr	abbreviation
adj	adjective
adv	adverb
art	article
conj	conjunction
demonst	demonstrative
dir obj	direct object
f	feminine
fam	familiar
for	formal
ind obj	indirect object
inf	infinitive
m	masculine
obj	object
p p	past participle
pl	plural
prep	preposition
prep pron	prepositional pronoun
pret	preterit
pron	pronoun
rel	relative

ESPAÑOL-INGLÉS

This vocabulary contains all words in the text except conjugated verb forms. The number that follows a definition refers to the chapter in which the word or expression first appears. Words or definitions that are not followed by a number do not appear in the chapters but are included in the vocabulary because they may be helpful in the exercises.

a to (3); at (5); **a que** I'll bet (20)
abandonar to abandon (9)
abarcar to include, to comprise (23)
abierto open (13)
abogado *m* lawyer (15)
abrazo *m* hug, embrace (7)
abril *m* April (5)
abrir to open (12); *p p* **abierto** (13)
abrupto abrupt (19)
absolutamente absolutely (7)
absoluto absolute; **nada en absoluto** nothing at all (8)
abstracto abstract (7)
absurdo absurd (22)
abuela *f* grandmother
abuelo *m* grandfather (8)
aburrir to bore (14); **aburrirse** to be bored, to get bored (14)
acabar to finish, to end (20); **acabar de**+ *inf* to have just+*p p* (17)
academia *f* academy (20)
académico academic (5)
accidente *m* accident (24)
acción *f* action (21)
acento *m* accent (*cap. pre.*)
acercarse (a) to draw near, to go up to (22)
acompañar to accompany (20)
aconsejar to advise (19)
acordarse (ue) (de) to remember (14)
acostar (ue) to put to bed (14); **acostarse** to go to bed (14)
acostumbrado: estar acostumbrado a to be used to (24)
acostumbrarse (a) to get used to (19)
actitud *f* attitude (21)
activista *m & f* activist (5)
activo active (13)
actor *m* actor (5)
acuerdo *m* agreement; **de acuerdo** all right, O.K., agreed (15)
acusación *f* accusation (8)
acusar to accuse (22)
adelante forward, onward (16); **desde ahora en adelante** from now on (19)
además besides (3)
adiós goodbye (7)
aditivo *m* additive (2)
adjetivo *m* adjective (1)
admirable admirable (5)
admiración *f* admiration (10)
admirar to admire (21)
admitir to admit (19)
adobe *m* adobe (5)
adolescente adolescent (22)
¿adónde? (to) where? (*with verbs of motion*) (7)
adorar to adore (5)
adulteración *f* adulteration (15)
adulterado adulterated (15)
advenimiento *m* coming, advent (23)
adverbial adverbial (18)
adverbio *m* adverb (15)
advertir (ie, i) to warn (8)
afectar to affect (21)
afeitar(se) to shave (14)
afición *f* dedication, liking (20)
afortunado fortunate, lucky (24)
africano African (18)
agencia *f* agency (16)
agosto *m* August (5)
agradecer (-zco) to thank (for) (19)
agresivo aggressive (4)
agua *f* (*art* **el**) water (1)
ahí there (not far) (13)
ahogar(se) to drown (23)
ahora now (3); **ahora mismo** right now (7); **desde ahora en adelante** from now on (19); **por ahora** for now, for the time being (16)
ahorrar to save (16)
aire *m* air (10)
aislar to isolate (20)
al (a+el) at the, to the (2)
alcohol *m* alcohol (15)
aldea *f* small town (21)
aldeano *m* inhabitant of a small town (21)
alegrarse de (que) to be glad (that) (20)
alemán German (1)
alérgico allergic (15)
alfabeto *m* alphabet (*cap. pre.*)
álgebra *f* (*art* **el**) algebra (24)
algo something (3)
alguien someone, somebody (3)
alguno, algún (alguna, algunos, algunas) some, any (15); **alguna vez** ever, at some time (15); **algún día** some day (15)
alimentar to nourish, to feed (10)
aliteración *f* alliteration (18)
alma *f* (*art* **el**) soul (1)
alrededor de around, about (23)

altavoz *m* loudspeaker (12)
alternativa *f* alternative (15)
alto tall, high (12)
alumno *m* pupil (20)
allá there (far away) (13); **¡allá ellos!** too bad for them! (24) **más allá** beyond (12)
allí there, over there (13)
ama de casa *f* (*art* **el**) housewife (15)
amable nice, pleasant (22)
amado *m* loved one (24)
amanecer *m* dawn (23)
amante *m* lover (22)
amar to love (15)
amargo bitter (20)
amarillo yellow (6)
ambición *f* ambition (10)
amiga *f* friend, girl friend (2)
amigo *m* friend, boyfriend (5)
amistad *f* friendship (23)
amo *m* master (24)
amor *m* love (8)
amoroso: vida amorosa *f* love life (17)
amplificado amplified (24)
análisis *m* analysis (20)
anaranjado orange-colored (6)
anciano *m* very old man (22)
¡anda! come on! (11)
andar to walk (14); to go (19)
ángel *m* angel (9)
angustia *f* anguish, anxiety (18)
animal *m* animal (10)
anoche last night (11)
anochecer *m* dusk (23)
anónimo anonymous (13)
ansioso anxious (21)
antemano: de antemano beforehand (16)
antes *adv* before, earlier (12); **antes de** *prep* before (12); **antes de que** *conj* before (21)
antibiótico *m* antibiotic (15)
antiguo ancient, former (15)
antología *f* anthology (11)
anunciar to announce (18)
añadir to add (11)
año *m* year (3); **tener . . . años** to be . . . years old (3)
aparecer (-zco) to appear (11)
aparente apparent (12)
apasionado passionate (23)
apatía *f* apathy (10)
apellido *m* surname, last name (11)
apenas hardly, scarcely, barely (18)
apéndice *m* appendix
apendicitis *m* appendicitis (12)
apetito *m* appetite (10)
apreciar to appreciate (13)
aprender to learn (7)
aprendiza *f* shop girl (21)
apresar to capture (24)
aprieto *m* trouble, tight squeeze (20); **sacar del aprieto** to come to the rescue (20)
aprovechar(se) (de) to take advantage (of) (14)
apunte *m* note (10)
aquel (aquella, aquellos, aquellas) *demonst adj* that (over there), those; **aquél (aquélla, aquéllos, aquéllas)** *demonst pron* that one, those (6)
aquello *neuter pron* that (6)
aquí here (3); **por aquí** around here (16)
araña *f* spider (15)
árbol *m* tree (15)
arma *f* (*art* **el**) arm, weapon (9)
armonía *f* harmony (15)
aroma *m* aroma (15)
arreglar to mend, to arrange, to fix (17)
arriba: para arriba and up (8)
arrimarse to snuggle up (14)
arrogante arrogant (10)
arroz *m* rice (15)
artículo *m* article (1)
artificial artificial (2)
artista *m & f* artist (1)
asegurar to assure (19)
así like that, thus, so (1); **así así** so-so (1); **así como** as well as (11); **así que** so, therefore (8); as soon as (21)
asistir a to attend (12)
asomarse to lean out (23)
asombrar to amaze, to astonish (22)
aspecto *m* aspect (24)
aspirar to aspire (16)
aspirina *f* aspirin (9)
asustar to alarm, to startle (14); **asustarse** to become alarmed, to become startled (14)
atacar to attack (14)
ataque *m* attack (11)
atención *f* attention (13)
atender (ie) to attend to, to minister to (12)
atlético athletic (15)
atractivo attractive (8)
atrás *adv* back; **echar una mirada hacia atrás** to look back (16); **hacia atrás** backwards (16)
atravesar (ie) to cross over, to go through (20)
atreverse (a) to dare (14)
atrevido daring, bold (21)
aumentar to augment (15)
aumentativo *m* augmentative (17)
aun even (13)
aún still
aunque even though, although (8)
ausencia *f* absence (9)
ausente absent (12)
auto *m* car (3)
autobús *m* bus (12)
autodidacta *m & f* self-taught man or woman (16)
autor *m* author (22)
avanzar to advance (12)
aventura *f* adventure (20)
avión *m* airplane (16)

avivar to awaken, to enliven (19)
ayer yesterday (11)
ayuda *f* help (16)
ayudar to help (16)
azafata *f* stewardess (16)
azul blue (6)

bacía *f* basin (24)
bachillerato *m* high-school diploma (21)
bailar to dance (7)
bailarina *f* dancer (22)
baile *m* dance (18)
bajo short, low (18); under (19)
balcón *m* balcony (13)
banco *m* bank (20)
banquero *m* banker (22)
bañar(se) to bathe (14)
barato cheap (14)
barba *f* beard (10)
barbero *m* barber (24)
barbitúrico *m* barbiturate, sleeping pill (9)
barco *m* boat (8)
barro *m* mud (12)
basar to base (18)
básicamente basically (3)
básico basic (14)
bastante quite, rather (6)
bastar to be enough; **¡basta!** enough! (4)
batalla *f* battle (24)
beatífico beatific (12)
beber to drink (2)
bendición *f* blessing (21)
besar to kiss (18)
beso *m* kiss (8)
bestia *f* beast (14)
bien well (4); **¿está bien?** all right? (3); **más bien** rather, instead (7)
blanco white (6)
boca *f* mouth (13)
boda *f* wedding (17)
bonito pretty; fine and dandy (21)
botella *f* bottle (4)
¡bravo! hurrah! (2)
brazo *m* arm (9)
bronce *m* bronze (15)
bruja *f* witch (19)
budista *m & f* Buddhist (5)
bueno(o) good (1); all right (3); **es bueno que** it is a good thing that (23); **buenos días** good morning (1); **buenas noches** good night; **buenas tardes** good afternoon (9)
burgués bourgeois, middle class (21)
burlarse de to make fun of (24)
burro *m* burro, donkey (11)
busca: en busca de in search of (24)
buscar to look for, to seek (7)

caballeresco chivalrous
caballería *f* chivalry (24); **libro de caballerías** *m* novel of chivalry (24)
caballero *m* knight (24); **caballero andante** knight errant (24)
caballo *m* horse (12); **a caballo** on horseback (12)
cabello *m* hair (22)
cabeza *f* head (9)
cabo *m* end; **al fin y al cabo** in the long run (19) **llevar a cabo** to carry out (20)
cabra *f* goat; **pastor de cabras** *m* goatherd (9)
cacerola *f* casserole (5)
cada each, every (9); **cada vez más** more and more (24)
cadena *f* chain (22)
caer to fall (9)
café *m* coffee (3); café (6)
cafetería *f* cafeteria (3)
calavera *m* womanizer (21)
cálculo *m* calculation (24)
calidad *f* quality (15)
caliente hot, warm (6)
calmar to calm (15); **calmarse** to calm down (16)
calor *m* heat (3); **hacer calor** to be warm or hot (weather) (3); **tener calor** to be (feel) warm or hot (person) (3)
calumniar to slander (24)
callar to be silent (11); **callarse** to keep quiet, to shut up (14)
calle *f* street (11)
cama *f* bed (12)
cambiar to change (10)
cambio *m* change (8); **en cambio** on the other hand (21)
caminar to walk (18)
camino *m* road (12)
camión *m* truck (16)
camionero *m* truck driver (16)
campesino *m* peasant, farmer, rural dweller (16)
campo *m* country (as opposed to city) (9); field (18)
canadiense Canadian (1)
canalla *m* rogue, scoundrel (20)
canario *m* canary (17)
canción *f* song, lyric poem (10)
cansado tired (6)
cansar to tire; **cansarse** to get tired (14)
cantidad *f* quantity (14)
caótico chaotic (13)
capaz capable (20)
capítulo *m* chapter (*cap. pre.*)
captar to capture (12)
caracterizar to characterize (19)
cárcel *f* jail (9)
caritativo charitable (22)
carne *f* meat (15)
caro expensive (16)
carta *f* letter (7); **carta de navegar** *f* navigational chart (23)
carrera *f* career (17)

casa *f* house; home (2); **en casa** at home (4); **en casa de Rose** at Rose's (house) (6); **ir a casa** to go home (7); **ir a casa de Javier** to go to Javier's (house) (7)
casar to marry; **casarse (con)** to get married (14)
casi almost, nearly (6)
caso *m* case (11); **en caso de que** in case, in the event that (21); **hacer caso a** to pay attention to (3)
castillo *m* castle (24)
categoría *f* category (13)
católico Catholic (5)
catorce fourteen (2)
causa *f* cause (15); **a causa de** because of (3)
cáustico caustic (4)
cautiverio *m* captivity (24)
celeste celestial (20)
celos *m pl* jealousy (14)
celoso jealous (6)
cemento *m* cement (5)
cena *f* dinner (4)
cenar to have dinner (4)
censura *f* criticism (22)
censurar to censure (12)
centímetro *m* centimeter (12)
central central (4)
cerebral cerebral (18)
cerca de near (2); **de cerca** closely (24)
cerrar (ie) to close (8)
ciego blind (12); **a ciegas** blindly (24)
cielo *m* sky, heaven (19)
cien one hundred (8)
ciencia *f* science (15)
científico scientific (15); *m* scientist (15)
ciento one hundred (*before numbers 1–99*) (8); **por ciento** per cent (16)
cierto certain, sure (21)
cinc *m* zinc (20)
cinco five (2)
cincuenta fifty (8)
cine *m* movies (7)
cínico cynical (4)
circular to circulate (23)
cirujano *m* surgeon (24)
cita *f* date, appointment (7)
ciudad *f* city (12)
civil civil (3)
civilización *f* civilization (2)
civilizar to civilize (19)
¡claro! of course! (4)
clase *f* class (6)
cliente *m* cliente (24)
club *m* club (15)
cobarde *m* coward (16)
cobardía *f* cowardice (16)
coche *m* car (10)
coger to take, to pick (19); to grasp (20)
cognado *m* cognate (*cap. pre.*)
colectivo *m* collective (16)
colega *m & f* colleague (22)
cólera *f* anger (14)
colesterol *m* cholesterol (15)
color *m* color (2)
comedia *f* corpus of plays (23)
comentario *m* comment (19)
comer to eat (2); **dar de comer** to feed (10)
comestible *m* foodstuff (15)
cómico comical (5)
comida *f* food, meal (10)
comisario de provisiones *m* purchasing agent (24)
como like (1); as (3, 5); since (8); **¿cómo?** how? (6); **¿cómo es...?** what is... like? (1); **¿cómo que...?** what do you mean ...? (10); **¿cómo se llama?** what is your name? (14); **tan ... como** as ... as (4); **tanto(s)...como** as much (many)...as (4)
cómodo comfortable (16)
compañero *m* companion (20); **compañero de letras** literary companion (24)
compañía *f* company (16); companionship (21)
comparar to compare (9)
comparativo *m* comparative (4)
compartir to share (21)
competencia *f* competition (8)
complacencia *f* complacency (10)
complemento *m* object (7)
completamente completely (8)
completo complete (17)
comprar to buy (8)
comprender to understand (3)
común common; **en común** in common (16)
comunista *m & f* communist (5)
con with (2); **con frecuencia** frequently (16); **con tal que** provided that (21)
concebir (i, i) to conceive (10)
concepto *m* concept (17)
conciencia *f* conscience (19); **le remordía la conciencia** his conscience bothered him (23)
concierto *m* concert (13)
conclusión *f* conclusion (14)
concordancia *f* agreement (1)
condición *f* condition (13)
conductor *m* conductor, driver (16)
conferencia *f* lecture (13)
confesar (ie) to confess (19)
confianza *f* confidence, trust (18)
confiar to entrust (24)
congestionado congested (12)
congregación *f* congregation (12)
congresista *m & f* one who attends a congress (12)
congreso *m* congress (12)
conjetura *f* conjecture (18)
conjugación *f* conjugation (22)
conmigo with me (3)
conmovedor moving (22)

conmover to move (22)
conocedor *m* connoisseur (23)
conocer (-zco) to know (a person or place), to be familiar with (8); (*pret*) to meet for the first time (13)
conocimiento *m* knowledge (18)
conquista *f* conquest (16)
conquistar to conquer (10)
consecuencia *f* consequence (21)
conseguir (i, i) to get, to obtain, to accomplish (10)
consejo *m* advice, piece of advice (22); *pl* advice (16)
conservación *f* preservation, self-preservation (10)
conservador *m* conservative (5)
considerar to consider (14)
consigo with himself, herself, yourself, themselves, yourselves (16)
consonancia *f* consonance (21)
consonante *f* consonant (*cap. pre.*)
construcción *f* construction (20)
construir (-uyo) to construct, build (20)
consuelo *m* consolation (22)
consultar to consult (13)
consumidor *m* consumer (15)
contacto *m* contact (22)
contaminación *f* pollution (5)
contar (ue) to count (9); to tell, to relate (20); **contar con** to count on (9)
contemplar to contemplate (24)
contemporáneo contemporary (8)
contener to contain (15)
contenido *m* content (22)
contento content, happy (6)
contestación *f* answer (14)
contestar to answer (10)
contigo with you (3)
continuar (-úo) to continue (13)
contra against (3)
contracción *f* contraction (2)
contrario contrary; **al contrario** on the contrary (15)
contrasentido *m* nonsense (21)
contraste *m* contrast (6)
contribución *f* contribution (20)
contribuir (-uyo) to contribute (21)
convencer to convince (19)
convencional conventional (6)
conversación *f* conversation (1)
convertir (ie, i) en to change into (15)
copiosamente copiously (12)
coqueta flirtatious (17); *f* flirt (22)
corazón *m* heart (11)
coro *m* chorus (22)
corrección *f* correction (17)
correlación de tiempos *f* sequence of tenses (22)
correr to run (17)
corriente usual, common (21)
corrupción *f* corruption (12)
corrupto corrupt (12)
cortés courtly (24)
cosa *f* thing (6)
costar (ue) to cost (9)
costumbre *f* custom; **como de costumbre** as usual (20)
crear to create (15)
crecer to grow (10)
creencia *f* belief (21)
creer to believe, think (7); **creo que sí** I believe so (7)
criado *m* servant (21)
criminal *m* criminal (20)
crisis *f* crisis (17)
cristiano Christian (5)
criticar to criticize (10)
crítico *m* critic (12)
cruel cruel (6)
¿cuál? which one?, what...?; **¿cuáles?** which?, what...? (24)
cualidad *f* quality (24)
cualquier any (at all) (15); **cualquier parte** anywhere (20)
cualquiera anyone (at all) (15)
cuando when (3)
cuanto: en cuanto as soon as (21); **en cuanto a** as for (13)
¿cuánto(s)? how much, how many? (2)
cuarenta forty (8)
cuarto *m* quarter; **las ocho menos cuarto** a quarter to eight (5); room (11); fourth (13)
cuatro four (2)
cuatrocientos four hundred (8)
cubano Cuban (18)
cubierto de covered with (15)
cubrir (*p p* **cubierto**) to cover (14)
cuenta: darse cuenta (de) to realize (14); **por su cuenta** on one's own (16)
cuento *m* short story (20)
cuerpo *m* body (7)
cuestión: es cuestión de it is a question of (3)
cuidado *m* care; **¡no tenga cuidado!** don't worry! (9); **tener cuidado** to be careful (9)
cuidar to take care of (12)
culebra *f* snake (18)
culpa *f* fault (3); **echar la culpa** to blame (24); **tener la culpa** to be at fault, to be to blame (3)
cultivar to cultivate (14)
cultura *f* culture (7)
cuñada *f* sister-in-law (19)
cuñado *m* brother-in-law
curar to cure (23)
curativo curative (15)
curiosidad *f* curiosity (14)
cuyo whose (24)

chocolate *m* chocolate (7)

dama *f* lady (24)

dandy *m* lady's man; stylish young man (21)
daño *m* pain, harm; **hacer daño** to hurt, to harm (22)
dar to give (7); to hit (18); **dar de comer** to feed (10); **dar la vuelta** to go around (20); **darse cuenta de** to realize (14)
de of (2); from (5)
debajo *adv* underneath; **debajo de** *prep* under (15)
deber to owe, ought, must (11)
decadencia *f* decadence (15)
decente decent (15)
decidir to decide (12); **decidirse a** to make up one's mind (20)
décimo tenth (13)
decir to say (4); to tell (9)
decisión *f* decision (17)
declaración *f* declaration (19)
dedicación *f* dedication (24)
dedicar to dedicate (19)
defender (ie) to defend (8)
deficiencia *f* deficiency (15)
definición *f* definition (16)
dejar to let, to leave (9); **dejar de** to stop, to leave off (12); **dejar plantado** to leave in the lurch (21)
del (de+el) of the (2)
delante *adv* in front; **delante de** *prep* in front of (21)
demás *m pl* others (20)
demasiado too (5)
democracia *f* democracy (20)
demócrata *m & f* democrat (5)
demoníaco demonic (21)
demostrar to demonstrate (13)
demostrativo demonstrative (6)
dentista *m & f* dentist (1)
depender to depend (16)
deplorable deplorable (20)
deprimido depressed (18)
deprimirse to get depressed (22)
derramar to spill (15)
desagradable disagreeable, unpleasant (20)
desaliñar to disarrange, to mess up (22)
desaparecer (-zco) to disappear (11)
desarrollar(se) to develop (21)
desarrollo *m* development (20)
desayuno *m* breakfast (15)
descendiente *m* descendant (23)
desconocido unknown (14)
describir to describe (11)
descripción *f* description (10)
descubrimiento *m* discovery (18)
desde since, from (15); **desde ahora en adelante** from now on (19); **desde luego** of course (7); **desde muy miño** from early childhood (17)
desengañar to disillusion (20)
deseo *m* desire (7)
desesperación *f* desperation, dispair (17)
desesperado desperate (19)
desgracia *f* misfortune; **por desgracia** unfortunately (15)
desgraciado unhappy (13)
deshacer to undo, to break down (15)
desilusionado disillusioned (6)
desinteresado disinterested (22)
desnudo naked (11)
despedida *f* farewell (13)
despedirse (i, i) to say good-bye
despertar (ie) to awaken someone (14); **despertarse** to wake up (oneself) (14)
despreciar to scorn (23)
después *adv* later, after(wards) (4); **después de** *prep* after (4); **después (de) que** *conj* after (21)
desterrar (ie) to exile (23)
destinado destined (17)
destino *m* destiny (20)
desvarío *m* delusion (23)
detalle *m* detail (14)
devoto devout (5)
día *m* day (1); **buenos días** good morning (1); **hoy día** nowadays (15); **todos los días** every day (6)
diablo *m* devil (8)
diabólico diabolic (12)
diálogo *m* dialogue (1)
diariamente daily (15)
diario *m* diary (9)
diciembre *m* December (5)
dicho (*p p of* **decir**) said (15)
didáctico didactic (22)
diez ten (2)
diferencia *f* difference (7)
diferente different (5)
difícil difficult (4)
dilema *m* dilemma (1)
diminutivo *m* diminutive (17)
dinámico dynamic (3)
dinero *m* money (10)
Dios *m* God; **¡por Dios!** Good Lord! for God's sake! (5)
diploma *m* diploma (10)
diptongo *m* diphthong (*cap. pre.*)
dirección *f* direction (19)
directo direct (7)
discurso *m* speech (12)
discusión *f* discussion (12)
discutir to argue, to discuss (19)
disquisición *f* disquisition, elaborate essay (16)
distinto different (21)
distribuir (-uyo) to distribute (12)
divertir (ie, i) to amuse; **divertirse** to have a good time (14)
divino divine (19)
divorciarse to get a divorce (22)
divorcio *m* divorce (9)
doce twelve (2)

dócil docile, gentle (13)
doctor *m* doctor (2)
doctorado *m* doctorate, doctor's degree (16)
documento *m* document (21)
dogma *m* dogma (21)
dogmático dogmatic (18)
doler (ue) to hurt (9)
domingo *m* Sunday (5)
donde where; **¿dónde?** where? (5)
dormir (ue, u) to sleep (9); **dormirse** to fall asleep (14)
dos two (2)
doscientos two hundred (8)
dragón *m* dragon (24)
drama *m* drama (1)
dramaturgo *m* playwright (12)
droga *f* drug (15)
duchar to shower (14); **ducharse** to take a shower (14)
duda *f* doubt (9)
dudar to doubt (21)
dudoso doubtful (23)
duelo *m* duel (22)
dueño *m* owner (22)
dulce sweet (11)
dúo: a dúo in a duet (22)
durante during (11)
durar to last (15)
duro hard (23)

e and (*before a word beginning with* **i** *or* **hi**) (23)
económico economic (24)
echar to throw (17); **echar a perder** to ruin (17); **echar de menos** to miss (22); **echar la culpa** to blame (24); **echar una mirada hacia atrás** to look back (24)
edad *f* age (7)
editor *m* editor (11)
editorial *m* editorial (13)
educación *f* education (4)
educativo educational (13)
efecto *m* effect (14)
eficiente efficient (21)
egocéntrico egocentric (1)
egoísmo *m* egoism (16)
egoísta egoistic (5)
ejemplo *m* example (1); **poner un ejemplo** to give an example (10); **por ejemplo** for example (10)
ejercicio *m* exercise (*cap. pre.*)
el the (1); *pl* **los**
él he (2); *prep pron* him, it (3)
elegante elegant (19)
elemental elementary (19)
Elena Helen, Ellen (4)
eliminar to eliminate (13)
ella she (2); *prep pron* her, it (3)
ellas they (2); *prep pron* them (3)
ello *neuter prep pron* it (13)
ellos they (2); *prep pron* them (3)
embarcar(se) to set sail, to embark (23)
embargo: sin embargo nevertheless (16)
emoción *f* emotion (10)
empezar (ie) to begin (8)
empobrecer to impoverish (15)
empresa *f* undertaking, enterprise (9)
en in (2); at (4); on
enamorarse de to fall in love with (14)
encantador *m* enchanter (24)
encarcelar to jail (24)
encontrar (ue) to find; **encontrarse** to feel (20)
enemigo *m* enemy (11)
energía *f* energy (6)
enero *m* January (5)
enfáticamente emphatically (4)
enfermedad *f* sickness (15)
enfermera *f* nurse (9)
enfermo sick (6)
engañar to deceive (8)
engaño *m* deception (16)
engordar to fatten (15)
enojado angry (6)
enorme enormous (2)
enredarse to get mixed up with, to twine around, to entwine (18)
enriquecer to enrich (15)
ensayo *m* essay (8)
ensayista *m & f* essayist (16)
enseñanza *f* teaching, education (13)
enseñar to teach (5)
entender (ie) to understand (8)
enterarse de to find out about (20)
entonces then (3)
entrada *f* entrance, admission (11)
entrañas *f pl* heart (*literally* bowels, innards) (23)
entre among, between (6)
entretenimiento *m* entertainment (23)
entusiasmo *m* enthusiasm (12)
entusiasta enthusiastic (5)
envenenar to poison (19)
envidia *f* envy (10)
episodio *m* episode (21)
error *m* error (24)
es he, she, it is; **es que** it's just that (3)
esa *demonst adj* that (nearby), *pl* those (6); **ésa** *demonst pron* that one (nearby), *pl* those (6)
escapar to escape (15)
escaparate *m* shop window (21)
esclavo *m* slave (10)
escoger to choose (17)
esconder to hide (18)
escribir (*p p* **escrito**) to write (8)
escrito written (15)
escuchar to listen (to) (12)
escudero *m* (knight's) squire (24)
escuela *f* school (9)

ese *demonst adj* that (nearby), *pl* **esos** those (6); **ése** *demonst pron* that one (nearby), *pl* **ésos** those (6)
eslabón *m* link (16)
eso *neuter pron* that (in general) (1); **¡eso es!** that's it!, that's right! (5); **por eso** that's why, for that reason (4)
espacio *m* space (10)
español Spanish (1)
especial special (13)
especialista *m & f* specialist (4)
especialmente especially (3)
especie *f* sort, species (19)
espectáculo *m* spectacle (19)
esperanza *f* hope (22)
esperar to wait (9); to expect (12); **es de esperar** it is to be hoped that (23)
espíritu *m* spirit (24)
espiritual spiritual (17)
espiritualmente spiritually (4)
esposa *f* wife (11)
esposo *m* husband; **dos esposos** husband and wife (22)
esta *demonst adj* this, *pl* these (6); **ésta** *demonst pron* this one, *pl* these (6)
¿está bien? all right? (3)
Estados Unidos *m pl* United States (5)
estar to be (*location, condition, state*) (6)
este *demonst adj* this, *pl* **estos** these (6); **éste** *demonst pron* this one, **éstos** these (6)
estilo *m* style (17); **por el estilo** of that kind, along those lines (16)
estimación *f* estimation, esteem (24)
esto *neuter pron* this (5)
estoicismo *m* stoicism (4)
estoico stoic (4)
estrella *f* star (23)
estricto strict (5)
estropear to spoil, to ruin (17)
estudiante *m & f* student (5)
estudiantil *adj* student (12)
estudiar to study (2)
estudio *m* study (12)
estudioso studious (17)
estupidez *f* stupidity (20)
estúpido stupid (5)
etapa *f* stage (16)
eternidad *f* eternity (16)
eterno eternal (1)
evidente evident (23)
evitar to avoid (15)
exactitud *f* exactitude (23)
exacto exact (21)
exagerar to exaggerate (3)
examen *m* exam (13)
examinar to examine (9)
excelente excellent (5)
excepción *f* exception (13)
exceso *m* excess (9)
exclamación *f* exclamation (11)
exclamar to exclaim (12)
exclusivo exclusive (18)
excusa *f* excuse (20)
existir to exist (5)
éxito *m* success; **tener éxito** to be successful (3)
exótico exotic (15)
expedición *f* expedition (23)
experiencia *f* experience (3)
explicar to explain (10)
explorar to explore (12)
explotar to exploit (21)
expresar to express (18)
expresión *f* expression (15)
extensión *f* extension (19)
externo external (18)
extrañar to surprise (22)
extraño strange (23)
extravangante extravagant (6)
extremo extreme (9)

fácil easy (18)
facilidad *f* ease, facility (18)
falsedad *f* falsity, falseness (13)
falsificar to falsify (21)
falso false (20)
falta *f* lack (20)
faltar to be lacking (9); **¡no faltaba más!** that's all I needed! (18)
familia *f* family (4)
famoso famous (4)
fanático fanatic (5)
fantástico fantastic (3)
fascista *m & f* fascist (5)
fatal fatal (8)
favor *m* favor (9); **hágame el favor de**+*inf* please, kindly (9); **por favor** please (9)
febrero *m* February (5)
fecha *f* date (of the month) (5)
feliz happy (6)
fenomenal phenomenal (3)
feo ugly (6)
fértil fertil (17)
fertilizante *m* fertilizer (15)
fervor *m* fervor (23)
fiesta *f* fiesta, festival (6)
fijar to fix, to set (14); **fijarse en** to notice (14); **¡fíjate!** imagine that! (14)
fijo set, fixed (16)
filosofía *f* philosophy (1)
filosófico philosophical (11)
filósofo *m* philosopher (17)
fin *m* end (19); **al fin y al cabo** in the long run (19); **en fin** anyway (21); **por fin** at last (16)
física *f* physics (20)
físicamente physically (4)
físico physical (10)
flaco thin (24)
flor *f* flower (14)
folklórico folkloric (23)

fondo *m* background (21); **en el fondo** underneath it all (17)
forma *f* form (4)
formación *f* formation (1)
formado formed (9)
formal formal (13)
formar to form (12)
fórmula *f* formula (20)
fortuna *f* fortune (20)
fragmento *m* fragment (19)
fraile *m* friar (24)
francés French (10)
franco frank (18)
franqueza *f* frankness; **con franqueza** frankly (18)
frecuencia *f* frequency; **con frecuencia** frequently (16)
frecuente frequent (24)
fresco fresh (10)
frío *m* cold (3); **hacer frío** to be cold (weather) (3); **tener frío** to feel cold (person) (3)
frustración *f* frustration (10)
fruta *f* fruit (15)
fuera outside, out (16); **¡fuera!** get out! (19)
fuerte strong (15)
fuerza *f* power, strength (12)
fulminante fulminating, explosive (14)
fumar to smoke (9)
función *f* function (11)
funcionar to function, to work (12)
fundir to merge (15)
funeral *m* funeral (22)
furioso furious (14)
fusión *f* fusion (15)
futuro *m* future (8)

galera *f* galleon, large sailing ship (24)
gana *f* desire; **lo que me da la gana** whatever I like (12); **tener ganas de** to feel like (3)
ganar to gain, to earn (13); to win (15)
garaje *m* garage (15)
gastar to spend (money) (11)
gato *m* cat (1)
generación *f* generation (19)
general general (5); **por lo general** in general (16)
género *m* gender (1); literary genre (24)
generoso generous (1)
genio *m* genius (14)
gente *f* people (10)
geometría *f* geometry (20)
gerundio *m* present participle (13)
gigante *m* giant (24)
gigantesco gigantic (10)
girar to spin (19)
glóbulo *m* globule (15)
gloria *f* glory (15)
gobernador *m* governor (24)
golpe *m* blow, shock (22)
gordo fat (5)
gozar to enjoy (9)
gracias *f pl* thanks (2); **muchas gracias** thank you very much, many thanks (2)
gramática *f* grammar (1)
grande big (4); great (9)
granja *f* farm (17)
grave grave (8)
gripe *f* grippe, influenza (22)
gris gray (6)
gritar to shout, to scream (4)
guardar to keep (10); **guardarse** to protect oneself (21)
guerra *f* war (3)
Guillermo William (4)
guitarra *f* guitar (7)
gustar to be pleasing (7); **me gusta** I like it (her, him) (7)
gusto *m* pleasure (9); **mucho gusto en conocerlo** pleased to meet you (9)

haber *auxiliary verb* to have (15); there to be (15); **haber de** to have to (15)
había there was, there were (12)
habla *f* (*art* **el**) speech (18)
hablar to speak (2)
hacer to do, to make (3); **hace** (+*period of time*) . . . ago (14); **hace dos horas que espero** I have been waiting for two hours (16); **hace mucho** a long time ago (20); **hacer calor** to be hot (weather) (3); **hacer caso a** to pay attention to (3); **hacer daño** to hurt (22); **hacer frío** to be cold (weather) (3); **hacer un viaje** to take a trip (16); **¿qué se le va a hacer?** what can you do? (24); **hacerse** to become (14)
hacia towards (9)
hacha *f* (*art* **el**) axe (18)
hambre *f* (*art* **el**) hunger; **tener hambre** to be hungry (3)
harto: estar harto to be fed up (13)
hasta *prep* until (4); even (9); **hasta que** *conj* until (21)
hay there is, there are (2); **hay que** one has to, one must (8)
hazaña *f* deed (24)
hecho *m* fact (4)
hecho (*p p of* **hacer**) done (14)
helicóptero *m* helicopter (12)
hemisferio *m* hemisphere (13)
hemorragia *f* hemorrhage (13)
heredar to inherit (19)
hereje *m* heretic (21)
herida *f* wound (21)
hermana *f* sister
hermano *m* brother (2)
hermético hermetic (19)
hermoso beautiful (22)
hermosura *f* beauty (23)
héroe *m* hero (13)
heroico heroic (24)

hidalgo *m* country gentleman; squire (24)
hidrógeno *m* hydrogen (20)
hielo *m* ice (6)
hierba *f* grass (18)
hígado *m* liver (15)
hija *f* daughter (4)
hijo *m* son (9); *pl* children (6)
hipócrita hypocritical (1)
hispánico Hispanic (15)
historia *f* history (2); story (6); **Historia Sagrada** theology, religion (20)
histórico historical (23)
hola hello, hi (2)
hombre *m* man (1); **hombre de negocios** businessman (24)
hombruno mannish, masculine (24)
honrar to honor (20)
hora *f* hour, time (of day) (5); **¿qué hora es?** what time is it? (5); **¡ya era hora!** it was about time! (22)
hormiga *f* ant (15)
hormona *f* hormone (15)
horrible horrible (14)
hospital *m* hospital (3)
hotel *m* hotel (16)
hoy today (5); **hoy día** nowadays (15)
huérfano *m* orphan (24)
huir (-uyo) to run away, to flee (7)
humanidad *f* humanity (21)
humano human (9)
humilde meek, humble (19)
humo *m* smoke (12)

idea *f* idea (7)
ideal ideal (1)
idealista *m & f* idealist (5)
idílico idyllic (11)
idiota *m & f* idiot (1)
ídolo *m* idol (13)
iglesia *f* church (21)
ignorante ignorant (14)
igual the same, equal (14)
ilegítimo illegitimate (23)
iluminar to illuminate (14)
ilusión *f* illusion (14)
ilusionado filled with illusion (6)
imagen *f* image (12)
imaginable imaginable (5)
imaginación *f* imagination (19)
imaginar to imagine (20)
imaginativo imaginative (19)
imitar to imitate (13)
impalpable impalpable, not easily perceived (12)
impedir (i, i) to prevent (10)
imperfecto imperfect (9); *m* (11)
impersonal impersonal (13)
impertinente impertinent (16)
implícito implied (19)
imponer to impose (21)
importancia *f* importance (4)
importante important (2)
importar to matter, to care about (9); **no me importa** it doesn't matter to me, I don't care (9)
imposible impossible (2)
impotencia *f* impotence (7)
impresionar to impress (16)
incapaz incapable (21)
incitar to incite, to inspire (24)
inclinar(se) to be inclined (20)
inconveniente inconvenient (16); **tener sus inconvenientes** to have its inconvenient side (24)
indefinido indefinite (5)
independencia *f* independence (19)
independiente independent (8)
indicar to indicate (10)
indicativo *m* indicative mood (3)
indiferente indifferent (20)
indirecto indirect (9)
indispensable indispensable (24)
industria *f* industry (15)
infantil infantile (22)
infección *f* infection (15)
infierno *m* hell (9)
infiltrar to infiltrate (12)
infinitivo *m* infinitive (8)
infinito infinite (19)
influencia *f* influence (12)
influir (-uyo) to influence (21)
información *f* information (11)
ingenioso ingenious (24)
inglés English (1)
ingratitud *f* ingratitude (23)
injusticia *f* injustice (19)
injusto unjust, unfair (22)
inmediatamente immediately (11)
inmenso immense (19)
inmortalidad *f* immortality (16)
innecesario unnecessary (10)
innumerable innumerable (10)
inocente innocent (7)
insecticida *m* insecticide (15)
insecto *m* insect (15)
insignificante insignificant (17)
insistencia *f* insistence (16)
insistir (en) to insist (on) (10)
inspector *m* inspector (11)
inspirar to inspire (9)
instantáneo instant (15)
instintivamente instinctively (10)
instinto *m* instinct (10)
institución *f* institution (9)
instrucción *f* instruction (20)
instrumento *m* instrument (20)
ínsula *f* island (*archaic*) (24)
insultar to insult (22)
intangible intangible (12)
intelectual intellectual (3)

inteligente intelligent (1)
intentar to try (21)
interceder to intercede (16)
interés *m* interest (13)
interesar to interest (10)
internacional international (12)
intolerable intolerable (7)
intriga *f* intrigue (21)
intrínseco intrinsic (13)
introvertido introverted (4)
invencible invincible (23)
invitación *f* invitation (16)
invitado *m* guest (17)
invitar to invite (7)
invulnerable invulnerable (21)
ir to go (7); **irse** to go (16); to go away, to leave (17)
irónico ironical (9); **lo irónico** the ironical thing (9)
irregular irregular (3)
irremediable irremediable (22)
irresponsable irresponsible (10)
irritar to irritate (18)
isla *f* island; **isla desierta** desert island (21)
italiano Italian (14)

jamás never, not . . . ever (15)
jamón *m* ham (2)
jaula *f* cage (17)
Javier Xavier (1)
jefe *m* boss (24)
joven young, *pl* **jóvenes** (3)
judío Jewish; *m* Jew (5)
juerga: irse de juerga to go on a spree, to go gallivanting (20)
jueves *m* Thursday (5)
jugar (ue) to play (17)
julio *m* July (5)
junio *m* June (5)
junto *adj* together (*generally used in pl*)
jurar to swear (20)
justamente porque for the very reason that (22)
justicia *f* justice (19)

laboratorio *m* laboratory (18)
labrador *m* peasant (24)
lado *m* side (8)
lágrima *f* tear (weeping) (12)
lanzar to throw (20)
largo long (10)
lástima *f* pity, shame; **es (una) lástima que** it is a pity that (20); **¡qué lástima!** what a shame! (20)
latín *m* Latin (20)
lavar(se) to wash (14)
le *ind obj pron* (to) you, (to) him, (to) her, (to) it (8)
lealtad *f* loyalty (24)
lección *f* lesson (7)
lector *m* reader (22)
lectura *f* reading (3)
leche *f* milk (15)
lecho *m* bed (17)
leer to read (8)
legal legal (21)
legítimo legitimate (23)
lengua *f* tongue (18); language (19)
lenguaje *m* language (usage) (15)
lento slow (16)
letra *f* letter (of the alphabet) (*cap. pre.*); *pl* literature (11)
levantar to raise, to lift up (14); **levantarse** to get up (14)
liberado liberated (21)
liberal liberal (5)
libertad *f* liberty (10)
libre free (16)
libro *m* book (2); **libro de caballerías** novel of chivalry (24)
líder *m* leader (12)
limitar to limit (22)
limonada *f* lemonade (3)
limpio clean (16)
lindo pretty (5)
lírico lyric (11)
lirismo *m* lyricism (19)
listo smart (6); ready (6)
literario literary (12)
literatura *f* literature (1)
lo *dir obj pron* you, him, it (8); **lo que** whatever, what, that which (9)
loco crazy (6); **loco de remate** stark, raving mad (23)
lógica *f* logic (18)
lograr to gain, to accomplish, to manage (13)
lotería *f* lottery (22)
luchar to fight (3)
luego afterwards, then (16); **desde luego** of course (7); **luego que** as soon as (21)
lugar *m* place (13)
luna *f* moon (19)
lunes *m* Monday (5)
luterano Lutheran (5)
luz *f* light (15)

llaga *f* wound (23)
llama *f* flame (12)
llamado so-called (18)
llamar to call (14); **llamarse** to call oneself, to be named (14)
llegada *f* arrival (12)
llegar to arrive (12)
llenar to fill (13)
lleno full (13)
llevar to take, to wear (7); **llevar a cabo** to carry out (20)
llorar to cry, to weep (17); to mourn (17)
llover (ue) to rain (12)

madre *f* mother (4)
madrugada *f* early morning, wee hours (5)
maestro *m* teacher (17); master; **obra maestra** *f* masterpiece (24)
magnetismo *m* magnetism (13)
magnífico magnificent (4)
majadero *m* fool (21)
mal badly (4); **menos mal** thank heavens (19)
malintencionado malevolent (24)
malo bad (1)
malogrado unsuccessful (24)
mamá *f* mom (6)
mandar to send (7); to order (around), to boss (19)
mandato *m* command (9)
manejar to handle (20)
manera *f* way (19); **de manera que** so that (21); **de otra manera** otherwise (18)
maniatado handcuffed, tied down (20)
manipulación *f* manipulation (15)
mano *f* hand (9); **¡manos a la obra!** get to work!
manta *f* blanket (14)
manzana *f* apple (6)
mañana *f* tomorrow (5); morning (5); **mañana por la mañana** tomorrow morning (5); **pasado mañana** the day after tomorrow (20)
mar *m & f* sea (8)
marido *m* husband (6)
marihuana *f* marijuana (10)
martes *m* Tuesday (5)
marzo *m* March (5)
más more (4); **más allá** beyond (12); **más bien** rather, instead (7); **más vale que** it is better that (21)
máscara *f* mask (24)
masoquista masochist (6)
mastitis *f* mastitis (15)
matar to kill (13)
matemáticas *f pl* mathematics (2)
matemático *m* mathematician (16)
material material (10)
materialista *m & f* materialist (10)
matrimonio *m* matrimony, marriage (9)
mayo *m* May (5)
mayor older, larger (4); **el mayor** the oldest, the largest (4)
mayoría *f* majority (20)
mayúsculo uppercase (*cap. pre.*); *m* capital (letter)
me *dir or ind obj pron* me (5, 7)
mecánico *m* mechanic (17)
mecanismo *m* mechanism (22)
mediano average (20)
medianoche *f* midnight (5)
medicina *f* medicine (12)
médico *m* doctor (4)
medio half (5); **a media voz** in a whisper (22); **las siete y media** half past seven (5)
mediodía *m* noon (5)
meditar to meditate (15)
mejor better (4); **a lo mejor** maybe (9); **el mejor** the best (4); **¡tanto mejor!** so much the better! (13)
mejorar to improve (10)
melancólico melancholy (3)
melodramático melodramatic (11)
memorable memorable (17)
memoria *f* memory (13); memoire (21)
menguante *f* waning (22)
menor younger, smaller (4); **el menor** the youngest, the smallest (4)
menos less, fewer (4); except (4); **a menos que** unless (21); **echar de menos** to miss (22); **¡menos mal!** thank heavens! (19); **¡ni mucho menos!** quite the contrary! (21); **por lo menos** at least (6)
mensual monthly (15)
mental mental (10)
mentir (ie, i) to lie (8)
mentira *f* lie (20); **parece mentira** it seems incredible (21)
menudo: a menudo often (23)
merecer (-zco) to deserve, to merit (14)
mérito *m* merit (21)
mero mere (21)
mes *m* month (5)
metafísico *m* metaphysician (16)
metal *m* metal (5)
métrico metric (15)
mexicano Mexican (3)
mezclar to mix (23)
mi my (4)
mí *prep pron* me (2)
miedo *m* fear; **tener miedo** to be afraid (3)
miel *f* honey (19)
miembro *m* member (20)
mientras (que) while (13); whereas (20); **mientras tanto** meanwhile (15)
miércoles *m* Wednesday (5)
mil one thousand (8)
milagro *m* miracle (24)
millón *m* million (8)
mineral *m* mineral (15)
minibús *m* minibus (16)
mínimo minimal (18); **el más mínimo** the slightest (8)
minoría *f* minority (20)
mío mine (4)
¡mira! look! (5)
mirada *f* look, glance; **echar una mirada hacia atrás** to look back (24)
mirar to look (9)
mismo same (14); **ahora mismo** right now (7)
misterio *m* mystery (21)
místico mystical (21)
mitológico mythological (23)
mocoso *m* pipsqueak (14)
moda *f* fashion; **estar de moda** to be in fashion (15)

moderno modern (2)
modismo *m* expression, idiom (1)
modo *m* way; **de modo que** so that (21); **de todos modos** anyway (23)
molestar to molest, to bother (8)
molino *m* windmill (14)
momento *m* moment (4)
monja *f* nun (22)
monumental monumental (14)
morado purple (6)
moral moral (12)
morder (ue) to bite (18)
morir(se) (ue, u) (*p p* **muerto**) to die (7)
moro Moorish; *m* Moor (24)
mostrar (ue) to show (9)
motivado motivated (13)
moto *f* motorcycle (15)
motocicleta *f* motorcycle (12)
motor *m* motor (20)
mover (ue) to move (9)
movimiento *m* movement (7)
muchacha *f* girl (5)
muchacho *m* boy (9)
mucho much, many (1); **¡ni mucho menos!** quite the contrary! (21)
muerte *f* death (3)
muerto (*pp of* **morir**) dead (15)
mujer *f* woman (1); wife (1)
multitud *f* multitude (12)
mundial *adj* world (17)
mundo *m* world (4); **todo el mundo** everyone (7)
músculo *m* muscle (11)
música *f* music (1)
musical musical (11)
músico *m* musician (13)
mutuo mutual (16)
muy very (1)

nacer (-zco) to be born (9)
nacimiento *m* birth (23)
nación *f* nation (15)
nada nothing (3); **de nada** you're welcome (2); **nada en absoluto** absolutely nothing, nothing at all (8)
nadie nobody (3)
naranja *f* orange (13)
natural natural (15)
naturaleza *f* nature (17)
naturalmente naturally (5)
náusea *f* nausea (13)
navegación *f* navigation (20)
navegar to navigate (20); **carta de navegar** *f* navigational chart (23)
necesario necessary (10)
necesidad *f* necessity (12)
necesitar to need (10)
necio *m* fool (22)
negación *f* denial (21); **palabra de negación** *f* negative word (3)
negar (ie) to deny (21); **negarse a** to refuse (15)
negativo negative
negocios *m pl* business (24); **hombre de negocios** *m* businessman (24)
negro black (6)
nena *f* little girl (17)
nene *m* little boy
nervioso nervous (17)
neurología *f* neurology (18)
neurólogo *m* neurologist (3)
neutro neuter (9)
ni . . . ni . . . neither . . . nor . . . (3); **¡ni hablar!** certainly not!, no way! (13); **ni siquiera** not even (22)
nieta *f* granddaughter
nieto *m* grandson, grandchild (18)
nieve *f* snow (15)
ningún, ninguno no, none, not any (of a group) (15); **ninguna parte** nowhere (15)
niña *f* little girl (3)
niño *m* little boy; *pl* children (6)
no no, not (1)
noble noble (11)
noción *f* notion (16)
noche *f* night (5); **esta noche** tonight (5)
nombrar to elect, to name (20)
nombre *m* noun (1)
norteamericano North-American, American (2)
nos *dir or ind obj pron* us (7)
nosotros we (2); *prep pron* us (3)
nota *f* mark, grade (13)
notar to notice, to note (12)
noticias *f pl* news (7)
novecientos nine hundred (8)
novela *f* novel (6)
noveno ninth (13)
noventa ninety (8)
novia *f* girl friend, fiancée (11)
noviembre *m* November (5)
novio *m* boyfriend, fiancé (11)
nuestro our (4); **(el) nuestro** ours (4)
nueve nine (2)
nuevo new (1)
número *m* number (2); **número cardinal** cardinal number (8); **número ordinal** ordinal number (13)
numeroso numerous (21)
nunca never (3)
nutrición *f* nutrition (15)
nutritivo nutritional (15)

o or (2); **o . . . o . . .** either . . . or . . . (3); **o sea** that is (21)
obediente obedient (16)
objeto *m* object (11)
obligación *f* obligation (9)
obligar to obligate (13)
obra *f* work (14); **¡manos a la obra!** get to work! (14); **obra maestra** *f* masterpiece (24)

observar to observe (11)
obstante: no obstante nevertheless (15)
ocasión *f* occasion (6)
occidental Occidental, Western (7)
octavo eighth (13)
octubre *m* October (5)
ocupado busy (6)
ocurrir to occur (21)
ochenta eighty (8)
ocho eight (2)
ochocientos eight hundred (8)
oda *f* ode (19)
odiar to hate (7)
oficina *f* office (18)
ofrecer (-zco) to offer (16)
oír to hear (4)
¡ojalá! Here's hoping!, I hope! (20)
ojo *m* eye (8)
olvidar to forget (9)
once eleven (2)
onomatopeya *f* onomatopoeia (18)
operación *f* operation (18)
operar to operate (18)
opinión *f* opinion (5)
oponerse a to oppose (21)
oportunidad *f* opportunity (20)
oportunista opportunistic (1)
oración *f* sentence (1)
oratoria *f* oratory (19)
orden *f* order (19)
organización *f* organization (12)
organizar to organize (6)
original original (13)
originalidad *f* originality (13)
ornamentación *f* ornamentation (11)
ornamento *m* ornament (21)
ortografía *f* spelling (*cap. pre.*)
os *fam pl, dir or ind obj pron* you (7)
oscuro dark (23)
otro another; someone else (5); *pl* others (5); **de otra manera** otherwise (18)

paciencia *f* patience (8)
pacifista *m & f* pacifist (5)
padre *m* father (4); *pl* parents (4)
pagar to pay (for) (2)
página *f* page (14)
país *m* country (8)
palabra *f* word (1); **palabra de negación** negative word (3)
palabrería *f* wordiness (16)
palo *m* stick (18)
pan *m* bread (15)
par *m* couple, pair (17)
para *prep* for (3); in order to (6); by (a certain time or date) (17); considering (the fact that) (17); **para arriba** and up (8); **para que** *conj* so, so that (21); **para siempre** forever (8)
paralelismo *m* parallelism (18)
parecer (-zco) to seem (9)
paréntesis *m* parenthesis (15)
parodia *f* parody (24)
parque *m* park (11)
parte *f* part (2); **cualquier parte** anywhere (20); **ninguna parte** nowhere (15); **todas partes** everywhere (5)
participar to participate (18)
participio *m* participle (15)
particularmente particularly (12)
partir: a partir de . . . from (a certain time) on (19)
pasado past; **la semana pasada** last week (11); **pasado mañana** the day after tomorrow (20)
pasar to pass, to come in (9); to happen (9); to pass by (15); **pasar (el) tiempo** to spend time (13)
pasear to take a stroll, to walk (11)
pasíon *f* passion (12)
pasivo passive (20)
pasto *m* pasture, grass (19)
pastor *m* shepherd; **pastor de cabras** goatherd (9)
pata *f* paw, foot (of an animal) (15)
patria *f* country (24)
patriótico patriotic (3)
paz *f* peace; **hacer las paces** to make peace (19)
pecado *m* sin (21)
pecadora *f* prostitute (*literally* sinner) (22)
pedir (i, i) to ask for (10)
pegar to hit (19)
pegar un tiro to shoot (and hit) (23)
pelo *m* hair (10)
pena: es una pena que it is a pity that (23); **me das pena** I feel sorry for you (22)
pensado: bien pensado well thought out (14)
pensamiento *m* thought (24)
pensar (ie) to think (8); **pensar** + *inf* to intend (8)
pensativo pensive (22)
peor worse (4); **el peor** the worst (4); **¡tanto peor!** so much the worse! (19)
pequeño small, little (size) (4)
perder (ie) to lose (8)
pérdida *f* loss; **pérdida de tiempo** waste of time (24)
perdonar to forgive (8)
pereza *f* laziness (10)
perezoso lazy (10)
perfecto perfect (5); *m* present perfect (15)
periódico *m* newspaper (11)
periodista *m & f* journalist (17)
permitir to permit (10)
pero but (1)
perseguir (i, i) to persecute (10)
persona *f* person (8); **en persona** in person (8)
personaje *m* character (20)
personal personal (7)
personalidad *f* personality (13)
pertenecer (-zco) to belong (21)

pertinente pertinent (11)
perverso perverse (11)
pesadilla *f* nightmare (15)
pesado annoying, tiresome (6)
pesar: a pesar de in spite of (15); **a pesar de que** in spite of the fact that (21)
pesimismo *m* pessimism (20)
pesimista pessimistic (6)
peso *m* Mexican monetary unit (and that of several other Spanish-American countries)
petulante petulant (21)
pez *m* fish (live) (4)
piano *m* piano (7)
pie *m* foot (9)
pijama *m* pyjamas (14)
pintura *f* painting (13)
pirata *m* pirate (24)
piso *m* apartment (12)
plan *m* plan (16)
planeta *m* planet (1)
planta *f* sole (of the foot) (23)
plantado: dejar plantado to leave in the lurch (21)
plato *m* plate, dish (21)
plaza *f* plaza (16)
plomero *m* plumber (13)
plural *m* plural (1)
pluscuamperfecto *m* past perfect (16)
poblar to populate (24)
pobre poor (6)
pobreza *f* poverty (17)
pócima *f* potion (20)
poco little; **un poco de** a little bit of (2)
poder to be able (9)
poder *m* power (15)
poderoso powerful (21)
poema *m* poem (1)
poesía *f* poetry (9)
poeta *m* poet (9)
poético poetic (9)
policía *f* police (force) (11)
político political (5); *m* politician (22)
pollo *m* chicken (15); young smart aleck (22)
poner (*p p* **puesto**) to put (3); **poner un ejemplo** to give an example (10); **ponerse** to get, to become (14), to put on (14); **ponerse a**+*inf* to start (14)
popular popular (4)
por for (7); by, because of (13); through, down, around, by way of (16); in place of, in exchange for (16); for the sake of, in search of (16); per (16); **por**+*noun or adj* for being+*noun or adj* (8); **por ahora** for now, for the time being (16); **por aquí** around here (16); **por ciento** per cent (16); **por desgracia** unfortunately (15); **¡por Dios!** for God's sake! (5); **por ejemplo** for example (10); **por el estilo** of that kind, along those lines; **por eso** that's why, for that reason (4); **por favor** please (9); **por fin** at last (16); **por lo general** in general (16); **por lo menos** at least (6); **por lo visto** apparently (16); **¿por qué?** why? (1); **por supuesto** of course (16); **por una vez** for once (16)
porfiar to keep trying (23)
porque because (1)
porquería *f* trash, garbage (14)
posesivo *adj & m* possessive (2)
posible possible (2)
posición *f* position (1)
potencia *f* potency (7)
potencial *m* conditional (18)
practicar to practice (4)
práctico practical (18)
preámbulo *m* preamble (18)
precaución *f* precaution (16)
precedente precedent (24)
precio *m* price (16)
preciso precise (19)
predicado *m* predicate (5)
preferir (ie, i) to prefer (9)
pregunta *f* question (1)
preguntar to ask (7); **preguntar por** to ask after (16); **preguntarse** to wonder (14)
preliminar preliminary (*cap. pre.*)
premio *m* prize (11)
preocupar to concern, to worry (10); **preocuparse (por)** to worry (about) (16)
preparar to prepare (4)
preposición *f* preposition (7)
preposicional: pronombre preposicional *m* pronoun object of a preposition (3)
presentar to present (12); to introduce (19)
presente *m* present tense (2)
pretender to pretend (16)
pretérito *m* preterit (11)
preventivo preventive (15)
prima *f* cousin (19)
primavera *f* spring (7)
primaveral springlike (7)
primer(o) first (13)
primitivo primitive (10)
primo *m* cousin (19)
principio *m* beginning; **al principio** at first (22)
prisa *f* haste; **de prisa** quickly (23); **tener prisa** to be in a hurry (3)
prisionero *m* prisoner (9)
probabilidad *f* probability (18)
probable probable (21)
probablemente probably (5)
problema *m* problem (1)
proceder de to result from (15)
procurar to procure, to get (23)
producción *f* production (16)
producto *m* product (15)
profano profane (15)
profesión *f* profession (10)
profesional professional (24)
profesor *m* professor (1)

profesora *f* professor (1)
profundo profound (12)
programa *m* program (1)
progresar to progress (24)
progresivo progessive (13)
progreso *m* progress (16)
prohibir to prohibit (19)
prolífico prolific (23)
promesa *f* promise (15)
pronombre *m* pronoun (3); **pronombre preposicional** pronoun object of a preposition (3)
pronóstico prognostic (18)
pronto soon (9); **tan pronto como** as soon as (21)
pronunciación *f* pronunciation (*cap. pre.*)
propaganda *f* propaganda (15)
propicio propitious, favorable, appropriate (22)
propio own (12)
proponer to propose, to suggest (14)
prosa *f* prose (11)
prosaico prosaic (15)
proteína *f* protein (15)
protestante *m & f* Protestant (5)
provisión *f* provision (12)
próximo next (5)
prueba *f* test, proof (16)
psicología *f* psychology (16)
psicológico psychological (22)
publicable publishable (14)
público *adj & m* public (16)
pueblo *m* town (9)
puerta *f* door (9)
pues well (1)
puesto put (15); **puesto que** since (12)
punto *m* point (18)
puntuación *f* punctuation (*cap. pre.*)
puro pure (10)

que that (3); than (4); who (6); which (7); **a que** I'll bet (20); **¿qué?** what? (1); **¿qué más da?** so what? (15); **¿qué se le va a hacer?** what can you do? (24); **¿qué tal?** how goes it? (1); **¡qué**+*adj or adv*! how . . .! (11); **¡qué**+*noun* what a . . .! (11); **¡qué va!** nonsense! (5)
quedar to remain (9); to have left (9); **quedarse** to stay (17)
queja *f* complaint (14)
quejarse (de) to complain (about) (14)
querer to want, to love (8); **querer decir** to mean (12)
querida *f* mistress, loved one (21)
querido dear (7)
quiebra *f* bankruptcy (24)
quien(es) who (24); **¿quién(es)?** who? (2)
quimera *f* chimera, foolish fancy (16)
químico chemical (15)
quince fifteen (2)
quinientos five hundred (8)
quinto fifth (13)
quitar to take away, to take off, to get rid of (15)
quizás maybe (6)

rabiar to rage (14); **hacer rabiar (a alguien)** to make (somebody) furious (18)
radical radical (10)
radio *m or f* radio (5)
raíz *f* root
Ramón Raymond (3)
rápidamente rapidly (4)
raptar to kidnap (11)
raro strange, peculiar (12)
rato *m* while (14)
raza *f* race (18)
razón *f* reason (11); **no tener razón** to be wrong (3); **tener razón** to be right (3)
razonable reasonable (9)
reacción *f* reaction (11)
realidad *f* reality (10)
realismo *m* realism (22)
realizar to cause to come true (24); **realizarse** to come true (20)
realmente really (9)
rebelde *m* rebel (23)
rebelión *f* rebellion (14)
recibir to receive (11)
recién nacido newborn (12)
recíproco reciprocal (14)
recobrar(se) to recover (23)
recordar (ue) to remember (9); to bring to mind (18)
recrear to recreate (15)
recriminación *f* recrimination (9)
rectificar to rectify (16)
recuerdo *m* memory (9)
rechazar to reject (22)
reducirse to reduce (16)
reflejar to reflect (18)
reflexivo *adj & m* reflexive (14)
reformar to reform (16)
refugio *m* refuge (15)
regatear to bargain (16)
región *f* region (24)
regresar to return, to go back (24)
regular regular (2)
reír(se) (de) to laugh (at) (14)
rejuvenecer to rejuvenate, to make young (21)
relación *f* relation (10)
relativo relative (7)
religión *f* religion (5)
religioso religious (21)
remate: loco de remate stark, raving mad (23)
remorder (ue) to bother (as one's conscience) (23); **me remuerde la conciencia** my conscience bothers me (23)
remordimiento *m* remorse (23); **tener remordimientos** to regret (20)

remunerar to remunerate (11)
renunciar ro renunciate (23)
repartir to share (17)
repente: de repente suddenly (12)
repetición *f* repetition (18)
repetir (i, i) to repeat (10)
representación *f* representation (23)
representar to represent (5)
republicano Republican (5)
reputación *f* reputation (18)
rescatar to ransom (24)
residencia *f* residence (13)
residir to reside (11)
resignarse to resign oneself (16)
resonar (ue) to resound (16)
respectivo respective (12)
respecto a as for (20)
respetar to respect (21)
respeto *m* respect (10)
respirar to breathe (18)
responsabilidad *f* responsibility (24)
restaurante *m* restaurant (2)
resto *m* rest (10)
resultar to result (10); to turn out (24)
retórica *f* rhetoric (20)
retrato *m* portrait (22)
reunión *f* reunion, meeting (15)
revelar to reveal (19)
revolucionario *m* revolutionary (17)
rico rich (4); delicious (5)
ridiculez *f* ridiculous thing (21)
ridículo ridiculous (4)
rígido rigid (5)
rima *f* rhyme (23)
ritmo *m* rhythm (15)
robar to rob (23)
robusto robust (20)
rocín *m* nag, hack (24)
rocío *m* dew (19)
rodear to surround (15)
rodilla *f* knee; **de rodillas** on bended knee (22)
rogar (ue) to beg (19)
rojo red (6)
romántico romantic (8)
romper (*p p* **roto**) to break (15)
rosa *f* rose (8)
roto broken (15)
ruego *m* request (22)
ruta *f* route (16)

sábado *m* Saturday (5)
saber to know (a fact, how to) (7)
sabio wise (13); *m* wise person (13)
sabor *m* flavor (15)
sacar to take out, to withdraw (14); **sacar una conclusión** to come to a conclusion (14)
sacerdote *m* priest (23)
sacrificio *m* sacrifice (24)
sacro sacred (23)
salida *f* sally, excursion (24)
salir to go out (4)
saltar to hop, to jump (17)
salud *f* health (9)
saludar to greet, to say hello (11)
salvador *m* savior (18)
salvar to save (a life) (18)
sano healthy (18)
sarcástico sarcastic (12)
satisfacción *f* satisfaction (22)
satisfacer to satisfy (15)
sea: o sea that is (21)
secar to dry (23)
secretaria *f* secretary (5)
secular secular (21)
sed *f* thirst; **tener sed** to be thirsty (3)
seducir to seduce (21)
segador *m* reaper (13)
segar (ie) to reap (13)
seguida: en seguida right away (16)
seguir (i, i) to follow, to continue, to go on (10)
según according to (1)
segundo second (11); *m* second (14)
seguro sure (11)
seis six (2)
seiscientos six hundred (8)
semana *f* week (5); **la semana pasada** last week (11)
semejanza *f* similarity (18)
sencillez *f* simplicity (19)
sencillo simple (19)
senil senile (7)
sensible sensitive (23)
sensualidad *f* sensuality (12)
sentencia *f* sentence (23)
sentido *m* meaning (8)
sentimental sentimental (3)
sentimiento *m* sentiment, feeling (12)
sentir (ie, i) to feel (12); to sense, to hear (13); to be sorry (14); **sentirse (ie, i)** to feel (14)
señor (*abbr* **Sr.**) *m* Mr. (1); man, gentleman (8); sir (9)
señora (*abbr* **Sra.**) *f* Mrs. (1); lady (6); landlady (6)
señorita (*abbr* **Srta.**) *f* Miss (1); young lady (12)
separar to separate (23)
septiembre *m* September (5)
séptimo seventh (13)
ser to be (5); to be from, made of (5); to belong to (5); **ser**+*adj* to be essentially characterized by (5); **a no ser que** unless (21)
sereno serene (11)
serie *f* series (18)
serio serious (16); **tomar en serio** to take seriously (20)
sermón *m* sermon (19)
servicio *m* service (16)
servir (i, i) to serve (10); **servir para** to be of use, to be useful (10)

sesenta sixty (8)
setecientos seven hundred (8)
setenta seventy (8)
severo severe (15)
sexo *m* sex (15)
sexto sixth (13)
sexual sexual (13)
si if (7); **si** + *verb* but on the contrary + *verb* (8)
sí yes (1); *pron* himself, herself, yourself, themselves, yourselves (16)
siempre always (3); **para siempre** forever (8)
siesta *f* siesta, nap (16)
siete seven (2)
siglo *m* century (14)
significar to signify, to mean (20)
significativo significant (24)
siguiente following (21)
sílaba *f* syllable (*cap. pre.*)
silbar to whistle, to hiss (18)
silencio *m* silence (3)
símbolo *m* symbol (13)
simpatía *f* sympathy (12)
simpático good-natured, nice (12)
simplemente simply (8)
sin *prep* without (8); **sin que** *conj* without (21)
sincero sincere (1)
sinfonía *f* symphony (22)
sino but, but rather (11)
sintético synthetic (15)
siquiera: ni siquiera not even (22)
sistema *m* system (1)
sitio *m* place (16)
situación *f* situation (9)
soberano sovereign (23)
sobre about, on (1); **sobre todo** above all (16)
sobrevivir to survive (19); to outlive (20)
sobrina *f* niece (19)
sobrino *m* nephew
social social (19)
socialista *m* & *f* Socialist (5)
sociedad *f* society (13)
sofisticado sophisticated (20)
sol *m* sun (23)
solamente only (14)
soldado *m* soldier (22)
soledad *f* solitude, loneliness (22)
solidaridad *f* solidarity, togetherness (12)
solo alone (3)
sólo only (4)
soltar (ue) to let go (17)
solterón *m* old bachelor (22)
solución *f* solution (7)
son they are (1)
sonar (ue) to sound, to ring (20)
soneto *m* sonnet (17)
sonido *m* sound (18)
sonrisa *f* smile (12)
soñador *m* dreamer (20)
soñar (ue) to dream (9); **soñar con** to dream about (9)
sopa *f* soup (2)
sorprender to surprise (20)
sorpresa *f* surprise (12)
su(s) his, her, its, your, their (4)
subir to go up, to climb in (16)
subjuntivo *m* subjunctive (19)
sublime sublime (16)
subsistir to subsist (10)
suburbios *m pl* suburbs (20)
sucio dirty (6)
sueldo *m* salary (24)
sueño *m* dream (10); **tener sueño** to be sleepy (3)
suerte *f* luck; **tener suerte** to be lucky (3)
suficiente sufficient (18)
sufrimiento *m* suffering (9)
sufrir to suffer (24)
Suiza *f* Switzerland (17)
sumiso submissive (13)
superficial superficial (10)
superior superior (6)
superlativo *m* superlative (4)
supermercado *m* supermarket (15)
superpoblación *f* overpopulation (19)
supuesto: por supuesto of course (16)
suspirar to sigh (10)
sustantivo *m* noun
suyo his, hers, its, yours, theirs (4); **un amigo suyo** a friend of his, hers, etc. (4)

taberna *f* tavern (9)
tabla *f* table
taciturno taciturn (4)
tal such (23); **con tal que** provided that (21); **tal** + *noun* such a + *noun* (22); **¿qué tal?** how goes it? (1)
talento *m* talent (6)
tamaño *m* size (18)
también too, also (2)
tambor *m* drum (18)
tampoco either, neither (3); **yo tampoco** neither do I (3)
tan so, as (4); **tan . . . como . . .** as . . . as (4); **tan pronto como** as soon as (21)
tanto so much, so many (2); as much, as many (4); **tanto . . . como** as much (many) . . . as (4); **tanto mejor** so much the better (13); **¡tanto peor!** so much the worse! (19)
tardar en to take a long time to (16)
tarde late (5); *f* afternoon (5); **buenas tardes** good afternoon (9)
taxi *m* taxi (16)
te *dir or ind obj pron* you (7)
teatro *m* theater (1)
teléfono *m* telephone (16)
telegrama *m* telegram (1)
televisión *f* television (2)
tema *m* theme (10)
temblar (ie) to tremble (9)
temer to fear (18)

temor *m* fear (21)
temporada *f* while, period (21)
temporal relating to time (16)
temprano early (5)
tener to have (3); **tener . . . años** to be . . . years old (3); **tener calor, frío, hambre, miedo, razón, sed, sueño** to be hot, cold, hungry, afraid, right, thirsty, sleepy (3); **tener cuidado** to be careful (9); **¡no tenga cuidado!** don't worry! (9); **tener ganas de** to feel like (3); **tener que** + *inf* to have to (3)
teología *f* theology (21)
tercero third (13)
terminar to terminate, to finish, to end (12)
termómetro *m* thermometer (9)
terrible terrible (5)
terriblemente terribly (8)
terror *m* terror (21)
testamento *m* testament, will (18)
ti *prep pron* you (3)
tía *f* aunt (19)
tiempo *m* tense (2); time (9)
tierra *f* earth (9)
timón *m* helm (23)
tío *m* uncle
típico typical (5)
tipo *m* type (14)
tirano *m* tyrant (16)
tirar a to lean (20); to throw away (20)
tiro *m* shot; **pegar un tiro** to shoot (and hit) (23)
titiritero *m* puppeteer (22)
tocar to play (an instrument) (7); to touch (15)
todavía still, yet (5)
todo all, every (1); **todo el mundo** everyone (7); **todas las noches** every night (6); **todos los días** every day (6)
tolerante tolerant (24)
tomar to take (11); **tomar en serio** to take seriously (20); **tomar por** to take for (16)
tono *m* tone (17); **en tono suave** softened (22)
tontería *f* foolish nonsense (19)
tonto stupid (6); *m* fool (8); **tonto perdido** *m* hopeless fool (14)
toparse con to bump into (16)
tormenta *f* storm (23)
tortura *f* torture (9)
torturado tortured (17)
total total; **en total** in total, altogether (12)
trabajar to work (4)
tradicional traditional (15)
traducir to translate (19)
traer to bring (9)
tráfico *m* traffic (12)
tragedia *f* tragedy (23)
trágico tragic (18)
traje *m* suit (13)
trampa *f* trap (9)
tranquilizar to calm, to tranquilize (15)
tranquilo calm, tranquil (16); calmly (16)
transformar to transform (24)
transporte *m* transportation (16)
trasplantar to transplant (15)
tratar to treat, to deal with (14)
tratar de to try (17)
trece thirteen (2)
treinta thirty (2)
tremendo tremendous (24)
tren *m* train (16)
trenzar to prance around (22)
tres three (2)
trescientos three hundred (8)
trigo *m* wheat (13)
triptongo *m* triphthong (*cap. pre.*)
triste sad (6)
tristeza *f* sadness (17)
trivial trivial (15)
tu(s) your (4)
tú *fam sing* you (2)
tuberculosis *f* tuberculosis (9)
tumba *f* tomb, grave (14)
tumor *m* tumor (18)
turista *m & f* tourist (16)
tuyo *fam sing* yours (4)

u or (*before a word beginning with* **o** *or* **ho**) (23)
úlcera *f* ulcer (10)
último last (4)
un(o) a, an (1); one (2); *pl* some, several (1)
único only (16); **lo único** the only thing (16)
unido united (10); close (21)
unión *f* union (12)
unir to unify (21); **unir(se)** to unite, to get together (12)
universal universal (16)
universidad *f* university (2)
universitario *adj* university (12)
usar to use (9)
uso *m* use (5)
usted (Ud., Vd.), ustedes (Uds., Vds.) *for* you (2)
útil useful (17)

vaca *f* cow (15)
vacilar to vacillate, to hesitate (23)
vagabundo *m* vagabond (15)
valer to be worth (3); **más vale** it is better (13)
valiente valient, brave (24)
valor *m* value, courage (15)
vámonos let's go (16)
vanguardista avant-guarde (15)
variar to vary (16)
variedad *f* variety (5)
varios several (11)
varón *m* male (23)
¡vaya! well! (20)
veces *See* **vez.**
vecino *m* neighbor (24)
veinte twenty (2)

vejestorio *m* old geezer (14)
vejez *f* old age (22)
vender to sell (8)
venir to come (4)
ventana *f* window (9)
ventero *m* innkeeper (24)
ver (*p p* **visto**) to see (7)
verano *m* summer (16)
verbo *m* verb (2)
verdad *f* truth (6); **¿verdad?** right? true? (6)
verdadero real (8)
verde green (6); unripe (6)
verduras *f pl* vegetables (15)
versificación *f* versification (15)
verso *m* verse (17)
vestido *m* dress (7)
vez *f* (*pl* **veces**) time (8); **alguna vez** ever (15); **cada vez más** more and more (24); **de una vez para siempre** once and for all (22); **de vez en cuando** from time to time, once in a while (14); **en vez de** instead of (8); **ya de una vez** once and for all (20); **a veces** at times, sometimes (8); **muchas veces** often, many times (2)
viajar to travel (15)
viaje *m* trip; **hacer un viaje** to take a trip (16)
víctima *f* victim (1)
victoria *f* victory (16)
vida *f* life (3)
vidrio *m* glass (18)
viejo old (2); *m* old man (2); **viejo verde** *m* lecherous old man (2)
viento *m* wind (14)
viernes *m* Friday (5)
vieux marcheur *m* (*French*) lecherous old man (21)
vileza *f* meanness, spite (16)
vino *m* wine (2)
violencia *f* violence (17)
violento violent (23)
virtuoso virtuous (24)
visión *f* vision (24)
vista *f* view (18)
visto seen (15); **por lo visto** apparently (16)
vital vital (20)
vitamina *f* vitamin (15)
viuda *f* widow (24)
vivir to live (2); **¡viva!** long live! (2)
vivo alive (17)
vocablo *m* word (16)
vocabulario *m* vocabulary (18)
vocal *f* vowel (*cap. pre.*)
volar (ue) to fly (17)
voluntad *f* will-power (20); will (24)
voluntariamente voluntarily (11)
volver (ue) to return (9); **volver a** + *inf* to do (verb) again (19); **volver loco (a alguien)** to drive (somebody) crazy (13); **volverse loco** to go crazy (18)
vosotros *fam pl* you (2)
voz *f* voice (9); **a media voz** in a whisper (22)
vuelta: dar la vuelta (a) to go around (20)
vuelto returned, come back (15)
vuestro *fam pl* your (4); *fam pl* **(el) vuestro** yours (4)
vulgar vulgar (15)

y and (1)
ya already (5); **ya de una vez** once and for all (20); **ya está** that's all (15); **ya no** no longer (3); **ya que** since (16)
yelmo *m* helmet (24)
yerba (hierba) *f* grass (8)
yerno *m* son-in-law (18)
yo I, me (2); *m* ego (10)

INGLÉS–ESPAÑOL

This vocabulary contains all words used in the English-to-Spanish exercises.

accomplish conseguir, lograr
accustomed: to be accustomed to estar acostumbrado a
advantage: to take advantage aprovecharse
afraid: to be afraid temer
afternoon tarde *f*
airplane avión *m*
all todos
already ya
always siempre
and y; e (*before words beginning with* i *or* hi)
angry enojado; **to get angry** enojarse, ponerse enojado
ant hormiga *f*
any algun(o); **not any** ningun(o)
anybody alguien; **anybody (at all)** cualquier(a); **better than anybody** mejor que nadie; **not anybody** nadie
anyone alguien; **not anyone** nadie
anything algo; **not anything** nada
apparently por lo visto
April abril *m*
around (*imprecise location*) por
arrive llegar
ask (a question) preguntar; **to ask after** preguntar por; **to ask for** pedir (i, i)
at a; **at least** por lo menos
August agosto *m*
away: to take away quitar

back: to get back, to come back volver (ue)
badly mal
be ser, estar
beer cerveza *f*
before antes
being: for the time being por ahora
believe creer
better mejor: **better than anybody** mejor que nadie
best el mejor
big gran(de)
bigger más grande, mayor
bit: a bit un poco
book libro *m*
bore aburrir; **to get bored** aburrirse
break romper; **to get broken** romperse
brother hermano *m*
brother-in-law cuñado *m*
bump into toparse con
but pero
buy comprar
by (*deadline*) para; (*agent*) por

can poder
car coche *m*
chicken pollo *m*
come venir; **to come back** volver (ue)
conflict conflicto *m*
cousin primo *m*; prima *f*
coward cobarde *m*

dare atreverse
daughter hija *f*
December diciembre *m*
dentist dentista *m & f*
deny negar (ie)
dinner cena *f*
dish plato *m*
do hacer
doctor médico *m*
dollar dólar *m*
done hecho (*p p of* hacer)
drink beber

early temprano
eat comer
eight ocho
eighteen diez y ocho, dieciocho
eighth octavo
eighty ochenta
eleven once
ever: more than ever más que nunca
example ejemplo *m*; **for example** por ejemplo
excuse excusa *f*

father padre *m*
fear miedo *m*
February febrero *m*
fewer menos
fifteen quince
fifth quinto
fifty cincuenta
first primer(o)
five cinco
for por, para; **to take for** tomar por
forty cuarenta
four cuatro
fourteen catorce
fourth cuarto

gato *m* cat
get (to become) ponerse; **to get back** volver (ue)
girl muchacha *f*
give dar
glad: to be glad alegrarse (de)
go ir(se); **to go out** salir

happen pasar
hat sombrero *m*
hate odiar
have tener; haber (*only as auxiliary in compound tenses*); **to have to** tener que (*obligation*)
he él
hell infierno *m*
her *poss adj* su(s); . . . de ella; *dir obj pron* la; *ind obj pron* le; *prep pron* ella
here aquí
him *dir obj pron* le, lo; *ind obj pron* le; *prep pron* él
himself él mismo; *prep pron* sí mismo; **with himself** consigo mismo
his *poss adj* su(s); . . . de él
hour hora *f*
house casa *f*
how como
hundred cien(to); **three hundred** trescientos; **five hundred** quinientos; **nine hundred** novecientos

I yo
idea idea *f*
idiot idiota *m & f*
imperfect imperfecto *m*
in en; *after superlative* de; **in the afternoon** (*with specific time*) de la tarde
insist (upon) insistir (en)
it *dir obj pron* lo, la; **it's me** soy yo; **it's one thirty** es la una y media; *prep pron* ello, ella, él

January enero *m*
July julio *m*
June junio *m*

keep: to keep quiet callarse
know conocer **(to be acquainted)**; saber **(to know a fact, to know how to)**

last: at last por fin
late tarde
laugh (at) reírse (de)
least: at least por lo menos
leave salir
lesson lección *f*
like gustar **(to be pleasing to)**
live vivir
lose perder; **to get lost** perderse
lottery lotería *f*
love querer; amor *m*

man hombre *m*
manage lograr
many muchos
March marzo *m*
marriage matrimonio *m*
matter: no matter what he says diga lo que diga
May mayo *m*
me me
Mexico México *m*
million millón *m*
minute minuto *m*
more más; **more than ever** más que nunca
morning mañana *f*; **early morning** madrugada *f*; **in the morning** de la madrugada (*with specific times*); **tomorrow morning** mañana por la mañana
mother madre *f*
much mucho
my mi(s)
myself mí mismo; yo mismo

name: my name is . . . me llamo . . . (*from* llamarse **to call oneself**)
nephew sobrino *m*
niece sobrina *f*
night noche *f*
nine nueve
nineteen diez y nueve, diecinueve
ninety noventa
ninth noveno
nobody nadie
noon mediodía *m*
notice fijarse (en)
November noviembre *m*
now ahora

October octubre *m*
of de
older mayor, más viejo
oldest el mayor, el más viejo
once una vez; **for once** por una vez; **once a year** una vez por año
one un(o), una; **the one who** el que, la que
or o; u (*before words beginning with* o *or* ho)
our nuestro
ourselves nosotros mismos
out of por

peso peso *m*
plane avión *m*
please por favor
prefer preferir (ie, i)
prepare preparar
preterit pretérito *m*
problem problema *m*
professor profesor *m*; profesora *f*

quarter cuarto; **at a quarter to eight** a las ocho menos cuarto
quiet: to keep quiet callarse

read leer
realize darse cuenta (de)

rebellion rebelión *f*
religion religión *f*
remember acordarse (de)
resign oneself resignarse
revolutionary revolucionario *m*

say decir
second segundo
see ver
seen visto (*p p of* ver)
send mandar
September septiembre *m*
seven siete
seventeen diez y siete, diecisiete
seventh séptimo
seventy setenta
shave afeitar(se)
she ella
sick enfermo
sister hermana *f*
sister-in-law cuñada *f*
six seis
sixteen diez y seis, dieciséis
sixth sexto
sixty sesenta
smallest el más pequeño
something algo
sorry: to be sorry sentir (ie, i)
sort: of that sort por el estilo
speak hablar
spider araña *f*
still todavía
story cuento *m*
student estudiante *m & f*
Sunday domingo *m*

take away quitar; **to take for** tomar por
talk hablar
tell decir
ten diez
tenth décimo
than que
that *demonst adj* ese, esa (*nearby*); aquel, aquella (*over there*); *neuter pron* eso; aquello; **that one** *demonst pron* ése, ésa; aquél, aquélla; *conj* que
them *prep pron* ellos, ellas; *dir obj pron* los, las, les; *ind obj pron* les
themselves ellos mismos; sí mismos
there is, there are hay
these *demonst adj* estos, estas; *demonst pron* éstos, éstas
they ellos, ellas
thing cosa *f*
think pensar (ie); **to think about (of)** pensar en
third tercer(o)
thirteen trece
thirty treinta; **it's ten thirty** son las diez y media
this *demonst adj* este, esta; *neuter pron* esto; **this one** *demonst pron* éste, ésta
those *demonst adj* esos, esas (*nearby*); aquellos, aquellas (*over there*); *demonst pron* ésos, ésas, aquéllos, aquéllas; **those who** los que, las que
thousand mil
three tres
time vez *f*; **for the time being** por ahora; **What time is it?** ¿Qué hora es?
tomorrow mañana; **tomorrow morning** mañana por la mañana
too demasiado
travel viajar
truth verdad *f*
twelve doce
twenty veinte; **twenty-one** veinte y uno, veintiuno; **twenty-two** veinte y dos, veintidós; **twenty-three** veinte y tres, veintitrés; **twenty-six** veinte y seis, veintiséis
two dos

understand comprender
unfortunately por desgracia
us *dir or ind obj pron* nos; *prep pron* nosotros

very muy; **this very week** esta semana misma

want querer
wash lavar(se)
week semana *f*; **this very week** esta semana misma
what *rel pron* lo que
what? *pron* ¿qué?, ¿cuál?; *adj* ¿qué?
when cuando
where donde
who quien
whom quien
whose cuyo; **whose?** ¿de quién?
why por qué; **that's why** por eso
woman mujer *f*
wonder preguntarse
work trabajar
world mundo *m*
worry (about) preocuparse (por)
worse peor
write escribir (*p p* escrito)

year año
you *subj pron fam sing* tú; *fam pl* vosotros; *form sing* Ud.; *form pl* Uds.; *dir obj pron* te, os, lo, le, la, los, las; *ind obj pron* te, os, le, les; *prep pron* ti, vosotros, Ud., Uds.
younger menor, más joven
youngest el menor, el más joven
your *fam sing* tu(s); *fam pl* vuestro; *form sing & pl* su(s), . . . de Ud., . . . de Uds.
yours *fam sing* tuyo; *fam pl* vuestro; *form sing & pl* suyo, . . . de Ud., . . . de Uds.

Glosario

Adjective: A word that modifies, describes, or limits a noun or pronoun.

Adverb: A word that modifies a verb, an adjective, or another adverb.

Agreement: Concord or correspondence with other words.

Antecedent: The word, phrase, or clause to which a pronoun refers.

Augmentative: A noun suffix indicating increase in size or derogatory meaning.

Auxiliary verb: A verb that helps in the conjugation of another verb.

Clause: A division of a sentence containing a subject and a predicate. A main (independent) clause can stand alone; a subordinate (dependent) clause can function only with a main clause.

Comparison: The change in the form of an adjective or adverb showing degrees of quality; positive *(high, beautiful),* comparative *(higher, more beautiful),* superlative *(highest, most beautiful).*

Conjugation: The inflection or changes of form in verbs showing mood, tense, person, number, voice.

Conjunction: A word that connects words, phrases or clauses. Coordinating conjunctions connect expressions of equal rank. Subordinating conjunctions connect dependent with main clauses.

Definite article: el, la, los, las *(the).*

Demonstrative: Indicating or pointing out a person or thing.

Diminutive: A word formed from another to express smallness or endearment.

Gender: Grammatical property of nouns or pronouns. In Spanish, masculine or feminine.

Imperative: The mood of the verb which, in Spanish, expresses an affirmative familiar command.

Impersonal: Designating verbs used without subject or with an indefinite subject in the third person singular.

Indefinite article: un, una, unos, unas *(a, an).*

Infinitive: The form of the verb that expresses the general meaning of the verb.

Interrogative: Asking a question; also a word used for that purpose.

Intransitive verb: A verb that does not require a direct object to complete its meaning.

Mood: The form of the verb showing the manner in which an action is conceived, as a fact (indicative), a wish, possibility, or concession (subjunctive), or a command (imperative).

Number: The characteristic form of a noun, pronoun, or verb indicating one or more than one.

Object: A word, phrase, or clause that receives the action of the verb and completes the predicate; a direct object receives the direct action of the verb; an indirect object indicates to or for whom the action is done.

Participle: A form of the verb (present participle or past participle) that is used as part of a compound tense or as an adjective or adverb.

Person: The characteristic of a verb or pronoun indicating whether the subject is the speaker (first person), the person spoken to (second person), or the person spoken of (third person).

Predicate: The part of a sentence which makes a statement about the subject.

Preposition: A word that relates a noun or pronoun to some other element in the sentence.

Progressive tense: A tense used to express the development of or continuity of an action.

Pronoun: A word used in place of a noun.

Reciprocal: Showing mutual action or relation.

Reflexive: Referring back to the subject.

Relative: Referring to an antecedent and introducing a dependent clause which modifies that antecedent; relative pronouns *(who, which,* etc.) establish such relationships.

Stem: That part of an infinitive or of a word obtained by dropping the prefix or the ending.

Stem-changing verb: A verb whose root vowel (vowel before the infinitive) is changed under certain conditions.

Subject: The word or word group about which something is asserted in a sentence or a clause.

Subjunctive: The mood which expresses conditions contrary to fact, wishes, doubts, or what is possible, rather than certain.

Tense: The form of the verb showing the time of an action or state of being.

Transitive verb: A verb that takes a direct object.

Verb: A word that expresses an action or state of being.

Voice: The form of the verb indicating whether the subject acts (active) or is acted upon (passive).

Índice

Santa Fé
ESTADOS UNID
San Diego
Baja California
Golfo de California
El Paso
Dallas
30°
Nogales
Ciudad Juárez
MÉXICO
Río Grande
San Antonio
Houstón
Nueva Orleans
Chihuahua
Nuevo Laredo
Laredo
Golfo de México
Monterrey
La Paz
Durango
Mazatlán
San Luis Potosí
Tampico
Santiago
20°
Guadalajara
Golfo de Campeche
Mérida
Pen. de Yucatán
México
Puebla
Veracruz
Balsas
Popocatépetl
Acapulco
Oaxaca
BELICE
Golfo de Tehuantepec
GUATEMALA
Quezaltenango
Guatemala
San Salvador
EL SALVADOR
Tegucigalpa
León
Océano
10°
AMÉRICA CENTRAL Y MÉXICO
Pacífi
Copyright by C. S. HAMMOND & CO., N. Y.
ESCALA
KILÓMETROS
0 200 400 600
MILLAS
0 200 400 600
0°
Capitales
Límites Internacionales
110°
100°
Longitud Oeste de Greenwich
90°